碳中和经济学

中金公司研究部　中金研究院　著

中信出版集团 | 北京

图书在版编目（CIP）数据

碳中和经济学 / 中金公司研究部，中金研究院著
. -- 北京：中信出版社，2021.8（2025.7 重印）
ISBN 978-7-5217-3278-8

Ⅰ. ①碳… Ⅱ. ①中… ②中… Ⅲ. ①中国经济－低碳经济－研究 Ⅳ. ① F124.5

中国版本图书馆 CIP 数据核字（2021）第 125331 号

碳中和经济学
著者：　中金公司研究部　中金研究院
出版发行：中信出版集团股份有限公司
（北京市朝阳区东三环北路 27 号嘉铭中心　邮编　100020）
承印者：　三河市中晟雅豪印务有限公司

开本：787mm×1092mm 1/16　印张：25.5　字数：370 千字
版次：2021 年 8 月第 1 版　印次：2025 年 7 月第14次印刷
书号：ISBN 978–7–5217–3278–8
定价：79.00 元

目　录

代导读

2020年9月，习近平主席在第七十五届联合国大会上就中国的碳达峰与碳中和目标做出了郑重承诺。2020年12月，习近平主席在气候雄心峰会上又进一步提出了我国应对气候变化的几项总量指标。2021年3月，中央财经委员会第九次会议研究了实现碳达峰与碳中和的基本思路和主要举措。当前各方都在积极领会、研究和落实碳达峰与碳中和方面的工作，中金公司发布的《碳中和经济学》研究面广、信息量大，在碳达峰与碳中和的研究方面起到了很好的带头作用，相信会产生重大影响，研究工作总体仍处于起步阶段，有很多存在争议、需要深入研究的内容。

碳峰值数据需谨慎估算

中金公司通过研究总量目标，希望把碳达峰的数值以及今后10年的碳达峰路径表述得更清楚，这是很重要的。但我国在这方面的基础数据还存在缺失。比如，为实现碳达峰，到2030年碳排放强度需要比2005年减少65%以上，那么大家必然要问，2005年的碳排放量到底是多少？又如，2030年我国森林蓄积量要比2005年增加60亿立方米，那么大家也需要知道，2005 年中国森林蓄积量到底是多少？每立方米森林蓄积量年平均能吸收多少二氧化碳？但这些数据并不清晰，也没有主管部门或者权威单位公布过。一种可能性是，我国过去的基础工作做得不够扎实，存在数据缺失、数据不一致以及数据核实方面的问题。还有另一种可能，那就是在我国气候变化的政策态度转变之前，数据模糊一点，方便在数据上打“太极拳”，政策空间也会更大一些。

中金公司花了很大力气测算，得出了 2030 年碳达峰时碳排放净值的初步结果。为什么没有主管部门或权威单位直接给出这一目标？是因为没有 2005 年的准确数据。中金公司是根据 2017 年有关部门公布的当年数据，以及碳排放强度比 2005 年下降了 46% 推算出来的。为什么我们要费心劳神地去测算这个数据？因为无论是今后碳减排的规划、路径的选择还是激励机制的设计（特别是定价问题），都和碳达峰的数值密切相关。因此，我们很有必要就这个数据进一步深入讨论。

首先涉及数据口径问题。中金公司提出了 2005 年碳基准的测算方法。这个基准的口径需要明确，究竟是指毛排放的总量还是净排放的总量，是只包含碳排放还是也包括其他温室气体？此外还涉及尚未公布的 2020 年碳排放总量数据，以及今后 10 年的减排力度和轨迹。如何用统一口径对其进行推算尚存在挑战。

其次是 GDP（国内生产总值）可比性问题。2030 年目标明确了碳排放强度比 2005 年减少 65% 以上等任务，这就需要明确 2005—2020 年可比 GDP 到底增长了多少。虽然用 GDP 平减指数或者增长率来计算可比 GDP 在原则上不会有太大的争议，但在数据使用上还需略加小心。比如，增长率的年初数据（初步核算数）、初步核实数、最终核实数以及普查后的修正数之间的差距有时候会很大，特别是在 2005 年、2006 年和 2007 年比较明显。不过总的来说，以往的 GDP 在使用上和可比性上没有显著意义的可争议之处。此外，估算今后 10 年我国 GDP 的平均增速需要假设，而分别对不同增速进行假设就可能出现一个结果的估算区间。这些都是我们计算总量目标时需要注意的。

除了技术细节之外，这件事在逻辑上也存在可疑之处。如前所述，根据有关部门公开的数据推算得到 2005 年碳排放总量，进而可以推算出 2030 年的碳排放峰值。事实上，在核实以往可比 GDP 的基础上，2005 年的排放强度、2017 年的排放强度、2017 年比 2005 年下降了 46% 这三个数据有明显的逻辑关系，知道其中两个就必然知道第三个。之所以没有人正式确认 2005 年的数据，可能有其他原因，或者没打算告诉你。当然你也必然会问为什么。

碳市场与价格形成

中金公司提出了一个非常重要的观点，就是碳达峰与碳中和需要大量的投资，我们也的确需要通过碳市场来引导投资，为碳减排、碳达峰和最后实现碳中和进行努力。碳市场对投资的激励作用实际上有两层。第一层，碳市场能够鼓励即期增产 / 节约，争取通过在当期现有能力下的增产 / 节约来改进碳平衡。第二层，受短期内减排技术参数相对刚性所限，当期增产 / 节约的潜力并不是很大，因此还必须依靠引导跨期投资来替代高碳排放的活动。如果碳市场能够在这方面给出投资信号，特别是通过碳市场衍生产品，如碳期货、碳远期等，就可以给未来的生产投资提供核算和风控。这一层激励作用至关重要，碳达峰与碳中和将更多依靠正确、有效的投资来实现。

中金公司提出，到 2060 年我国绿色投资需求总额是 139 万亿元，可以相信，这是以 2020 年人民币价值计算的。对于这个数据，各个机构测算的结果不太一样。国际可再生能源署（IRENA）在 2021 年 3 月公布的报告中指出，2050 年之前，全球规划中的可再生能源投资必须增加 30% 至 131 万亿美元，按照目前中国约占全球碳排放量的 1/3 和当前汇率简单估算，仅中国就需要大约 283 万亿元的投资。这么大量的投资不可能凭空而来，也不会只凭号召就能实现，要引导好、激励好这么多的投资，碳市场将发挥很大的作用。

碳市场也有受到质疑的地方，其中之一就是碳价格存在波动和不稳定。中金公司的研究中很重要的一个内容是，把碳配额的价格和绿色溢价（green premium）两种概念进行对比，然后各取所长，在不同的地方加以应用，这具有重要意义。同时还要看到，未来的碳价格之所以有相当大的不确定性，可能有三方面原因。第一，未来技术发展以及未来技术的性价比存在不确定性，给相关的投资也带来了不确定性，而且很多投资是中长期的，因此这些投资的核算和未来的回报也存在不确定性。第二，为照顾到当前经济增长和未来碳中和目标之间的平衡，在实现碳达峰与碳中和过程中会存在一些过渡性安排，会对部分碳排放权实行减让，不纳入碳排放配额交易体系或碳税税基，也包括免费配额和低价配额等。此外，在减排进度上可能前松后紧，也可能前紧后松，当然最好是实现动态优化安排。由于动态安排的减排量有波动，所以进入碳市场的数量也存在不确定性，从而可能影响碳价格。第三，政府财力以及政府对某些行动给予补贴的政策也存在一定的不确定性，补贴后会影响价格的形成。因此，在寻求未来减排路径的同时，要正视所存在的不确定性及其对碳价格的影响。

中金公司认为统一碳价可能存在问题，并指出需要差别碳价。当前倡导人类命运共同体概念，人类共同生活在地球村中，在大气层中并不能分出温室气体是哪个行业排放的，每一吨二氧化碳对人类经济社会的负面影响是一样的，消化或者减少每一吨二氧化碳所需要的综合代价（而不是边际代价）也应当是一样的。至于各个行业的绿色溢价可能不一样，政策安排也可能不一样，是指即期的边际效应不同。应对这种差别，在行业方面有产业政策和财政政策，这些政策产生的差别待遇会给各个行业带来不同的激励机制。

抓好重点并优化结构

在实现碳达峰与碳中和的过程中，要注意考虑各行业的差别，不能“捡了芝麻，丢了西瓜”。碳减排中最大的“西瓜”是电力行业，其碳排放占比从世界平均看是41%，中国电力行业的碳排放占比比世界平均水平还要高，大概是52%。中金公司明确提出未来要扩大电气化，例如用电来替代直接的化石能源，同时将发电转化为绿色电力或者零碳电力。因此，未来发电在一次能源中的占比还将大幅提高，中金公司预测，到2060年电力行业的碳排放占比将达70%。虽然各行业对于碳减排都要有所行动，但是由于排放量不一样，自然对碳配额的需求也会有所差别。

习近平主席在2020年12月的气候雄心峰会上提出，到2030年，非化石能源占一次能源消费比重将达到25%左右，风电、太阳能发电总装机容量将达到12亿千瓦以上。此外，还要通过对年均发电小时及电网接纳能力的数据分析，把装机容量变为年度发电量供给。在这里不同发电设备的年均发电小时数就变得非常关键。对非电力专长的经济学者，我给出一组轮廓性的概念（为方便记忆，数据为近似值），光电年发电小时数大约是1 500小时，风电是2 500小时，水电是3 500小时，煤电或者火电主力是4 500~6 500小时，核电是7 500小时。可以看出，不同发电来源的年均发电小时数差别是很大的，而且中国的实际数据还略小于这组，目前中国光电的年均发电小时数还不到1 300小时，光照弱的地区连1 000小时都到不了；风电实际上也只有2 100小时左右；火电可以高达6 000~7 000小时，但目前中国火电年均发电小时数实际上还没到4 500小时，只有4 200小时。因此，从装机容量到发电电量，再到在一次能源中所占的比例，这中间有折算关系。目前一部分分析人士对电力行业减排转型的看法过分乐观，忽视了非化石电源及输配电中的技术难度。电力行业要全面涵盖电源、电网以及输配电等，要注意装机容量和发电小时的关系，以及间歇式发电和调峰、储能的关系。

再谈谈新增装机容量所需的投资资金量，即多大的投资才能达到所需的装机容量，这里主要包含装机成本，如何将其摊入供电运行成本，与年发电小时数和电网接纳度有关，为此电网性能（包括线损）、储能、调峰、输配电投资成本也是绝对不可忽视的。如果只看装机成本的数字，很容易受到鼓舞，因为风电、光电装机成本已降到比较低了，比火电和核电还要低。核电是最贵的，但核电投产后一年可发电 7 000 多小时。目前，煤电的投资回报率仍然极具竞争力，但如果要求大幅减排，可能需要 CCS（碳捕捉与封存）设备及投资，投资成本将显著上升。此外，CCS 运行成本也很高，会使厂用电大幅上升 20% 左右。当然，CCS 在技术上还不成熟，有待发展，中国需要特别关注并加以支持。这些都要放入对电力行业未来投资量的测算里，只算新型电源的装机成本显然是不够的。然后要考虑的是，未来靠什么回收电力方面的新投资？仅靠供电收入本身的回报是不够的，必须靠碳市场（或者碳税）来补充，才能有足够的激励机制，从而吸引足够的资金。这些判断应与电力行业的绿色溢价一致，不应产生误导。

类似地，还有森林蓄积量的碳吸收的能力问题。在这方面我们也缺少基准数据和参数。比如，2005 年中国的森林蓄积量到底是多少？每立方米森林蓄积量到底能吸收多少二氧化碳？按照中国具体的情况，到 2030 年要增加 60 亿立方米的森林蓄积量，还需要树木品种、地理分布、树龄分布等参数，才能测算出每年大概需要新种多少树、路径演进如何、在碳达峰时大概能够吸收多少二氧化碳。

此外，从行业结构来看，要注意行业划分上的区别，以便更好地进行国际比较。中国过去习惯用生产法分出第一产业、第二产业和第三产业，其中中国第二产业的碳排放特别多，在电力行业中的占比接近 70%，这在世界上也是少有的。这种划分方法与国际上是有差别的，导致不太好进行国际比较。欧美的碳排放第一大行业是电力，第二是交通运输，第三是建材（含建筑钢材）与保温。如果在电力、交通运输和居住行业下大功夫，就可以解决 80%

以上的碳减排问题。这种划分方法强调了人类居住的耗能和碳排放，人类居住需要建筑、城镇化、一部分基础设施及保温（供暖及制冷），这一目的之中的各项活动占了相当比例的温室气体排放，为此要特别重视。如果把与居住有关的相当一部分碳排放放在第二产业的生产活动里，就容易产生误解和误导。

CGE 模型的使用

中金公司的一个贡献是，强调了使用 CGE 模型（可计算一般均衡模型）对政策进行分析与论证。CGE 模型可以做两件更重要的事情。第一，CGE 模型略加改造即可处理有配额的一般均衡问题。过去在计划经济时期，中央的任务是通过行政手段直接分解给各省区市、各个部门，而没有充分利用市场力量，同时由于激励机制不够，可能使任务最后完成不了或者出现虚报。而有配额的一般均衡模型主要解决在市场经济条件下，以及在有配额限制的情况下，整个机制怎么工作的问题，尤其是可以论证如何防止过于依赖行政手段。

第二，如前面所指出的，在实现碳达峰与碳中和过程中，出于对 GDP、通货膨胀、人民生活质量等多种因素的考虑，可能会设计过渡性安排，包括配额释放的速度、是否全价配额等，这些都可以有不同安排。如何对这些不同安排进行论证选优？可以利用跨期的 CGE 模型来进行系统模拟。CGE 模型可以有配额，其配额还可以有不同的设计，这样就可以论证路径，从而进行多方面政策分析，帮助找到最优的路径安排。

重视绿色治理

最后讲一下，国际上很重视在气候变化、绿色发展中强调绿色治理，绿色治理也需要体现国际共识和国际行动。当前发达国家、发展中国家在气候问题上还有争议，一些具体问题仍待解决：一是发展中国家普遍认为，发达国家对碳减排的资金和技术支持远远不到位；二是存在跨境碳排放问题，这就会涉及贸易的跨境调节税，还有跨境飞机、跨境船舶等在国际领域内的碳排放问题。现状是，应对跨境碳排放予以调控，这相对较易达成共识。但所收税费应进谁的口袋则争议巨大，大家都想把钱放进自己的口袋，这就表现出国际共识不够，影响国际行动，也使得全球共同应对气候变化的可信度受到质疑。因此，需要真正秉持人类命运共同体和多边主义的宗旨，以第二次世界大战以后构建布雷顿森林体系为参考模板，大胆设计，大力推动。

要做好绿色治理，就必须要夯实数字基础，搭建可计量、可核算、可定价、可评估、可激励等的绿色治理制度和体系。这是促使各个部门都积极行动，主动落实碳达峰与碳中和目标的关键因素。中国目前在这方面的进展还不够，很多问题尚在初步讨论之中。对此，可适时借鉴和采用 MRV（Measurement、Reporting、Verification，即可度量、可报告、可核查）体系的一些做法，这也是构建碳交易市场的核心要素之一。

周小川

博鳌亚洲论坛副理事长、中方首席代表

中国金融学会会长

前　言

一场百年不遇的疫情引发了对人和自然关系的反思，使气候变化方面的问题更加受到重视。中国政府宣布在2030年前碳达峰（碳排放达到峰值）、2060年前碳中和（净零排放）的目标。欧盟27国决定在2030年前加大减排，到2050年实现碳中和。2021年1月，拜登政府宣布美国重返《巴黎协定》。实现碳中和需要政府和非政府部门之间的协力，也需要国家之间的合作与协同。实现碳中和将面临哪些困难和挑战？将带来怎样的发展新机遇？将对全球经济和社会产生什么影响？

为此，中金公司研究部和中金研究院联合撰写了《碳中和经济学》，就中国实现碳达峰、碳中和的路径及其影响进行了系统性的分析。与通常的市场研究相比，碳中和研究要面对两个挑战：一是涉及面广，跨经济、社会、科学多方面；二是公共政策是关键，但又是难以借鉴过往经验的新领域。中金公司的4个总量团队和20余个行业研究团队协同，借力外部合作，包括全球有奖征文等，共同完成了本书。

《碳中和经济学》报告发布后，在国内外产业界、学术界、政策部门引发了比较广泛的讨论和关注。这既让我们深受鼓舞，也让我们认识到碳中和的影响已经超出了单纯的金融甚至经济领域，成为涉及各行业、各领域的系统性新约束。在与各界进行广泛交流的基础上，我们决定把《碳中和经济学》报告改编成一本兼具大众可读性和学术严谨性的专著，以期助力更大范围内的碳中和讨论。在报告发布后的几个月里，国内外都有些新变化。本书的序言将结合这些新形势重点讨论七个问题。

目标明确下的成本 – 有效性分析

工业革命以后，人类的活动冲击了原有碳循环系统中碳源（碳排放）和碳汇（碳吸收）的平衡，化石能源的使用导致大气中二氧化碳浓度上升，引发温室效应，带来全球气候变暖。大多数科学家认同过去一个世纪的气候变暖和人类的行为有关。尤其是过去 50 年，从冰川融化到海平面上升，从海洋生态的毁坏到日益增大的水供应压力，从极端天气（洪水、干旱、飓风）到疾病传播等，气候变化的影响越来越成为一个现实的问题。

按照联合国政府间气候变化专门委员会（IPCC）的预测，到 2100 年全球平均温度将比工业革命之前高 1.5~4.8 摄氏度。如果不采取应对措施，按照现在的趋势，气候变化对人类社会经济的冲击将日益严重。碳减排、碳中和将给人类社会带来长远的利益。

此外，碳减排在短期需要付出成本，可能导致经济受损。碳排放是经济活动的结果，工业革命以来人类生活水平大幅提升，其中化石能源起到了重要作用。减少碳排放有两大类方式：一是经济活动的电气化，比如工业、交通运输、家庭取暖等；二是发电方式从使用传统能源转化为使用可再生能源、核能或者化石能源配上碳捕捉与封存技术。现在的问题是，清洁能源的成本比化石能源高，同时需要建设配套的新的基础设施，这些成本对经济增长有负面影响。

早期应对气候变化的经济研究大多采用成本 – 收益分析，即比较碳减排的长远收益与短期成本，并据此提出政策建议。但给气候变化的长远影响予以货币价值存在很大的不确定性，容易低估控制措施的收益，导致政策力度不够。

首先，经济分析往往只能捕捉到有市场交易的经济活动或者可以货币化的经济影响，而气候变化带来的一些冲击超越了传统的经济分析或者难以货币化，比如海平面上升、海水酸化、生态失衡等。其次，成本是当下的，收益则是长远的，人们以及公共政策部门往往更注重短期的成本和经济压力，而忽视后代人的利益。

随着气候问题在全球范围内日益受到关注，应对气候变化渐成共识，讨论的重点不再是是否应该采取控制措施，而是确定目标后，如何以最小的成本有效达到目标。研究的重点从成本－收益分析转变成了成本－有效性分析，即给定政策目标，根据不同落实措施的成本，分析实现目标的有效路径和具体措施。

就中国的目标而言，一个重要问题是2030年的碳排放峰值在什么水平，一般在达到峰值前10年调整压力较小，峰值后30年降到零排放的压力较大，反之亦然。研究文献一般是依据中国政府宣布的碳排放强度（单位GDP碳排放）下降目标，即2030年比2005年下降65%以上，结合2005年的碳排放量基数推算峰值目标的。我们认为不宜将峰值目标设定为某一精确数值，而更适宜设定为一个区间。

过于刚性的碳排放目标约束虽然有助于促进减排，但也容易诱发滞胀，近期快速攀升的PPI（生产价格指数）反映出，这样的风险苗头可能已经出现。虽然碳中和意味着经济难免面临成本上升的压力，但并非需要把所有的转型压力都集中在短期进行消化。尤其是在经济复苏基础仍不稳固的当下，应该谨慎实施直接限产、关停等供给冲击较强的措施，更多地考虑社会成本更小、更有效率的方式。因此，将峰值目标设定为区间有助于改善供给弹性，兼顾经济增长与减排。

按照这样一个区间思路，我们的估算表明，中国2030年净排放峰值水平在 99 亿 ~108 亿吨。即便按照下限算，中国的碳排放总量峰值仍显著高于欧盟（41 亿吨）、美国（61 亿吨），而从碳达峰到碳中和的时间比它们短，这意味着中国碳达峰后的调整压力大。此外，如果按区间上限算，较高的峰值似乎意味着前 10 年的压力没有那么大，但从人均碳排放量来看，中国在 2030 年是 7.4 吨，美国总量峰值时人均碳排放量为 19.6 吨，欧盟为 9.9 吨，这意味着中国在碳达峰前进一步上升的空间较小，未来 10 年的调整压力大。现实中，只有将碳排放总量和人均碳排放量两个视角结合起来才能看到较全面的图景，总体来看，中国在碳达峰前和碳达峰后的调整压力都很大。

纠正外部性：碳价格的能与不能

到目前为止，全球应对气候变化的效果有限，或者说和理想的要求相距甚远。为什么会这样？人口老龄化促进了机器替代人的创新，为什么气候问题没有促进减排的创新？一个关键因素是所谓负外部性：碳排放经济活动让私人受益，由此带来的气候变化和空气污染等损害由全体承担。这种负外部性使自由市场形成的商品和服务价格不符合社会利益，体现为化石能源的市场价格太低、消费量太高。

人类经济活动有很多外部性，大部分的外部性是局部的，在一定范围之内，比如金融风险、土壤污染。但气候变化是全球性的，影响所有国家和人群。一个可比的例子是应对新冠肺炎疫情，接种新冠疫苗不仅能保护自己，而且能限制病毒的传播，后者具有全球性的正外部性。每个国家新冠疫苗的接种率达到 70%~80%，就可能达到全球的群体免疫，如果只顾自己，单个国家即使达到 100% 的人群接种，也难以保证根除疫情，因为其他国家的病毒传播可能导致病毒变异，使疫苗失效。

但应对气候变化和控制疫情相比有一个重要差异，那就是后者的影响体现在当下，效果也比较明确，前者涉及的却是几十年甚至上百年以后的影响，效果的体现形式和程度有很大的不确定性。这种跨时空的负外部性使得私人部门参与应对气候变化的动力尤其小，自由市场调节机制的作用很有限，纠正负外部性是实现碳中和的关键。

如何纠正负外部性？需要公共政策的干预。一个关键因素是碳价格，它衡量的是碳排放的社会成本，其作用机制是通过付费把碳排放的社会成本转化为使用者成本，促使经济主体降低能耗，同时从化石能源向清洁和可再生能源转换。相关的政策讨论和执行涉及两个因素——碳价的水平和具体落实形式，两者相互联系，但不是一回事。

理论上讲，碳价水平的确立应该基于碳的社会成本，需要把碳排放的长远损害折现成当下的成本。但对未来几十年气候变化影响的估算有很大的不确定性，而贴现率反映的是社会在当代人与后代人利益之间的选择，容易产生争议。美国奥巴马政府倾向使用的贴现率是3%，这表明为了避免50年后气候变化带来的1美元的损失，今天愿意付出0.22美元，为了避免100年后1美元的损失，今天愿意付出不足5美分。

曾任世界银行首席经济学家、伦敦经济学院教授的尼古拉斯·斯特恩在2006年主持撰写了一份气候变化问题评估报告，该报告后来成为国际社会关注的经典之作。这份报告使用的贴现率，比2018年诺贝尔经济学奖得主威廉·诺德豪斯教授使用的贴现率低，也就是赋予了后代人利益更大的权重。按照斯特恩主张的贴现率，碳价约在每吨266美元，诺德豪斯的估算是每吨37美元。奥巴马政府的估算是每吨42美元，而特朗普政府的估算是每吨低于10美元。这些都显示了估算的不确定性和主观性。

碳价在执行层面有两种形式——碳税和碳交易形成的价格，前者是政府通过税收直接设定一个碳价，以弥补碳的市场价格的缺失，后者是创造一个交易市场，在政策设定的排放总量限制下由交易双方形成价格（cap and trade）。两者有各自的优劣势。碳税的优势是透明，价格可预期，有利于经济主体的长期规划，但劣势是与减排目标的关系不直接、不稳定，也就是减排量的可预期性差。碳税可以使用现有的征收机制，征收成本较低，但引进新税种会引发社会接受度的问题。

碳交易涉及碳排放量许可设定和建立新的交易机制，量的可预期性比碳税情形高，但价格的可预期性低。碳的交易价格受多重因素的影响，包括经济周期和技术进步等。在经济衰退时，碳排放需求下降，碳价也会随之下降；反之，经济繁荣时，需求增加会导致价格上升。碳交易的问题是，因为供给缺少弹性，需求端所有冲击的影响都落在价格上，所以价格波动容易过大，会对企业等经济主体的经营规划产生较大的冲击。

碳税和碳交易作为纠正外部性的工具，都有其价值，两者之间也不是相互排斥的，如果设计得当，两者都可以发挥有效作用。难点是确定碳税的水平和排放配额分配，太松难以起到约束和激励作用，太紧则对经济活动的冲击太大，根本的问题还是如前所述，赋予每一吨排放的碳以货币价格，有很大的不确定性。

在碳中和目标确定的情况下，关键问题已经从评估气候变化的长远损害转为如何有效、低成本地实现目标。在成本 – 有效性分析框架下，如何确定碳价呢？经济主体的决策取决于化石能源与清洁能源使用成本的比较。使清洁能源和化石能源成本相等的碳价，被称为转换价格或者平价，国际能源署（IEA）就是使用转换价格而不是传统的碳价概念来描述碳中和的路径的。比尔·盖茨在《气候经济与人类未来》一书中提出绿色溢价的指标，绿色溢价实际上就是转换价格的概念。

绿色溢价：更具操作性的分析工具

具体来讲，绿色溢价是指某项经济活动的清洁（零碳排放）能源成本与化石能源成本之差，负值意味着化石能源的成本相对较高，经济主体有动力向清洁能源转换，从而减少碳排放。绿色溢价和碳价并不相互排斥，而是相互联系。但绿色溢价作为一个分析工具，相较碳价有三个优势。

第一，绿色溢价是比碳价更广的概念。如果说碳税和碳交易等狭义的碳价不足以纠正超时空的外部性，需要公共政策在更大范围内的干预，那么绿色溢价可以提供一个包含碳价在内的综合考量。降低绿色溢价可以以碳税和碳交易为载体，也可以通过其他方式来实现，比如公共部门可以在促进技术进步和创新方面增加投入，加快制定行业和产品的绿色标准，建设降低清洁能源使用成本的基础设施等。

第二，绿色溢价衡量的是现状，而估算碳价涉及对长远不确定因素的评估。估算碳价是由远及近的方法，把碳排放导致的气候变化的长远损害折现为当下的成本。而绿色溢价是由近及远，估算当下的成本差异，以此为基础分析未来可能的演变路径。在长远的目标（碳达峰、碳中和）已经确定的情形下，绿色溢价作为分析工具的可操作性更强。

第三，碳价是一个整体划一的概念，绿色溢价具有鲜明的结构性特征，由于技术条件、商业模式、公共政策的差异，各行业的绿色溢价不同，甚至有很大差异，估算不同行业的绿色溢价有助于评估政策措施在不同领域的可行性。依据对新技术、新模式以及规模效应门槛值的假设，绿色溢价可以帮助我们判断在实施路径上的一些关键时间点与指标。

本书的一个重要创新就是把绿色溢价的概念应用到中国，发挥我们对相关行业的深刻理解，将估算不同板块的绿色溢价，作为分析碳减排路径的抓手，并以此为纽带和参照体系，把自上到下的宏观分析和自下到上的微观分析结合起来，形成一个系统性研究。

我们估算了碳排放量较大的几个行业的绿色溢价，当前场景下非乘用车交通运输以及建材行业（水泥、玻璃等）的绿色溢价比例分别是 141%、138%，即用清洁和可再生能源的成本比化石能源高 1~2 倍。技术相对成熟的造纸、有色、钢铁、乘用车和电力行业也有 3%~17% 的绿色溢价比例。这说明仅依靠市场价格提供的利益驱动机制，绿色转型的动力有所欠缺，而这几个行业占我国碳排放总量的 88%。

我们用 8 个行业的碳排放占比作为权重，估算当前加权平均的绿色溢价比例为 35%，其平价（即绿色溢价为零）隐含的碳价为 377 元 / 吨。这个水平在国际研究文献估算范围（37~266 美元 / 吨）之内，但如上所述，两者在概念上有差异。基于可获得的数据，我们也估算了 2015 年以来 8 个行业加权平均的绿色溢价，由此形成的中金绿色溢价指数显示，清洁能源转换价格在近几年明显下降（但背后不同行业的差异大）。

降低绿色溢价有两个载体，即降低清洁能源的成本和增加化石能源的成本。如果降低绿色溢价完全靠增加化石能源的成本，则其所要求的幅度可能会给经济带来很大的冲击。理想的办法是降低清洁能源的成本，或者降低单位 GDP 的能耗，这就要求技术进步和社会治理方面的创新，将对经济产生一个正面的供给冲击，能给发展带来新机遇。

值得一提的是，绿色溢价不是一个静态的概念。随着清洁能源的价格下跌，绿色溢价下降，经济主体对化石能源的需求减少，化石能源的价格下降，反过来会提升绿色溢价。由此清洁能源价格从现在的水平下降到化石能源价格当前水平之下，并不一定符合碳中和的要求，我们需要动态地看绿色溢价的变化及其含义。总之，公共政策需要通过直接或间接干预为化石能源价格、碳价格设立一个下限。作为分析和政策操作工具，衡量碳排放社会成本的碳价和衡量私人部门利益驱动的绿色溢价两者应该并行不悖、互为补充。

技术进步与社会治理

2018 年诺贝尔经济学奖由威廉·诺德豪斯和保罗·罗默两位教授获得，前者因其对气候变化经济研究的贡献，后者因其对技术进步研究的贡献。诺贝尔奖在同一年颁给这两个领域似乎有偶然性，但应对气候变化，技术进步是关键，而技术进步也有外部性。研发投入和失败的风险由个体承担，成果则可能使整个社会受益，这导致私人部门的研发投入低于社会福利要求的水平。

碳排放和技术进步都有外部性，前者是负外部性，后者是正外部性，都需要公共政策的干预和扶持。中国的绿色溢价在过去几年显著下降，最大的贡献来自电力行业。但有些行业的绿色溢价仍在高位，而且现有的技术条件难以在可预见的未来显著降低其使用成本，需要重大的创新和技术突破。比如制造业的非电力排放部分包括水泥、化工，现有技术条件下只能通过高成本的碳捕捉来减排。

从发电环节看，电力行业的绿色溢价已经为负值。清洁能源的应用有制造业属性，包括风能、太阳能、电动汽车，随着使用人数或产量的增加，单位成本下降，项目的可行性增加，这是制造业的规模效应。中国在早期对光伏产业的补贴扶持，促进了其起步发展，随着规模的扩大，其技术进步和规模效应相辅相成，商业可行性不再需要政策补贴，这是公共投入促进技术进步的成功例子。

创新不仅涉及自然科学和技术，还有社会治理方面。由于人们的生活习惯、风俗、路径依赖等，绿色溢价和碳减排的关系不一定是线性的，碳价在促进能源转换方面的门槛值可能比较高，短期内对经济的影响大，而技术进步有较大的不确定性。公共政策的行政性干预以及社会治理方面的改革有助于在需求端促进节能减排，包括形成更健康的生活方式。比如减少食品浪费，可以把部分土地腾出来做修复、增加碳汇，或者生产生物能源。

在一些领域，新技术和新产品的推广需要一个学习过程，规模效应需要时间，并且存在较大的不确定性，这使得规则和监管能比货币化价格引导更有效地发挥作用。比如制定行业和产品标准，改进城市规划，改善土地管理，建设新基础设施，包括充电桩和更便利的公共交通设施等。数字经济发展也能起到重要作用，大数据应用扩大了清洁能源技术的应用收益和成本下降空间，比如提升风电和光伏发电的可预期性，提高需求侧管理效率以促进电力供需更好地匹配。

绿色金融是与非

金融如何促进碳减排、碳中和？这涉及金融和实体经济的关系，可以从两个方面理解。一方面，金融是实体经济运行的结果，在信息充分的情况下，金融体系有效地把储蓄转化为投资，可以说是金融跟随实体经济发展。另一方面，在实体经济不能实现资源有效配置的情形下，金融在一些方面可以起到纠正市场失灵的作用，比如发展普惠金融，可以说是金融引领实体经济发展。

绿色金融在以上两方面都可能有所体现。前者的情形是，绿色溢价已经降到零以下，实体主体有经济动力使用绿色能源，金融为相关绿色项目提供融资。后者的情形是，金融本身助力降低绿色溢价。对绿色项目融资数据的统计往往涵盖这两方面，但从公共政策的视角看，金融引领实体经济发展可能更重要。

具体来讲，金融可以在三个方面发挥作用：降低融资成本，增加融资的可获得性，创造新的交易市场。一个直接干预的方式是提供优惠融资，比如贷款利率补贴、指定贷款领域等。开发性金融机构在项目早期融资中可以发挥重要作用。其他方式包括通过金融工具平衡投资者对绿色项目和棕色项目的风险认知，以及通过创新市场交易来增加绿色项目的融资可获得性。

在现阶段，为有效减少碳排放，绿色金融应该重点支持哪些领域？用什么工具？我们的估算显示，碳排放占比超过40%的电力行业的绿色溢价比例只有17%，这还是考虑到相关资产整个生命周期的固定成本的分摊，按可变成本计算的绿色溢价已经是负值，也就是用清洁能源的可变成本比化石能源低。鉴于经济的可行性高和碳排放占比大，现阶段重点支持的领域应该是电力行业以及其他行业的电气化转型。

基于这些项目的回报和风险可预期性较高，信贷和债券等固定收益工具应该是主要的支持方式，这在一定程度上属于前述的绿色金融的第一种方式。但有些低碳技术的应用要求较高的初始投入，第二种方式可以通过降低初始投入的资金成本或者提高其资金的可获得性来降低绿色溢价，促进私人部门经济主体的参与。绿色能源实际上是制造业的重要基础，对制造业大国而言，其规模效应和外溢效应尤其突出，所以绿色金融也会促进中国经济的整体发展。

绿色溢价高的行业，比如航空、建材、化工等，主要受限于当前的技术条件，比如需要碳捕捉来抵消碳排放。对这些行业而言，通过技术创新来突破瓶颈是关键，这不仅需要较长的时间，更需要资金投入。从资金支持的角度来看，基础性研究的公共投入包括财政和开发性金融，另外，有效的资本市场，尤其是股权融资促进高回报、高风险的创新，也有助于加速资源再配置的使用。

对照现实，从近几年的发展来看，绿色信贷、绿色债券融资量快速增长，ESG（环境、社会和公司治理）投资也成为热门话题。全球有超过 40 万亿美元的投资是按照 ESG 原则进行的。一些研究显示，ESG 投资回报平均来讲并不比传统的不受限制的投资回报低，绿色信贷、绿色债券的利率并不比普通的产品低。这说明对于投资者而言，做好事和私人利益两者之间并不矛盾，这和一般的直观感觉似乎不同。对此有三个可能的解释，代表了不同的政策含义。

第一，金融反映实体经济运行的结果，碳排放外部性在实体经济层面已经得到纠正，所以回报率没有差别。这样的解释虽然有一定的合理性，但并不是完整的。

第二，绿色标准不清晰，绿色金融支持的不都是绿色产业。评估一个企业的非财务表现不仅是技术问题，也是社会伦理问题，需要选择一组衡量企业环境和社会表现的指标，并设立一套基准情形的参照标准。目前看，这是推进绿色金融发展的重要短板。比如 ESG 由什么构成，我们在多大程度上能相信企业发布的 ESG 数据，这些方面并没有一个得到广泛认同的标准。因此，当务之急是改进绿色标准的认定和衡量体系，这是绿色金融的基础设施。

第三，金融机构和投资者对绿色项目未来发展的正面认知，降低了对风险溢价补偿的要求。这是因为金融工具一般是用于建立新资产的投资，是做加法。但这不代表存量资产不重要，金融也有路径依赖，在经济转型过程中，与传统能源相联系的资产可能受到侵蚀，其对应的负债是金融机构的资产。

如何平衡金融体系的增量资产和存量资产，不仅涉及对绿色经济的支持，而且关乎金融稳定，从根本上讲是一个公共政策问题。中央银行和监管机构应该要求金融机构及时充分披露棕色项目资产的风险，对相关的资产设定更严格的资本和流动性覆盖率，从而鼓励金融机构减少对高碳排放相关投资的支持，促进绿色项目投资。此外，建立有关棕色资产的风险暴露和处置机制，有利于在绿色转型过程中维护金融稳定。

国际合作与竞争新格局

气候问题具有全球外部性，需要国与国之间的协同应对，如何平衡效率和公平是关键。理论上讲，在全球范围内实行统一的碳价，不管在什么地方，都实行成本低的领域先减排，总体的减排效率是最高的。其结果是发展中国家的碳减排力度较大，因为收入较低的消费者负担碳消费的能力较低，由此导致的经济损失可以通过发达国家向发展中国家的转移支付来弥补。

但现实中，效率和公平很难得到平衡。对低收入国家来说，碳减排对消费的边际影响大，而国家之间的财政转移难以实现，在短期降低贫困比减缓气候问题更重要。工业革命以来，大部分碳排放来自发达国家，对发展中国家来说，能源贫困是经济贫困和发展不平等的一个重要体现。此外，如果低收入国家重复发达国家过去的发展路径，那么它们对资源尤其是能源的需求在全球范围来讲是不可持续的。

如何看待应对气候变化的国际合作和竞争？两个方面的价格差异有重要含义。首先，收入水平差异使发展中国家碳减排的价格弹性系数较大，即同一水平的碳价带来的减排量较高，这意味着发展中国家的碳价应该比发达国家低。但碳价的差别也容易导致高排放的行业从发达国家转移到发展中国家，带来碳泄漏问题。作为应对，一些发达国家在讨论对进口商品征收边境调节税，但对于税费设置在多高水平是合理的这一问题有较大的不确定性，并且其容易变成贸易保护主义的工具。

其次，发展中国家的利率比发达国家高。较高的贴现率意味着改善未来气候的正面影响的折现值较低。对新兴市场而言，由于资金使用在其他领域有较高的回报率，所以需要在碳减排和其他投资之间进行平衡。同时，较高的利率意味着金融发挥作用的空间更大，需要资金从高收入国家流向低收入国家。这是国际层面的绿色金融问题，纠正市场失灵需要双边和多边合作，其中开发性金融机构的参与可以降低有关投资项目的风险，促进私人部门的投资。

应对气候变化问题中的国际合作与竞争，必将对全球治理体系产生重大影响。如何建立一个比《巴黎协定》约束力更强的机制是一个挑战。第二次世界大战后形成的国际贸易和金融体系，包括世界贸易组织、国际货币基金组织与世界银行，需要在新形势下改进治理机制。作为一个大型经济体，中国实现碳中和是全球应对气候问题的重要一环，也需要在新的国际治理体系形成中发挥重要作用，包括与“一带一路”沿线国家的合作。

由于自然禀赋的差异，中国在化石能源上处于劣势，但作为制造业大国和数字经济大国，中国在清洁能源方面有潜在竞争优势。国际的同伴压力将逐渐使每个国家应对气候变化的战略趋同，碳减排是大势所趋，这对中国来说不仅是挑战，也有先行优势。

滞胀还是发展新机遇：反思现实市场经济

应对气候变化，实现碳中和，从根本上来讲是发展模式变化、经济结构转型，其背后是相对价格变化的驱动。无论是碳税、碳交易形成碳价，还是行政性监管和绿色金融等措施，其促进碳减排的传导载体都是提升化石能源的价格和降低清洁能源的价格。在新的模式下，清洁能源将成为人类社会健康生活、可持续发展的基础。但在旧均衡到新均衡的转型过程中，相对价格变化作用于经济是有摩擦的，会对经济产生供给冲击。

具体而言，碳价在供给端体现为生产成本上升，在需求端体现为实际收入下降，这有点类似于石油供给减少的影响，在宏观经济上有滞胀的特征。滞胀的压力有多大？我们的CGE模型估算显示，在没有技术进步的情形下，中国在2060年难以实现碳中和。技术进步不是天上掉下来的，碳价上升是一个利益驱动力量，由此对GDP增长有负面影响，同时将带来物价上升。我们的行业研究显示，如果在现阶段把绿色溢价降到零，将给建材、化工等制造业带来很大的成本上升压力。

就结构影响来讲，一些经济活动、技术，甚至行业将被新的模式替代，传统能源尤其是煤炭行业受到的冲击大，相关的基础设施、制造和服务部门的就业将下降，清洁/可再生能源及相关部门的就业上升。化石能源的分布基本是自然禀赋，对中国这样的大型经济体来讲，转型必然带有区域特征，化石能源生产大省和地区将受到较大冲击，而一般来说，这些省和地区的经济相对欠发达。同时传统能源价格将在一段时间内上升，对低收入人群的影响比对中高收入人群大。应对这些结构调整和收入分配问题，需要公共政策尤其是财政发挥作用。

从深层次来讲，碳中和给经济活动施加了虽然影响各个层面，但自由市场难以定价的单一数量限制，这是市场经济和公共政策面临的前所未有的问题。在这个硬约束下，如何在纠正市场机制缺失的同时避免政府过度干预，如何平衡短期与长期、局部与整体利益，没有先例可循。这个过程对经济社会的影响将如何呈现有很大的不确定性，但根本可能在于对社会主流思维的冲击。

展望未来，我们可以想象三种情形：第一，碳中和的努力没有取得成功或者成功来得太迟，全球气候变化将给人类社会带来重大损害；第二，碳中和的努力取得了成功，但主要靠增加能源使用成本来实现，全球经济在长时间内面临滞胀的压力；第三，公共政策包括国际合作促进技术和社会治理创新，碳中和带来新发展格局，人类享受更高水平、更健康的生活。

这三种情形都意味着对在过去 40 年占主导地位的新古典经济学的挑战。对于气候问题这样的超越时空的外溢影响而言，用外部性来弥补新古典经济学的完整信息、确定性、充分竞争的基础性假设，是否足够？怎么解释碳排放这样的单一数量指标成为全球经济社会发展的一个统一的约束因素？在实现碳中和的过程中，公共政策、社会治理机制与市场机制之间的互动将怎样演变？对于这些问题，估计只有时间能给出答案，碳中和的过程将促使人们更深刻地认识现实市场经济和新古典的理想市场经济的差距。

我们需要反思新古典经济学的偏差，向古典经济学回归。古典经济学家如亚当·斯密和大卫·李嘉图认知到，人类活动在自然的限制中发生，他们也强调社会伦理与人文等政治经济学的视角。应对气候变化提示我们，经济研究需要重新审视自然的角色，在劳动力和生产性资本之外，我们还要考虑自然资本（水、空气、森林、生物多样性、海洋等），而自然资本没有自由市场形成的价格，需要公共政策和社会治理发挥作用。在效率与公平的平衡中，对公平的重视将有所增加。

走向碳中和对所有人来说都是一个长期的学习过程，本书是我们认知这个问题的努力，偏差和错漏难免，我们将紧跟形势发展，及时更新分析和评估。

彭文生

中金公司首席经济学家、研究部负责人

中金研究院执行院长

总论篇

▶▶ 第一章

绿色溢价致中和

摘 要

如何应对碳排放这样一种罕见的超时空外部性，对于全球而言都是一件难事。对中国而言，这种困难尤为严重，主要体现为既有的经济增长目标与新增的碳中和目标之间的协调难度更大。

改革开放40年来，我们早已习惯了经济增长目标的硬约束。近些年，伴随着潜在增长率的长周期下降，增长的约束虽然有所弱化，但作为全球最大的发展中国家，经济增长仍然是我国的第一要务。预计到“十四五”末，我国有望达到现行的高收入国家标准，到2035年有望实现经济总量或人均收入翻一番。[①]

当前，我们正在给未来的40年增加一条新约束。作为全球碳排放量第一大国，我国给出的碳中和时间表也非常明确：到2030年碳排放强度较2005年下降65%以上，碳排放力争于2030年前达到峰值，努力争取2060年前实现碳中和。需要说明的是，欧盟、美国均确定了2050年实现碳中和的目标，这意味着它们各自有71年和45年的时间从峰值走向净零排放。中国设置这样一个“30达峰，60中和”的时间表，就意味着要在未来40年实现碳中和，时间紧、任务重，尤其是将面临比欧盟、美国陡峭得多的中和斜率。

在两个40年的硬约束碰撞之际，如何求得一个交集？我们尝试从总量和结构两个方面进行探讨。总量方面，一个重要问题是如何设定2030年的峰值目标。我们认为，为兼顾经济增长与减排，将达峰目标设定为一个区间较为适宜，以避免过于刚性的供给约束。结构方面，我们在绿色溢价的框架下，以八大高碳排放行业为重点分析对象，提出了“碳定价+技术进步”的初步思路，并通过CGE模型的一般均衡分析，佐证这一思路能够兼顾经济增长与碳中和两个目标的约束。最后，通过探讨绿色溢价为负值的含义，对社会治理进行分析，最终提出“碳中和之路=碳定价+技术进步+社会治理”的公式。[②]

---

① 详见2020年11月3日习近平关于《中共中央关于制定国民经济和社会发展第十四个五年规划和二〇三五年远景目标的建议》的说明：“在征求意见过程中，一些地方和部门建议，明确提出‘十四五’经济增长速度目标，明确提出到2035年实现经济总量或人均收入翻一番目标。文件起草组经过认真研究和测算，认为从经济发展能力和条件看，我国经济有希望、有潜力保持长期平稳发展，到‘十四五’末达到现行的高收入国家标准、到2035年实现经济总量或人均收入翻一番，是完全有可能的。”

② 本章作者：彭文生、谢超、张峻栋、刘鎏、李瑾。

总量寻峰：净碳排放峰值 99 亿~108 亿吨

看待中国的碳排放问题，有历史和未来两个视角。如表 1.1 所示，在 2019 年的当年碳排放量上，中国虽然超过了其他经济体，但欧盟、美国的工业化起步较早，累计碳排放量[①]也更大。而且从人均碳排放量看，中国是 7.1 吨，仍不足美国 16.1 吨的一半（见表 1.2）。这样一个历史的视角，对于各国协调应对碳中和目标时区分"共同但有差别"的责任非常重要。然而，从着眼未来的角度看，更重要的是探讨如何实现中国自己既定的"30 达峰，60 中和"目标。

尤其是从碳排放强度来看，过去几十年中国的这一指标虽然在主要经济体中下降最快，但由于产业结构与欧美存在较大差异，所以我国的碳排放强度目前仍约是欧盟的 5 倍、美国的 3 倍。如果将未来 10 年的碳达峰之路理解为抓住"缓冲期"以实现累计排放、人均排放向美国对标，那么后面 30 年我国的碳中和之路将会有巨大的压力。

---

① 累计碳排放量根据 1751 年以来的数据计算。

表 1.1　年排放量与累计排放量

年份	指标（亿吨）	欧盟	美国	印度	中国
1950	当年碳排放量	13	25	0.6	0.8
	累计碳排放量	656	920	20	19
2019	当年碳排放量	29	53	26	102
	累计碳排放量	2 870	4 102	519	2 200

资料来源：Our World in Data，世界银行，中金公司研究部。

表 1.2　碳排放强度与人均碳排放量

年份	指标	欧盟	美国	印度	中国
1970	碳排放强度（千克 / 美元）	0.6	0.9	0.8	4.1
	人均碳排放量（吨）	8.6	20.6	0.3	0.9
2019	碳排放强度（千克 / 美元）	0.2	0.3	0.9	0.9
	人均碳排放量（吨）	6.6	16.1	1.9	7.1

资料来源：Our World in Data，世界银行，中金公司研究部。

更重要的是，欧美达到碳排放峰值是一个自然而然的结果，并非事前设定的排放约束，对我们峰值设定的借鉴意义可能有限。我们认为，一方面，“30 达峰”目标的制定并不意味着未来十年可以自由排放，在碳中和已然成为新约束的背景下，要实现这一目标就要从现在开始改变思路、立刻行动；另一方面，基于对如下三个因素的考虑，峰值目标不宜设定为某一精确数值，更适宜设定为一个区间，以避免供给约束过于刚性。

第一，碳排放数据统计具有内在的不确定性，难以精确量化。限于当前的技术手段，目前各国温室气体排放核算都是用各类排放活动水平乘以相应排放因子加总得到的估计值，其测算结果具有内在不确定性。为统一各国测算口径，IPCC 制定了《国家温室气体清单指南》，为各国编制排放清单提供了基础技术规范与适用于全球的基础排放因子数据。

然而，IPCC 也强调并鼓励各国使用符合本国国情的测算方法和本地化的参数。由于各类排放活动水平和排放因子数据的测算难度大，不同机构对本地化参数的理解也不一致，即便是《自然》等权威科学期刊中的文献，对同一国家碳排放的测算也存在10%~20%的差别。鉴于碳排放测算的这种内在不确定性，追求过于精确的达峰目标可能并不符合科学规律。

第二，我们的估算表明，中国2030年净碳排放峰值水平在99亿~108亿吨。聚焦未来，有两个因素决定了中国的碳排放峰值。一是现在到2030年的GDP增长路径。根据“十四五”规划纲要，假设GDP从2020年到2035年实现翻番，并且GDP增速由2019年[①]的6%匀速下降，就可以得出2020—2030年GDP复合增速为5%。二是2030年相比于当下碳排放强度的下降幅度。目前的权威说法是，到2030年碳排放强度较2005年下降65%以上。近些年来，有关部门每年都会公布当年碳排放强度较2005年的下降幅度，比如2019年碳排放强度较2005年下降48.1%。与此同时，“十三五”规划和“十四五”规划明确提出碳排放强度下降18%的目标，假设“十五五”规划亦提出18%的下降目标，那么未来10年碳排放强度将会年均下降3.9%，最终结果是2030年碳排放强度可以实现较2005年下降66.5%。

基于上述未来GDP增长和碳排放强度下降的路径，我们可以进一步探讨2030年的碳排放峰值。首先需要解决基础的碳排放数据问题。现有的碳排放量数据库，主要包括中国碳核算数据库（CEADs），以及BP（英国石油公司）和生态环境部的数据库。由于生态环境部的数据不够连续，所以中国碳核算数据库和BP的时间连续的数据更适合用于研究（见图1.1）。2005年，中国碳核算数据库、BP、生态环境部统计的碳排放量（未计入碳汇）分别为54亿吨、61亿吨、59.8亿吨；2014年，三个数据库统

① 这里我们排除2020年新冠肺炎疫情的临时性冲击。

计的碳排放量分别为 94.4 亿吨、92.4 亿吨、102.8 亿吨[①]；2017 年，中国碳核算数据库、BP 统计的碳排放量分别为 93.4 亿吨、93.0 亿吨。可见，近些年中国碳核算数据库和 BP 的数据之间的差异显著缩小，考虑到中国碳核算数据库包含 29 个行业的碳排放数据，便于进行结构分析和 CGE 模型模拟，因此我们最终使用中国碳核算数据库的数据进行分析。

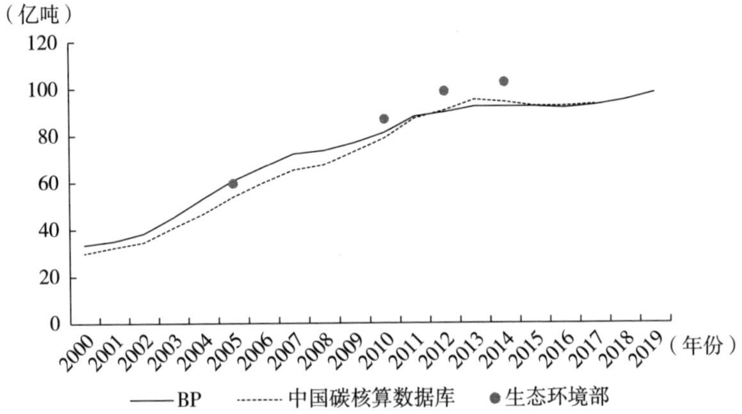

图 1.1　不同数据库的碳排放量

资料来源：中国碳核算数据库，BP，生态环境部，中金公司研究部。

为了规避由不同数据库早期碳排数据之间差异较大带来的不确定性，我们选取 2017 年中国碳核算数据库的碳排放量（93.4 亿吨）作为测算基准。此外，基于碳排放强度下降的两种情形分别测算 2030 年的峰值：第一，基于 2017 年和 2030 年碳排放强度较 2005 年分别下降 46%（官方统计）和 65% 以上（官方目标）；第二，基于达峰前碳排放强度年均下降 3.9%，即 2030 年碳排放强度较 2005 年下降 66.5%。在这两种情形下，2030 年碳排放量将分别达到 117 亿吨和 108 亿吨。考虑到 2030 年预计有 9.1

① 官方数据对工业生产过程的碳排放统计较为全面，因而其碳排放数据往往较大。

亿吨农林碳汇，[①] 2030 年净碳排放预计会达到 99 亿 ~108 亿吨。另外，虽然我们用中国碳核算数据库作为基准数据库，但为了评估测算不确定性的严重程度，我们用 2019 年的 BP 数据和 2014 年的官方数据，采取同样的逻辑进行了测算，具体测算数值见表 1.3。

表 1.3　2030 年达峰值区间（净排放）测算

2030 年峰值测算（亿吨）		
	2030 年碳排放强度较 2005 年下降 65% 以上	每个五年规划碳排放强度下降 18%
中国碳核算数据库（2017 年 93 亿吨）	108	99
BP（2019 年 98 亿吨）	104	100
生态环境部（2014 年 103 亿吨）	119	120

资料来源：中国碳核算数据库，BP，生态环境部，清华大学气候变化与可持续发展研究院，中金公司研究部。

关于测算不确定性的讨论如下。由于我们是基于碳排放强度对 2030 年的碳排放峰值进行测算的，所以可能在三个方面产生不确定性：对于 GDP 未来增速的假设、碳排放历史数据的质量，以及对碳排放强度下降目标本身的理解。

首先，GDP 增速假设主要依据的是“2035 年实现经济总量或人均收入翻一番”，其不确定性在于对未来 15 年 GDP 增速由 2019 年匀速下降的假设。

其次，早期碳排放的历史数据质量不够高，关于中国 2005 年的碳排放数据存在很多争议。我们注意到了两个现象：一是如前所述，随着时间的推移，BP 数据和中国碳核算数据库数据趋于一致、分歧减少；二

① 清华大学气候变化与可持续发展研究院测算，详情请见《中国长期低碳发展战略与转型路径研究》。

是 2017 年官方公布的碳排放强度相比 2005 年实现了 46% 的下降，而且 2017 年关于较新的碳排放数据的争议较少。因此，我们放弃了分歧较大的 2005 年数据，改用质量更高的 2017 年数据作为测算基准，这在一定程度上规避了早期数据质量不高形成的误差风险。

最后，学者对峰值的测算通常明确指扣减碳汇后的净排放。中国碳核算数据库与 BP 统计的是不扣减碳汇的毛排放。对于如何理解“2030 年碳排放强度较 2005 年下降 65% 以上”中的碳排放强度，似乎并没有权威说法。我们的测算方法是，从毛排放角度去理解这一目标，以峰值上限的测算为例，在 117 亿吨的毛排放之后，再扣减 2030 年的碳汇，得到了 108 亿吨净排放的峰值，此数值大致位于清华大学气候变化与可持续发展研究院、世界资源研究所等机构测算的峰值数据之间。如果从净排放的角度去理解上述目标，需要先根据清华大学气候变化与可持续发展研究院等机构测算的历史碳汇数据，将中国碳核算数据库中的毛排放数据处理成净排放再去计算，所得结果是 2030 年净排放的峰值大约是 109 亿吨，与基于毛排放的上限测算的数据相差不大。经过与中金公用事业组的讨论，我们倾向于从毛排放的角度去理解碳排放强度下降 65% 以上的目标，即 2030 年的净排放峰值上限约为 108 亿吨。

第三，滞胀风险隐现，峰值目标设定为区间有助于改善供给弹性、兼顾经济增长与减排。作为全球最大的发展中国家，可持续的经济增长仍然是我国第一要务。与此同时，“30 达峰，60 中和”时间表的推出，意味着我们正在给未来 40 年增加一条新约束。在碳中和技术没有完全成熟之前，两个约束之间的冲突是客观存在的，过于刚性的排放目标约束固然有助于促进减排，但也容易诱发滞胀。

事实上，这样一个风险苗头可能已经出现。例如，2021 年 3 月、4 月 PPI 快速上行的背后，有一部分疫后需求复苏的原因，但更值得关注的是环境约束强化下的供给弹性下降，这和一些地方、一些领域过于依赖关停限产等刚性较强的行政政策有关。虽然碳中和意味着经济难免面临成本上升的压力，但这并非需要把所有的转型压力都集中在短期消化。

在经济复苏基础仍不稳固的当下，应该谨慎对待直接限产、关停等供给冲击较强的措施，更多地考虑社会成本更小、更有效率的方式。例如，以增量改革带动存量调整，通过加大低碳、零碳产能投资推动高碳产能置换，严格控制新增高碳产能投资等。从中长期视角看，统筹兼顾的一个更重要方面是，将碳达峰的峰值目标设定为一个区间，避免过于刚性的供给约束。

综上，即便按照 108 亿吨的峰值上限，与 2020 年的碳排放量相比，[①] 也意味着未来 10 年中国年碳排放量仅有不到 10% 的提升空间，与此同时，GDP 年化实际增速预计将达到 5%，这凸显了未来 10 年中国碳达峰的难度。从国际比较来看，这样一个远高于欧美历史峰值的排放数据，意味着中国在碳达峰后实现碳中和的难度更大。欧盟早在 1979 年就实现了碳达峰，碳排放峰值约 41 亿吨，相应人均碳排放约 9.9 吨。美国在 2005 年实现碳达峰，碳排放峰值约 61 亿吨，相应人均碳排放约 19.6 吨。按照前述测算，中国 2030 年碳排放峰值上限为 108 亿吨，对应人均碳排放约 7.4 吨。目前，欧盟[②]、美国[③]均将碳中和的目标时间定在了 2050 年，如果将达峰到中和定义为碳中和的下半场，就意味着欧盟碳中和的下半场长达 71 年，美国的下半场有 45 年，中国却只有 30 年。从总量的角度看，我们将面临比欧盟、美国陡峭得多的下半场斜率（见图 1.2 和图 1.3）。如何才能实现这一艰难的目标呢？下文将从结构视角探讨行业层面的实现路径。

---

① 清华大学气候变化与可持续发展研究院测算，详情请见《中国长期低碳发展战略与转型路径研究》。

② 参见 https://ec.europa.eu/clima/policies/strategies/2050_en。

③ 参见 https://joebiden.com/climate-plan/。

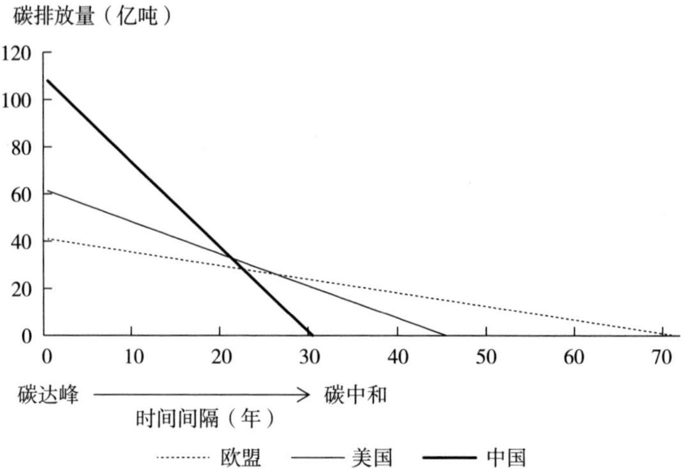

图 1.2　各国碳达峰后的碳中和斜率

资料来源：Our World in Data，世界银行，中金公司研究部。

注：横轴为 0 代表碳达峰时点，中国采用的是峰值上限。由于 Our World in Data 数据库并未明确说明各国的碳排放量是属于净排放还是毛排放，所以此处比较具有一定的不确定性。

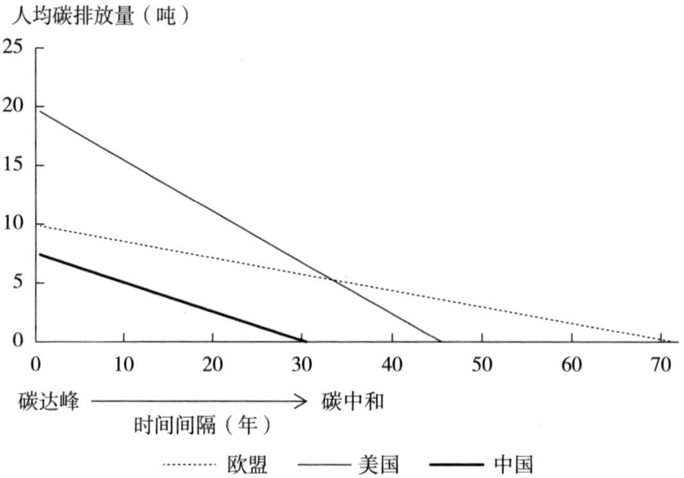

图 1.3　各国碳达峰后的人均碳中和斜率

资料来源：Our World in Data，世界银行，中金公司研究部。

注：中国采用的是峰值上限。由于 Our World in Data 数据库并未明确说明各国的碳排放量是属于净排放还是毛排放，所以此处比较具有一定的不确定性。

结构路径：基于绿色溢价的探讨

目标确定后，接下来就是探索如何实现碳中和，解决这一问题无外乎两种方式，即在需求侧节能减排甚至直接遏制需求（比如拉闸限电），以及在供给侧推广清洁能源、改进生产工艺、发展碳捕捉等。然而，限制需求不仅与过去40年的经济增长约束相悖，而且拉闸限电、推动节能减排等需求侧管理也只能实现碳排放量（暂时）下降，难以达到碳中和。要想从根本上解决问题，关键在于促使供给侧使用零排放能源、采用零排放生产工艺。

因此，实现碳中和，供给侧是核心抓手，关键是处理好八大重点行业的排放问题。2016年，国家发改委发布了《关于切实做好全国碳排放权交易市场启动重点工作的通知》，将石化、化工、建材、钢铁、有色、造纸、电力、交通运输中的航空作为重点排放行业。根据中国碳核算数据库的数据，2000—2017年，全国碳排放量由30.03亿吨上升至93.39亿吨，这八大行业[①]的碳排放占比由80%升至约88%（见图1.4），比例提升主要由电力、钢铁行业贡献。如图1.5所示，八大行业中，2017年碳排放占比由高到低依次是电力（主要是火电，44%）、钢铁（18%）、建材（13%）、交通运输（含航空，8%）、化工（3%）、石化（2%）、有色（1%）、造纸（0.3%）。

需要说明的是，中国碳核算数据库对于碳排放行业结构的统计，主要是基于生产环节的排放，并没有将高耗能行业通过耗电产生的间接排放也算在各行业的碳排放占比中。因此，电力行业排放量占比近半，是因为工业、居民等全部用电部门的电力能耗碳排放都被统一计算在了电力行业中，钢铁、建材、有色、化工等其他高排行业统计的碳排放，则是在生产

① 受中国碳核算数据库统计口径影响，航空使用交通运输（含航空）碳排放数据。

过程中产生的直接排放，例如，钢铁高炉炼钢因消耗铁矿石和焦炭产生的碳排放，水泥熟料煅烧阶段分解石灰石和燃煤烧窑等产生的碳排放。

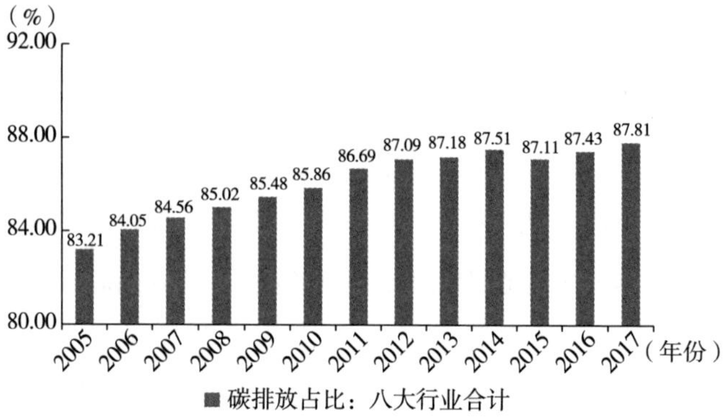

图 1.4　八大行业合计碳排放占比

资料来源：中国碳核算数据库，中金公司研究部。

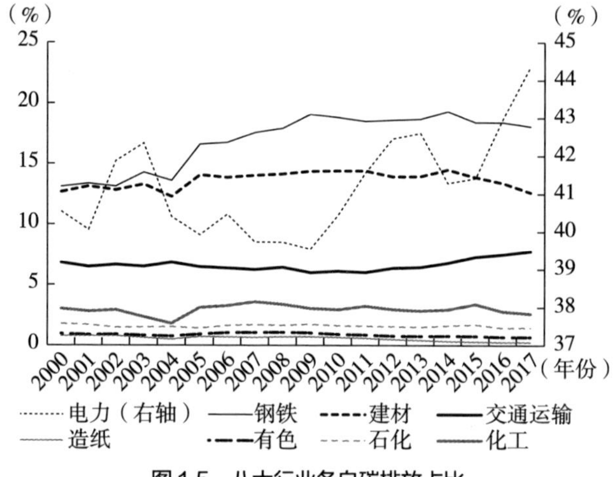

图 1.5　八大行业各自碳排放占比

资料来源：中国碳核算数据库，中金公司研究部。

很明显，这样一个生产环节的直接排放与生产的技术工艺是高度相关的，由此我们也可以从改进生产技术的角度来思考碳达峰、碳中和之路。比如，发电可以从有排放的燃煤技术转向零排放的光伏发电，炼钢采用电炉钢的工艺可以大量减少碳排放，对于水泥熟料煅烧这种无法通过更改生产技术而降低的排放，则可以考虑通过增加碳捕捉与封存装置的方式来解决，有可能实现零排放。这样一个思路反映在经济层面，即绿色溢价。这个概念由比尔·盖茨提出，在本书中我们将绿色溢价定义为，与当前高碳技术的生产成本相比，使用零碳技术的生产成本提升的比例。因此，从一定意义上看，碳中和的关键在于降低绿色溢价。一旦绿色溢价为零，就意味着碳中和的生产技术非常成熟，没有必要再使用化石能源等高碳技术了。

不过，不同行业的绿色溢价存在巨大的差异，最高的建材行业与最低的有色行业之间差了近 38 倍。如何理解这种差异？需要将八大高排放行业划分为三大类：电力行业、交通运输行业和制造业（建材、化工、钢铁、造纸、石化、有色）。这三类行业的生产方式存在较大差异，需要分开讨论。

一是电力行业。从发电环节看，绿色溢价已经为负。目前水电和风电的成本低于火电，核电和光伏发电的成本略高于火电，按照当前电力能源结构测算（火电 66%、水电 19%、风电 6%、核电 5%、光伏发电 4%），清洁能源综合发电成本低于火电。但是消纳环节碳中和成本较高，估算下来 2021 年电力行业绿色溢价比例为 17%。电网接纳新能源，需要在辅助服务市场增加电网灵活性资源调度，包括火电机组调节功率、抽水蓄能机组抽水、储能电站充电等方式。消纳成本会随着风力和光伏在发电结构中占比的上升而增加。目前火电调峰仍然是成本最低的电网调度消纳方式。在消纳环节出现新技术、大幅降低成本以前，火电不太可能退出电力系统。

二是交通运输行业。交通运输行业包括公路、铁路、航空、航运等不同运输方式，绿色溢价存在较大差别，中金相关行业组的测算表明，2021 年交通运输行业总体绿色溢价比例为 68%。在现有技术下，交通运输各个子行业需要采用不同手段实现零排放。假定乘用车、中轻卡和铁路用清洁电力，重卡、航空和航运用氢能满足，估计各子行业绿色溢价比例为：公路客运 18%，公路货运 127%，航空 343%，航运 319%，铁路 -29%。

由于氢能成本远高于清洁电力成本，所以重卡、航空、航运的绿色溢价比例远高于公路客运和轻卡。目前铁路电气化程度不断上升，绿色溢价比例已经为负。

三是制造业。在现有技术下，制造业绿色溢价和生产技术有关，水泥、化工等高排放行业需要采用高成本的碳捕捉等技术实现零排放。中金相关行业组的测算表明，2021 年高排放制造业绿色溢价比例分别为：建材 138%，化工 53%，钢铁 15%，造纸 11%，石化 7%，有色 4%。

对这三类行业的分析表明，经济层面的技术成熟度是决定绿色溢价的重要因素。以碳排放占比最高的电力行业为例，过去 10 年，得益于规模效应、材料替换和效率提升，非化石能源技术进步较大，风电、光伏发电成本大幅下降，零碳排放的电力能源已经具备可行性，即使考虑电网消纳成本，清洁能源发电也有望实现比化石能源更低的成本。事实上，过去几年中金绿色溢价指数持续下降，主要是因为电力行业的技术进步。

对于建材、化工等制造业来说，当下绿色溢价偏高，主要是因为水泥等产品的生产工艺存在不可避免的碳排放，需要借助氢能、碳捕捉等技术实现碳中和目标，而这些技术尚不成熟，使用成本较高。交通运输行业当前存在较高的绿色溢价，是因为如果要实现零排放，重载领域如重卡、航空和航运需要用氢能替代现有燃油技术，未来绿色溢价下降也需要氢能技术的进一步发展成熟。

综上所述，技术进步是降低绿色溢价的重要方式。不过，这并非全部答案。从前述绿色溢价的计算方式可以看出，降低绿色溢价既可以通过发展技术以降低零碳技术生产成本的方式实现，也可以通过提升高碳技术生产成本的方式实现，这也是主流经济学框架下较受推崇的碳中和方式。碳排放之所以成为一个问题，是因为负外部性的存在。从时间尺度来看，碳排放导致气候变化进而产生严重后果，这一过程往往要数十年甚至数百年，因此这种外部性对当下的经济活动、日常生活的影响可能是相对较小的。

从空间尺度上看，碳排放进入全球的大气循环，任何一个地区的碳排放都会对全球气候产生影响。从后果来看，全球生态系统是人类生存发展的基础，如果不能妥善解决这一问题，其后果可能是人类无法承受的。因此，目前主流的认识框架是，要解决“碳排放”这种巨大的、超时空的外部性问题，就必须把这种外部性内部化。从绿色溢价的角度看，也就是提升现有高碳技术的生产成本。

因此，对于思考碳中和之路而言，绿色溢价是一个更具有兼容性的分析框架，内含两条基本的碳中和道路：一是主流的碳定价做法，以提升高碳技术的生产成本；二是促进技术进步，提升零碳技术的经济成熟度，以降低零碳技术的生产成本。这两种方式哪种更有效？对于经济的总量与结构有什么含义？如何才能实现既定的碳中和目标？对于这些问题，我们将在下一节的 CGE 模型分析中尝试解答。

四种情形：CGE 模型下的一般均衡分析

CGE 模型是基于一般均衡理论、宏观经济结构关系和国民经济核算数据建立的全景式经济系统数量模拟系统，通常用于研究总体经济的长期、确定性行为及其对于外部冲击的反应，现已成为气候经济、政策分析的标准工具。在模型中，任何一部分结构的变化都会影响整个系统，导致商品、要素价格和数量发生变化，当外生冲击发生时，系统会从一个均衡状态过渡到另一个均衡状态，从而全面展现冲击产生的影响。

在约束条件下，生产者最小化成本，而消费者最大化效用，通过生产、分配、交换和消费环节达到生产要素和商品市场的供需平衡，从而确定各个市场的均衡价格。在传统研究环境经济的 CGE 方法基础上，我们将内生气候友好技术纳入框架，因此本文中的 CGE 模型包含生产模块、能源模块、收支模块、贸易模块、碳税 / 碳交易模块、动态模块、能源模块、气候友好技术模块和闭合模块。

在碳中和背景下，能源模块是模型的重点。能源模块由化石能源（煤炭、石油、天然气）和电力（火电、新能源）这两部分组成。基于煤炭、石油、天然气、火电和新能源的能源结构，由模型内产生并随时间变化。能源与非能源要素构成中间投入，与由资本和劳动力构成的增加值共同组成总产出。本质上，在模型中我们将化石能源作为生产要素之一，并通过碳税 / 碳交易的方式对其进行碳定价以纠正碳排放的外部性。从这个意义上讲，其内核与诺贝尔经济学奖得主诺德豪斯提出的包含碳循环的古典增长模型有相似之处。在没有气候友好技术进步的情况下，由于碳成本的存在，企业会在多使用一单位化石能源所获得的收益和额外支付的成本之间做出权衡。在总量上，经济最终会收敛到一条新的均衡增长路径。在这条新的均衡路径上，经济产出往往更低。新旧两个均衡产出之间的差距，可以理解为碳减排的社会成本。气候友好技术的引入，有助于降低碳减排的社会成本，进而优化均衡增长路径。气候友好技术由投资驱动，而该投资由企业投资和碳费（来自碳税 / 碳交易）再利用这两部分组成，其力度越大，越有助于降低企业由于碳成本带来的额外开支，进而最小化碳税 / 碳交易对产出带来的负面影响。

模型数据

我们以 2017 年作为基准年，数据来源如下。第一，中国社会核算矩阵（SAM），依据《2017 年中国投入产出表》，通过合并及拆分包括煤炭、石油、天然气、火电及新能源电力等 29 个部门的能源投入产出表得到，SAM 中的财税数据来源于 2018 年的《中国税务年鉴》《中国财政年鉴》。第二，外生给定替代弹性，如生产函数中投入品之间的替代弹性、对外贸易模块 CES（常数替代弹性）函数中进口品与国内品的替代弹性等，数据参考 GTAP（全球贸易分析项目）数据库。第三，碳排放系数（单位产出的碳排放），通过计算部门碳排放量和能源产品消耗量得到，碳排放数据来源于中国碳核算数据库。

情景假设

为量化分析前述两条路径在经济发展与碳中和两个维度上的不同效力，我们重点分析下述四种情形。

第一，基准情形（BAU）：没有碳排放约束，经济增长速度参考中金宏观团队基于“2035 年实现经济总量或人均收入翻一番”进行的预测。

第二，碳税情形（M1）：对排放行业征收统一碳税，使碳排放尽可能实现“30 达峰，60 中和”；如能达峰，峰值尽可能接近 108 亿吨。

第三，碳交易情形（M2）：对八大行业实施碳交易。依据行业绿色溢价制定免费配额：绿色溢价越高的行业免费配额越低，以强化其减排动机。在此情形下，使碳排放尽可能实现“30 达峰，60 中和”；如能达峰，峰值尽可能接近 108 亿吨。

第四，“碳税 + 碳交易 + 技术进步”情形（M3）：实现“30 达峰（108 亿吨峰值），60 中和”与保增长的双目标。

情形一：基准情形

在此情形下，没有碳排放约束，唯一目标是“2035 年实现经济总量或人均收入翻一番”。在这种情形下，2021—2030 年，碳排放年均增长 5.2%[①]。2030 年碳排放 158 亿吨，扣除 9 亿吨碳汇后，净排放 149 亿吨。

---

① 除去高增长的 2021 年，年均增长 4.8%。

情形二：碳税情形

理论上，只要不断提高碳税水平，是可能实现“30 达峰，60 中和”，并使峰值接近 108 亿吨目标的。需要付出的代价是经济系统可能瘫痪，体现在 CGE 模型的计算中，即模型求解过程无法收敛到均衡路径，这意味着设置碳税水平需要综合考虑经济发展和碳中和两个并不完全一致的约束。根据中金行业组测算的绿色溢价，我们推导出全社会的平价碳成本[①]约为 377 元 / 吨。国际上，从已征收碳税的国家（大多为发达国家）来看，碳税在 80~800 元 / 吨。另外，根据中金基础材料组的测算，考虑到行业的盈利需要，钢铁、水泥行业能够承受的最高碳税水平约为 100 元 / 吨，电解铝行业约为 60 元 / 吨。与此同时，我们在 CGE 模型计算中发现，当碳税高于 150 元 / 吨时，[②]模型无法收敛到均衡路径。综合考虑，我们将碳税设置在 100 元 / 吨。最后，我们将进行碳税的敏感性分析，试图寻找“极限碳税”以及碳税税率变化的时间路径。

在此情形下，2030 年净排放 123 亿吨，2060 年高达 334 亿吨（见图 1.6），虽然会较基准情形下降 26 亿吨和 166 亿吨，但无法实现碳达峰、碳中和。相较于基准情形的 GDP，2030 年 GDP 损失 0.6%，2060 年损失 0.9%。价格方面，碳税情形下的价格上升压力高于基准情形，并且上行压力集中在头几年。其中，批发零售、住宿和餐饮业，其他交通运输、仓储和邮政业，信息服务与金融服务业未来几年将面临较大的价格压力（见图 1.7）。征收碳税也将带来经济结构的变化。具体来说，除了火电，其他电力产出较基准情形的产出在 2030 年均有 2% 以上的扩张，而煤炭、火电、天然气开采、建材均面临较大压力。其中，煤炭加工和采选的产出较基准

---

① 平价碳成本是指，根据绿色溢价测算的、需要排放者为碳排放额外付出的成本，以确保排放者生产成本与碳中和技术下的生产成本平价。

② 这里假设碳税恒定，若碳税逐年递增，可突破 150 元 / 吨的限制。

情形下降 7% 以上。

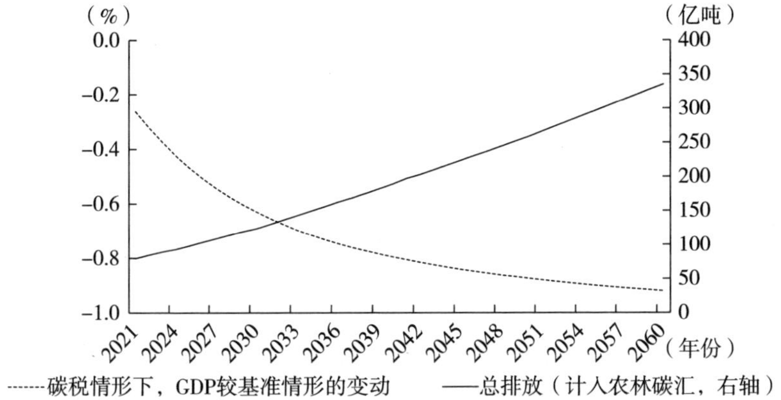

图 1.6　碳税下排放路径模拟与 GDP 损失

资料来源：中国碳核算数据库，经济系统模拟研究中心，中金公司研究部。

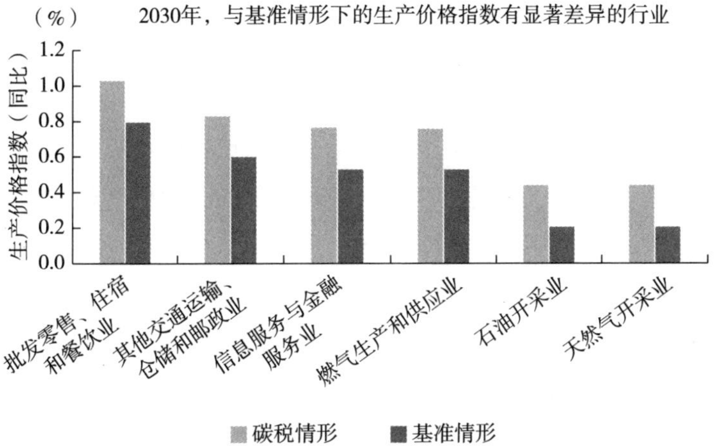

图 1.7　碳税情形下成本压力较大的行业

资料来源：中国碳核算数据库，经济系统模拟研究中心，中金公司研究部。

情形三：碳交易情形

假定仅石化、化工、建材、钢铁、有色、造纸、电力、航空八大行业在统一碳市场进行碳交易，并依据行业组测算的绿色溢价和《广东省2020年度碳排放配额分配实施方案》来决定免费配额比例。行业绿色溢价越高，越应该给其分配较低的免费额度，以给予相关行业更充分的负向激励，促使其转向零碳技术。具体来说，绿色溢价较低的行业，如有色、石化、造纸免费配额90%，钢铁、电力、化工、航空免费配额80%；绿色溢价最高的建材行业免费配额70%。①

在此情形下，碳排放于2042年达峰，峰值为171亿吨，并于2060年回落至130亿吨（见图1.8）。虽然仍无法实现碳中和，但比起单纯开征碳税的情形，已有较大改善。GDP的表现也优于碳税情形，相较于基准情形，未来几十年GDP总量仅年均减少0.15%。与碳税情形类似，碳交易亦会带来通胀压力，并且集中在头几年。其中，火电、建材、生物质电、化工、钢铁、航空行业面临较大的价格压力（见图1.9）。行业结构上，除了火电，其他电力行业2030年较基准情形均有明显扩张，而煤炭加工和采选的产出分别下降10%和5.5%。

需要说明的是，在一般均衡模型中，要素价格由要素市场供需双方力量共同决定，碳交易价格也不例外。绿色溢价隐含的平价碳成本，衡量的是排放部门转向零碳技术的相对成本。当碳交易价格接近该成本时，理论上可以实现有效减排。根据碳交易情形分析，假定2021年引入碳交易机制，则碳价会从31元/吨一路上涨至2060年的650元/吨。如前所述，绿色溢价隐含的整体平价碳成本为377元/吨。模拟结果表明，未来20年，碳交易价格会显著低于该平价碳成本，这可能是碳排放无法实现及时达峰的重要原因。当碳价接近甚至超过平价碳成本后，碳排放将显著降低。这意味着，提升碳价，特别是将其提升至平价碳成本附近时，能够有效降低排放。

---

① 这里仅从经济模型模拟的角度来分析配额问题。实际当中，按照中金行业组的测算，70%的免费配额可能高于建材行业的承受能力。

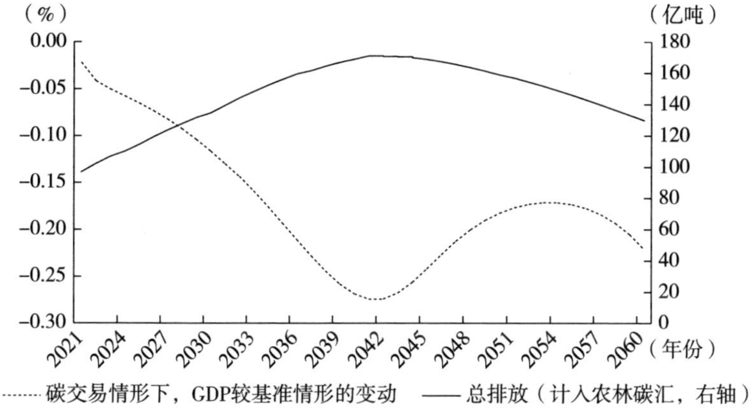

图 1.8　碳交易下排放路径模拟与 GDP 损失

资料来源：中国碳核算数据库，经济系统模拟研究中心，中金公司研究部。

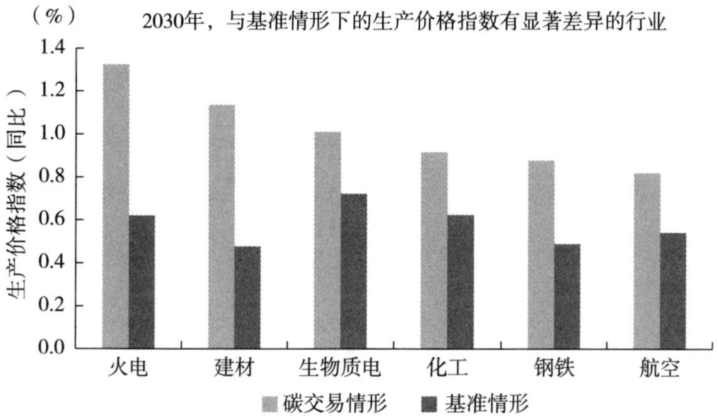

图 1.9　碳交易情形下成本压力较明显的行业

资料来源：中国碳核算数据库，经济系统模拟研究中心，中金公司研究部。

情形四："碳税 + 碳交易 + 技术进步"情形

如前所述，如果仅依靠碳定价这种解决外部性的主流方式，那么无论是碳税还是碳市场，均无法在 GDP 增长与碳中和之间求得平衡，或者说如果不放弃 GDP 约束，则难以仅通过碳定价的方式实现碳中和。因此，我们有必要从主流的碳定价思路转向绿色溢价的分析框架，既要考虑通过碳定价的方式提升高碳技术的生产成本，也要通过技术进步的方式促使零碳技术生产成本下降。对于技术进步方面的分析，我们采用了“S形曲线”理论。弗里曼（Freeman）和洛桑（Louçã）从历史维度，提出了一个关于技术变革的长波（或康德拉季耶夫波动）理论。任何被广泛使用的技术，其生命周期都要经历六个阶段——实验室发明、决定性示范、爆发式增长、持续高增长、增长放缓、技术成熟，整个过程也呈现为“S形曲线”，克勒（Köhler）提出这可能是由投资路径驱动的，这种描述技术变化的“S形曲线”被广泛接受。在该模型中，这条S形技术曲线以简化形式囊括了一切相关的气候友好技术：能效技术、减排技术、碳汇、碳捕捉与封存等。

以占碳排放大头的电力行业为例，供给端采用清洁能源（如光伏）发电配合需求端提升电气化率是实现碳中和的最优技术路径。目前，虽然光伏发电技术已经成熟并成功产业化，但因为储能尚未达到平价，所以其电力消纳仍然面临挑战。从电力传输角度来看，建立分布式智能电网，改变电力结构，从集中式坚强电网走向智能电网，实现全面电气化的基础设施技术，是技术进步路径上有待突破的下一环节。最后从应用端来看，全面提高电气化率（电动车、电钢炉）乃是治本的解决方案。如图1.10所示，纵轴表示随时间变化的技术应用程度或者渗透率，S1曲线描绘了电力行业碳中和的技术路径，目前的技术处在技术曲线由平缓逐渐进入陡峭的阶段。与这条技术路径形成对比的是以新一代核电技术、氢能、碳捕捉为代表的S2曲线，这些技术目前还在实验室发明阶段或者决定性示范阶段，面临很大的不确定性，与成功商业化之间尚有距离。将两条不同进度的技术曲线叠加在一起，得到了曲线S。它代表了与气候友好技术相关的一切技术路径，我们将其定义为SNCT曲线（气候友好技术曲线）。曲线越快进入陡峭阶段，表明该技术越快商业化；曲线越陡峭，表明该技术大规模应用的速度越快。

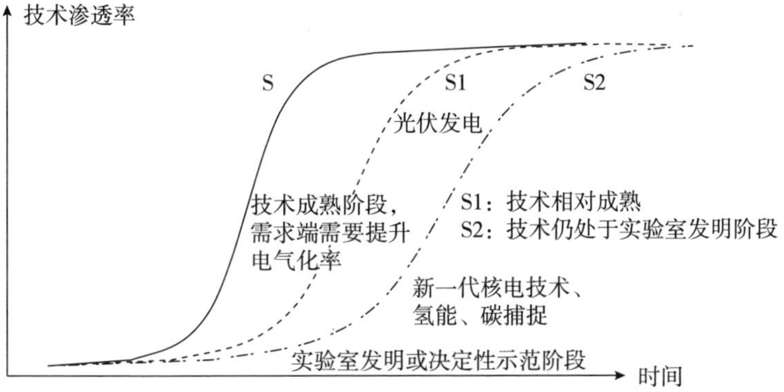

图 1.10　气候友好技术进步曲线

资料来源：经济系统模拟研究中心，中金公司研究部。

SNCT 曲线衡量了随着气候友好技术的进步，经济系统碳排放系数的下降程度。这里我们用一条曲线来模拟气候友好技术的整个生命周期，这条曲线由五个外生参数（控制曲线形态以模拟技术生命周期、成长速度等）加一个内生变量（气候友好技术投资）来控制。假设采取应对气候变化的行动将引发传统能源技术投资向气候友好技术投资转移，并且该投资能够有效提升气候友好技术的份额。从这个意义上讲，这条曲线以简化形式概括了从提高能源利用率到脱碳、减碳（诸如碳捕捉）等一系列的技术进步。因此，这条曲线可以减少碳排放系数，进而减少碳排放量。在此情景下，我们保持 100 元碳税与碳税情形一致、八大行业碳配额与碳交易情形一致。模拟发现，“碳税 + 碳交易 + 技术进步”的组合有望实现保增长与碳中和的双目标，同时 GDP 与基准情形的差距几乎可以忽略。2040 年后，GDP 甚至超过了基准情形，这说明技术进步抵消甚至超过了碳定价给经济增长带来的负面冲击。碳排放于 2030 年达峰，峰值为 109 亿吨，随后逐年递减，向净零目标收敛（见图 1.11）。

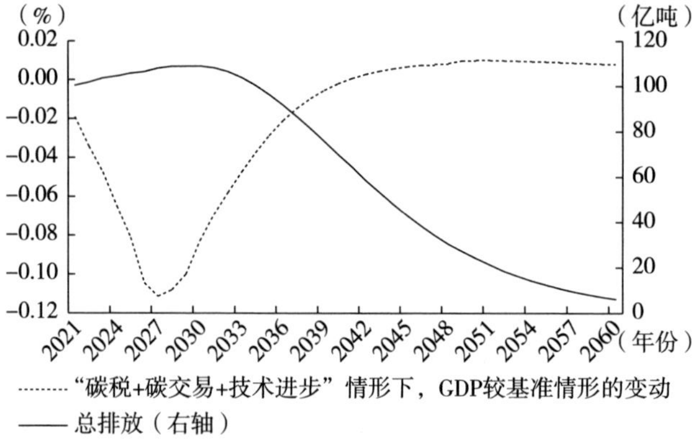

图 1.11 "碳税 + 碳交易 + 技术进步"情形下排放路径模拟与 GDP 损失

资料来源：中国碳核算数据库，经济系统模拟研究中心，中金公司研究部。

模拟结果还显示，可能是因为技术进步的力量在初期还未能充分发挥作用，所以碳税、碳交易在初期仍会给经济带来成本上升压力，但相较于没有技术进步的情形，其成本压力已有所缓解。（"碳税 + 碳交易 + 技术进步"情形下成本压力较明显的行业见图 1.12。）关于行业的结构性变化，应从两个维度去分析：一是行业产出相较于基准情形的变化，二是行业产出占比在该模型中随时间的变化。首先，光伏发电、水电、风电、核电

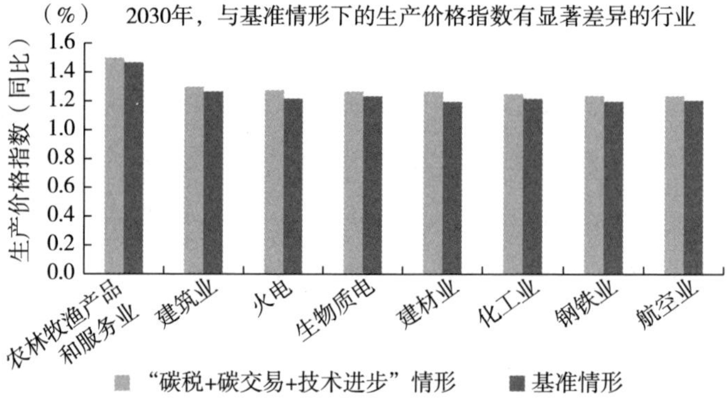

图 1.12 "碳税 + 碳交易 + 技术进步"情形下成本压力较明显的行业

资料来源：中国碳核算数据库，经济系统模拟研究中心，中金公司研究部。

等非火电类发电产出较基准情形于 2030 年均扩张 3% 以上，而煤炭加工和采选出现较大萎缩。其次，农林牧渔、公共服务和轻工业产出占比随时间下降明显，而装备制造业、房地产与租赁业、信息与金融服务业产出占比逐年上升。

与此同时，碳交易价格由 2021 年的 10 元 / 吨逐步上涨到 2030 年前的 140 元 / 吨。在气候友好技术尚未大规模渗透的情况下，逐年升高的碳价有助于及时碳达峰并将峰值控制在 109 亿吨左右。当绿色技术大规模铺开使用之后，碳价也随之下降。作为 S 形技术曲线的内生变量，投资是驱动技术进步的关键。根据模型测算，绿色技术研发投资占 GDP 比重将达到 2% 左右，并在最初几年逐年增加，以帮助技术研发跨越 S 形曲线的实验室发明阶段投入商用。在"碳税 + 碳交易 + 技术进步"情形中，气候友好技术曲线模拟出了 S 形曲线的形态，SNCT 值在 2030 年达到 0.32，在 2060 年达到 0.99（见图 1.13），意味着其碳排放系数分别为 2020 年的 68% 和 1%，从而实现了老的经济增长与新的碳中和两大约束的兼顾。能源结构也逐年得到优化，2030 年清洁能源占比达到 44%，2060 年高达 96%。

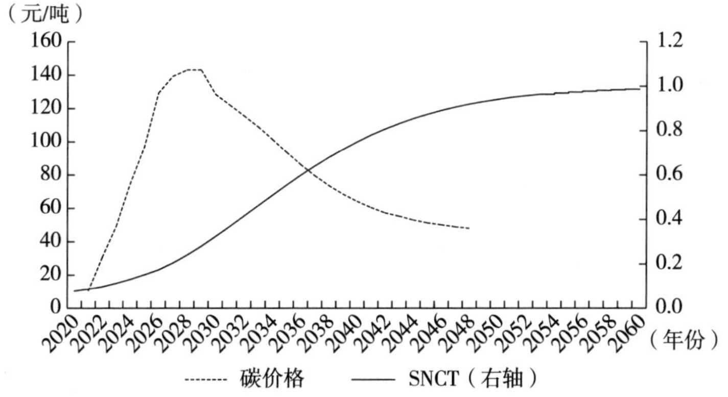

图 1.13 "碳税 + 碳交易 + 技术进步"下碳交易价格与气候友好技术曲线

资料来源：中国碳核算数据库，经济系统模拟研究中心，中金公司研究部。

技术曲线的敏感性分析

从对上述四种情形的比较分析可以看出，技术进步对兼顾经济增长与碳中和至关重要。但技术创新不确定性较大，因此我们有必要考察乐观、悲观技术前景对经济总量和碳排放的影响。假设"碳税+碳交易+技术进步"情形中的气候友好技术曲线为技术进步的基准前景，则悲观技术前景指的是技术发展不及预期或较难商业化的情形。直观上，该情形下的技术曲线较基准曲线更为平缓：停留在实验室发明阶段的时间较长，技术大规模应用的阻力较大或技术渗透率较低。现实中，对应超前且不确定性较大的技术，如氢能、碳捕捉等。乐观技术前景则相反。

与直觉相符，悲观技术前景下的 GDP 将遭受较大的负面冲击（见图 1.14），而且碳排放曲线显著抬高，推迟到 2034 年达峰且峰值高达 134 亿吨（见图 1.15）。模拟出来的技术曲线也符合我们对于悲观技术前景下技术路径的演绎。技术进步不及预期，导致清洁能源占比较低，碳交易价格在碳中和的下半场显著高企。另外，相较于基准情形和乐观技术前景，悲观技术前景下的碳交易市场存续时间较长，即价格机制需要从价格和时间两个维度发挥更大作用。

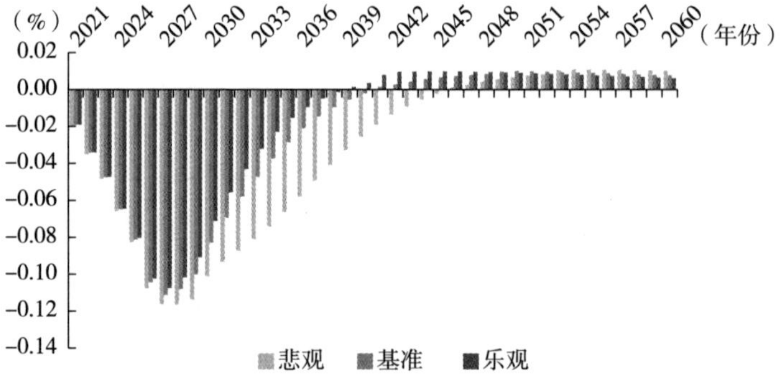

图 1.14　不同技术前景下较基准情形的 GDP 变动

资料来源：中国碳核算数据库，经济系统模拟研究中心，中金公司研究部。

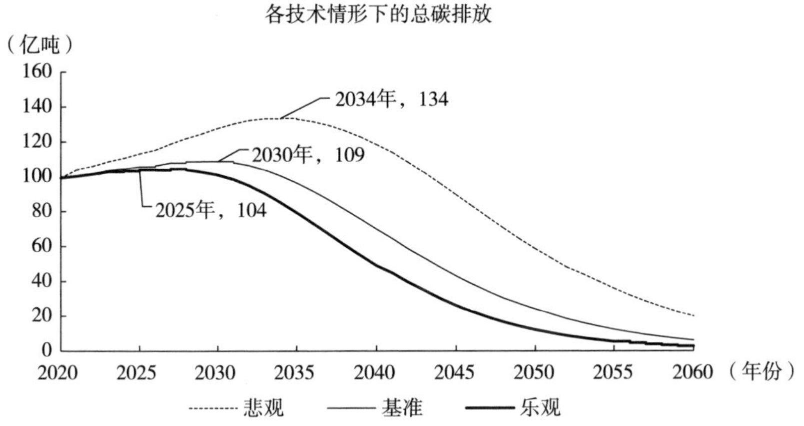

图 1.15　碳排放模拟

资料来源：中国碳核算数据库，经济系统模拟研究中心，中金公司研究部。

碳税的敏感性分析

通过对碳税情形的模拟，可以发现能够实现模型收敛的碳税水平很难完成达峰任务。如前所述，只要肯付出经济增长的代价，并且碳税税率足够高，便可以纠正碳排放的负外部性，使碳排放曲线在某个时点掉头向下。碳税情形中 2060 年前未能达峰说明了两点：测算时间跨度不够，或者模型中使用的碳税税率太低。此处，我们设定 2060 年前要达峰①的目标，反推出需要多少碳税。经模拟估算，我们得到图 1.16 的碳价曲线。这条曲线大致遵循指数形式递增，从 2021 年的 46 元 / 吨到 2030 年的 140 元 / 吨，再激增到 2060 年的 3 300 元 / 吨。在如此之高的碳税下，碳排放于 2040 年进入平台期并于 2052 年开始缓慢降低。经济增长也将承受巨大压力，GDP 总量在最后 10 年相较基准情形将损失 3%~5%（见图 1.17）。这个模拟进一步印证，仅靠碳税无法完成“30 达峰，60 中和”的目标。

① 在仅有碳税的情况下，是不可能达到碳中和的，所以退而求其次看能否碳达峰。

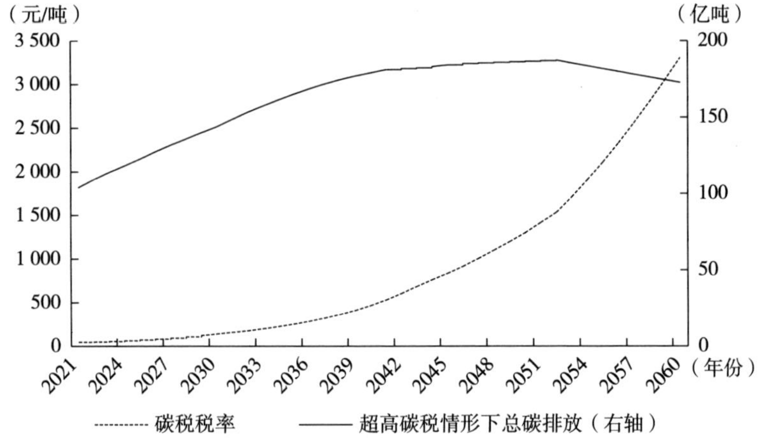

图 1.16 “极限碳税”税率及其碳排放路径

资料来源：中国碳核算数据库，经济系统模拟研究中心，中金公司研究部。

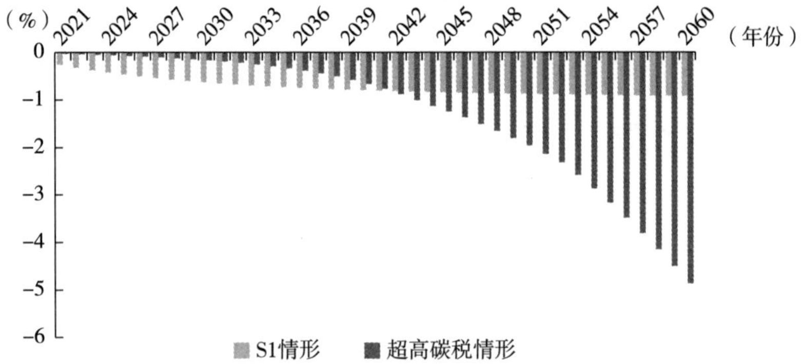

图 1.17 GDP 较基准情形变动

资料来源：中国碳核算数据库，经济系统模拟研究中心，中金公司研究部。

碳中和之路 = 碳定价 + 技术进步 + 社会治理

上述一般均衡分析表明，仅靠负外部性的内部化无法避免新、老两个 40 年约束的激烈碰撞，只有绿色溢价框架下的“碳定价 + 技术进步”才有可能兼顾经济增长与碳中和这两大目标。不过，得出这个结论并不意味着研究的结束，而意味着探索中国碳中和之路的开始。以技术为例，既然其对于碳中和如此重要，那么究竟有哪些碳中和技术值得期待？这些技术目前的发展阶段各是什么样的？对此，我们将在后文中专门探讨碳中和技术问题。

在碳定价方面，全国统一市场正在加速构建，八个高排放行业或将在“十四五”期间全部纳入全国统一碳市场。通过构建全国统一市场，对不同行业施行统一碳价，这一点似乎已经成了中国推进碳中和毋庸置疑的共识。但我们的分析表明，情况可能没有那么简单。比如，在思考负外部性的内部化时，可能不宜按照主流做法计算社会成本的折现，而是应该从社会净成本的角度思考差别定价问题；绿色溢价的分析表明，仅根据排放占比来选择碳定价方式可能并不妥当；统一碳市场有可能加剧京津冀地区的污染问题；等等。对于这些问题的详细分析可以参考后文有关碳市场、碳税等碳定价问题的论述。

更重要的是，“碳定价 + 技术进步”只是降低绿色溢价的两个基本手段，并非这个框架下实现碳中和的全部路径。中金公用组估算，2030 年电力行业的绿色溢价比例为 −3.9%。负的绿色溢价比例意味着，从经济意义上讲，零碳技术已经完全优于高碳技术，但出于对高碳资产闲置产生的银行坏账、下岗工人等问题的担忧，行业生产技术并没有转向更具有经济性的零碳技术，而是“锁定”在了高经济成本的高碳技术上。要解决这些问题，无法单纯地靠“碳定价 + 技术进步”，还需要社会治理政策的介入。

就社会治理而言，主要有价格型、命令型和宣传型三类政策。事实上，在“碳中和之路 = 碳定价 + 技术进步 + 社会治理”的公式下，这三个工具之间并不是完全割裂的，而是高度相关的。比如，技术进步和改进生产工艺离不开诸如财政补贴等公共政策的支持；碳税、碳市场拍卖则是这些资金的重要来源；碳定价本身就属于公共政策的一部分，宣传型政策有助于提高全民碳中和意识，进而有助于降低碳定价政策在推行过程中的摩擦成本。结合绿色溢价的分析框架可知，“碳定价＋技术进步＋社会治理”对碳中和之路的重要意义主要有三点。

第一，重视应对碳中和下的创新与公平问题。绿色溢价只衡量了零碳技术和高碳技术之间的生产成本差异，并没有衡量社会为碳中和付出的全部成本。前述 CGE 模型的模拟测算表明，煤炭、建材、化工等行业将面临较大的规模萎缩压力，信息和金融服务、房地产与租赁等服务业规模占比或将扩大。这样一个结构变迁的背后，实际上隐藏着一系列社会问题，或者说碳中和可能会造成高碳行业、从业者、区域，与低碳行业、从业者、区域之间的不公平发展问题，仅靠“碳定价＋技术进步”的方式可能无法解决此问题，而是需要从社会治理的角度进行顶层设计、统筹安排，能否处理好碳中和过程中的创新与公平问题，关系到整个社会能否持续迈向碳中和。

第二，应对绿色溢价下降趋势出现反复的风险。大规模零碳技术的使用可能造成高碳技术需求下降，例如清洁能源发电大量上马，影响火力发电的需求，进而降低化石能源的价格和高碳技术的生产成本，这可能会导致绿色溢价反弹。当然，如果化石能源需求持续萎缩，价格下降也会导致这个行业自发进入供给侧收缩状态，所以在大规模推广零碳技术的情况下，化石能源价格上升和下降的压力都会出现。虽然难以精确判断哪个因素会占主导地位，但有一点是可以确定的，即绿色溢价的变化是一个动态的过程，下降趋势可能会出现反复，有可能降低社会的碳中和动力。因此，有必要在大规模使用零碳技术具有经济可行性的时候，通过命令型政策限制化石能源产能重新扩张。

第三，重视绿色金融的作用。如前所述，2030 年电力行业的绿色溢价估算值是负的。也就是说，即便在经历碳定价和技术进步之后，在经济上已经具有优势的清洁发电技术，也并没有在未来 10 年实现对火力发电的大量替代。当然，这可以归因于技术仍有待进步，或者碳价水平不够高，但这也暴露了一个社会治理问题，即如何通过制定合理的公共政策，来促进具有经济效益的零碳产能尽快形成，以加速对现存高碳资产的替代，除了通过社会治理高碳路径锁定外，绿色金融也可能在这个方面发挥重要作用。事实上，绿色金融对碳中和的意义不仅在于成熟技术的加速推广方面，也体现在高度不确定的研发阶段。例如，氢能、碳捕捉等处于实验室发明阶段的碳中和技术，依旧需要大量的研发资金支持。碳中和技术的这两个不同发展阶段，是否需要不同形式的金融支持？绿色金融对碳中和而言还有哪些意义？整体的绿色投资规模将有多大？对于这些问题，我们将在第四章《绿色金融：厘清功能与空间》做重点探讨。

以上三个方面都是从一个封闭经济体的角度展开的思考。在强调国内、国外双循环互动的当下，去应对碳排放这样一个超时空的外部性问题，也应该有国际视角。事实上，2021 年 3 月 10 日，欧洲议会通过了一项关于欧盟碳边境调节机制（CBAM）的决议，也就是说如果与欧盟存在贸易关系的经济体不能遵守欧盟的碳排放规定，那么欧盟可能会对来自这些经济体的进口商品征收碳关税。这可以看作诺德豪斯提议的国际“气候俱乐部”的落地探索，该决议将碳定价直接应用到了国际社会的治理层面。从国际层面看，“碳定价 + 技术进步 + 社会治理”有什么样的表现和含义？我们将在国际视角的分析中对这些问题进行讨论。

▶▶ 第二章

平衡效率与公平：卡尔多改进?

摘　要

第一章提出了分析碳中和的总体框架，第二章将聚焦实现碳中和的两个具体方面：创新与公平。我们认为，实现碳中和归根结底要靠创新（效率），但也要解决随之而来的公平问题。具体来看，高效地推行碳中和需要“三管齐下”：一是提高碳价，将外部成本内部化；二是加快以技术进步为核心的生态创新，从根本上改变生产方式；三是完善社会治理体系，鼓励低碳生活，力促全民形成环保共识。

上述三点中，创新是关键。创新能帮助降低单位能耗的碳排放强度和单位GDP的能耗强度。从更长远的角度看，创新还是经济增长的根本动力。回顾历史，每一次技术革命都伴随着世界格局的重塑，那些通过创新占得先机的国家，最终都实现了经济腾飞。生态创新是通用技术创新，对人类生产力的提升作用更大。

但创新不是一蹴而就的，也会面临多个阻碍。与一般创新不同，生态创新具有双重外部性，发展速度相对较慢，面临的阻碍也更多。对此，需要在资金投入（绿色金融）和公共政策协同方面发力，激发企业创新意愿，破除抑制创新的各种体制性、机制性障碍。

碳中和带来的公平问题具有国际和国内两个层面。国际上要协调一致，综合考虑各类公平性原则以及各国国情，避免国际套利。国内方面，减排会带来阶层之间、代与代之间、行业之间、区域之间的公平问题。对此，需要财政政策在调节收入分配、跨期调节上发挥更大作用，避免因为碳中和加剧居民收入与地域发展的不平衡。[①]

---

① 本章作者：张文朗、刘政宁、邓巧锋。

2020年席卷全球的新冠肺炎疫情表明，与公共卫生和气候问题相关的突发性危机不再是遥远的挑战，由此带来的也不仅是巨大的经济损失，还会危及人类的生命健康和安全。过去10多年，美国和欧盟的碳排放呈现下降趋势，而我国仍处于上升阶段，这也意味着我国在减少碳排放方面的问题确实比较紧迫（见图2.1、图2.2、图2.3）。

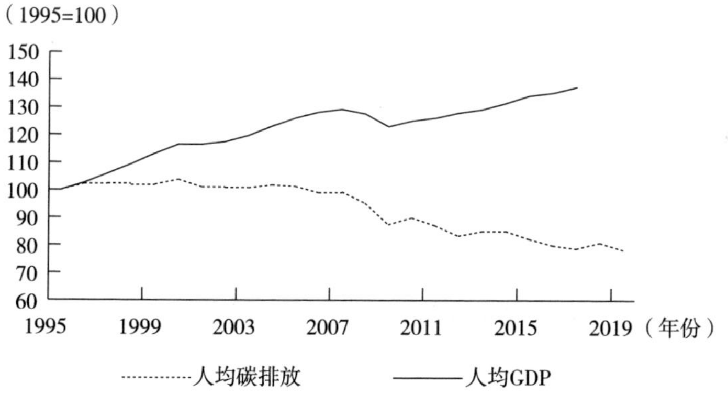

图2.1　美国人均GDP与碳排放走势

资料来源：Our World in Data，中金公司研究部。

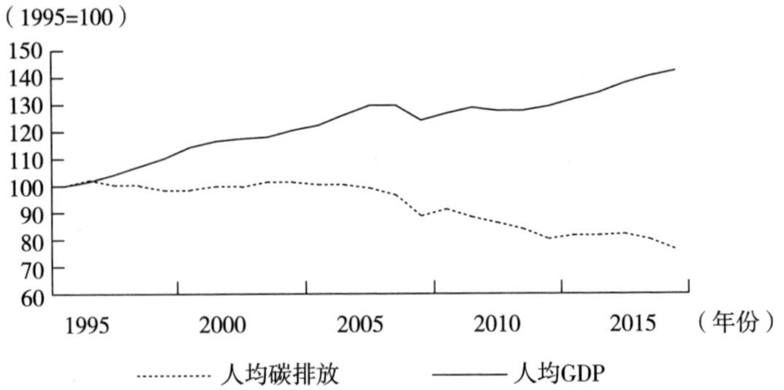

图 2.2 欧盟人均 GDP 与碳排放走势

资料来源：Our World in Data，中金公司研究部。

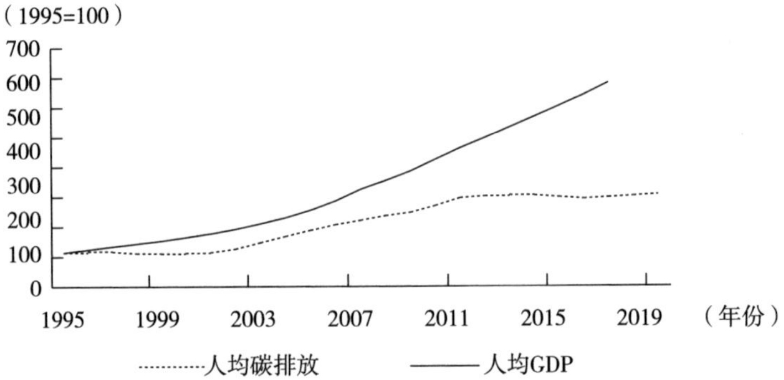

图 2.3 中国人均 GDP 与碳排放走势

资料来源：Our World in Data，中金公司研究部。

那么，如何实现碳中和？这个过程将给经济带来哪些影响？我们将面临哪些挑战？对应的政策含义是什么？这些是接下来要回答的问题。

碳中和的三个途径：创新最重要

碳中和不能靠“零和博弈”

为实现碳中和，大家首先想到的一个方法是调整产业结构。比如通过政策引导，降低高排放行业（通常是高耗能制造业）在经济中的占比，同时大力发展低排放行业（通常是服务业），这也是欧美国家的经历。但历史经验显示，高排放行业往往不会就此消失，而是会逐步转移到其他没有类似政策干预且生产成本更低的国家。最终，高排放行业生产的产品又会以进口的形式回流到本国，体现为本国的碳排放“贸易逆差”①扩大。例如，1990—2008 年，美国进口商品中包含的碳排放量越来越高，碳排放“贸易逆差”也越来越大（见图 2.4）。

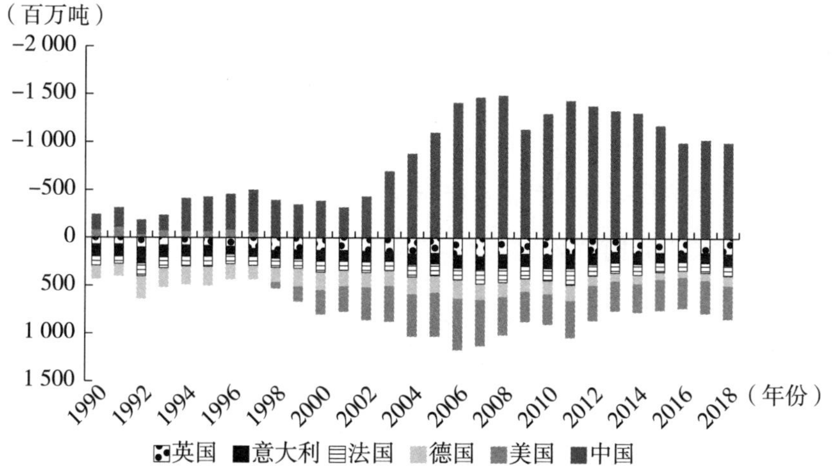

图 2.4 欧美发达国家碳排放“贸易逆差”，中国碳排放“贸易顺差”

资料来源：Our World in Data（基于全球碳项目），中金公司研究部。

从全球的角度看，通过向他国转移高排放行业是“零和博弈”，是“碳转移”而不是“碳中和”，没有从根本上解决温室气体排放问题。因此，光靠调整产业结构是不行的，还要从问题的根源上寻找突破口。

① 碳排放“贸易逆差”指的是一国进口商品中包含的碳排放量比出口更多。对应地，碳排放“贸易顺差”指的是一国出口商品中包含的碳排放量比进口更多。

途径一：提高碳价，将外部成本内部化

碳排放问题的根源在于环境污染的负外部性。要解决负外部性，关键是引入碳定价，提高碳价。碳定价就是给碳排放制定一个价格（即碳价），目的是把碳排放的外部成本与排放者的私人成本联系在一起。碳价没有规定谁应在何处，或者如何减少排放，而是向排放者提供了一个经济信号，允许他们自行决定是采取措施降低排放，还是继续排放并为其支付费用。碳价的作用机制在于两个方面。一方面，在碳价约束下，企业开始将排放配额作为生产要素之一，这有助于将碳排放的隐性成本显性化，外部成本内部化。另一方面，碳价能促进节能减排技术的创新。大量研究发现，碳价信号越显著，对低碳技术创新的诱导作用就越强，越能激发企业开发和采用低碳技术的意愿。目前在碳定价方面经验比较丰富的是欧盟，欧盟的一些经验值得我们借鉴。

途径二：加快创新，从根本上改变生产方式

实现碳中和的另一个路径就是从根本上改变企业经营方式，这具体体现在两个方面：一是降低单位能耗的碳排放强度，二是降低单位 GDP 的能耗强度。这可以从以下公式看出：

$$\frac{CO_2}{GDP} = \frac{CO_2}{E} \times \frac{E}{GDP}$$

CO_2 表示二氧化碳，E 表示能耗，等式右边的第一项是单位能耗的碳排放，第二项是单位 GDP 的能耗。

降低这两个强度都得依靠技术进步与生态创新。例如，开发新的减排技术和碳捕捉技术能降低单位能源的碳排放，使用清洁能源能降低单位

GDP 的能耗。许多发达国家在推动低碳经济时，也会将重点放在推动环境技术进步、鼓励和促进创新方面。

从更长远的角度看，创新不仅能解决碳排放问题，它还是经济增长的根本动力。回顾历史，每一次技术革命都伴随着世界格局的重塑，那些通过创新占得先机的国家，最终都实现了经济腾飞。与一般的技术不同，生态创新是通用技术创新，对人类社会生产力的提高产生了巨大作用。通用技术的核心特点在于其应用范围十分广泛，往往可以作为投入品被下游行业采用，并可以在应用领域催生新的创新（见图 2.5），与此同时，此类技术本身也具备极高的改进潜力。因此，当通用技术创新出现时，它往往会比一般技术更有利于整个经济的全要素生产率提升。一些学者认为，生态创新很有可能像蒸汽机、电力的发明一样，成为人类发展史上极为重要的科技变革（见图 2.6）。

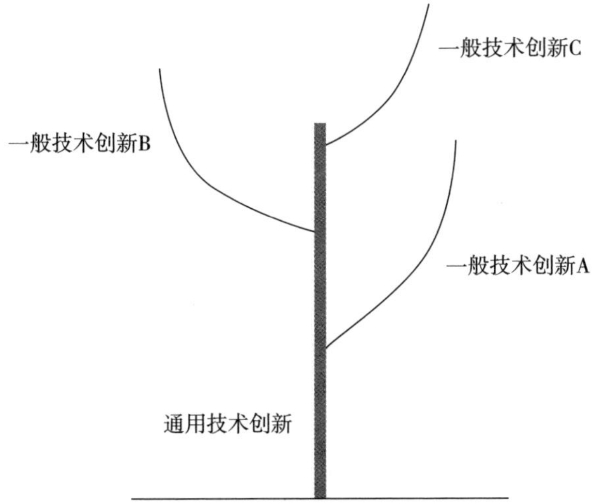

图 2.5　通用技术是干，带动其他创新

资料来源：中金公司研究部。

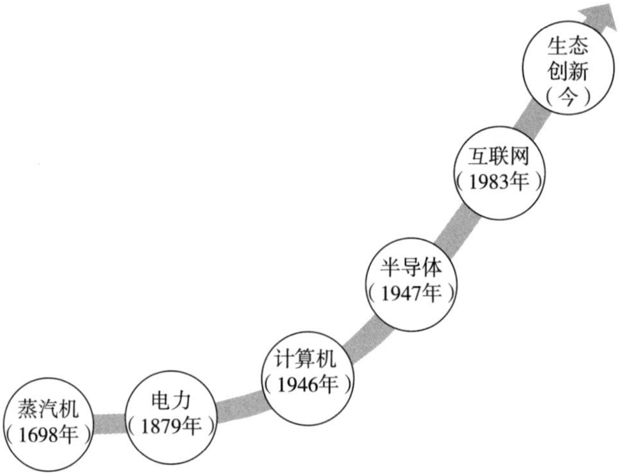

图 2.6　生态创新有引领新一轮技术革命的潜力

资料来源：中金公司研究部。

生态创新面临多个阻碍

尽管创新有助于实现碳中和，但其技术进步比较缓慢，并且具有较大的不确定性。历史经验显示，一般的新技术从发明到应用会呈现 S 形曲线，也就是从慢到快，再到慢。生态创新似乎比一般技术发展的速度更慢。20 世纪 90 年代初，有学者将生态创新与互联网技术并称为“未来最有潜力的技术方向”。但在过去 30 年，互联网技术得到了巨大的发展，生态创新总体上却进步缓慢。

生态创新发展慢的一个原因是，它具有双重外部性。环境问题的外部性在于污染排放的收益由企业获得，但成本由社会承担。创新问题的外部性在于企业研发出的新技术和产品容易被其他竞争者效仿，使后者获得研发的收益，但研发成本由开发者承担。生态创新既有环保的要素，也有创新的要素，因此具有双重外部性。在市场机制下，双重外部性最终导致对生态创新的投资不足，进而导致发展缓慢。波尔青（Polzin）对阻碍生态创新的因素做了深入讨论，具体来看，生态创新面临技术、制度、金融、经济、政治、转型等多重阻碍（见表 2.1）。

表 2.1　资金支持生态创新各环节所面临的阻碍

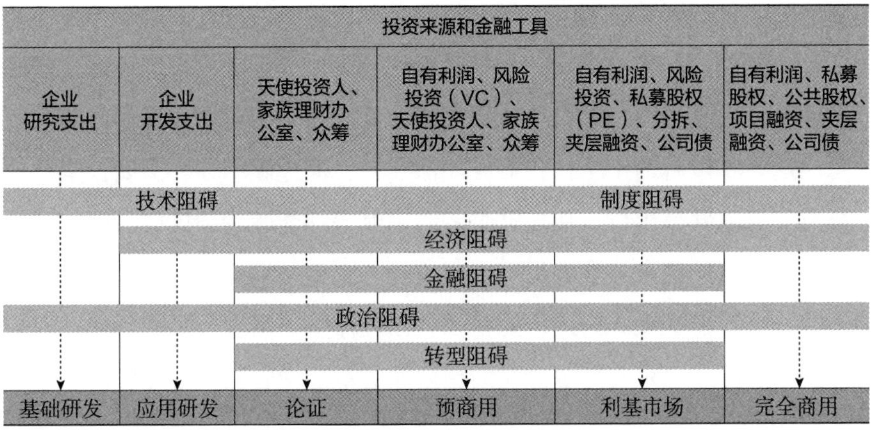

资料来源：Friedemann Polzin（2017），Mobilizing private finance for low-carbon innovation—A systematic review of barriers and solutions，Renewable and Sustainable Energy Reviews；中金公司研究部。

与创新有关的政策建议

如何消除上述障碍？第一，与发达经济体相比，我们在创新阶段的资金支持渠道不够畅通，大力推动绿色金融势在必行。第二，促进生态创新需要公共政策干预，更需要多个政策部门协同，形成合力。第三，从全球视角来看，破除政治障碍，需要国际社会凝聚共识，构筑较为一致的发展方向和前途愿景，进而在政府间合作的框架下，系统性地推进生态创新政策。总之，为了加速生态创新，政府需要一系列工具和政策机制，包括政企合作的研发伙伴关系、目标驱动的公共投资、需求刺激、税制改革等，以此来打破阻碍生态创新的各类“锁定”和路径依赖。需要通过政策消除自由市场定价下传统能源的优势，实现外部性的内生化，以鼓励社会资源从传统技术向绿色经济转移。

途径三：完善社会治理体系，鼓励全民减排

创新对于实现碳中和非常重要，但如上所述，生态创新面临多个障碍，不会一蹴而就。因此，要实现碳中和就必须在社会治理方面多下功夫（见图 2.7）。比如，制定与低碳社会相适应的公司治理标准，打造环境友好的金融体系，完善碳税和碳市场体系，鼓励低碳的生活习惯，提倡新的消费理念。这些手段有助于全社会形成环保共识，促进碳中和。例如，坚持垃圾分类、采取共享出行、在居家时节约用电等都能减少碳排放，而这些并不一定需要新的技术，有的只需要排放者（主要是消费者）积极采取低碳的生活方式就能实现。因此，完善社会治理体系、培育公民的环保意识是推行碳中和的一个重要环节。我们在后面的章节中会更详细地探讨与此有关的问题。

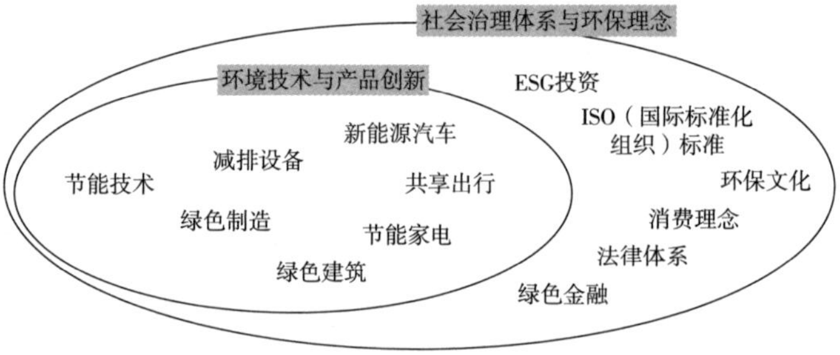

图 2.7　创新之外，还要在社会治理方面下功夫

资料来源：中金公司研究部。

关注公平性问题

收入分配问题

碳中和在国际上也存在负外部性，如果只是某国单方搞碳中和，那么

将在短期内对该国某些行业带来负面冲击。单一国家的减排努力往往不能抵消其他国家不受限制的排放，反而容易造成本国相关产业成本上升、竞争力下降，其他国家则享受国际套利。在国内层面，与碳中和相关的一个公平性问题是收入分配问题，一是不同收入阶层之间的收入分配问题，二是代际收入分配问题。

收入阶层间分配：碳税具有“累退性”，对低收入者更为不利。由于对化石燃料的需求弹性较低，并且低收入群体消费化石燃料的直接和间接支出占比较高，所以当碳价提升化石燃料成本时，低收入群体负担的成本比例或将上升更多。碳税的“累退性”固然与不同收入阶层的消费篮子有关，但更深层次的原因是碳税是间接税，容易被转嫁。如何解决这些问题呢？一个办法是减少使用碳税，更多依靠碳交易手段提高碳价。但碳交易本质上也是对生产环节施加约束，也会有“累退性”。另一个办法是增加税收返还，用征收来的碳税对低收入者进行补贴。例如，美国的区域温室气体减排行动（RGGI）机制。美国将碳配额拍卖所得收益中的15%用于对低收入群体的能源支出补贴，以缓解能源成本上升对其产生的经济压力。

代际分配：碳中和成本多由当代人承担，上一代人和下一代人相对更受益。从实现碳中和的收益来看，下一代人从环境改善以及经济增长中的受益较当代人更多。但从成本来看，为实现碳中和而进行的投资更多由当代人完成。综合这两个效应来看，碳中和是“先苦后甜”，当代人的净收益要小于下一代人（见图2.8）。如何平衡两代人的收益与成本？这就需要发挥财政的跨周期转移支付作用。例如，政府可以通过发行“绿色公共债券”来为与碳中和相关的公共投资融资，而用于偿还债券利息和本金的资金则由当代人和下一代人共同分担。

当代人与上一代人之间也存在代际公平问题。比如，当前环境受到的污染在一定程度上与上一代人的生产和生活相关。我们计算了碳排放最多的电力、热力生产和供应行业的最终分配系数（指某产品生产单位最终产品量对另一产品的完全消耗量),发现系数最高的是住宅房屋建筑部门(见图 2.9)。换句话说，最终“使用”电力、热力生产和供应最多的是房地产行业,因此,从碳排放的角度看,拥有房产者具有更大的“历史责任”。对此,我们或许应该对持有“高碳资产”的人适当征税。

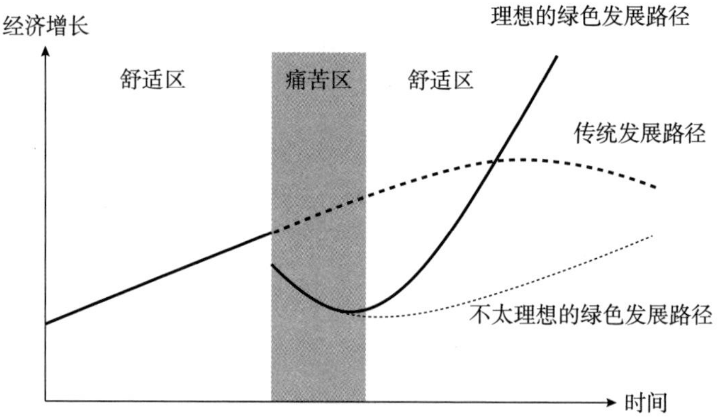

图 2.8 碳中和，先苦后甜

资料来源：中金公司研究部。

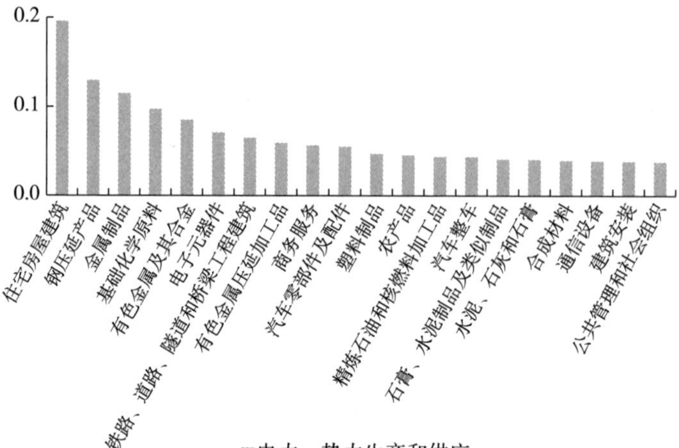

图 2.9 电力、热力行业最终分配系数

资料来源:《中国投入产出表 2018》，中金公司研究部。

注：纵轴为系数值。

各行业与地区之间如何分摊成本

碳中和还涉及一个国家内部不同行业与地区之间的成本分摊问题，涉及直接碳排放与间接碳排放的问题。从行业角度看，2017 年八大行业碳排放占比接近 90%，由高到低依次是电力（主要是火电，44.4%）、钢铁（18.1%）、建材（12.6%）、交通运输（含航空，7.8%）、化工（2.6%）、石化（1.5%）、有色（0.7%）、造纸（0.3%）。八大行业碳排放占比整体提升主要由电力和钢铁贡献，其余行业占比表现较稳定。那么，是不是就主要应该由这八大行业承担成本呢？很显然，这八大行业只是直接碳排放较多的行业，而这八大行业的产出主要被其他行业当作中间投入，没有这些行业的产出作为中间投入，其他行业可能难以运行。因此，不应只由这八大行业承担成本。

从地域角度来看，我国化石能源供给总体呈现“北多南少”的格局，供给较为集中。我国化石能源的产地主要集中于山西、内蒙古、陕西等，其中煤炭主要集中于内蒙古、山西、陕西等，原油主要集中于陕西、黑龙江、天津等，天然气主要集中于河北、山西、山东等。历史经验显示，对化石能源的限制往往会带来就业问题。例如，受前期环保限产影响，我国采矿行业从业人员数量自 2013 年峰值状态下的 636 万迅速减少至 2019 年的 368 万。虽然近两年新兴服务业的快速发展增加了新的就业机会，但由于新旧行业间技术门槛不一，地区分布不匹配，所以往往难以实现平稳的就业转移。

减排对地方政府财政的影响也不容忽视。山西、内蒙古、陕西等地的财政收入对采矿行业、电力行业的依赖度较高，说明它们更容易受到碳中和的影响（见图 2.10）。对此，一方面，要发挥财政作用，将征收的部分碳价收入转移给这些省区市，防止其财政收入大幅下滑，影响民生和债务偿还，同时还可支持这些省区市的产业进行绿色转型，进行产业低碳 / 去碳化技术研发，促进碳减排；另一方面，要发挥产业政策作用，在沿海产业进行转型升级的同时，可考虑逐步支持和引导部分产业向化石能源省区市转移，以防止这些省区市出现产业空心化、人口外流等现象。此外，中国陆地生态系统的固碳能力可能被低估。西南和东北地区经济较不发达，碳汇作为扶贫的重要抓手，既可以促进碳减排，又可以促进区域间收入分配的再平衡。

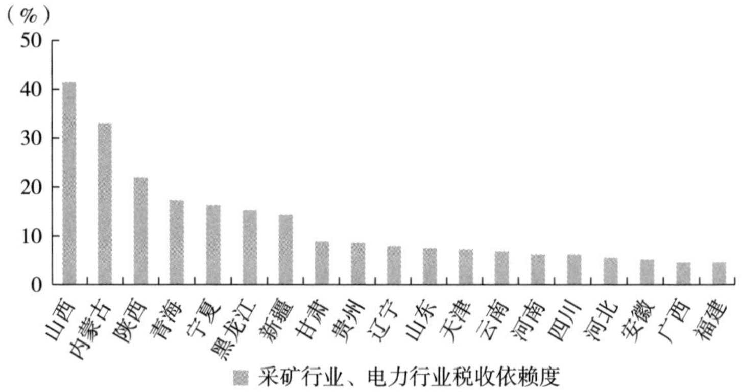

图 2.10　对采矿行业和电力行业的税收依赖度较高的省区市

资料来源：《中国税务年鉴》（2018），中金公司研究部。

▶▶ 第三章

碳定价的能与不能

摘 要

从推动碳中和的政策工具角度看，构建全国统一碳市场可能是2021年最重要的举措之一。事实上，自2020年9月“碳达峰，碳中和”目标提出以来，社会各界对于碳市场的关注热度就持续提升。有关部门在2020年9月表示，发电行业已经做好了纳入全国碳排放交易市场的相关准备，“十四五”期间要进一步加快碳排放交易市场的建设，把其他重点行业加快纳入进来，包括钢铁、水泥、电解铝等七八个行业。[①] 当全国统一碳市场即将迈入正式启动阶段时，关于碳中和政策工具的讨论也几乎到了言必称碳市场的程度，似乎碳市场是制定碳中和政策时的必然选择。

事实上，这样一个看似无须讨论的必然之举，可能隐含着几个被有意无意忽略的重要问题。例如，把不同行业纳入同一个碳市场是否合适？碳排放权被投入不同的生产活动中，是否应该被要求面对相同的碳价？统一碳市场会不会有什么出乎意料的溢出影响？碳市场之外，是否还有类似或者不同的碳中和政策工具值得选择？本章基于绿色溢价对这些问题进行了探讨，结果表明：首先，适合纳入碳市场的主要是电力、钢铁两个行业，交通运输、化工、建材行业可能更适合碳税的碳定价机制；其次，统一碳价的思路并不可取，应采取差别碳价；最后，相比于理论上的碳的社会成本折现，绿色溢价下的平价碳成本可能更适合作为现实中制定碳价的参考依据。

为阐述这些结论背后的逻辑依据，我们将在下文中探讨如下几个问题：一是对碳中和相关的碳价概念进行区分，作为进一步探讨的基础；二是剖析统一碳价思路背后存在的逻辑问题，基于社会净成本的概念提出差别碳价思路；三是从绿色溢价的角度，为差别碳价提供更现实的计算方法；四是基于绿色溢价，探讨适宜不同行业的碳定价机制，以及碳市场交易机制的建设问题；五是从社会治理角度探讨降低绿色溢价的可能性。[②]

---

① 参见 http://www.nbd.com.cn/articles/2020-09-29/1514734.htm。

② 本章作者：彭文生、谢超、李瑾、徐恩多。

“一碳”究竟：是社会成本还是社会净成本？

在理论、政策以及日常语境中，存在着多个相似但不同的碳价概念。这些概念在各自语境下的内涵是清晰的，当进行跨语境的探讨时，尤其是探讨碳定价问题时，可能会出现一些歧义。为此，世界银行曾经对这些不同的概念做出区分和界定。就本文需要探讨的问题而言，主要需区分碳价和碳成本。其中，碳价是指由碳市场中的交易决定的碳价，以及碳税税率。如无特殊说明，本文所称的碳成本就是指“social cost of carbon”，也就是诺德豪斯等所称的碳的各期社会成本的折现值，美国总统拜登上任伊始便宣布测算碳成本。①

事实上，这并不是美国政府第一次测算碳成本，奥巴马政府曾于2010年对碳成本进行测算，当时的结果折现到2020年约为26美元/吨，②

---

① 参见 https://www.whitehouse.gov/briefing-room/presidential-actions/2021/01/20/executive-order-protecting-public-health-and-environment-and-restoring-science-to-tackle-climate-crisis/。

② Technical Support Document：Social Cost of Carbon for Regulatory Impact Analysis—Under Executive Order 12866，2010.

2016年更新计算后的碳成本为42美元/吨（见图3.1）。2017年，上任不久的特朗普再次更新了碳成本计算，结果显示美国碳成本仅为不到7美元/吨。[①] 无论是反对还是支持减排的美国决策者，都是通过测算碳成本来支持自己的观点的，这反映了碳成本对于制定碳价的重要意义。由于碳定价又被看作最重要的碳中和政策工具，所以碳成本的测算在一定程度上也可以被看作整个碳中和政策的重要基础性工作。

然而，对于这个重要的基础性数据，不仅决策层没有一致的看法，学者之间的分歧也很大。例如，著名的气候经济学家诺德豪斯测算的碳成本大约是37美元/吨（2020年），[②] 被诺德豪斯在碳成本测算方面重点讨论的另一位经济学家斯特恩的方法对应的碳成本大约是266美元/吨。[③] 我们基于绿色溢价测算的中国平价碳成本约为377元/吨（约58美元/吨）。为什么同样的碳排放，用不同方法测算后碳成本差异这么大？我们为什么要从绿色溢价的角度去测算平价碳成本？这对于碳中和政策而言，有什么样的含义？

要探索这些问题，离不开对外部性的讨论。1920年英国经济学家庇古对外部性问题进行了开创性研究，目前对于碳成本的主流测算方法都可以追溯到庇古的这一思想，即社会成本内部化。这个理论简单清晰，但技术层面的测算方法却异常复杂且分歧很大。诺德豪斯和斯特恩的重要分歧来自两人对贴现率的看法差异极大（见图3.2）；奥巴马政府和特朗普政府的分歧不仅在于贴现率，也包括覆盖的范围，前者着眼全球，后者只测算了美国的社会成本。

即便是奥巴马政府的测算，也用了三种不同的计算方法，分别是DICE（气候变化综合评价）模型、PAGE（温室效应政策分析）模型和FUND（不确定性、谈判和分配框架）模型。其中，DICE模型是最基本的测算

---

① Brad Plumer, "Trump put a low cost on carbon emissions. Here's why it matters", 2018.

② Nordhaus, Revisiting the social cost of carbon, 2016.

③ 同上。

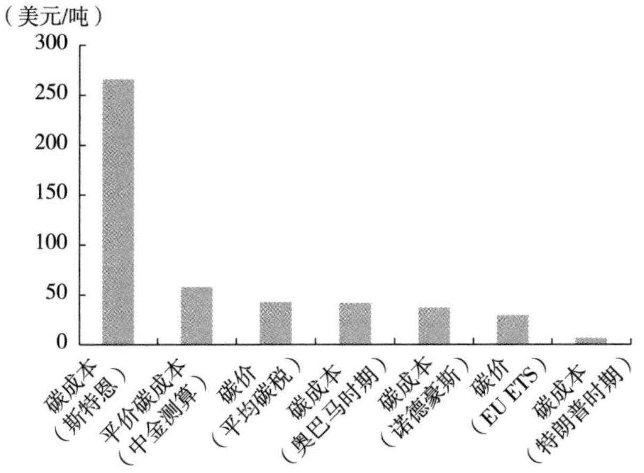

图 3.1　碳成本与碳价

资料来源：根据公开资料整理，中金研究院。

注：平价碳成本为根据 2021 年绿色溢价测算的中国平价碳成本，EU ETS（欧盟碳排放交易体系）碳价为欧盟碳交易市场 2020 年现货交易价格的算术平均值，平均碳税为 2020 年世界银行计算的各国碳税平均值。

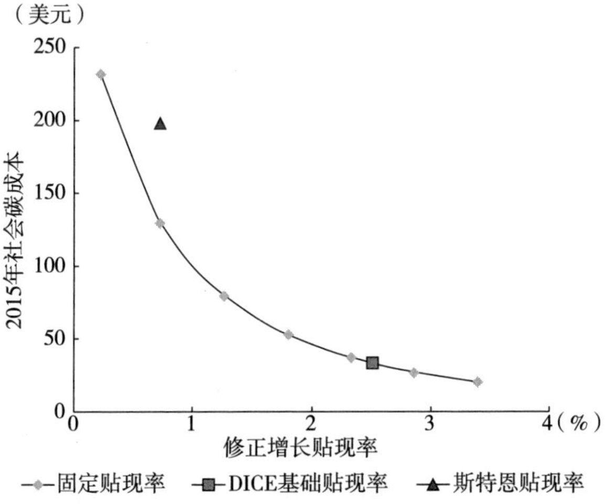

图 3.2　碳成本与贴现率

资料来源：Nordhaus，Revisiting the social cost of carbon；中金研究院。

注：DICE 基础贴现率是诺德豪斯于 2016 年测算时使用的贴现率和相应的碳成本，斯特恩贴现率是根据《气候变化经济学：斯特恩报告》中的假设贴现率测算的碳社会成本。

方法，在这个内生增长模型中，二氧化碳通过影响温度来影响整个社会产出，但没有考虑碳排放对经济不同组成部分影响的差异。PAGE 模型和 FUND 模型在一定程度上弥补了这个不足，分别考虑了碳排放对不同地理区域和不同行业影响的结构性差异。①

不过，这些看似严重的分歧背后，似乎都隐藏着这样一个被有意无意忽略了的问题：不同行业的碳成本是否不一样？或者说，按照当前的主流测算方法，同一个经济体内部只有一个碳成本。由于碳成本是碳定价的重要参考依据，“同一碳成本，统一碳定价”的思路，似乎已经对现实碳定价产生了重要影响。比如截至 2020 年，全球最大的碳交易市场——欧盟碳排放交易体系已经覆盖了电力等 14 个行业，这些行业在同一个市场中面临同一个碳价。中国也有类似的情况，即将启动的全国统一碳市场，在当前主要覆盖了电力行业，未来还将覆盖钢铁、水泥等高排放行业，这似乎也意味着这些不同的行业纳入统一市场后将面临同一个碳价。②

主流碳成本测算隐含的统一碳价思路是否合适？庇古最初的论述依然有借鉴意义，他认为，“估算转化为任何职业的任何资源量的边际增量时必须包括所有这些影响（其中一些是积极的，另一些则是消极的）”③。事实上，庇古讨论的并非社会成本，而是作为社会成本与社会收益之差的社会净成本。另一位对外部性问题做了深入研究的经济学家科斯，在具有里

---

① Pigou, The Economics of Welfare, 1920.

② 2020 年 9 月 27 日，生态环境部表示，发电行业已经做好了纳入全国碳排放交易市场的相关准备，已对发电行业地方管理队伍进行了大规模培训，相关的政策、法规、制度配套建设也在积极推动当中，结算系统、交易系统档案已经基本确定，将很快进入建设阶段，在设施确定、制度明确后，经过一段时间的测试，将进入上线交易阶段。此外，“十四五”期间要进一步加快碳排放交易市场的建设，把其他重点行业加快纳入进来，包括钢铁、水泥、电解铝等七八个行业。

③ 原文如下：All such effects must be included—some of them will be positive, others negative elements—in reckoning up the full physical net product of the marginal increment of any volume of resources turned into any occupation。

程碑意义的《社会成本问题》一文中也明确表示，“关键是要设计出切实可行的制度，来纠正系统中某一部分的缺陷，并且不会对其他部分造成更大的伤害”[①]。可以看出，科斯思考外部性的角度依旧是社会净成本。

由于存在社会成本和社会净成本的差异，所以似乎应该对统一碳价的定价思路抱有一定的怀疑态度。将这样一个基于社会净成本，而非社会成本角度的碳成本分析，拓展到更一般的意义上，意味着对于社会收益不同的行业而言，应适用不同的碳价水平。那么，是否可以有这样一个推论：对于社会净成本不一样的行业而言，去计算一个同样的碳成本可能不太合适。随之而来且更具有现实意义的问题是：对于现实的碳定价而言，把社会净成本不同的行业纳入一个统一的碳市场，承受同一个交易内的碳价，或者说对社会净成本不同的行业制定同一个碳税税率，是否合适？

目前，社会各界对于差别碳价存在比较大的争议。梳理下来主要有两个方面的问题。一是效率角度的争议，为什么石油、汽车等商品都是市场统一定价，而碳排放权这种商品要差别定价？二是公平角度的争议，认为差别定价有悖公平原则，可能会产生碳泄漏等套利问题。

对于第一个问题，还是要从外部性角度思考。当我们讨论石油、汽车等一般商品的定价时，并不需要考察其外部性问题，这时市场是有效的，因此逻辑上自然可以用市场去统一定价。但碳排放权作为一种特殊商品，其定价本质是要解决一个外部性问题，外部性是一个自由市场定价不充分或者说市场失灵的领域，可能不太适合比照不存在外部性的一般商品去理解其定价逻辑。更重要的是，从逻辑的角度讲，在思考外部性问题时，如果考察了一个经济活动的负外部性（社会成本），那么有什么理由忽视其正外部性（社会收益）呢？当然，如果不去考虑外部性，也就不存在所谓

---

① 原文如下：The problem is to devise practical arrangements which will correct defects in one part of the system without causing more serious harm in other parts。

社会收益问题，那就回到了单纯的一般商品定价，即可采用市场化统一定价方法。因此，一个存在外部性的经济活动，在不同行业、不同经济体内的社会净成本不同，可能要进行差别定价。

值得注意的另外一个问题是，从新制度经济学的角度看，市场定价并不一定是有效率的，或者说无论是采取行政还是市场的资源配置方式，交易成本都会在很大程度上影响定价效率。对于普通商品而言，市场之所以是一种有效率的定价方式，很大程度上是因为普通商品不存在外部性，普通商品市场的形成更多是一个市场自发的结果，不以政府强制力为基础，所以市场定价的交易成本通常低于行政定价。但是，对于存在外部性的碳排放则不同，这个市场并不是因经济主体自发的逐利动机而形成的，甚至可以说这个市场建立的本身就是对过度自发逐利行为的某种纠正，而且这个市场的运行高度依赖于行政等政府强制性力量的干预，其结果就是在碳排放的定价中，碳市场的交易成本远高于碳税。在这样一个背景下，碳市场的定价效率是否高于碳税值得商榷。

既然如此，我们简单地类比普通商品，进而过度强调通过碳市场为碳排放进行单一定价可能是有问题的。如果无视碳定价源于外部性这个根本属性，简单类比不存在外部性的普通商品定价，还有可能造成这样一个理论认识困境：既然一个经济体内部统一碳定价是合理的，那么全球范围内不同经济体之间为什么不能统一碳定价？且不说实践层面，如果让发展中国家的碳价对齐欧盟碳排放交易体系的碳价将会给发展中国家造成多大的经济损失，仅从理论上看，作为一种全局性的外部性问题，虽然各国的社会成本是一致的，但对于拥有大量人口且亟待通过经济增长来改善民众生存环境的发展中国家而言，碳排放对于发展中国家的社会收益通常是高于发达国家的。这意味着，虽然同一碳排放在不同国家的社会成本是一致的，但发展中国家的社会净成本应该是小于发达国家的。因此，从逻辑上看，要求发展中国家承受与发达国家一样的碳价是不合理的。

对于第二个问题，涉及一个价值判断问题——什么叫公平？公平也存在两个观察角度：私人经济视角的公平与社会大众视角的公平。我们来思考这样一个问题：如果将碳定价视作对碳排放的惩罚措施，那么是否意味着对于不同经济活动产生的碳排放应该采取不同程度的惩罚？举个例子，一个是比特币挖矿者通过燃煤发电支撑挖矿的能源消耗，另一个是大量民众在冬天通过燃煤来御寒，这两种行为都会产生碳排放，是否应将它们纳入统一碳市场中承受同样的碳价和惩罚？如果从社会成本的角度看，同样一单位的碳排放，无论是御寒产生的还是比特币挖矿产生的，都对社会造成了同样的伤害，似乎应该适用同样的惩罚。如果惩罚不一致，从私人经济意义上讲，似乎确实是“不公平”的。然而，耗费大量碳排放权去“挖”一种本可以轻松印刷出来的“货币”，与挽救严寒威胁下的生命相比，造成的社会收益明显是不一样的，如果对这两种释放了同样二氧化碳的行为进行一视同仁的惩罚，从社会大众的层面讲，也是不公平的。

此外，所谓碳泄漏等问题，看起来似乎是由差别碳价引起的不公平问题。但是，通过生产要素差别定价来促进区域平衡发展，正是最常见的产业政策之一，比如区域税收优惠、不同行业的不同出口退税优惠，以及为了实现普惠金融的资金差别定价等扭曲性政策。这些政策看起来扭曲了市场公平竞争，实际上却有助于更广泛层面的社会公平。问题是，在现实中究竟应该如何实现最优的碳定价安排？接下来，我们将结合绿色溢价，对这个问题进行探讨。

绿色溢价与碳定价机制的选择

如前所述，在逻辑上应该按照社会净成本而不是社会成本去思考碳定价问题。不过，无论是社会成本还是社会净成本，本质上都是理论可行，但现实中计算难度很大，误差也可能很大的概念。除了贴现率之外，更大的争议在于如何定义社会成本，正如斯特恩所提出的：第一，气候变化的成因和后果都是全球性的，排放同一当量的二氧化碳所造成的经济伤害与地域无关；第二，温室气体可能在大气中滞留数百年，温室气体累积产生的影响会有滞后性；第三，温室气体对人类社会造成的潜在影响具有很大的不确定性，难以估算。[①]

即便是对于贴现率和社会成本都做出种种假定后，测算难度依然很大。以美国奥巴马政府所做测算为例，三个模型不但模拟了 5%、3% 和 2.5% 三种贴现率的情境，而且每个模型初始设定中都存在一些随机参数，为缓解由此造成的测算结果不可信问题，每个模型重复计算了 10 000 次。这一次，拜登准备花一年半的时间去更新碳成本的测算，[②]这既是主流框架对测算碳成本的重视的体现，也可能是因为这个测算过程高度复杂、不确定性很大、投入成本比较高。

基于社会成本去测算同一碳成本尚且如此困难，如果从社会净成本的角度去测算各行各业的差别碳成本，由此产生的内涵界定争议与不确定性，以及测算所需要投入的时间和要消耗的资源，可能比测算同一碳成本大得多。如果不考虑测算难度，仅考虑合理性，根据有关社会净成本的分析，确实应为不同行业测算不同的碳成本。因此，有必要在碳成本测算的主流方法外，换一个思路去思考更可行的差别碳成本测算，进而推动差别化碳定价。

一个方法是依旧只采用碳市场作为单一的碳定价机制，但是需要对碳市场运行机制进行某些设定，以得出事实上的差别碳价。比如，对于社会净成本较小的行业予以更高的免费配额，或者将拍卖收入的一部分返还给社会净成本较小的行业。很明显，这些方式有助于实现事实上的差别碳价措施，已经在事实上扭曲了所谓公平竞争。也就是说，如果认可通过扭曲

---

① Nicholas Stern，The Economics of Climate Change：The Stern Review，2007.

② The White House，Executive Order on Protecting Public Health and the Environment and Restoring Science to Tackle the Climate Crisis，2021.

性机制设计来实现事实上的差别定价做法，那么基于不公平角度对于差别碳定价的思路质疑可能是不成立的。

另一个方法是反思只使用碳市场的单一定价思路。在这方面，绿色溢价可以给我们一些启示。绿色溢价本质上是一种平价碳成本，即需要排放者为碳排放付出额外成本，以确保排放者生产成本与碳中和技术下的生产成本平价，强调通过促进当前碳中和技术的发展来解决未来的碳排放问题。因此，基于现实的绿色溢价，似乎比基于理论的主流碳成本具有更优的现实意义。更重要的是，绿色溢价可以体现出社会净成本角度下的差别碳成本和差别碳价的政策含义。接下来，将基于绿色溢价的框架，探讨如何实现碳定价的问题，主要包含三个方面。第一，不同行业是否应该采取不同的定价机制？第二，不同行业是否应该有不同的定价水平？第三，如果需要制定差别碳价，那么各行业是否存在差别化的碳价参照基准？

庇古与科斯：碳税与碳市场的相同与不同

作为两种基本的碳定价机制，碳税和碳市场的理论渊源分别来自庇古与科斯，虽然两者都有从社会净成本角度对外部性问题的思考，但对如何实现社会净成本的内部化，两者看法并不一致。庇古的方法是庇古税，而科斯认为庇古税是一种难以实现的设想，因为很难确定合适的税率。科斯主张利用明晰产权的方式，通过市场自由交易对外部性进行定价。实践中，2019 年全球计划实施和实施中的碳交易机制有 31 个，碳税有 30 个，其中，实施碳税的代表性国家有北欧的芬兰、挪威等，[①] 目前最大的碳市场是欧盟碳排放交易体系，较有代表性的碳交易机制还有美国的 RGGI。我们将从减排效果、交易成本、公共收入使用三个维度分析两种机制的相同与不

① World Bank，State and Trends of Carbon Pricing 2020，2020.

同，最终结合绿色溢价探讨两种定价机制对于中国的适用性问题。

各国 / 地区碳税税率水平见图 3.3。欧盟碳排放交易体系碳排放权期货价格见图 3.4。

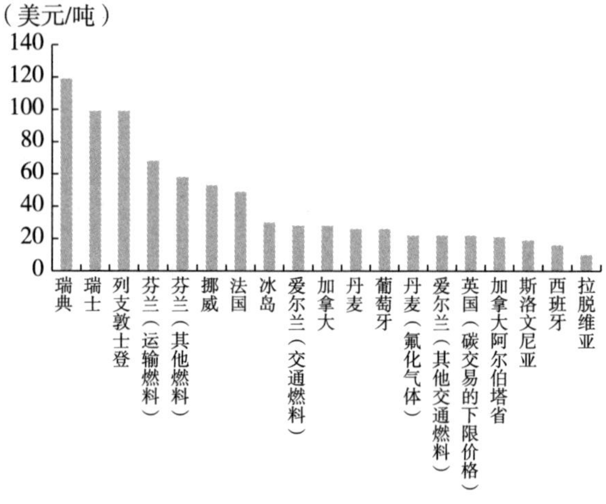

图 3.3　各国 / 地区碳税税率水平

资料来源：世界银行，中金研究院。

注：数据截至 2020 年 11 月。

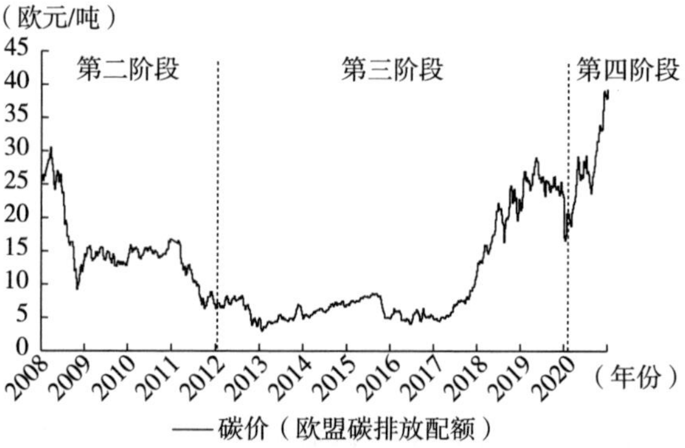

图 3.4　欧盟碳排放交易体系碳排放权期货价格

资料来源：ECX EUA futures from ICE，中金研究院。

注：数据截至 2021 年 3 月。欧盟碳排放交易体系的发展分为四个阶段：第一阶段为 2005—2007 年，第二阶段为 2008—2012 年，第三阶段为 2013—2020 年，第四阶段为 2021—2030 年。

相比于碳税，碳交易的减排效果更确定

由于增加了碳排放的成本，所以无论是碳税还是碳交易，都是有助于减少碳排放的。但从机制运行的内在逻辑看,两者还是有一些内在差别的。碳税本质上是一个事先确定的固定碳价，因此，市场主体可以对减排技术的研发、投资形成一个比较稳定的收益预期，这有利于促进创新，但将不确定性留给了能否有效降低排放量。因为只要增加一单位碳排放的收益，就能够覆盖碳税成本，那么企业就会持续增加碳排放。对 1981—2007 年瑞典、挪威等北欧国家减排的实证分析也印证了这一点，与不征收碳税的基准情形相比，此情况下的碳税会降低 2.8%~5% 的排放量。[①] 与此同时，芬兰、丹麦、瑞典、挪威这四个北欧国家施行碳税后的排放绝对量并未呈现出明显的下降态势，或者下降的幅度明显小于加入碳市场之后的降幅（见图 3.5）。

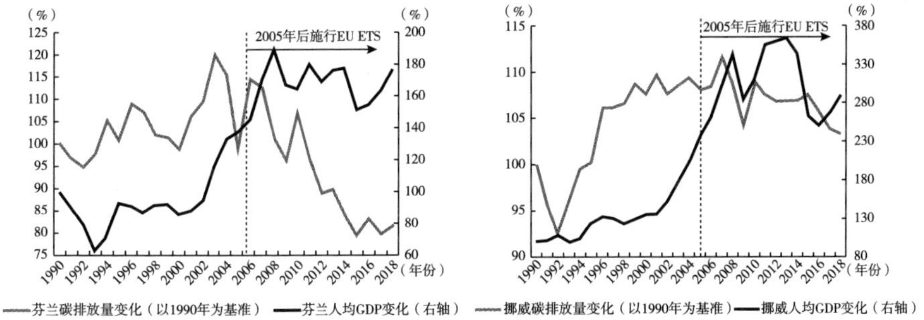

图 3.5 芬兰、挪威碳排放量与人均 GDP

资料来源：欧洲环境署，中金研究院。

与碳税的总量约束乏力相比，碳交易的总量控制机制比较好地解决了这个问题。由于碳排放量的上限是提前设定的，所以即便在经济过热的情况下，最终的碳排放也难以显著超越事先确定的上限。因此，碳市场与碳

---

① Erik Haites，Experience with Carbon Taxes and Greenhouse Gas Emissions Trading Systems，2018.

税的一大不同在于，碳市场给出了一个比较确定的碳排放量下降路线。欧盟碳排放交易体系（见图 3.6）和美国 RGGI（见图 3.7）的实践基本上印证了这一点。

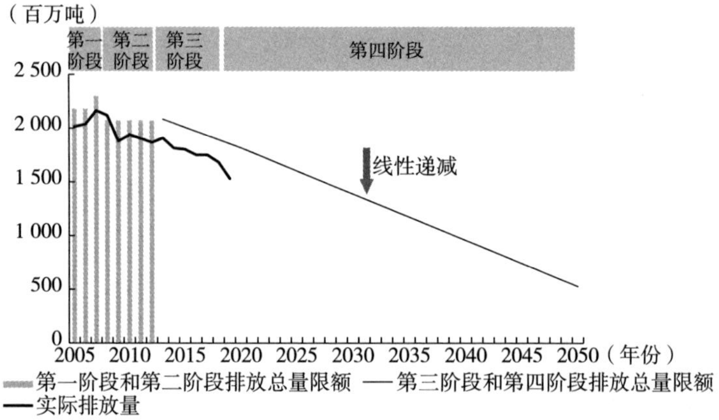

图 3.6　欧盟碳排放交易体系设定的排放总量限额和实际排放量

资料来源：欧洲环境署，中金研究院。

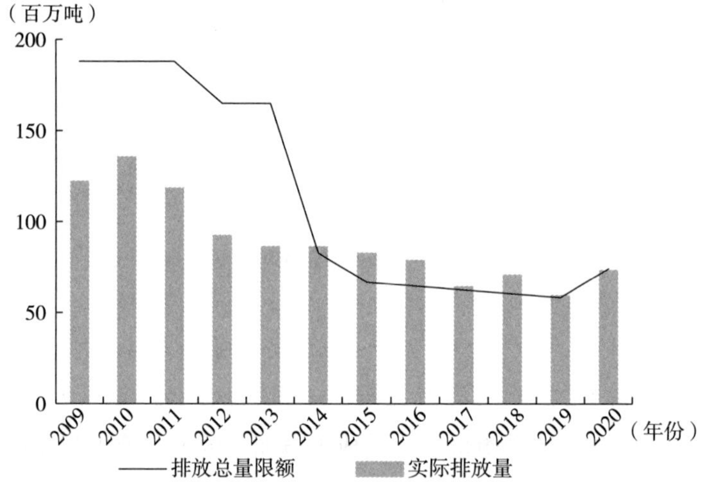

图 3.7　美国 RGGI 设定的排放总量限额和实际排放量

资料来源：RGGI 配额跟踪系统，中金研究院。

注：2020 年美国 RGGI 从 9 个州扩为 10 个州，因此配额总量上升。

不过，这并非意味着碳交易机制是完美的。事实上，与碳税相比，作为一种数量型碳定价机制，碳市场在增强了减排量的确定性的同时，代价是产生了碳价的不确定性。因为在纯粹的碳市场中，碳排放权供给是没有弹性的，一旦经济波动引发碳排放权需求的变化，需求侧冲击的吸纳方法将只能体现在碳价上。这也造成了碳市场下碳价的高度波动。高度波动的碳价意味着企业投资低碳技术的回报预期是不确定的，这会导致创新激励不足问题。欧盟碳排放交易体系第一阶段部分资产收益率与标准差见图 3.8。

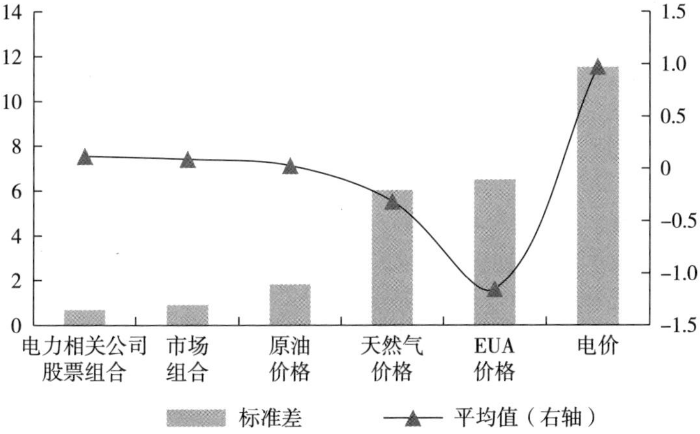

图 3.8　欧盟碳排放交易体系第一阶段部分资产收益率与标准差

资料来源：Yuan Tian 等（2016），中金研究院。

注：EUA 表示欧盟碳排放配额。

相比于碳市场，碳税机制的交易成本较小

新制度经济学强调，资源配置机制的运行是有成本的。由于运行逻辑不一致，在以 MRV 体系衡量的交易成本方面，两种定价机制存在明显差距。如图 3.9 所示，碳市场交易成本通常高于碳税，因为开征碳税可借助于现有的征税体系，不需要构建起一套全新的专用 MRV 体系。

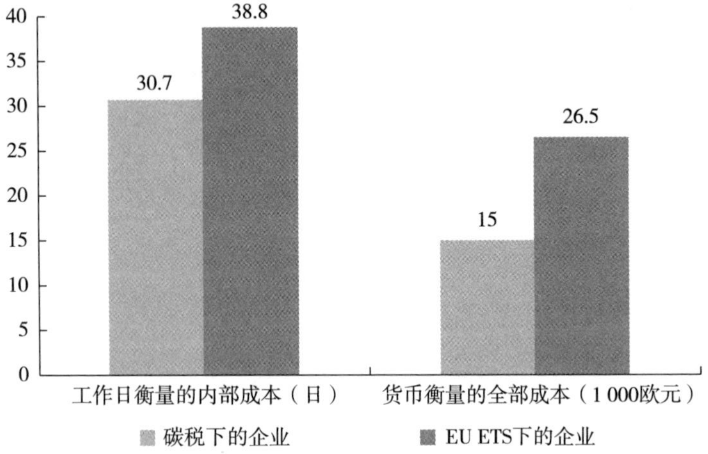

图 3.9　企业为两种碳定价机制付出的 MRV 成本

资料来源：Jessica Coria（2019），Transaction Costs of Upstream Versus Downstream Pricing of CO_2 Emissions；中金研究院。

注：参与问卷调查的企业有五类：所有受到碳税制度 MRV 要求管制的企业，所有受到欧盟碳排放交易体系制度 MRV 要求管制的企业，同时受到碳税制度 MRV 和欧盟碳排放交易体系制度 MRV 要求管制的企业，只受到碳税制度 MRV 要求管制的企业，只受到欧盟碳排放交易体系制度 MRV 要求管制的企业。该调查问卷中的成本包括三种：一是内部成本，主要是企业内部需要对 MRV 制度付出的管理和实际工作，以需要付出的全职工作的时间和货币两种形式进行计量；二是企业的外部成本，即履行按照 MRV 规定所订立的顾问服务合约付出的成本，以货币进行计量；三是资本成本，即为了碳排放相关的测量、监控、记录和数据储存而付出的成本。

碳交易则不同，它并非自发形成的既有市场，而是一个依赖于法律等命令型政策作为制度基础建立起来的新的专用市场。与碳税的定价机制相比，作为一个人为创设的新市场，其若想有效运转，则需要比碳税参与者更多的市场主体通力合作，这会产生更多的协调、监督成本。一方面，在人为创设的市场中，其基础制度的有效运转不依赖于市场逐利本性，而是依赖于命令型政策的强制执行，这可能需要投入大量资源。比如碳配额分配问题，无论是免费分配制度，还是有偿分配制度，均需要足够的资源监督，否则很容易产生低效的分配。另一方面，在碳市场中，参与者不仅有政府、排放企业和作为基础设施的交易所，还有为了提升定价效率而引入的中介机构、大量机构投资者，交易的产品除了现货之外，还有期货、期权等，这意味着碳市场需要量身定制新的 MRV 体系，以增强对各参与主体的监督，更多参与者之间的互动也意味着更多的交易成本。

碳定价收入分配：碳税可用于促进公平，碳交易更侧重于提高效率

无论是碳税还是碳交易，都存在碳排放价格，再加上定价机制运行的交易成本，会造成微观上的企业竞争力下降和宏观上的碳泄漏问题。解决这些问题的思路是，合理运用碳定价带来的公共收入。这个公共收入，在碳税的情况下体现为政府税收，在拍卖制度下体现为政府拍卖碳排放权的公共收入。理论上来讲，虽然这两种收入流进政府的渠道不同，但都可以用来解决碳定价带来的企业竞争力下降和碳泄漏问题。

实践中，碳税和碳市场公共收入的使用方式在侧重点上有所不同。在收入使用方向的规定上，由于碳市场的拍卖收入并非像碳税那样直接纳入国家财政，所以 78% 的碳市场拍卖收入会以法律形式约束其使用方向，以避免财政纪律缺位下公共收入的不当使用。碳税使用却没有这么严格，大约只有 43% 的碳税是以法律形式规定使用方式的，因为碳税进入政府财政系统，将受到已经存在的财政纪律约束，施加额外约束的必要性没有碳市场那么大。

最终使用方向上也存在一些差别。碳税直接进入税收系统，在使用方向上更多体现出公共财政属性。欧盟 2016 年一半以上的碳税收入是用于减税、退税等方向的（见表 3.1），还有一部分体现了追求公平的公共财政色彩，例如，挪威在征收碳税的同时，减免了其他部门的一些税收，并将碳税收入的一部分投入养老基金等项目。[①] 加拿大不列颠哥伦比亚省规定，碳税收入可一次性退税补偿给低收入人群，这起到了转移支付的作

① OECD，The use of revenues from carbon pricing，2019.

用。[①]2019 年美国国会提出《气候行动返现法案》，拟将碳费的 70% 通过退税方式返还给中低收入居民。[②]

与碳税的公共财政属性不同，碳市场收入呈现了一定的专款专用色彩。也就是说，为减少碳排放而获得的拍卖收入，主要还是用在了促进减排方面。根据经济合作与发展组织的研究，碳市场拍卖收入中的 86% 存在明确的使用方向约束（78% 是法律约束，8% 是政治承诺），最大的支出项目是推广绿色出行，例如加拿大提升交通电气化水平，意大利补贴低碳出行，美国加州用于建设连接该州主要城市的高铁等；其次是用于提升能源使用效率的开支，例如法国、意大利对学校等公益机构建筑物进行节能改造；支持可再生能源再利用的占比也较大，例如英国 2016 年的可再生热能激励计划总拨款的一半就来自拍卖收入。[③]

表 3.1　欧盟 2016 年碳定价收入的使用约束形式和支出结构

<table>
<tr><th>约束形式</th><th>法定（%）</th><th>政治承诺</th><th colspan="9">使用方向（%）</th></tr>
<tr><td rowspan="3">碳市场</td><td rowspan="3">78</td><td rowspan="3">8</td><td rowspan="2">提升能源使用效率</td><td rowspan="2">支持可再生能源再利用</td><td colspan="2">推广绿色出行</td><td rowspan="2">补贴绿色研发</td><td rowspan="2">林地、水资源、废品、土地等与应对气候变化相关的方面</td><td rowspan="2">补偿能源消费者</td><td rowspan="2">绿色相关的培训、教育等活动</td><td rowspan="2">其他</td></tr>
<tr><td>电气化</td><td>公共交通</td></tr>
<tr><td>17.78</td><td>7.33</td><td>2.11</td><td>17.00</td><td>2.55</td><td>1.49</td><td>16.86</td><td>15.55</td><td>0.83</td></tr>
<tr><td rowspan="2">碳税</td><td rowspan="2">43</td><td rowspan="2">22</td><td colspan="2">减税、退税等税收政策</td><td colspan="2">绿色与环境</td><td colspan="2">能源及能源安全支出</td><td colspan="2">补贴能源使用者</td><td>其他</td></tr>
<tr><td colspan="2">52.47</td><td colspan="2">0.11</td><td colspan="2">2.66</td><td colspan="2">2.17</td><td>3.87</td></tr>
</table>

资料来源：OECD，The use of revenues from carbon pricing；中金研究院。

总之，碳税在使用方向上不仅局限于碳中和领域，它还具有一定的“取之于民，用之于民”的公共财政属性，会有一部分用于支撑其他领域

① Michael Maiello，Natasha Gural，The tax that could save the world，2021.

② 参见 https://taxfoundation.org/carbon-tax-bills-introduced-congress/ 。该法案尚未通过。

③ OECD，The use of revenues from carbon pricing，2019.

的减税，或者转移支付等，能够在促进公平方面发挥一些作用。碳市场拍卖收入则具有较强的“取之于碳，用之于碳”属性，支出主要集中在提升碳中和效率方面，在一定程度上有助于缓解碳市场中价格波动较大对于绿色投资、创新的激励不足问题。

绿色溢价视角看定价：碳市场为主，碳税为辅

目前的碳定价机制选择，似乎只是从碳排放占比这一个维度，强调通过碳市场的方式来约束高排放行业。这并不符合社会净成本视角的差别碳价要求。而且，综合减排效果、交易成本以及公共收入使用这三个方面看，碳税和碳市场两种机制各有优劣，并不存在一个绝对优于另一个的确切结论（见表 3.2）。如果仅从提升减排量的确定性这个角度看，似乎碳交易确实是一个理想的选择，但这也意味着有可能付出更高的交易成本，在贫富分化日益严重的社会背景下，也丧失了一个通过碳税促进公平的机会。

表 3.2　碳税和碳市场的优劣对比

		碳税	碳市场
减排效果	排放总量	不确定	较确定
	碳价	较确定	不确定
	技术创新	较强	较弱
交易成本	MRV	较低	较高
公共收入使用	受约束比例	较低	较高
	使用方向	有助于促进公平	侧重提高减排效率

更重要的是，通过碳市场来约束碳排放，意味着相关行业的碳价会面临较大的不确定性，对于绿色投资和研发的激励效应弱于碳税。对于实现碳中和而言，碳定价固然是重要的政策手段之一，但技术进步可能更具决定性意义。因此，从这个角度看，我们有必要重新审视通过单一的碳市场

来实现碳定价的思路。在这方面，绿色溢价的测算依然可以带给我们一些有益的启发。绿色溢价对于碳定价的意义，不只是提供社会净成本角度下的差别碳价参考，更重要的是可以衡量各个行业碳中和技术的成熟程度。如果某些行业的绿色溢价较高，则意味着其碳中和技术还不够成熟，也意味着这些行业更加迫切地需要关于技术创新的激励。这样就可以从绿色溢价、碳排放占比两个维度去思考如何选择碳定价机制的问题，以更好地利用两种定价机制的优点。

具体而言，从选择碳定价机制的角度出发，可以把前文提到的八个行业分成四个部分：高排放、低溢价的电力和钢铁，高排放、高溢价的建材，低排放、高溢价的交通运输和化工，低排放、低溢价的有色、石化和造纸。高排放、低溢价的电力和钢铁行业的绿色溢价比例分别是 17% 和 15.4%，这意味着从经济层面看，这两个行业的碳中和技术已经相对成熟，对于技术创新的需求程度不如高溢价的行业迫切，与此同时，这两个行业的碳排放占比分别为 44% 和 18%，合计占总排放量的 62%（见图 3.10）。因此，电力和钢铁行业比较适合采用碳市场的定价机制，这样既可以有效地促进整体排放量的下降，又不需要太担心不确定的碳价对于这两个行业的创新激励较弱。

如图 3.11 所示，低排放、高溢价的交通运输和化工行业 2021 年的绿色溢价比例分别为 68% 和 53%，这说明从经济角度看，这两个行业的碳中和技术还非常不成熟，迫切需要推进相关技术进步。与此同时，这两个行业的碳排放占比加起来只有 10%，意味着即便对这两个行业施加总量约束，它们对总体减排的贡献也不如电力和钢铁行业明显，而且碳市场中高度波动的碳价可能导致对交通运输、化工行业的技术进步激励不足。因此，权衡利弊，对于低排放、高溢价的交通运输和化工行业，可能更适合采取碳税的定价机制。高排放、高溢价的建材行业的碳排放占比为 12.6%，在八大行业中排第三，基本位于 11% 的行业平均水平附近，与此同时，它的绿色溢价比例高达 138%，远高于第二位交通运输行业 68% 的绿色溢价比例。因此，相对而言，建材依旧是更需要激励创新和技术进步的行业，也更适合采用碳税的定价方式。

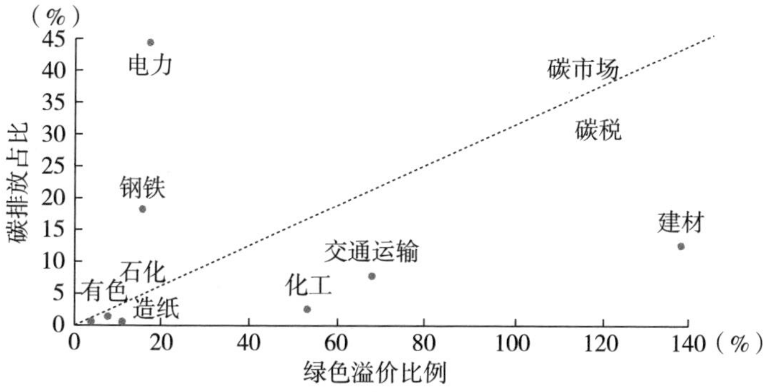

图 3.10 碳定价机制的选择

资料来源：中国碳核算数据库，Wind，中金公司研究部。

注：碳排放占比为 2017 年的数据，绿色溢价比例为对 2021 年的估算。

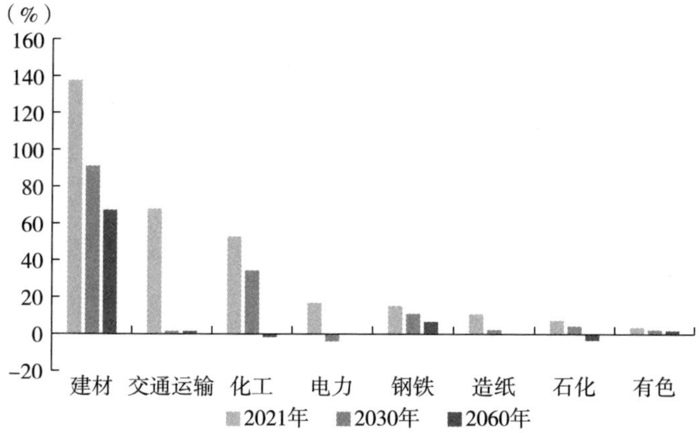

图 3.11 行业绿色溢价比例

资料来源：中国碳核算数据库，Wind，中金公司研究部。

至于有色、石化、造纸这三个行业，碳排放占比依次是 0.68%、1.46% 和 0.26%，绿色溢价比例依次是 3.7%、7.4% 和 10.9%。由于绿色溢价比例和碳排放占比都比较低，似乎看起来采取哪种定价机制都可以。不过，考虑到碳市场的交易成本远高于碳税，所以从降低减排企业不必要负担的角度看，碳税是更理想的选择。

构建以“拍卖 + 期货”为核心的碳市场交易机制

如前所述，电力、钢铁两个行业更适合采取碳市场的定价机制。这两个行业的碳排放量合计占到了总碳排放量的62%，因此，碳市场虽然不适合作为唯一的定价机制，但确实是主要的碳定价机制。为应对价格不确定性较大、创新激励不足等问题，建议构建以“拍卖 + 期货”为核心的碳市场交易机制，即在配额分配环节推行以拍卖为主的机制，在配额交易环节引入期货等衍生品。

配额分配环节：应逐步提升拍卖的有偿分配比例

正如科斯定理所称，在存在交易成本的市场机制中，初期的产权分配直接关系到最终的市场交易效率。因此，碳配额合理分配，是整个碳市场有效运行的基础。理论上，主要有两种碳配额分配方式，即以祖父法和基准法构成的免费分配，还有以拍卖为主的有偿分配。2020 年 10 月 28 日，在对《碳排放权交易管理办法（试行）》进行意见征集时，对有偿分配的提法是“适时引入有偿分配，并逐步提高有偿分配的比例”，在 2020 年 12 月 31 日正式发布的版本中，该提法改为“以免费分配为主，可以根据国家有关要求适时引入有偿分配”。仅从措辞上看，似乎在正式发布的版本中更多地强调以免费分配为主的方式。①

① 本文作为研究报告正式外发于 2021 年 3 月 22 日。2021 年 3 月 30 日，《碳排放权交易管理暂行条例（草案修改稿）》公开征集意见。与此前发布的版本相比，该版本对于配额分配的方法做出了重要修订，改为：“碳排放配额分配包括免费分配和有偿分配两种方式，初期以免费分配为主，根据国家要求适时引入有偿分配，并逐步扩大有偿分配比例。”

与此同时，美国 RGGI 一直以拍卖作为主要的配额分配手段，欧盟碳排放交易体系从第三阶段开始也主要采取拍卖的有偿分配方式。有偿分配有助于促进公平。如前所述，碳市场是一种交易成本比较高的定价机制，如果没有拍卖所获得的公共收入，那么政府作为公众利益的代表，将为支撑碳市场的运行承担较多的成本，这对公众而言并不公平。更重要的是，拍卖有助于提升定价效率、促进创新。无论是采取祖父法还是基准法来分配配额，免费配额均意味着配额分配环节价格发现机制的缺失，全部价格的发现工作及波动性风险均由配额交易环节的参与者承担。欧盟碳排放交易体系在以免费分配为主的 2009—2013 年，常常因为免费分配环节价格信号缺失，出现免费配额发放过度的问题，导致碳价一度大幅下跌，影响了市场活跃度。

为了缓解碳价高度波动造成的创新激励不足问题，除了通过拍卖收入直接支持绿色研发与投资外，还可基于拍卖建立价格稳定机制以抑制碳价过度波动。比如在欧盟碳排放交易体系中，如果拍卖最终形成的价格低于保留价格，则宣告本次流拍，下次再进行拍卖。[①] 在美国 RGGI 中，通过 CCR（成本控制储备）、ECR（排放控制储备）两种不同的机制设置了拍卖的价格上限和下限，当拍卖的价格超出触发价格后，监管机构会释放 CCR 配额，使拍卖价格成交在 CCR 的触发价格上，如果政策规定的 CCR 已经被全部释放，那么即使拍卖价格高于 CCR 的触发价格也不再释放；当拍卖价格低于 ECR 的触发价格时，监管机构会收回部分拍卖配额，使拍卖价格成交在 ECR 的触发价格上。[②]

---

① European Commission，EU ETS Handbook，2015.

② RGGI Inc，RGGI Model Rule，2017.

配额交易环节：应考虑引入期货等金融衍生品

由于碳排放权的供给弹性较低，所以碳价波动性较大成为碳市场的主要问题，如何控制碳价过度波动也成为交易机制设计的核心问题之一。2020 年 12 月 31 日发布的《碳排放权交易管理办法（试行）》提出，“碳排放权交易应当通过全国碳排放权交易系统进行，可以采取协议转让、单向竞价或者其他符合规定的方式”，“防止过度投机的交易行为”。从此前的中国八个省市的试点来看，涨跌幅限制等现货交易价格管制是防止交易碳价过度波动的主要方式，只有上海环境能源交易所推出了碳远期合约，但受限于中国碳市场整体成熟度，该碳衍生品交易并不活跃。

事实上，现货市场的涨跌幅限制只是一种延迟真实价格信号释放的做法，并非真正有效的价格稳定机制，也并非帮助相关企业规避价格波动风险的有效做法。从欧盟碳排放交易体系的经验来看，在 2005 年 4 月欧盟就推出了与 EUA 挂钩的碳期货产品，2006 年 10 月推出了 EUA 期权产品，2008 年 3 月和 5 月分别推出了与 CER（核征减排量）挂钩的碳期货和期权产品，2019 年，欧洲能源交易所中碳金融衍生品交易量达到 4.26 亿吨，其中 EUA 期货交易量为 1.67 亿吨，同期碳配额现货的交易量只有 5 000 万吨。①

事实上，碳期货等金融衍生品可能是碳排放企业更重要的价格风险对冲手段。因为碳配额是一种人为创设的排放权产品，并且存在比较集中的交割期限。对于生产企业而言,碳配额作为一种资产却无法直接融入生产，如果一直持有到期，则会存在经济成本或者机会成本。如果引入碳期货，就给了企业一个选择，可以卖出持有的碳配额现货，买入碳配额期货，这种操作既有利于对冲价格波动风险，也有助于将碳配额所占用的流动性释放出来，支撑企业发展。对于投资者来说，碳期货等以碳配额为标的的金

① EEX group，Annual Report 2019，2020.

融衍生品，相对碳配额现货具有更强的金融属性，有助于吸引更多的金融机构进入碳市场进行交易，有利于提高整个碳市场的流动性和定价效率。

碳市场的能与不能：碳交易下的污染物区域转移①

统一碳市场有助于降低排放外部性带来的扭曲，也可能带来一些“意外”问题。例如，如果没有其他配套措施，碳排放与大气污染物排放的高度相关性意味着，统一碳市场可能会导致不同地区的环境质量发生非对称变化，并在以下两方面影响碳市场建立带来的正面效果。

一方面，从全国角度看，对于同一个污染物而言，由于不同省份碳－污染物间弹性系数具有差异，即使两者相关性为正，全局的碳减排在现实中也有可能造成最终污染物排放量的上升，所以应当避免碳交易导致产能由碳－污染物弹性较低的省份向碳－污染物弹性较高的省份转移。

另一方面，从省际角度看，当一个地区的碳排放量增加或减少时，该地区的大气污染物很可能同步变化。然而，二氧化碳的外部性影响具有全球性的特征，它影响的是整个地球的气温变化，进而影响到全人类的福利；而大气污染物的外部性通常是局部的，一个区域的大气污染物排放主要影响的是该区域本身（尽管存在跨界污染，但其外部性也会随距离的增加而大大减弱）。因此，当某一省份通过排放权交易大量增加碳排放量时，跟随碳排放转移的大气污染物很可能会对该省的环境造成较大冲击。

以二氧化硫为例。我们根据存在统一碳交易市场时各省区市的排放量变化以及碳和二氧化硫的相关系数，模拟出了各省区市二氧化硫排放量的变化趋势。在碳排放强度下降速度为 4.5% 的情况下，并非所有地区都会

---

① 本节由中金研究院与香港科技大学副教授何国俊合作完成。何国俊目前任职于香港科技大学社会科学部、环境与可持续发展学部和经济学系，兼任芝加哥大学能源政策研究所中国中心（EPIC-China）研究主任。

在增加碳排放的同时增加二氧化硫排放，在中部的河南以及西部的四川与云南等地，因为拥有较低的边际减排成本，所以可以通过出售排放权，使其二氧化硫下降均超过一万吨。但是，在京津冀地区及沿海地区，可以普遍观察到二氧化硫排放的上升。在碳排放强度下降速度为 7.5% 的情况下，东部沿海地区、中部地区的二氧化硫减排明显，但在京津冀地区和少数西部省份，二氧化硫排放量依旧在增加。值得注意的是，在上述两种情形下，目前环境污染更为严重的京津冀等北方地区，二氧化硫污染均会进一步加重，对于环境状况较好的南方，碳市场则有望进一步改善环境。

以上结果可能有两个方面的含义。一方面是，碳排放转移可能带来“意外”的污染转移。碳市场是以市场的方式优化跨行业、跨区域的碳资源配置的，让减排成本高的少减排，让减排成本低的多减排，改善碳排放的扭曲。与碳市场对应的是潜在的污染物市场。在污染物市场缺失的情况下，如果碳排放与污染物排放高度相关，而污染物减排成本与二氧化碳减排成本不可能完全一致，则可能会造成污染物减排成本高的多减排，减排成本低的少减排，一定程度的污染物排放扭曲难以避免。因此，需评估污染物的减排成本，了解污染物与碳排放、污染物与污染物间减排成本的替代互补关系，用合适的方法协调好碳市场和潜在污染物市场的关系。

另一方面是，全国统一碳市场与环境政策可能存在激励不相容问题。在全局层面，由于碳排放与不同污染物的关系存在异质性，所以全国统一碳市场下碳排放总量的增加 / 减少，并不同样意味着全国的污染物水平会增加 / 减少。在地区层面，温室气体是全局性问题，而污染物排放是局部性问题。中央与地方可能会对这两类问题的管制政策具有不同的偏好与要求，由此产生不同的管制动机。鉴于污染物与碳排放高度相关，既有的地区环境政策可能以“交叉补贴”形式影响碳市场，使碳排放既受到碳市场的管制，又受到来自污染物监管的影响。这既再次印证了前述通过单一碳市场来实现排放权定价的想法过于理想化，也意味着全国碳市场未必能够促进所有污染物的减排，更重要的是在地区结构上可能会加剧京津冀等北方地区的空气污染问题，这可能会与许多现有的环保目标有不兼容的地方。因此，需要厘清各类环保政策与气候治理政策间的关系，避免许多重复性、抵触性的政策出现，这既会提高企业交易成本、政府行政成本，也会造成效率和福利损失。

除了环境政策和统一碳市场存在的矛盾，这种问题也可能普遍存在于与碳排放相关的行业与政策中。例如，鉴于电力减排在碳减排中的关键地位，要实现碳市场与电力市场化改革协调推进，可能需要进行审慎的价格机制设计，并考虑额外具有针对性的监管政策。因此，在通过碳市场推动碳减排的同时，也需要尽快联合分析各类相关市场的交互效应，评估各类监管内容的真实成本，避免对某个专一市场的监管造成事与愿违的外部性。

社会治理：碳价之外降低绿色溢价的政策工具

三类碳中和政策与两类碳排放

从前述基于绿色溢价视角对于碳定价问题的讨论，可以看出技术进步对于碳中和具有重要意义，甚至可以说具有决定性意义。不过，从全新世时间序列数据看（见图 3.12），空气中二氧化碳浓度上升速度虽然因为工业革命而加快，但这样一种上升趋势事实上自六七千年前人类进入文明时代就已经开始。也就是说，对于数千年来的温室气体浓度上升趋势而言，技术固然是一个重要的加速器，但根源在于人类的经济活动本身。从这个角度去看碳中和之路，推动技术进步朝着清洁化的方向演进当然是重要的，但加强约束人类经济活动的社会治理工作也不可或缺。

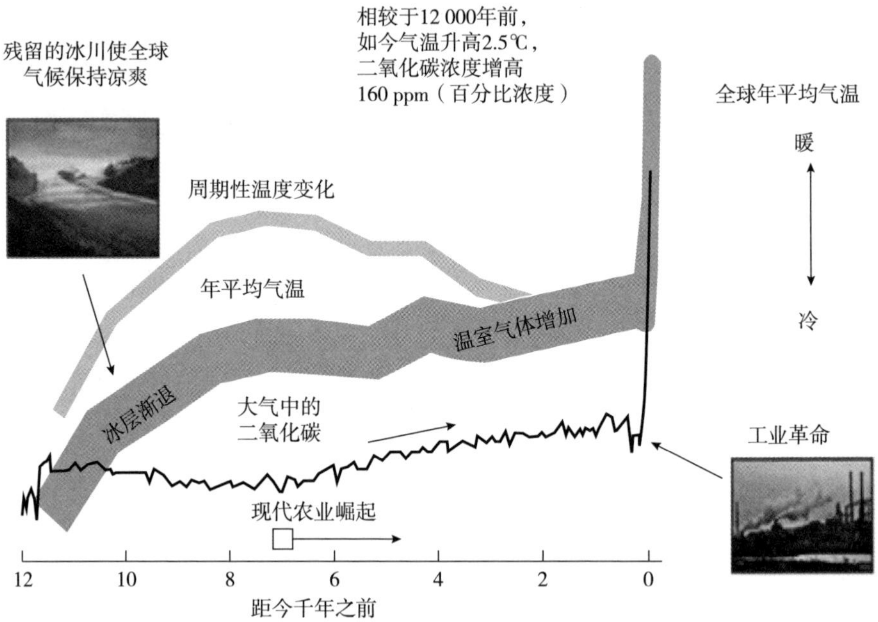

图 3.12　全新世时期温度演化过程

资料来源：Samantha Bova，Seasonal origin of the thermal maxima at the Holocene and the last interglacial，Nature，2021；中金研究院。

为规范人类经济活动，可借鉴环保政策类型划分法，将碳中和政策工具划分为价格型政策、命令型政策以及宣传型政策三类。价格型政策，即碳定价，被认为是最重要的碳中和政策。命令型政策，是指依赖于政府强制性行政命令或者法律法规推行的政策，主要内容既包括排放标准等制度规定，也包括对排放行为的日常性行政干预，常见的关停限产、汽车单双号限行都属于命令型政策。宣传型政策，则是通过信息公开、舆论宣传等方式来影响人类的排放行为，通常不具有强制性，也没有物质激励，更多通过提升社会减排意识来推动碳中和。

从降低绿色溢价的角度看，这三类碳中和政策并不是严格分割的。以碳定价机制为例，无论是碳税还是碳市场，都少不了建立在命令型政策之上的 MRV 体系，如果没有强制性的力量来推动相关制度的切实落实，并有效地震慑违规行为，那么碳定价的机制设计就会形同虚设。在绿色金融领域也是如此，对绿色项目的真实性和纯度的识别与确认，也都需要建立在一系列规章制度的基础上。在一个没有养成为碳排放支付价格习惯的经济体中，如果想让整个社会尽快地接受碳定价机制，尽量减少碳定价机制运行中的摩擦，那么加大宣传力度、提高全社会的碳中和意识，是必不可少的举措。经济合作与发展组织的研究表明，碳市场拍卖收入的 16% 被投入与碳中和相关的教育、培训等领域中。[①] 因此，命令型政策、宣传型政策等社会治理政策也是助推绿色溢价下降的重要工具。

此外，命令型政策和宣传型政策还有其独立的社会治理含义。在此，需要区分合理的碳排放和不合理的碳排放。合理的碳排放是指满足人类社会生存、发展的碳排放，没有这些合理的碳排放，社会就会遭受比较严重的损失。比如，日本在福岛核电站事故之后发起了大规模的节约能源活动，这导致日本夏季死亡率上升，很大程度上是因为节约能源减少了高温下的空调使用。[②] 此时如果能够通过增加碳排放的方式，来提供充足的能源，进而降低人类死亡率，那么这样一种碳排放就可以被认为是合理的。对于合理的碳排放行为，以价格型政策来约束更合适一些。

不合理的碳排放，是指造成该排放的经济活动并非人类生产活动所需要的。其中，浪费是最典型的不合理的碳排放，既有餐饮等实体领域的浪费，也有比特币挖矿等金融领域的浪费（见图 3.13）。金融领域的浪费行为回报较大，价格型政策可能不够有效；居民领域的浪费牵涉面较广，在社会碳中和意识普遍薄弱的情况下，强推价格型政策可能会加大社会摩擦。因此，对于这些不合理的碳排放，可能更适合采取命令型或宣传型的社会治理政策。

---

① OECD，The use of revenues from carbon pricing，2019.

② Guojun He，Takano Tanaka，Energy Saving May Kill：Evidence from the Fukushima Nuclear Accident，2021.

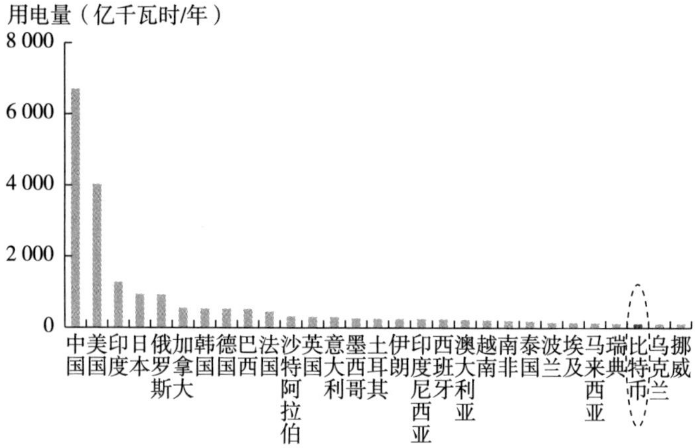

图 3.13　比特币挖矿年化耗电量排在全球第 27 位

资料来源：美国能源信息署，剑桥大学，中金研究院。

注：经济体用电量为 2018 年数据，比特币用电量为截至 2021 年 2 月的年化数据。

命令型政策可用于治理比特币挖矿等金融浪费

从全球范围来看，由于推行的行政成本较低，命令型政策是最早出现的环保政策类型，也是我国最常见的环保政策工具，例如汽车限购限行、为实现排放达标拉闸限电等。但是命令型政策在长期实践过程中也暴露了一些问题，比如，信息不对称导致命令型政策具有一定的“头痛医头、脚痛医脚”色彩，可能导致意想不到的后果，比如为保护臭氧层禁用全氯氟烃，这刺激了含氢氯氟烃的使用，最终“意外”地加剧了全球气候变暖问题；[①] 命令型政策通常具有决策过程不够开放、审批链条复杂、执法过程过于刚性等问题，这样一些政策被应用于合理的碳排放，有可能造成额外的交易成本或者机会成本。

不过，这更多地反映出命令型政策存在决策机制问题，而不是说命令

① 米兰达・西罗斯，《国际环境执政理论研究进展透视》，2016 年。

型政策本身是不可取的。事实上，如果能够在决策过程中更多地征求各相关方的意见，更多地通过规则化的制度而不是自由裁量权比较大的行政方式落实命令型政策，那么效果可能会有所改善。更重要的是，虽然因刚性较强、弹性不足而备受诟病，但命令型政策对于应对不合理的碳排放活动而言，反而可能是比较理想的政策。比如，比特币挖矿问题。比特币的供给弹性可能不比黄金高，比特币的增加靠电脑“挖矿”实现，需要投入大量电力和人力等，“挖矿”的难度或者说投入的成本是递增的。

假设比特币真的成为货币，越来越多的人靠“挖矿”而不是生产一般商品和服务去赚钱，那么这是不是社会资源的浪费呢？① 事实上，比特币挖矿每年需要消耗约 1 300 亿度电，按照中国每度电产生约 0.529 千克二氧化碳测算，这对应着 6 877 万吨二氧化碳的排放。如果从货币创造的角度看，这 6 877 万吨碳排放原本是不需要产生的。与此同时，比特币挖矿的利润空间非常可观，一般性的价格工具可能无法有效杜绝这种浪费行为。因此，对于比特币挖矿这类金融性的不合理的碳排放，可以考虑通过命令型政策禁止进行。

命令型政策对于绿色溢价可持续降低也有重要意义。大规模使用零碳技术有可能造成高碳技术需求下降，比如清洁发电的大量上马有可能影响对火力发电的需求，这会降低化石能源价格和高碳技术生产成本，② 有可能导致绿色溢价出现反弹，降低整个社会迈向碳中和的动力。因此，在大规模使用零碳技术具有经济可行性时，有必要通过行政性命令将高碳技术支撑下的生产界定为不合理的碳排放，并采用行政命令的方式禁止其产能重新扩张。

---

① 彭文生，《金融科技的货币含义》，2017 年。

② 如果化石能源需求持续萎缩，价格下降也会导致这个行业自发进入供给侧收缩状态，具体表现为投资减少、开采技术退化等。因此，在大规模推广零碳技术的情况下，化石能源价格上升和下降的压力都会出现。至于由哪个主导可能难以判断，但面对绿色溢价下降趋势反复的风险，还是有必要在一些阶段采取命令型禁止措施的。

宣传型政策是治理实体浪费的必要之举

在环保领域，近些年全球范围内越发强调宣传型政策的重要性。主要原因是决策者越发认识到，无论是广义的环保，还是狭义的碳排放，都不是一个领域或者若干个领域的问题，而是涉及整个人类的问题，不仅涉及当代，也涉及未来人类的福利，需要在全社会范围内增强全民的环保和减排意识。就其手段的性质而言，宣传型政策的强制性和约束力明显低于命令型政策。但是，这并不意味着宣传型政策没有效力。例如，研究表明PM10（可吸入颗粒物）浓度数据的自动公开，显著提升了口罩和空气净化器的在线搜索量。[①] 这在一定程度上体现了环保信息公开对人们行为的影响，实际上提高了以民众健康为指标的福利水平。更重要的是，宣传型政策有助于提升全民的环保意识，这意味着通过长期的潜移默化影响促进全民效用函数逐步低碳化的演变，有利于提升整个社会对于价格型政策和命令型政策的接受程度，为推行价格型政策和命令型政策做好了前期准备工作。

就当下的中国而言，宣传型政策一个重要的使用方向，可能是提升全民的反浪费意识。如果以固体废弃物作为资源浪费的衡量指标，[②] 则 2016 年全球固体废弃物的产生量高达 20.1 亿吨，而且几乎遍及世界各地，这样一个广泛的群体浪费基础，与比特币挖矿这个小众群体的浪费行为有很大不同。中国人口众多，固体废弃物产生量庞大，但由于人均 GDP 不高，所以当前人均固体废弃物的产生量并不高。这些特征事实结合起来，

---

① Michael Greenstone，Guojun He，Ruixue Jia，Tong Liu，2020. Can Technology Solve the Principal-Agent Problem? Evidence from China's War on Air Pollution，Working Papers 2020-87，Becker Friedman Institute for Research in Economics.

② 严格来讲，产生固体废弃物不等于浪费资源，但通常而言这两个数据的变动方向是一致的，因此，可以通过观察固体废弃物产生量来大致观察资源浪费情况。

一方面意味着，在当前阶段应对浪费行为采取治理政策，因为伴随着中国逐步向高收入国家迈进，未来 15 年人均 GDP 也有望翻一番，这意味着未来我国固体废弃物的人均产生量和总产生量仍有可能出现较快增长（见图 3.14）。另一方面也意味着当前阶段可能并不适宜主要通过强制性的命令型政策,或者激励性的价格型政策来治理居民浪费问题。以垃圾分类为例，与发达国家相比，中国的人均固体废弃物产生量比较低，在治理居民浪费性的、不合理的碳排放行为初期，如果直接以命令型或者价格型政策来干预浪费，由于法难责众、居民环保意识尚待提升等，要么相关命令型或价格型政策恐流于形式，要么会加大社会治理的摩擦成本而难以持续。

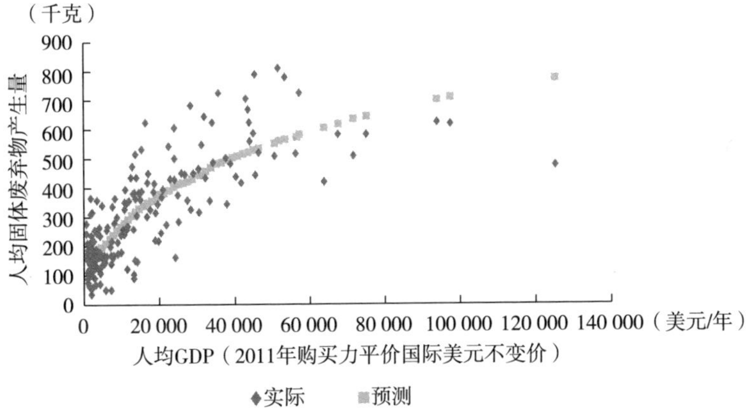

图 3.14 人均 GDP 与人均固体废弃物产生量

资料来源：世界银行，中金研究院。

因此，在当前阶段，可以考虑以提升居民低碳意识为主要目标的宣传型政策，作为垃圾分类等居民侧低碳治理的主要方式，待广大民众逐步提高减排意识之后，再考虑将相关宣传规则制度化、强制化或者价格化。与此同时，根据世界银行的统计，一个经济体在由中高收入水平进入高收入水平的过程中，固体废弃物的产生将出现两个重要的结构变化：一是厨余垃圾占比大幅下降，但仍是第一大废弃物来源；二是纸张和纸板占比翻倍，成为第二大废弃物来源（见图 3.15）。这意味着在当前中国推进垃圾治理的过程中，应尽快加强厨余垃圾、纸张和纸板的分类收集宣传，逐步制度化或者价格化推进相关垃圾的制度性分类、收集与处理工作。

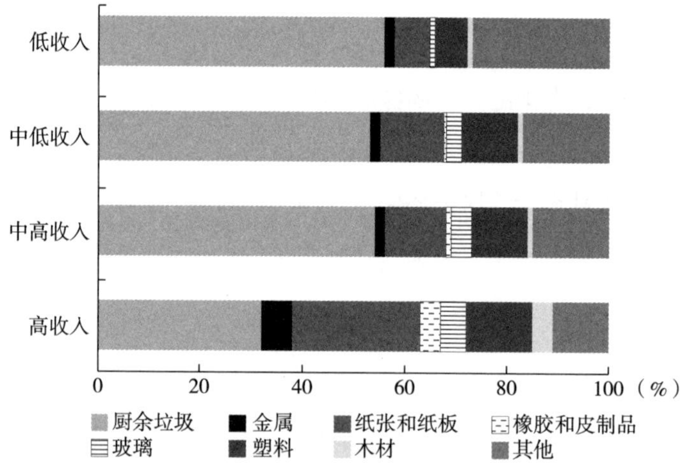

图 3.15　不同收入水平经济体固体废弃物构成

资料来源：世界银行，中金研究院。

第四章

绿色金融：厘清功能与空间

摘　要

绿色金融与传统金融最大的区别，就在于前者要解决由市场失灵导致的绿色投融资不足的问题。在市场完备有效的情形下，金融跟随实体经济，并“服务”于实体经济。但在市场不能有效配置绿色发展资源的情形下，绿色金融则需在一些方面起到纠正市场失灵的作用，不仅要“服务”实体经济，还要“引导”实体经济，从而减少绿色投融资的成本，增加绿色资金的可获得性，甚至创造新的交易市场满足绿色投融资需求。当前我国绿色金融建设取得了一定进展，绿色信贷、绿色债券等金融产品已初具规模，但是与实现碳中和的发展目标相比，仍存在绿色投融资匹配度不高、绿色标准不统一、信息披露缺少强制性等短板。据估算，为了实现碳中和，至 2060 年中国需要 139 万亿元的投资，其中到 2030 年就需要 22 万亿元的投资。如何满足庞大的绿色投融资需求，对我国绿色金融体系而言是一个较大的挑战。为了更好地实现绿色发展目标，中国应统一制定绿色金融的标准，健全绿色信息的披露机制，完善“外部性内生化”的政策激励，全面发展丰富多元的绿色金融市场，加强绿色投资理念的培育，将环境风险纳入监管政策考量，最终化 40 年的绿色挑战为千载难逢的绿色发展机遇。[①]

---

① 本章作者：周子彭、张帅帅、姚泽宇、周萧潇、周彭、程昱。

绿色金融，是“服务”还是“引导”？

国际上对“绿色金融”的定义大致可以归纳为“与可持续发展相关的金融活动”。在定义绿色金融时，大多数国家和国际组织主要从金融活动的最终目标出发对绿色金融的概念进行阐释。也就是说，如果金融活动的最终目标是与可持续发展相关的实体经济活动，那么相关的金融活动就是“绿色金融”。但该类定义或许并不能完全帮我们理解绿色金融的内涵。在深入讨论之前，有必要先厘清两个问题。

第一，绿色金融的最终目标是什么？当前绿色金融的核心目标，最终落到实体经济层面，就是实现碳中和。实现碳中和的核心，是如何处理碳排放这一超时空的外部性问题。在前面的章节中，我们引入了绿色溢价这一概念，降低绿色溢价是实现碳中和的必要手段。而无论是碳中和还是降低绿色溢价，都是实体经济的目标。然而，实体经济目标的实现，离不开金融活动的协调支持。

第二，怎么定位金融与实体经济的关系？金融既为实体经济“服务”，同时也“引导”实体经济的资源配置。从服务这个角度来说，实体占主导地位，金融活动应该适应实体经济的发展。但在实体经济与金融的互动中，金融也可以占主导地位：金融本身是重要的资源跨时空配置手段，能对实体经济的发展起到引导作用。

将以上两个问题结合起来，可以做出这样的划分：服务型绿色金融，以及引导型绿色金融。两者均把降低绿色溢价作为核心目标，但是两者发生作用的渠道并不相同。

服务型绿色金融：实体经济改革是降低绿色溢价的根本动力，其中金融部门起辅助作用。服务型绿色金融的核心是，按照实体经济低碳转型的需求，提供合适的融资。在这一过程中，无论是政策调整、技术进步还是社会机制的改变，都主要集中在实体经济部门。实体经济部门的减碳行动将降低绿色溢价，提高高碳生产方式的相对成本或是低碳生产方式的相对收益，这种相对价格的改变将体现在金融市场上，表现为低碳经济相关融资需求、价格的变化。金融部门则按照利润最大化的原则，满足实体经济的融资需求，提供相关金融服务。在这个过程中，金融部门所做的更多是辅助实体经济的转型发展，间接推动绿色溢价的降低。

引导型绿色金融：金融是降低绿色溢价的直接动力，它指引着实体经济的低碳转型。作为重要的生产投入品，资金的不同配置方式可以直接影响实体经济配置资源的结果。如果金融部门可以有效地分辨提高碳排放与减少碳排放的融资活动，并能够针对性降低减排融资活动的成本，或是加征高碳融资活动的费用，那么即使实体经济不进行改革，也一样可以改变高碳与低碳经济的相对生产成本，从而降低绿色溢价。在这一过程中，金融部门的改革是降低绿色溢价的直接动力，实体经济的资源配置跟随金融部门变化。

站在当前的时点，绿色金融的发展需要双管齐下：服务型绿色金融要做，引导型绿色金融也不能缺席。正如我们在第一章中提到的，碳排放是一个较大的、超时空的外部性问题，解决这一问题的复杂度可能远远超过处理其他的外部性问题。无论是通过建立碳市场、征收碳税等方式，还是通过技术进步、非市场化的管控措施，在执行中均存在较大的复杂性或者不确定性。因此，中国仍然需要考虑引导型绿色金融，将其作为一项重要的工具，推动绿色溢价的下降。

绿色金融在中国现状如何

中国在构建绿色金融基础设施建设上取得了初步成果。2014 年，中国人民银行和联合国环境规划署可持续金融系统探寻项目（UNEP Inquiry）联合成立了中国绿色金融工作小组，提出了建立绿色金融体系的 14 项建议。随后几年，《绿色债券支持项目目录（2015 年版）》《关于构建绿色金融体系的指导意见》《关于建立绿色贷款专向统计制度的通知》等一系列文件相继出台，形成了中国的绿色金融体系（见图 4.1）。

图 4.1　中国绿色金融改革的重点政策

资料来源：气候政策倡议委员会，中金公司研究部。

第一，绿色产业、绿色信贷与绿色债券的分类标准初步形成。2019 年 3 月，发改委出台《绿色产业指导目录（2019 年版）》，该文件对绿色产业进行了较为完善的划分。在该基础上，不同融资工具对“绿色”有自己的分类方法。绿色信贷在2013年颁布的《绿色信贷统计制度》中就已明确划定项目范围，是新兴市场中首批建立绿色贷款制度的尝试之一。绿色债券对绿色产业或项目的界定主要参考相关监管部门发布的指引或项目目录。发改委在2015年发布的《绿色债券发行指引》中明确了绿色企业债募集资金须投向的绿色循环低碳发展项目类别。其余类型的绿色债券产业项目范围则主要参考《绿色债券支持项目目录（2015年版）》。

第二，投融资工具的评价体系逐步建立。绿色信贷在目前绿色金融工具中的评估规则相对完善。2014年，银行机构绿色信贷的自评价体系建立完成，从定性上，考察绿色信贷业务开展程度；从定量上，将节能环保项目贷款、“两高一剩”贷款、二氧化碳减排量等列为核心指标。2018年，中国人民银行提高了绿色信贷业绩评价的频率，并引入人民银行作为外部评价者，将评价结果纳入宏观审慎考核。此外，ESG投资的评级标准也初步形成。2020年12月，中证指数有限公司正式发布中证ESG评价方法，该方法综合考虑了上市公司行业特点与信息质量，由环境、社会和公司治理3个维度、14个主题、22个单元和100余个底层指标构成。

第三，法律体系、监管规则的建设开始起步。法律上，生态文明在2018年被纳入宪法，绿色金融也间接获得法律地位。监管上，中国人民银行设立绿色金融专业委员会，监管绿色金融的发展；同时，分别针对不同工具采取不同监管手段，如发行绿色信贷的金融机构需按要求向金融统计监测管理信息系统报送绿色贷款专项统计数据。信息披露上，近年来，我国政府监管机构已逐步明确上市公司需强制披露生产过程中的主要环境污染物、主要处理设施及处理能力等信息，科创板上市公司也需强制披露社会责任履行情况。

当前，绿色金融在中国已有一定规模，但结构上仍以间接融资为主。截至2020年末，中国人民银行公布，国内绿色融资规模在13万亿元左右，其中，我国本外币绿色信贷余额约12万亿元，境内贴标绿色债券余额达到8 132亿元，而绿色股权市场规模仍较小，在PE/VC股权投资、绿色IPO（首次公开募股）和绿色企业再融资方面均处于起步阶段，2018—2019年我国绿色股权年均投资规模为424亿元[①]，远小于绿色信贷与债券的年均新增量5 500亿元[②]。从增速上来看，近年来绿色融资增速有所放缓，全国银行业金融机构绿色贷款余额从2013年6月末的4.90万亿元增长至2020年6月末的11.01万亿元，复合年均增长率达12.3%。但近几年绿色信贷余额同比增速（2020年上半年末为3.9%）不及整体金融机构贷款余额增速（2020年上半年末为13%）。

目前来看，中国绿色债券在定价方面并无特殊优势，而融资期限一般相对较短。从2020年以来的绿色债券发行成本来看，接近八成发行人的票面利率高于发行当日同期限同评级的中债估值收益率曲线，其中中低评级更为明显，AA+评级高于收益率曲线的比例超过九成。

从期限上来看，1~3年的绿色债券占比43%，3~5年的占比37%，5~10年的占比11%，总体期限仍然较短。但无论是研发清洁技术、开发清洁能源，还是开展植树造林的碳补偿项目，都需要长期投入，而绿色债券无法满足这些项目的融资需求。就绿色股权而言，由于缺乏长期资金，目前国内PE/VC基金的存续期多为5~7年[③]，而众多绿色技术企业需7~10年才能达到IPO门槛，这也导致国内股权投资机构难以青睐绿色技术企业。

分行业看，中国绿色融资主要集中在交通运输、能源等行业。绿色贷款方面，按贷款用途划分，截至2019年末，绿色交通业、可再生能源及清洁能源业分别占比44%和24%。行业分布方面，截至2020年第三季度末，交通运输、仓储和邮政业，以及电力、热力、燃气及水生产和供应业

① 基于中央财经大学绿色金融国际研究院和中国证券投资基金业协会的数据。

② 根据全国银行业金融机构绿色贷款余额与万得资讯的数据推算。

③ 安国俊，《为了绿水青山：金融破茧之旅》，2020年。

在绿色信贷中的比重分别为 30% 和 29%，其他行业绿色信贷占比从 2018 年末的 24% 提升到了 2020 年第三季度末的 41%，这表明绿色信贷的行业投放正逐渐多元化。债券融资方面，金融行业占比始终最高，近年来工业、公用事业等行业绿色债券占比有明显提升。2020 年，来自金融、工业和公用事业的发行人占比分别为 45%、30% 和 18%，其余行业占比均不足 5%，仍多集中在融资资源相对丰富的重资产行业。

实现“碳中和”，我们需要多少投资

“碳达峰，碳中和”是中国重要的绿色发展目标，已被写入《中华人民共和国国民经济和社会发展第十四个五年规划和 2035 年远景目标纲要》中，背后蕴含着巨大的资金需求。评估其规模及结构，可以为金融体系更好地服务和引导中国低碳转型提供抓手。我们自下而上地估算出,为实现碳中和，中国的总绿色投资需求约为 139 万亿元，其中 2021—2030 年的绿色投资需求约为 22 万亿元，2031—2060 年的绿色投资需求约为 117 万亿元。①

自下而上地估算中国绿色投资需求

对金融机构而言，如何估算减碳投资规模是一个复杂的课题，但从绿色溢价视角来看，这就是一个如何用减碳技术设备生产代替传统高碳技术设备产能的问题。事实上，每个行业的潜在产能所采用的技术设备，大致可以分为四类：现行高碳技术设备、现行无碳技术设备、旧设备减碳技术升级和创新无碳技术设备（见图 4.2）。要实现“碳达峰，碳中和”目标，必须减少单纯依靠高碳技术设备的产能（意味着新增投资接近

---

① 皆为 2020 年价格。

零)，而增加另外三类技术设备的产能。根据碳减排路径下不同技术类别的到期产能变动需要以及投资产能比，可以估算出对应目标时间点上不同技术设备的投资需求，将其加总后就得到总的绿色投资需求规模。

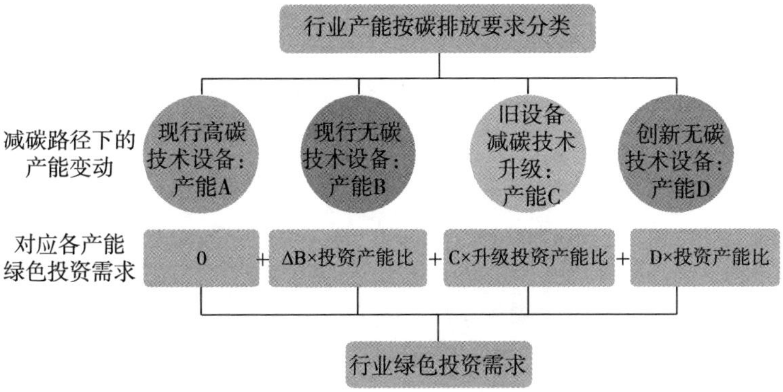

图 4.2 绿色投资的基础估算方法

资料来源：中金研究院。

为了最大限度地估算中国绿色投资的需求规模，我们估算了中国碳排放最靠前的七个行业[①]的投资需求。按照中国碳核算数据库的数据，2017年这些行业总碳排放量占全国的85%以上，同时也是最主要的固定资产投放行业。

投资需求的总量与结构特征

每年的绿色投资需求约相当于GDP的2%

根据各大行业的投资需求，要实现碳中和，中国的绿色投资需求约为139万亿元[②]，平均每年中国绿色投资需求约占GDP总量的2%[③]。

---

① 与前文所用的八大行业相比，此处在交通运输中合并了航空，同时用农业替换了造纸业。

② 本章使用价格皆为2020年价格。

③ 具体比例会随GDP等宏观变量的波动而波动。

其中，2021—2030 年，为达到碳达峰，中国绿色投资年化需求约为 2.2 万亿元；2031—2060 年，为实现碳中和，中国绿色投资年化需求约为 3.9 万亿元；如果只以 2060 年前达到碳中和为目标，则中国绿色投资年化需求约为 3.5 万亿元（见图 4.3）。2020 年全球金融市场协会（GFMA）估算，为实现全人类碳中和，全球绿色投资需求总量约为 121.7 万亿美元[①]，我们估算的中国绿色投资需求约占全球总需求的 17%[②]。

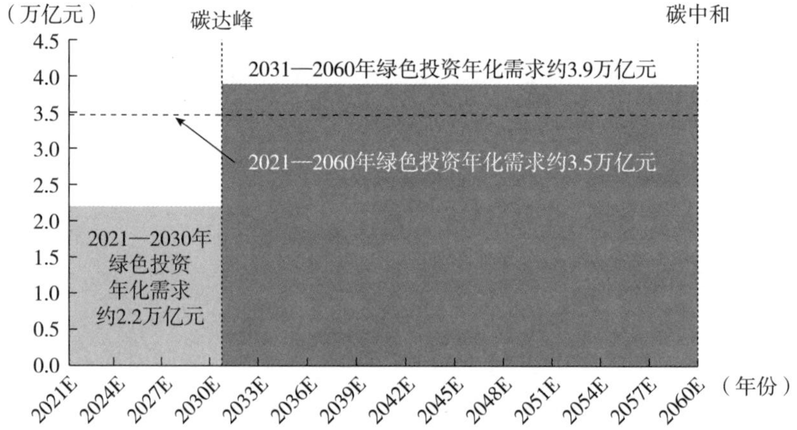

图 4.3 减排目标下，中国所需要的绿色投资估计（2020 年价格）

资料来源：中金研究院，中金公司研究部。

注：E 代表预测值。

电力行业投资需求最大

分行业来看，为了达到碳中和的目标，电力行业的绿色投资需求最大，总需求达到 67.4 万亿元，其次为交通运输行业和建筑行业，总需求分别为 37.4 万亿元和 22.3 万亿元（见图 4.4）。电力行业的主要需求来自清洁发电的设备投入，如光伏装机投入需求 16.2 万亿元，风电投入需求 14.3

① GFMA，Climate Finance Markets and the Real Economy，2020.

② 以美元兑人民币汇率 1：6.7 计算。

万亿元。对交通运输行业而言，由于中国未来将用电动汽车替代传统的燃油汽车，所以电动汽车的产量将大幅增加，致使新能源汽车投入与相应能源生产投入提高，同时航空、航运行业交通工具的低碳改造以及新能源基础设施建设也需要大量的资金投入，这导致交通运输行业整体具有较高的投资需求。建筑行业则涉及地产中环保节能技术和低碳排放设备的使用。而钢铁和水泥行业绿色投资需求较小，随着未来中国产业结构的调整，其绿色投资需求的比重也将有所下降。

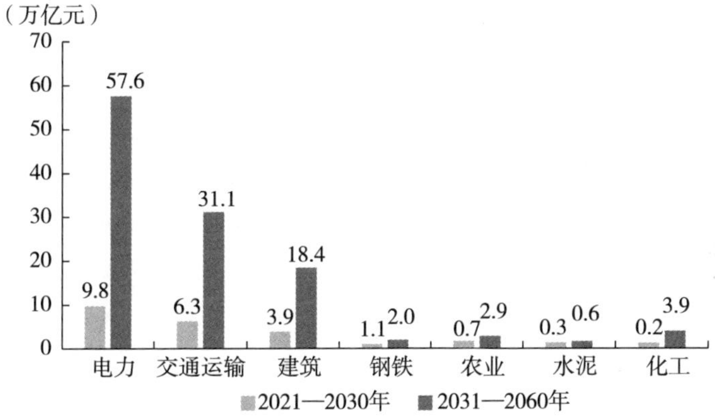

图 4.4　为达到碳中和目标所需要的绿色投资估计量（2020 年价格）

资料来源：中金研究院，中金公司研究部。

减排壁垒高的行业存在投资需求后置可能

当前，不同行业实施减排的技术难度并不相同，比如轻型交通中电动汽车、充电桩的市场应用已经较为成熟，而航空领域中使用氢能飞机，或者水泥行业中使用碳捕捉技术，在成本和可行性上仍然面临较多障碍。而减排壁垒的不同，有可能会降低行业提前进行减排投资的动机，并增加未来投资需求累积的风险。表 4.1 列出了不同行业 2021—2030 年和 2031—2060 年完成碳中和绿色投资的比例关系。从该表中可以看出，减排技术壁垒越高，2021—2030 年所占投资比例越小，投资需求的后置行为越明显。这反映了部分行业希望碳达峰后，可以通过技术进步降低投资壁垒的预期。但投资需求大范围后置，有可能扩大未来绿色投融资的缺口。

表 4.1 各行业不同投资来源所需具体绿色投资量

行业		绿色投资需求来源	2021—2030 年投资需求量（亿元）	2031—2060 年投资需求量（亿元）
电力		储能	1 000	137 000
		电网投资	23 000	85 000
		清洁发电	69 000	283 000
		清洁制氢所需的专门清洁发电设施	0	31 000
钢铁		高炉氢冶金 – 高炉电炉冶炼法	1 791	2 351
		非氢直接还原铁 – 高炉与电弧炉冶炼法 – 碳捕捉技术	2 193	2 507
		基于废钢的电弧炉冶炼 – 碳捕捉技术	3 773	12 159
交通运输	轻型交通	电动汽车生产（电池）	2 820	6 300
		电动汽车生产（非电池部分）	376	500
		充电桩等基础设施建设	18 489	222 875
	重型交通	电动汽车生产（电池）	990	1 240
		电动汽车生产（非电池部分）	73	76
		清洁能源	129	1 525
		加氢站等基础设施建设	704	14 418
	航空	低碳飞机	5 267	11 263
		氢能飞机投资	0	5 034
		新能源投资	81	9 878
	船运	船舶低碳改造	782	782
		新能源基础生产设施	687	8 128
水泥		碳捕捉设备	0	2 008
		环保技改设备	141	542
化工		新工艺固定资产投资 + 清洁能源使用投资	2 034	71 619
		投放的碳捕捉与封存装置固定资产投资	200	4 644
农业		免耕农业新增设备和技术研发	247	2 928
		粪肥释放的温室气体的吸收相关设备	2 155	6 603
		人造肉生产	2 844	9 970
建筑		建安投资 + 内置电器投资	39 218	184 393

资料来源：中金研究院，中金公司研究部。

新目标带来新挑战，中国绿色金融还有哪些短板

绿色投资供给与需求匹配度不高

投融资总量有缺口，2030 年后有扩大可能

从总量看，中国目前存在较大的绿色投融资缺口，而这种情况可能在 2030 年之后更加突出。以 2017—2019 年中国绿色投资供给与需求为例，尽管每年其缺口都在缩小，但即便在 2019 年仍有近 0.6 万亿元的缺口（见图 4.5）。依照现有绿色投资的供给情形，据估算，2021—2030 年累计绿色投融资缺口约 5.4 万亿元，年均 0.54 万亿元。而这种缺口有可能由于前文所述的投资需求后置而扩大，预计在没有政策干预的情况下，2031 年后绿色投融资缺口可能会迅速上升到每年 1.3 万亿元以上。

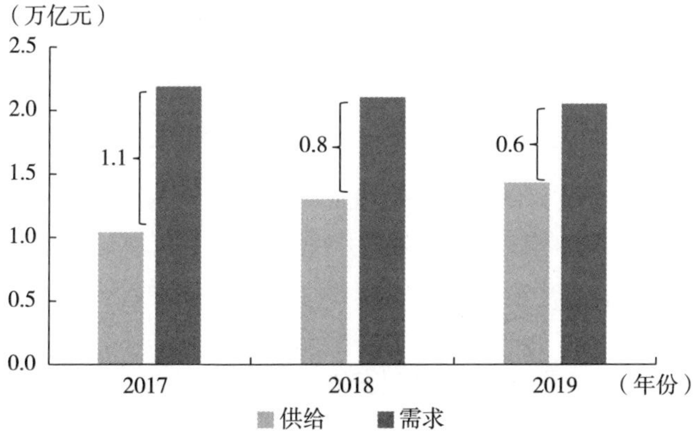

图 4.5　2017—2019 年中国绿色投资供给与需求

资料来源：《中国绿色金融发展研究报告》，中金研究院。

绿色金融支持的行业过于集中

在投融资结构方面，当前中国的绿色项目投融资存在行业过于集中的问题，或许会挤压部分行业的绿色投融资需求。根据中国人民银行的统

计，2018—2019 年，绿色信贷是中国最主要的绿色金融工具（占比超 90%），而 2018 年和 2019 年均有超 40% 的绿色信贷投放至交通运输行业（见图 4.6）。

交通运输行业绿色项目集中化的现象致使绿色资金投放去处和需求存在不匹配的问题。从绿色融资需求的角度来看，电力行业的需求量在几个行业中最高，而建筑行业的需求量仅次于交通运输行业。这表明，当前主要绿色融资工具覆盖的项目与具有较大融资需求的行业具有一定差异，绿色资金的投放并不能完全匹配全社会绿色发展的需求。

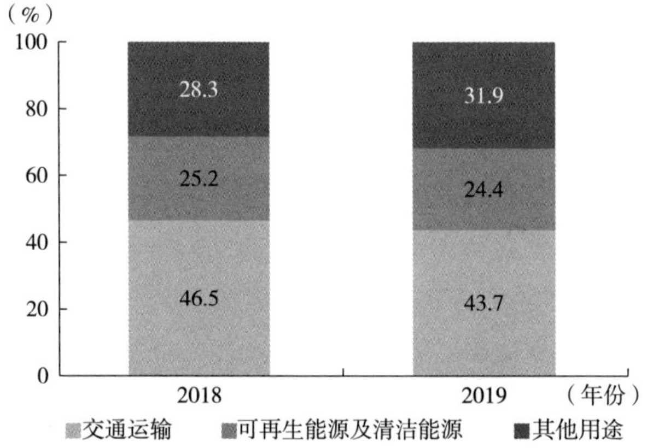

图 4.6　2018—2019 年中国绿色信贷行业投向

资料来源：中国人民银行，中金研究院，中金公司研究部。

金融工具单一，无法满足融资主体多样性需求

除了绿色融资投向项目较为集中外，目前我国绿色金融工具的发展也呈现出了“偏科”的问题。2018—2020 年，中国绿色信贷在绿色融资总量中的占比约为 90%，而绿色债券和绿色股权仅占 7% 和 3%（见图 4.7 左侧）。[①]

① 中诚信，《2020 绿色债券年度发展报告》。

但依据我们估算的绿色投资需求的融资结构[①]（见图 4.7 右侧），即便中国的资本市场结构保持现状，碳中和对绿色股权和绿色债券的投资需求总占比也接近 40%，跟现状明显不符。在当前以信贷为主导，其余金融工具发展规模有限的情况下，部分绿色投资需求存在被抑制的风险。

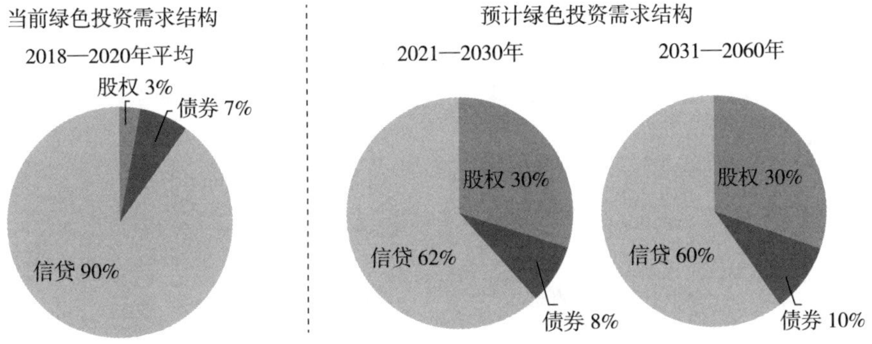

图 4.7　2018—2020 年绿色融资信贷占比约 90%，即便政策不变，未来绿色融资的需求结构也需较大调整

资料来源：Wind，中金研究院，中金公司研究部。

缺少统筹制定的绿色标准

国内标准制定不够统一

国内不同类金融产品之间的绿色标准统一性不足，部分绿色金融标准尚未与碳中和目标达成一致。例如，目前我国绿色信贷和绿色债券的标准存在差异。2020 年 7 月，中国人民银行、发改委和证监会起草了《关于印发〈绿色债券支持项目目录（2020 年版）〉的通知（征求意见稿）》，相较《绿色债券支持项目目录（2015 年版）》删除了“煤炭清洁利用”等

① 假设中国企业的融资结构保持现状，新技术使用上市公司的融资结构，老技术投产则使用信贷和债券的融资形式。

与化石能源相关的项目。然而，在其他绿色金融标准，如针对绿色信贷的《绿色产业指导目录（2019 年版）》中，还未删除这一项目，导致国内绿色金融体系标准不统一，以及绿色金融标准中的部分绿色项目实质上并不符合碳中和目标下零碳排放的要求。

即便是同一类金融产品之间，有时也会由于多重监管，存在标准不统一或缺少界定的问题。比如在绿色信贷方面，个别项目界定仍然存在分歧。例如核电被列入发改委《绿色产业指导目录（2019 年版）》和中国人民银行《绿色贷款专项统计制度》中，但是未被纳入银保监会《绿色融资专项统计制度》的绿色融资范畴。在绿色债券方面，2020 年 7 月发布的《关于印发〈绿色债券支持项目目录（2020 年版）〉的通知（征求意见稿）》中首次给出了绿色债券的定义，以及绿色债券的唯一界定标准——《绿色债券支持项目目录（2020 年版）》，然而该文件截至发稿仍未正式发布。在绿色股权方面，我国目前仍处于发展初期，还未形成明确的概念界定。

与国际标准相比仍有差距

在绿色信贷方面，我国绿色信贷范围较局限。我国出于防范“洗绿”和“漂绿”的风险，将绿色信贷的范围局限在用作绿色产业发展、减少碳排放的贷款中，而许多国际绿色标准还额外纳入了推动高排放产业绿色化或者将环境风险因素纳入授信流程的贷款（见表 4.2）。

表 4.2　我国绿色信贷统计标准与绿色贷款原则及赤道原则对比

绿色信贷统计标准			
	绿色贷款原则	赤道原则	我国绿色信贷统计标准
目标	用于促进和支持与环境可持续相关的经济活动	确保融资的项目以对社会、环境负责的方式进行开发	促进经济绿色发展，防控气候与环境风险

续表

绿色信贷统计标准			
	绿色贷款原则	赤道原则	我国绿色信贷统计标准
定义	专门用于资助或再融资新的或现有的“绿色项目”的贷款		金融机构发放给企（事）业法人或国家规定可以作为借款人的其他组织的用于支持环境改善、应对气候变化和资源节约高效利用的，投向环保、节能、清洁能源、绿色交通、绿色建筑等领域项目的贷款
借款目的限制	全额贷款用于“绿色项目”，《绿色贷款原则》列出10类绿色项目的非详尽清单，项目应记入专用账户或以其他方式进行跟踪	适用于全球各行业总成本超过1 000万美元的新项目融资，以及可能对环境和社会产生重大影响的与旧项目扩容和更新现有设备有关的项目融资。对违反赤道原则的项目拒绝贷款	要求确切证明符合本制度规定的绿色信贷用途，对绿色贷款的承贷主体所属行业、贷款质量进行划分。对环境、安全等重大风险企业贷款做出说明
借款人表现对贷款定价的影响	绿色贷款原则中没有考虑借款人行为对贷款定价的影响	绿色贷款原则中没有考虑借款人行为对贷款定价的影响	绿色贷款原则中没有考虑借款人行为对贷款定价的影响
审查/报告	借款人应保存绿色贷款项目的使用记录，包括项目说明、分配金额和预期影响等。建议但不要求进行外部审查	采用赤道原则的金融机构按照国际金融公司的环境和社会筛选准则，根据申请融资项目的潜在影响和风险分为ABC三类，并对A、B类进行环境与社会评估，由与借款人无联系的环境或社会专家进行审查，并至少每年向公众报告其实施过程及经验	金融机构在自评估具备数据质量管理机制或数据准确可靠的基础上提交报数申请，经人民银行确认后按本制度要求向金融统计监测管理信息系统报送绿色贷款专项统计数据

资料来源：贷款市场协会，国际金融公司，中国人民银行，中金公司研究部。

在绿色债券方面，尽管国内绿色债券标准在定义、种类划分、自愿性质等多个方面与国际标准相近，但在绿色项目认定、募集资金使用、外部评估和存续期管理等方面仍与国际标准存在一定差异。例如，在绿色项目认定上，我国绿色债券支持项目在气候变化适应和绿色服务等方面涉及较少，缺乏气候观测和预警系统、环境权益交易服务类项目，市场深度有所不足。在募集资金使用上，发改委允许企业使用债券募集资金，用于偿还银行贷款和补充运营资金，而国际标准则要求，将发行绿色企业债所筹集的资金全部用于绿色项目。在外部评估和存续期管理上，海外绿色债券在发行前将由专业的环境评估和第三方认证机构判断项目是否符合绿色标准，并详细说明绿色债券募集资金的投向，在绿色债券发行后，中介和组织还将进一步提供对资金用途和节能减排效益的监督报告与评估，有助于市场评价发行主体和债券所投资项目的环境表现，但我国的标准在这些方面还未给出明确的指导意见。

为了更好地支持绿色金融发展，当前我国正在研究制定与国际接轨的绿色标准，并对不同绿色金融产品涉及的标准进行统一，预计短期内将会发布。

绿色信息披露体系存在短板

完善的绿色信息披露是绿色产品投放决策的核心，是防范“洗绿”等信息不对称风险的基石。绿色信息披露包含两个维度，即企业自身的绿色信息披露，以及金融机构、股权投资机构等对所持资产绿色信息的披露。

目前，我国存在绿色信息披露强制性不足，披露标准不统一，企业、金融机构与监管层的关系尚未厘清等问题。

绿色信息披露强制性不足，标准不统一

对上市公司而言，绿色信息披露主要存在标准不明确、范围较窄等问题。比如 2016 年，中国人民银行等七部委发布《关于构建绿色金融体系的指导意见》，提出建立和完善上市公司强制性环境信息披露制度，具体实施分“三步走”。但截至 2021 年第一季度，我国上市公司仍缺乏明确、统一的绿色信息披露指引。以沪深 300 成分股为例，其企业社会责任报告编制指引包含上海证券交易所指引、GRI（全球报告倡议组织）指南、社科院企业社会责任报告指南、香港交易所 ESG 指引等，存在标准不统一、横向不可比、难以量化的问题，也为企业提供了数据操纵和选择性披露空间，难以为投资者提供全面、可靠的绿色信息。此外，虽然我国自愿披露 ESG 信息的上市公司数量占比逐年提升，但关键指标的披露率仍远低于国际水平，并且只有部分环境指标（空气、水及固体污染物）在强制披露的范围内。①

对绿色债券发行企业而言，标准不统一是绿色信息披露最大的问题。我国绿色债券信息披露机制较多，中国人民银行、沪深交易所及中国银行间市场交易商协会先后公布了绿色债券信息披露相关标准，但不同类别的绿色债券信息披露标准有所差异。其中，金融债券披露要求较明确，需按季度披露募集资金使用情况、新增绿色项目投放金额及数量、限制资金管理情况，并需按年度披露投放项目环境效益等。其他类别债券虽然也有强制性披露要求，但在披露内容等方面无明确标准，信息披露机制仍有待完善。

除了上述两类公司，目前对其他非上市公司（除重点排污公司）缺乏统一的界定标准和有效监管，也缺乏能够对绿色企业进行认证，并量化评估绿色项目带来的环境效益的权威第三方机构。

---

① 联合国责任投资原则组织，《中国的 ESG 数据披露——关键 ESG 指标建议》，2019 年。

而对于金融机构而言，目前还没有实质的强制性绿色信息披露机制。尽管当前我国相关政府部门已针对银行、保险、基金等绿色金融核心参与方提出了相关政策指导，要求银行业金融机构强化ESG信息披露，以及基金管理人提交绿色投资自评估报告等，但整体来看，我国多数地区的银行、资管和PE/VC等股权投资机构仍缺乏强制性的绿色信息披露机制，未明确所持资产、资金投向比例、运作模式、发展目标等可量化的绿色考核指标，同时对于机构资金的实际投向、投资效益等也未实行有效的监管和考核。

绿色信息披露未理顺企业、金融机构与监管层的关系

绿色信息系统的建立需要企业、金融机构和各级政府及相关监管部门的紧密合作。然而，我国尚未厘清各部门关系与应承担的信息披露责任，未形成完善的绿色信息监察与共享网络。

中国绿色信息系统的构建面临着激励缺失、责权不清的困境。企业、金融机构和监管层在绿色信息披露中扮演着相互影响的重要角色，一环的落后就可能导致整个信息系统的连锁失效。企业主动披露绿色信息的意识不足，为监管层的披露机制设计带来挑战，监管层披露要求的不统一给金融机构的绿色评估增加了难度，而金融机构因信息不充分，对绿色金融产品的投资积极性较低，不利于企业的绿色转型。此外，我国绿色信息网络中各方的关系和责任尚未厘清，如目前很多金融机构承担了本该由企业负责的信息披露审核环节，使其投资绿色项目的成本变得很高。如果未来企业和第三方能够分担这一成本，那么整个绿色信息和投资流程将运行得更为顺畅。

企业、金融机构、监管层之间缺乏环境数据共享机制。目前我国各级政府及相关部门、第三方机构和企业之间无法对所收集到的环境相关信息进行有效共享，同时我国环保部门也未与我国金融机构进行数据共享，这些现状不利于构建信息充分的绿色投资市场。部分机构往往以机密为由拒

绝披露信息，但未来绿色发展方向明确，绿色信息终究要披露，早披露有利于早发现问题、早完善制度建设，能够减少环境和其他风险带来的损失。

金融机构对绿色发展“引导”不足

国内金融机构的“引导”行为有待加强

实体企业的绿色转型离不开银行、保险、投行、资管等金融机构的资金支持，然而我国金融机构在投资活动中融入绿色投资理念的比例仍然较低。根据 MSCI（明晟）发布的《2021 年全球机构投资者调查》报告，来自加拿大、日本、欧洲的投资经理受访人，在资产管理过程中采用 ESG 框架的比例分别为 75%、59%、56%。然而 2019 年，在中国的基金管理机构中，开展 ESG 投资实践的比例仅为 16%。①

此外，保险资金、养老金、社保基金等资金具有进行长期投资的导向，与部分绿色项目及绿色企业发展周期长的特点天然匹配，而我国长期资金在绿色投资领域的参与度同样明显不足。在海外成熟市场，长期资金，特别是养老金、保险等大型机构投资者，由于规模大、投资期限长、存在委外管理需求的特性，成为 ESG 投资领域的领跑者，其投资理念和对资产管理机构的投资要求，往往会对整个市场产生旗帜作用。而我国长期资金开展 ESG 投资则较为谨慎，根据联合国责任投资原则组织的统计，截至 2020 年 3 月，我国仅有两家养老金机构加入联合国责任投资原则组织，中国保险和养老金机构在 ESG 投资意识方面刚刚进入起步阶段。

金融机构缺少发挥“引导”作用的协调机制

中国金融机构目前缺乏有引导作用的协调机制，有可能削弱金融机构

---

① 2019 年中国证券投资基金业协会 ESG 投资问卷调查。

引导企业绿色发展的能力。以商业银行为例，其往往可以通过两个措施来引导企业绿色转型：一是对于绿色企业或项目给予信贷支持；二是限制非绿色项目（例如高碳排放产业）的贷款，使其退出“两高一剩”领域。然而，目前银行引导企业绿色发展主要依赖银行的自愿性（比如加入赤道原则），这可能导致部分银行为了追逐短期经济利益，给其他银行拒绝提供贷款的高排放项目提供资金，阻碍其他银行引导企业的绿色发展。而统一的协调机制，有利于约束商业银行的行为，共同引导资金投向绿色环保项目。

化挑战为机遇，中国绿色金融如何补短板

走碳中和的绿色发展路线，对中国而言既是约束也是机会。中国绿色金融需要在服务和引导好实体经济绿色转型中扮演重要的角色。基于当前我国绿色金融的短板、海外发展经验以及减碳发展的现实要求，我们对推动中国绿色金融发展政策提出如下建议。

制定统一的中国绿色标准

绿色金融体系的可持续发展离不开完善的绿色金融标准制定，当前我国绿色金融标准面临多头监管、规定不完善、与国际兼容性差的问题，这也意味着需要对未来的绿色金融标准进行以下三个方面的建设。

首先，促使绿色金融产品标准更加明确和系统。短期来看，政府相关部门或需首先建立各类金融产品的统一界定标准；中长期来看，应建立系统性的绿色金融体系框架，降低不同类别金融产品在核心绿色界定标准上的差异，促进各类金融产品均衡发展。其次，标准制定和项目认定应逐步与国际标准兼容。未来绿色信贷可考虑逐步引入国际沿用的可持续性发展

相关贷款概念，政府相关部门亦可逐步建立与国际通行标准接轨的绿色债券标准，提升绿色债券覆盖项目深度，建立在外部评估、信息披露、存续期管理等多方面与国际接轨的绿色债券体系。最后，大力发展第三方认证机构，适当引入国际第三方评估机构。发展第三方评估机构有利于促进我国绿色金融体系健康、可持续发展。通过专业第三方机构提供独立认证，可有效提高绿色企业声誉，提升企业和投资机构对绿色可持续发展理念的重视。第三方评估机构可在一定程度上降低融资端和投资端的信息不对称程度，降低我国绿色金融体系的信用风险和信息搜寻成本。引入符合国际标准的第三方评估也有助于提升我国绿色金融产品的国际化程度，提高其对境外投资者的吸引力，进一步助力降低绿色产业融资成本。

建立有约束力的绿色信息披露机制

基于我国绿色信息披露发展现状，按照行业属性，提出以下政策建议。第一，针对上市公司，进一步完善强制性绿色信息披露机制，构建明确、可量化、与国际接轨的绿色信息披露指标体系。第二，针对绿色债券发行企业，需打破监管壁垒，构建统一的信息披露体系。第三，针对非上市公司，完善信息披露机制，建立信息共享平台，解决绿色产品投放过程中的信息不对称问题。第四，针对金融机构、股权投资机构等绿色金融市场参与者，建立绿色信息披露机制，量化评估绿色产品的环境效益。

完善激励政策，促进绿色金融市场全面发展

绿色项目融资缺口较大的根源在于项目具有收益率低、周期长、风险大等特征。我们认为，中国人民银行、银保监会、证监会等金融监管部门可以从以下几个方面制定政策激励（见表 4.3）。一是负债成本端，扩大资

表4.3 正外部性转化为阶段性商业激励的具体措施

		负债成本（扩大来源和降低成本）	信用成本	税收成本	资本成本	交易摩擦成本
融资	信贷	贴息、再贷款、发行绿色债券、ABS（资产证券化）			降低资产风险权重，降低资本占用；通过发行绿色信贷ABS盘活绿色信贷资产	可以进一步简化审批流程，通过评级机构的普及降低贷前环境认证、环保技术检测和贷后监督的成本
	债券	再贷款优先权		利息收入税收考虑减半	银行或者银行理财投资绿色债券，在资本消耗方面给予一定的优惠，表内不再100%占用资本	对市场化机构设立绿色投资基金、资管产品给予一定的政策优惠。比如设立专门审批通道，提高审批效率
	股权	下调合格绿色私募股权和创投基金的合格投资者门槛；豁免绿色私募股权投资基金的单层嵌套规定；针对合格绿色PE/VC成本，政府作为LP（有限合伙人）直接出资，并可适度延长基金考核期限；合理引导养老金、社保基金、捐赠基金、保险资金等长期资金投向合格绿色PE/VC机构；引入专注于投资绿色产业的境外资本		针对绿色投资参与度高、环境效益突出的绿色PE/VC机构提供税收减免等扶持政策		进一步推动区域性股票交易市场发展和PE二级市场试点，优先鼓励符合条件的绿色企业赴新三板挂牌或交易所上市，并给予绿色股权参与度较高的PE/VC机构优先试点资格；探索建立绿色板和绿色企业主板上市绿色通道，精简主板、科创板绿色企业再融资发行条件，探索优化新三板绿色企业分层及转板机制；将券商绿色项目参与度纳入考核

续表

		负债成本（扩大来源和降低成本）	信用成本	税收成本	资本成本	交易摩擦成本
投资	ESG与绿色基金	加快社保基金、养老金、保险资金等长期资金入市的步伐，并引导长期资金在投资决策中尽快纳入ESG原则		对满足绿色敞口比例、持有时间的投资企业免除相关资本利得税		对践行ESG投资的资产管理机构在产品发行上给予一定的政策优惠，例如简化产品审批流程，设立绿色通道
保险或担保基金		对保险公司给予补贴以支持其对低碳排放企业提供保费折扣	绿色保险或担保基金，通过帮助资产持有方降低信用成本起到杠杆作用	企业所交保费可进行税前扣除	降低绿色保险业务偿付能力要求，降低该类业务资本占用	
目前哪些措施已经在践行		现阶段依赖政策支持手段，包括贴息、再贷款	担保		降低绿色信贷资产风险权重已经在部分银行（比如湖州银行）试点	绿色信贷和债券的目录有助于甄别项目绿色与否、加快审批流程
海外案例		英国政府于2012年底成立绿色投资银行，为绿色公司和绿色项目提供资金支持。2011年，英国政府出资38.7亿英镑设立了国际气候基金，旨在推动私人可持续发展投资以及建设低碳投资市场，截至2016年4月该基金AUM（资产管理规模）已达58亿英镑		1993年，美国政府设立了合格小型企业标准，合格投资者若投资该标准下的小型企业，并持有5年以上，则最多可获得高达100%资本利得税的减免，以此提升投资者对小型企业及初创企业的投资热情，同时也在一定程度上满足了小型企业对长期资金的融资需求		1980年，美国设立了BDC（Business Development Company，商业发展公司）制度。被认定为BDC的PE/VC机构的份额被允许上市交易，并且投资者享受税收优惠，从而为PE/VC机构拓宽了融资渠道，间接促进了绿色股权投资发展。目前来看，部分BDC已逐步将投资领域延伸至绿色产业

资料来源：中国银保监会；马俊，《国际绿色金融发展与案例研究》，2017 年；中金公司研究部。

金来源和降低负债成本，解决期限匹配和资产端定价问题。二是信用成本端，丰富相关绿色保险产品，由政府出资发起设立担保基金，降低相关银行信贷、信用债违约成本支出，以保险或担保基金的方式支撑信用融资类产品。三是税收成本端，给予绿色投资者税收优惠，提升投资积极性。四是资本成本端，降低绿色产品的资本占用。五是交易摩擦成本端，降低行政环节审批要求，扩大绿色项目退出可能性。

加强社会绿色理念培养，金融机构“服务”和“引导”并重

绿色产业的长期可持续发展离不开长期资金和资管机构、社会公众等其他主体的资金支持，金融机构需要发挥引导资金进入绿色项目的作用，而这一切都离不开社会绿色理念的培养。ESG 投资就是一个典型的需要金融机构“引导”发力的领域。参考海外发展经验，提出如下政策建议。

首先，根据资金和机构的性质，分别通过采用行政监管强制要求和运用市场政策鼓励加入的方式，引导资金流向 ESG 领域，从而提升公众和资管机构的责任投资和长期投资意识，引导绿色金融体系逐渐由自上而下的政府主导步入市场化运作阶段。其次，鼓励资管机构自愿加入联合国责任投资原则组织。政府可通过相关政策鼓励资管机构自愿加入联合国责任投资原则组织或自主建立 ESG 投资体系，并给予相应的政策倾斜，如为纳入 ESG 原则的资管机构提供产品申报绿色通道、为机构的考核加分等。

将环境风险纳入审慎监管政策考量

在从传统经济向绿色经济转型的过程中，金融监管部门还要处理好两类环境风险：一是极端气候变化冲击实体经济带来的风险；二是在转型过

程中，与传统能源相关的资产可能受到侵蚀，从而影响金融机构稳定的风险。

在管理环境风险的层面，金融监管机构可以通过出台环境审慎监管政策，将系统性的环境风险纳入宏观监管框架。以巴西央行为例，其根据各私人银行发放绿色信贷的数量设置不同的准备金率要求，并要求商业银行将环境风险因素纳入它们的治理框架，在计算资本需求时阐明对于环境风险的评估。这一举措将环境因素纳入宏观审慎考量指标中，通过提高对碳密集资产的要求内化了它们的转型风险。

央行等金融监管部门可以在资产评判标准中增加对环境因素的考量。例如，瑞士和挪威的央行目前已经将 ESG 指标作为资产投资和抵押的评估条件。挪威央行采用了 ESG 原则管理政府养老金，购入绿色债券作为自有投资，并明确表示不会购入涉及煤炭能源生产或导致严重环境破坏的公司的相关资产。瑞士央行在购入国外股权时，设置了道德考量标准。类似的原则也可以被运用在央行的抵押业务中，如央行要求抵押品不能对环境有较大危害，或根据环境风险设置差异化的抵押折扣率。

监管部门需要建立棕色资产的风险暴露和处理机制，维护绿色转型的金融稳定。由于在绿色发展过程中要防范绿色转型风险对实体经济和金融体系的冲击，所以为了评估金融系统对环境风险的敞口大小以及绿色转型对其造成的影响，央行需要定期进行压力测试以评估金融机构面对冲击的耐受性。在绿色发展过程中,传统的高碳排放资产估值可能面临贬值压力，这将给实体和金融系统带来冲击（转型风险）。上述机制的建立可以使央行有效推动绿色金融的信息透明化，让环境风险内化为金融风险，使投资者对其面临的投资风险有所了解，还可以据此调整审慎监管框架，将识别出的弱点环节纳入调控体系。

行业篇

▶▶ 第五章

绿色技术：从量变到质变

摘　要

能源是工业的基础，化石能源塑造了目前各国的能源和工业体系，而在碳中和目标下，各国将需要大幅改变能源结构实现净零排放，这在本质上是一次对能源的革命。碳中和技术的主线是能源供给端的变革，没有能源零碳技术的可行性和经济性作为基础，消费侧的应用将无从谈起。而根据对电力、非电能源领域绿色溢价的测算，以目前的技术水平，实现碳中和仍然难度较大、成本过高，因此降本是未来能源技术发展的主旋律。在长时间维度下，不同能源技术可能发生较大的变化，因此本章从降本潜力的角度分析不同技术的发展可能性，以碳中和时间目标和资源为约束去看技术路径的发展。最终碳中和技术将以成本下降为主要推动力，电力领域的"光伏发电＋储能"于2028年实现较火电的平价（即绿色溢价=0）将是重要节点，在非电领域先以电气化率推动公路交通、建筑和居民消费的碳排放量降低，然后通过氢能和碳捕捉分别实现在交通运输和工业领域最终的零碳排放改造。虽然用40年时间实现碳中和对中国而言是艰巨的任务，但是40年对于技术发展来说也是不短的时间，存在技术上的突变可能性。如果核能、碳捕捉技术出现核安全以及碳使用上的超预期突破，就会带来不一样的技术发展路径。如果光电转换效率能突破目前预测的30%的路径，也将带来氢能成本的进一步下降。[①]

① 本章作者：裘孝锋、陈彦、刘俊、王钟杨。

技术突破与碳中和

为什么需要技术突破

在完成减排任务上，能源活动是大头。根据中金宏观组的碳排放统计，能源活动占我国碳排放总量（计入碳汇前）的 90%。当前技术水平下，能源与工业领域的碳中和转型成本高，需要通过技术降本，才能收窄绿色溢价。根据我们与各行业组的测算汇总，2021 年电力行业的绿色溢价为 17%，非电能源供应的全行业绿色溢价比例约为 175%。这背后的原因在于，目前清洁能源成本仍然较高，如果无技术进步，就需要社会承担巨大的转型成本。目前清洁电力仍有效率提升的空间，绿氢以及碳捕捉技术仍需要进一步提升成熟度和产业化应用程度，从而依托规模效应、材料替代、效率提升这三条核心技术路径降低成本。

技术变化将带来成本的变化，根据风电光伏企业的销售数据，我们测算过去 10 年（2010—2020 年）随着非化石能源的技术进步，风电、光伏发电的成本分别下降了 34% 和 89%（见图 5.1），相当于累计装机容量每上升一倍，风电和光伏发电成本分别下降7%和13%，而相比之下应用煤炭、石油、天然气的成本震荡持稳，国内煤价由于供给减少而从2015年的低点反弹约45%。中国能源供应历来注重成本优势（我国2018年销售电价较全球发达国家低14%~64%），随着新能源成本的下降，我国目前风电和光伏发电成本已经低于传统燃煤发电，不得不说这些都是技术进步带来的变化。

因此，要在2030年前实现碳达峰，在2060年前实现碳中和，更需要各种碳减排和碳中和技术在未来40年完成从技术成熟到产业成熟的蜕变，帮助中国实现一条可行的碳中和路径。当前，各行各业的绿色溢价仍然较高，脱离技术进步带来的成本下降，碳中和转型会因面临过高的社会成本而变得困难重重。

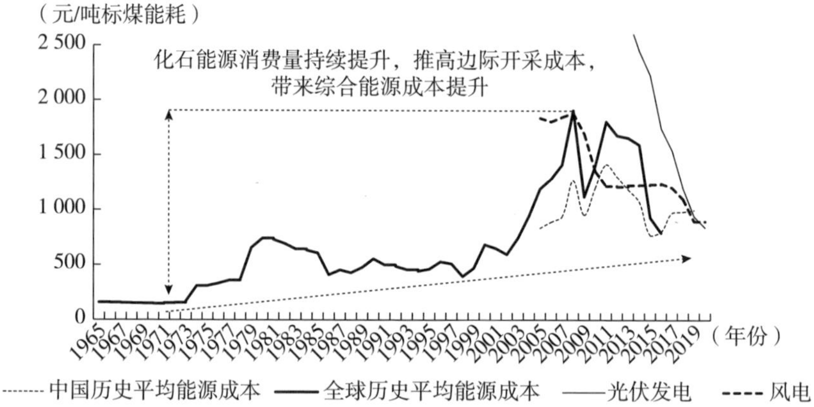

2010—2020年
风电：成本下降34%，装机量增长8倍
光伏发电：成本下降89%，装机量增长17倍
全球化石能源：综合成本增长500%，消费总量增长230%

图5.1　过去以化石能源为主体的能源结构中的成本变化

资料来源：BP，Solarzoom，风电公司、光伏公司公告，中金公司研究部。

哪些是能够通过技术进步实现碳中和的，哪些是技术无法改变的

没有零碳排放的能源供应就难以实现碳中和，能源技术发展是碳中和

的基础。除此之外，由于目前新经济主要依赖电力作为能源消费，所以如果在电能领域率先实现零碳排放，也将使我国摆脱碳排放对于电能消费的约束。虽然能源供应基础取决于技术，但是终端客户选择什么样的能源消费模式则需要政策的引导。除成本以外，能源消费还受很多因素影响，所以能源技术平价并不等于企业自发向零碳技术转型。因此，在与个人消费相关的领域，包括交通、采暖等，不仅需要供给侧技术的进步，更需要政策对于需求侧的引导。

碳中和的技术路径是什么，有哪些约束

在 2020—2060 年的技术发展路径选择上，满足能源转型经济最优意味着技术选择从易到难。在技术成本之外，资源约束和应用场景也会影响需求侧对技术的选择和使用。

电力零碳排放先行,多能互补降低发电成本。在电源技术选择中以“光伏发电 + 储能”为主体，但是多元互补的智能电网技术同样重要，它能保障电力系统的安全稳定运行以及整体成本更低，政策上应加大对电网储能技术的应用支持，加速非化石能源的比例提升。非电领域的碳中和技术选择取决于各种能源使用场景。不同于电能，非电领域各个能源使用的场景差异较大，并且应用技术并不完全兼容，所以需要用不同能源技术对应不同领域。我们从成本下降路径的测算来看，氢能公路交通或将在 2035 年实现可接受的成本，工业领域更可能通过碳捕捉最终实现碳中和。

碳中和技术路径的总结：形成以“光伏发电 + 储能”为主的电能供应，以及氢和碳捕捉共存的非电供应技术格局。首先通过多管齐下的节能减排技术完成 2030 年前碳达峰的目标，然后采用以光伏发电为主的多能互补模式达到电能零排放的目标，并在非电领域如公路铁路交通，以及建筑和部分工业领域，通过电能的清洁和成本优势推动电气化率提升，随后

在无法电气化的领域，以氢能和生物质燃料实现重载交通、部分航空航运、部分化工行业的零碳排放，最后以碳捕捉实现余下大部分工业领域的零碳排放。

碳中和技术路径的政策内涵：从目前推演的技术来看，虽然未来不排除技术突变的可能，但是氢能工业供热等领域并不能在现行技术路径下实现平价，因此部分行业的绿色溢价可能会一直为正，需要政策强力推动碳中和的实现。政策上，首先应结合非化石能源发展通过提升电气化率解决一部分非电能源的碳排放问题，然后以两个 20 年为周期推动氢能和碳捕捉技术的产业化与规模化，实现最终在各个领域应用零碳技术的经济性和可行性。实现能源碳中和的技术路径如图 5.2 所示。

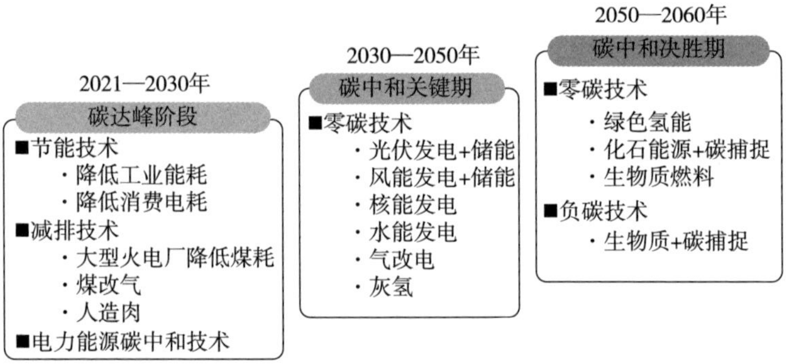

图 5.2 实现能源碳中和的技术路径

资料来源：中金公司研究部。

成本下降是技术发展的试金石

什么样的技术可以如期实现碳达峰与碳中和？在能源技术路径的选择上存在哪些差异？

对于碳达峰这一目标，需要选取的是能最大限度地减少碳排放量的技术。而对于碳中和这一目标，其对技术的要求更为苛刻，我国自然森林具备一定的负碳吸收能力，但能源密度和总承载量相对较低，因此在“能源 + 工业”领域必须使用零碳技术，甚至是负碳技术，才能实现中国碳中和的最终目标。长时间维度上不仅要看目前的技术成本，更要看技术的潜在降本能力。

技术降本的三种效应

回溯能源技术的发展历史，技术的成本下降主要来自规模效应、材料替换、效率提升三个方面。尽管过去经历较多争议（且争议仍然存在），但光伏、电化学动力电池、氢能等能源技术都在高速发展，根本原因在于，这些能源技术因其制造业属性，区别于传统化石能源（煤炭、石油、天然气）会因需求增加而导致成本上升的资源属性，从而同时具备了在规模效应、材料迭代、效率提升三个维度降低成本的能力，在未来能源技术的选择中举足轻重。电力能源、非电力能源碳中和技术的多维度比较情况见图 5.3。

综上所述，节能减排类的技术或将更多作为未来 10 年碳达峰的助力，当前已基本具备了成本可行性和技术可得性。零碳技术中，清洁发电当前的使用成本排序是水电 < 风电 < 光伏发电 < 核电，电网灵活调度资源的使用成本排序是抽水蓄能 < 电化学储能，但光伏发电和电化学储能同时具备规模降本、材料降本、效率降本三个成本下降路径，其成本下降速度有望优于其他电源选项。零碳的非电能源技术方面，氢能和碳捕捉在技术成熟度和当前成本方面各有千秋，均尚未达到商业化可用水平，但氢能具备规模降本、材料降本、效率降本三个成本下降路径，碳捕捉也具备规模降本、材料降本两个成本下降路径。在碳中和关键期，或有望凭借电解水路径中光伏发电成本的快速下降，实现制氢成本的快速下降，从而达成氢能在公路交通领域较传统能源的平价，实现技术落地。

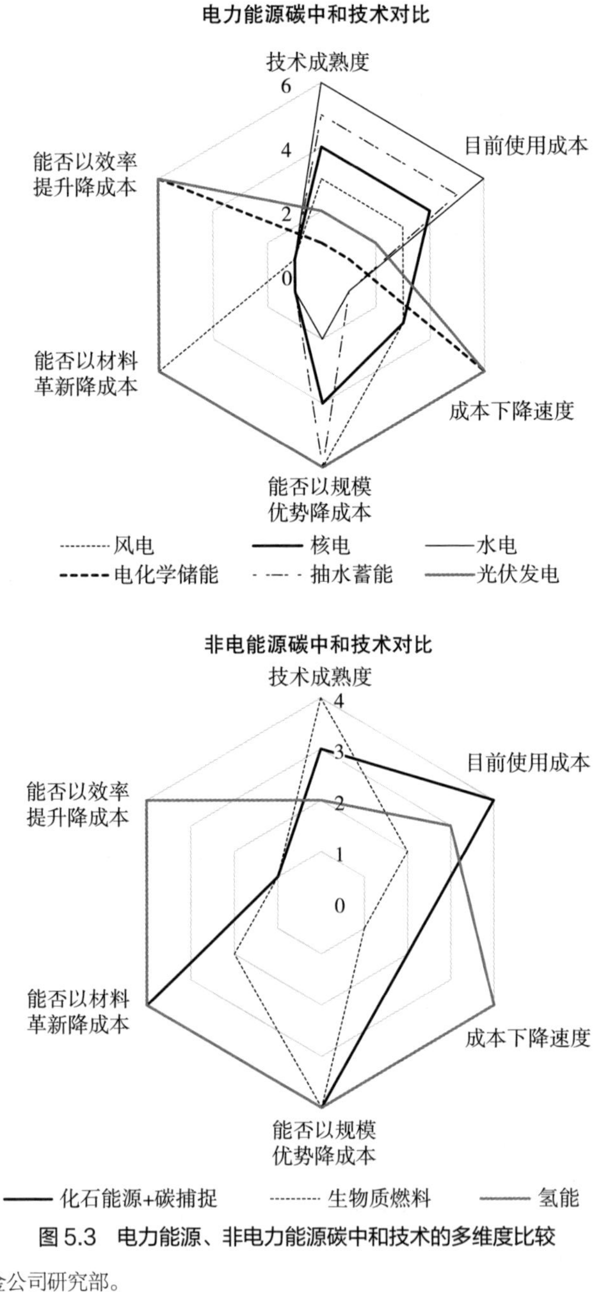

图 5.3 电力能源、非电力能源碳中和技术的多维度比较

资料来源：中金公司研究部。

碳达峰、碳中和技术工具箱有哪些当前和未来的选项

碳减排技术：主要包括降低能源消费，以及切换到更低排放的能源技术

火电厂技术降低煤耗。火电厂可以通过增加全厂热效率到 45% 来降低煤耗从而减少碳排放，过去 10 年我国供电煤耗下降了 27 克 / 度电至 306 克 / 度电，以 2019 年 4.6 万亿度煤电发电量测算，相当于减少碳排放 3.2 亿吨（约为 2019 年全国碳排放量的 3%）。参考我国目前最先进超超临界二次再热火电厂已经达到 265 克 / 度电的供电煤耗水平，进一步降低火电厂煤耗 41 克 / 度电，有望减少碳排放 4.7 亿吨。

煤改气技术。以农村采暖为代表的散煤使用，除了带来硫、氮等污染物排放，也使碳排放增加且分散。中金大宗商品组测算，如果以天然气替代每年约 2 亿吨的散煤取暖，那么可以减少碳排放 2.3 亿吨。

工业节能技术。“十三五”期间我国规模以上企业单位工业增加值能耗下降 15.6%，以此推算约减少碳排放 2.4 亿吨。参考科技部《国家高新区绿色发展专项行动实施方案》对单位工业增加值能耗下降设定的目标，我们测算到 2025 年工业能耗可以实现再下降 14%，以此推算约可减少碳排放 2.2 亿吨。

家电节能技术。在保障家庭用户消费升级的背景下，居民用电量增长趋势难以扭转。但根据中金家电组的估算，通过推动家电能效标准提升，预计可以让居民用电量年均增长率下降 2.4 个百分点，对应 2021 年可节约用电量 368 亿千瓦时（减少 3.2%），相当于减少碳排放 3 670 万吨。

人造肉技术减少畜牧业动物的碳排放。中金农业组测算，如果以人造肉全面替代畜牧业动物蛋白供应，可减少碳排放 1 300 万吨。如果考虑大豆生长过程中光合作用带来的碳累积，则可能进一步带来负碳吸收效果。

火电灵活性改造技术。火电灵活性改造虽然可能小幅增加火电厂本身的度电碳排放，但是能帮助电网消纳更多的零碳非化石能源，同时降低火电

厂整体的利用小时水平，因此从整体系统层面来看，也具备碳减排的效果。

碳中和技术：可以实现零碳和负碳排放的技术

电力行业的零碳技术成本下降预测如下。关于零碳的电力技术的发展，目前电化学储能还在应用初期，学习曲线下成本优化空间最大；光伏发电受益于规模效应、材料替换、效率提升共振，有望在未来10年间再缩减一半成本；风电的利用效率已接近极限，未来10年通过材料国产化、捕风面积提升还有20%~30%的降本空间；核电的批量化、国产化生产有望带来超过10%的投资成本节省；水电受制于厂址资源的稀缺性，成本下降空间较小。电力碳中和技术成本下降预期及核心驱动力见表5.1。

表5.1 电力碳中和技术成本下降预期及核心驱动力

	2020年度电成本	降本逻辑			2030年度电成本	2020—2030年成本下降速度
		规模效应	材料替换	效率提升		
电源技术（元/千瓦时）						
西部光伏发电	0.31	√	√	√	0.15	+++
东部光伏发电	0.41	√	√	√	0.20	+++
陆上风电	0.28	√	√		0.21	++
海上风电	0.61	√	√		0.40	++
云南水电	0.25				0.25	
沿海核电	0.35	√			0.31	+
生物质发电	0.73				0.73	
全国火电	0.37				0.37	
电网技术（元/千瓦时）						
抽水蓄能	0.18				0.18	
电化学储能	0.71	√	√	√	0.29	+++
火电灵活性	0.14				0.14	

资料来源：2020年度电成本的测算参考中国电力企业联合会、风光水核公司公告、高工产业研究院、艾意凯咨询的数据，并对标国家能源局、各区域电网披露的电价水平；2030年度电成本为中金公司研究部预测。

注：表中"+"表示成本下降速度，"+++"表示下降速度最快。

光伏发电成本预测。到 2030 年，钙钛矿技术有望带动组件效率提升到 35%，其中组件成本约为 0.9 元 / 瓦，BOS（平衡系统）成本可降至 0.8 元 / 瓦，综合作用下到 2030 年资本支出水平可降至 1.6 元 / 瓦。假设利用小时水平保持不变，到 2030 年，西部光伏发电成本有望降至 0.15 元 / 千瓦时，东部光伏发电成本亦有望降至 0.20 元 / 千瓦时。

风力发电成本预测。到 2030 年，陆上风电成本或降至 0.21 元 / 千瓦时（基于利用小时提升至 3 500 小时、造价降至 5.8 元 / 瓦的假设），海上风电或有望降至 0.40 元 / 千瓦时实现平价上网（基于利用小时提升至 4 000 小时、造价降至 12.5 元 / 瓦的假设）。

水力发电成本预测。水电是中国目前度电成本最低的电源之一，根据国家能源局的数据，云南、青海、甘肃、新疆的水电上网电价均在 0.25 元 / 千瓦时以下。目前国内水电设备成本已经趋于稳定，参考水电公司披露的资本开支，“十四五”时期往后投产的水电机组单瓦造价或将整体上行至 10~15 元 / 瓦，此外，上游水库通过区域联合调度可以提升全流域的利用小时，总体而言水电度电成本将保持平稳。

核能发电成本预测。目前发展的三代核电成本高于 0.35 元 / 千瓦时（根据电力公司公告进行测算，国产化三代技术华龙一号的单位投资成本约为 16.4 元 / 瓦，基于 60 年运行周期和 7 500 个年均利用小时）。未来降本主要由三代核电设备国产化、批量化生产、设计优化，以及控制建设周期带来，业内目标是，三代核电的投资成本优化至接近二代的 12.3 元 / 瓦水平。

生物质发电成本预测。当前生物质发电成本较高，考虑 300 元 / 吨的秸秆成本、10 元 / 瓦的投资成本以及 7 900 小时的利用小时，成本仍有 0.73 元 / 千瓦时。根据国际可再生能源署的研究，生物质发电的设备降本空间不大，我国生物质的总体资源量受限于农林畜牧产出量、粮食安全要求以及运输半径（秸秆更低的能量密度带来运输费用更高的占比），所以成本或可保持平稳。

抽水蓄能成本预测。若得到电网的充分调度，理论上我们测算抽水蓄能的成本可以做到低于 0.2 元 / 千瓦时（考虑到 75% 的循环效率、6 元 / 瓦的投资成本，以及 2 500 的放电小时数），有较好的经济性（当前实际调度中年利用小时往往不到 1 000，具备较大的改善空间）。与水电类似，抽水蓄能电站的建设成本较难压降。

电化学储能成本预测。随着电池技术的发展，电化学储能成本已经实现了快速下降，但目前仍然在 0.6~0.8 元 / 千瓦时（基于 0.7 元 / 瓦时的电池系统成本、1.7 元 / 瓦时的系统总成本，以及 5 000 次循环）。到 2030 年系统成本或有望达到 1 元 / 瓦时。此外，电极材料选择以及运维技术的提升有望带动循环寿命增加至 10 000 次以上，电化学储能的成本可以降至 0.3~0.4 元 / 千瓦时，具备大规模商用的条件。

非电能源行业的零碳技术成本下降预测如下。关于零碳的非电技术的发展，电能替代是目前最经济可行的选项，并且未来将受益于清洁电力成本的下降；氢能受益于产业链规模化以及清洁电力电解水制氢，成本有约 70% 的下降空间；“化石燃料 + 碳捕捉”的成本下降空间在 10% 以内，这一技术路径的降本空间受制于化石燃料本身的使用成本；生物质合成燃料当前的技术较成熟，成本取决于作物原料，远期若有原材料成本更低的路线实现技术突破，则成本有约 35% 的下降空间。非电碳中和技术成本下降预期及核心驱动力见表 5.2。

表 5.2　非电碳中和技术成本下降预期及核心驱动力

	2020 年单位成本	降本逻辑			2060 年单位成本	2020—2060 年成本下降速度
		规模效应	材料替换	效率提升		
非电技术（元 / 千克标准煤当量）						
电能替代	1.9	√	√	√	1.6	++
氢能替代	15.0	√	√	√	3.9	+++

续表

	2020 年单位成本	降本逻辑			2060 年单位成本	2020—2060 年成本下降速度
		规模效应	材料替换	效率提升		
非电技术（元 / 千克标准煤当量）						
生物质燃料乙醇	7.0				4.5	++
天然气 + 碳捕捉	5.9	√	√		5.5	+
柴油 + 碳捕捉	7.2	√	√		6.8	+

资料来源：2020 年成本的测算参考市场价格，电能替代取自电力碳中和技术成本，氢能成本来自中金电力电气设备组，碳捕捉成本来自中金化工组，其余测算来自中金公司研究部。

电能替代成本预测。在我国 2020 年的电力供应结构下，绿电的终端供应成本（考虑清洁发电、清洁调峰以及输配电成本，到终端用电成本为 0.58 元 / 千瓦时）为 1 900 元 / 吨标准煤当量，随着非化石能源电力成本的下降，到 2060 年终端用电成本有望降至 0.41 元 / 千瓦时，对应电能的成本降至 1 600 元 / 吨标准煤当量。

氢能替代成本预测。根据中金电力电气设备组的测算，未来，绿氢相比其他非电能源有更清晰的降本路线。首先，运氢、加氢端设备规模化和国产技术提升有约 80% 的降本空间，从 44 元 / 千克降至 8 元 / 千克。其次，制氢端受益于非化石能源未来不断的成本下降，有约 60% 的降本空间，从 22 元 / 千克降至 9 元 / 千克。到 2060 年合计成本有望降至不超过 20 元 / 千克，对应的用能成本为 3 900 元 / 吨标准煤当量。

生物质燃料乙醇成本预测。根据中金化工组的测算，由于中国自身粮食压力大而受到资源限制，所以此项成本优化空间可能有限。远期若原材料成本更低的技术路径（秸秆）实现产品品质提升，则原材料成本有望降至 2 000 元 / 吨，同时实现加工成本（包括酶成本）降低至 1 500 元 / 吨，则成本有约 35% 的下降空间至约 4 000 元 / 吨，折合约 4 500 元 / 吨标准煤当量。

碳捕捉成本预测。根据中金化工组的测算，到2030年和2060年，碳捕捉的成本有望下降至306元/吨（其中捕捉成本为195元/吨）和262元/吨（其中捕捉成本为163元/吨）。碳捕捉的优势在于，它和目前的化石能源体系完全兼容；劣势在于，不管如何降本都会增加目前能源的使用成本，并且对于终端来说，最终能源使用成本也受限于化石能源成本。

负碳技术介绍。生物质+碳捕捉：如果以绿色植物（秸秆等）作为燃料，并辅以碳捕捉技术，则有望净减少大气中的二氧化碳（也就是所谓负碳），若碳捕捉成本低于碳价，则这一技术将拥有正收益。

"光伏发电+储能"、氢能和碳捕捉将成为碳中和技术的主线

从技术工具箱中选取实现电力、非电碳中和的主线与辅线

如何选取电力、非电碳中和的技术主线？应从能源的供给端，明确各类电力、非电碳中和技术发展的目标以及目标实现的可行性，为后续各行业从需求层面出发提供共同的基石。

技术工具箱中大多数的电力、非电碳中和技术都已具备应用的雏形，远期的成本下降路径也具备一定的可预见性。技术主线选择、技术渗透拐点可以通过几个约束条件进行推演：一是平价的对标条件，即碳中和技术的成本应与哪一种传统能源进行对比、如何对比；二是应用场景，即碳中和技术与当前工艺、设备的兼容性等；三是资源约束，即碳中和技术所需要的原材料资源的可得性。

总之，测算电力碳中和技术的平价将快于非电碳中和技术。平价是指碳中和技术较传统能源技术的绿色溢价降至零。如图5.4所示，我们测算技术平价的时间线为：2020年，在电力领域，水电、核电已较燃煤发电平价，是清洁零碳、多能互补的电源结构中稳定的基荷能源，在非电领域，

单从能源供应的成本来看，我们测算电气化较“传统能源 + 碳捕捉”已经实现平价；“十四五”初期，分布式“光伏发电 + 储能”较零售电价的平价，电力消费侧自发开始清洁替代；“十五五”中期，集中式“光伏发电 + 储能”较燃煤标杆电价的平价，电力供给侧清洁转型势不可当；“十六五”末期，氢能较“柴油 + 碳捕捉”的平价，非电公路交通领域平稳清洁过渡。氢能在工业领域较“煤炭 + 碳捕捉”的平价可能较难看到。

从政策切入时间的角度来看，除了发电侧清洁能源经由过去 5~10 年的补贴支持已经实现较燃煤标杆电价的平价，并且产业发展摆脱政策拐杖以外，储能、氢能当前都尚未平价，需要政策支持产业的规模化发展从而推动技术降本至预期的平价时间点。

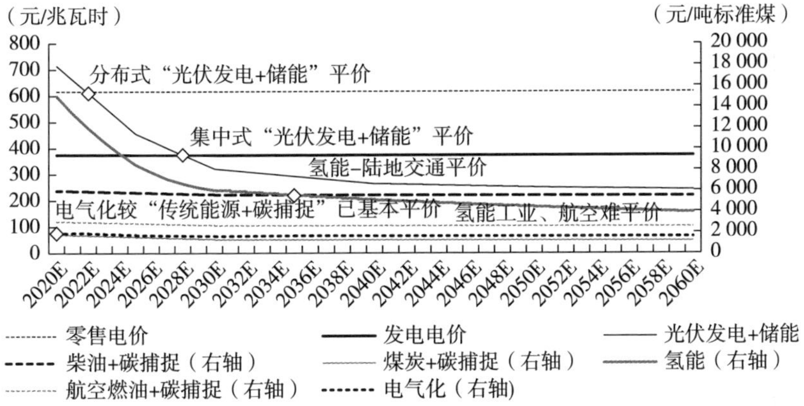

图 5.4　电力、非电碳中和的主线技术的平价节点（平价指绿色溢价 =0）

资料来源：中金公司研究部各行业组测算数据汇总分析。

发电碳中和的技术主线推演

发电侧平价的对标条件：风、光、水、核等主要电力碳中和技术均已实现较传统燃煤标杆电价的平价，未来成本优势有望进一步扩大。

定义电力碳中和技术的平价节点，要看度电成本何时突破燃煤标杆电价。在发电端，以不同电源的度电成本比较为准则，将零碳电源与 2020

年电力结构中占主力的燃煤发电进行成本对比。前者成本低于 0.37 元 / 千瓦时（目前全国平均燃煤标杆电价，测算的假设基础为燃煤度电成本在未来保持稳定）时，其实现最基本的经济竞争力。

结果显示，2020 年主流零碳电源的度电发电成本已经低于燃煤发电。核电、光伏发电、风电、水电度电成本较燃煤发电分别低 5%、17%、25%、34%，仅燃气发电、生物质发电成本较燃煤发电高 143%、94%。到 2060 年，制造业属性将持续放大风电、光伏发电的成本优势，其中光伏发电成本 40 年内有望降至较火电低 68%（见图 5.5），成为最便宜的清洁电源，其次为风电（低 47%）、水电（低 34%）、核电（低 18%），生物质发电、燃气发电由于原材料获取的资源限制，度电成本或高于燃煤发电。

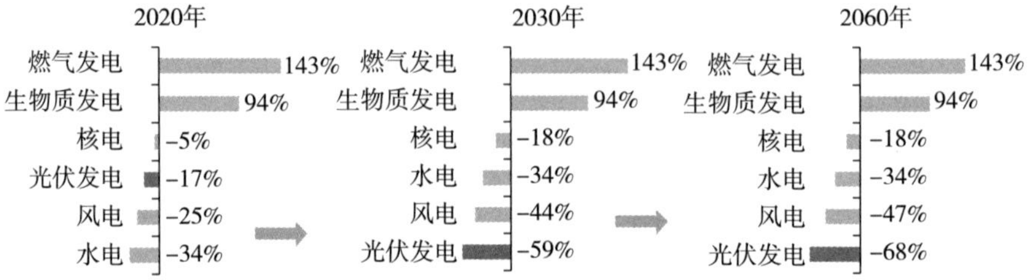

图 5.5　发电侧技术成本排序演变（与火电比较）

资料来源：2020 年度电成本的测算参考中国电力企业联合会、风光水核公司公告，并对标国家能源局、各区域电网披露的电价水平；2030 年度电成本为中金公司研究部预测。

注：燃气发电为低碳技术，较传统火电可降低 50% 的碳排放。

电网消纳技术的平价对标条件：电化学储能度电成本较难追平抽水蓄能以及火电调峰，但技术的资源可得性倒逼其成为电力碳中和的主线技术。

从发电到终端还有电网输电环节，电网消纳成本必不可少。可再生能源，主要是风电及光伏发电，在出力的可调度性和可预测性上逊于其他能源。随着可再生能源在未来电力系统中渗透率的提升，若电力灵活性不足，不仅将带来电力系统平衡和安全方面的新挑战，还会使传统电网的模式在成本上难以适应未来电源，甚至导致负荷从可控到不可控的转变。因此，电力灵活性技术的成熟以及成本的下降，对于电力系统碳中和至关重要。

电网消纳碳中和技术的平价节点：电化学储能、抽水蓄能的度电成本难以实现较火电调峰的平价。在电网消纳端，碳中和技术的平价节点为电化学、抽水蓄能的度电充电成本低于火电调峰（降负荷）的度电充电成本的节点，我们测算出后者的成本为 0.14 元 / 千瓦时，电化学储能、抽水蓄能的度电成本基于当前可见的技术路径较难突破这个水平。

考虑应用场景和开发边界的约束，倒逼电化学储能成为电网消纳的主力碳中和技术。长期来看，根据火电机组的生命周期，2030 年后的存量火电，尤其是经过灵活性改造、可以提升电网消纳可再生能源能力的 60 万千瓦以下煤电机组将进入退役高峰期，而留存在电力系统中的火电机组，更多是灵活性能力较弱的高参数、低排放的百万千瓦机组，以及以热定电、灵活调节空间有限的热电联供机组，火电可以提供的电网消纳能力开始减少。此外，根据水电水利规划设计总院的研究，全国经济技术可开发的抽水蓄能容量约为 120 吉瓦。我们测算随着风电、光伏发电的电力渗透率达到 30% 以上，电力系统的固有灵活性资源将不足以匹配可再生电力消纳的需求，会倒逼电化学储能成为电网消纳端碳中和的主力技术。

综合考虑“电源 + 电网”消纳，“光伏发电 + 电化学”储能较燃煤标杆电价的平价将在 2028 年到来，2060 年成本略高于水电、核电，但“光伏发电 + 储能”技术的应用灵活性、资源可得性使其更有能力担当电力碳中和的主力大任。

定义电力碳中和技术的平价节点，要看“发电 + 电网”消纳合计的度电成本何时突破燃煤标杆电价。如图 5.6 所示，2020 年光伏发电、风电的“发电 + 电网”消纳成本分别较火电高 77%、69%（假设 50% 的储能配比），高于具备主动调节能力、不给电网造成消纳压力的核电和水电。“光伏发电 + 储能”的度电成本或有望在 2028 年前后追平火电的 0.37 元 / 千瓦时，此后火电进入自然退役高峰，有望实现“光伏发电 + 储能”

替代火电的平稳过渡，避免出现成本反弹，并在 2060 年实现 41% 的成本节约。而核电、水电不带来电网消纳压力，在 2060 年度电成本较燃煤标杆低 18%、34%，经济性与“光伏发电 + 储能”技术相当。

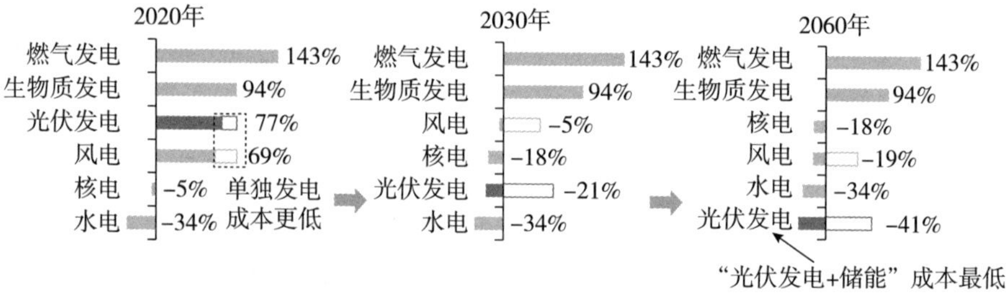

图 5.6 “发电 + 电网”消纳技术度电成本的时间序列对比（考虑 50% 的储能配比）

资料来源：2020 年度电成本的测算参考中国电力企业联合会、风光水核公司公告、高工产业研究院、艾意凯咨询的数据，并对标国家能源局、各区域电网披露的电价水平；2030 年度电成本为中金公司研究部预测。

注：燃气发电为低碳技术，较传统火电可降低 50% 的碳排放。

考虑应用场景和开发边界，光伏发电具备更为灵活的开发形式及最充沛的资源量（见图 5.7），因此，尽管“光伏发电 + 储能”的成本较核电、水电并没有绝对的领先优势，但其更有望成为电力碳中和的主线技术，而水、核、风可以作为互补的辅助技术。

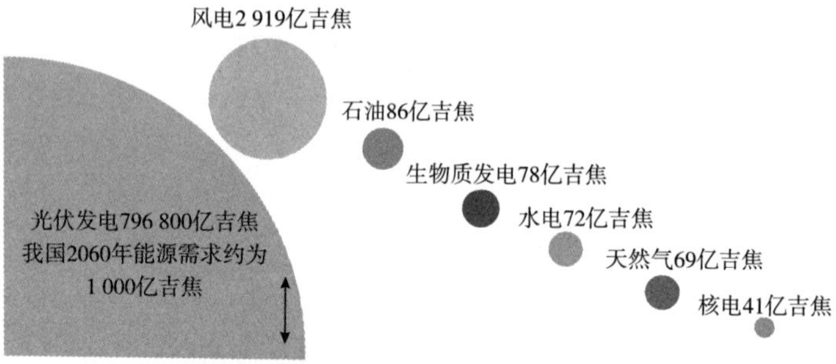

图 5.7 我国零碳电源的资源量潜力对比

资料来源：中国气象局，国家统计局，中金公司研究部。

注：圆球大小表示资源量规模，光伏发电资源量规模大于其他能源，仅显示 1/4 球体示意。

应用场景："光伏发电＋储能"可采用分布式开发，省去电网输配成本，平价对标条件比集中式更加宽松。

开发边界：光伏发电技术可开发资源量远多于其他清洁能源形式，能够打开能源需求的天花板。

非电碳中和技术的应用潜力评估

单单碳捕捉不存在平价的概念。基于对技术降本的基准预期，与"传统能源＋碳捕捉"对比，电能替代已基本平价，氢能在陆地交通领域的竞争力有望在2035年前后出现，生物质燃料及氢能在工业、航空领域的平价或较难实现。

电气化。根据中金各行业组测算的数据，电力供应转换为标准煤的单位成本约为1 900元/吨标准煤当量，已经低于天然气、"柴油＋碳捕捉"的路线（2020年分别约为3 600元/吨标准煤当量、6 000元/吨标准煤当量），与"煤炭＋碳捕捉"基本相当（2020年约为1 700元/吨标准煤当量），后续受益于清洁电源的成本下降，成本将保持经济性。

氢能。根据中金各行业组测算的数据，氢能在陆地交通领域有望在"十六五"末期实现较"柴油＋碳捕捉"的平价（平价点约为5 500元/吨标准煤当量）；氢能在工业领域较"煤炭＋碳捕捉"（平价点为1 200元/吨标准煤当量），以及航空领域较"航空煤油＋碳捕捉"（平价点为2 500元/吨标准煤当量）的成本平价在2060年内较难实现。

生物质燃料乙醇。根据中金农业组测算的数据，生物质燃料乙醇的价格有望从2020年的近7 000元/吨标准煤当量到2060年降至约4 500元/吨标准煤当量，仍高于"航空煤油＋碳捕捉"约2 500元/吨标准煤当量，无法实现成本平价。

从平价成本反推，如果能实现更高的光伏发电效率和更低的电能成本，则氢气终端价格将可能降至12.5元/千克、5.8元/千克（2060年基准预期为 18.8 元 / 千克），将实现航空和工业的平价，而这需要对应光伏电力成本降至 0.02 元甚至零成本每度（2060 年基准预期为 0.12 元每度）。因此，要在终端实现航空和工业生产的大规模用氢可能存在一定难度，除非制氢、存储、运输成本均得到突破，否则从技术的角度来看，终端应用碳捕捉实现碳中和的可能性更高。

等热值电气化、氢能、生物质燃料与传统能源的成本比较见图 5.8。

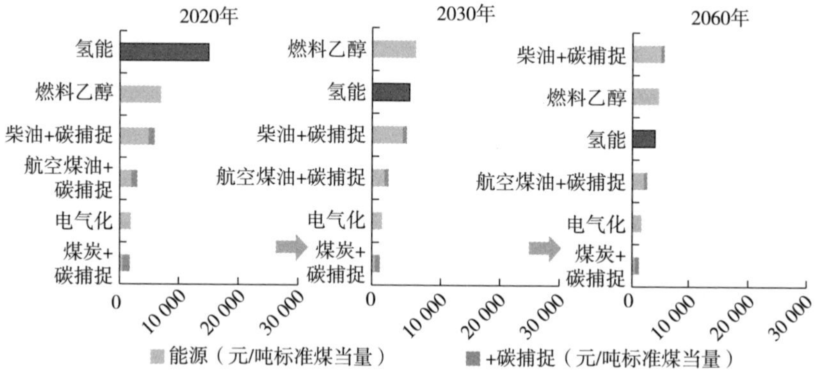

图 5.8　等热值电气化、氢能、生物质燃料与传统能源的成本比较

资料来源：2020 年成本的测算参考市场价格，碳捕捉成本来自中金化工组，氢能成本来自中金电力电气设备组，电能替代取自电力碳中和技术成本，其余测算来自中金公司研究部。

除了能源技术供应端的降本，还涉及技术渗透的催化，在能源应用端这需要依靠应用场景和应用边界的突破。

应用场景：电气化、氢能替代与当前主流工艺的不兼容问题。碳捕捉仅适用于固定生产装置。

应用边界：生物质燃料制备的原材料获取局限性。

政策建议：加强技术研发保护，支持新技术产业化

第一，政策支持更清洁、更高效的能源形式，开放多种技术同台竞争，

最后由市场决定主要技术方向。政策的制定需要给出技术前进的方向共性，在低碳清洁能源发展主线中，政策应点出具体要求，例如重点支持零排放，以及效率更高、具备“弯道超车”可能的先进技术，扩大我国顶层设计的制度优势。然而，从过去的经验看，需要允许多种技术路径同台竞争，留出竞争空间。市场始终是最终的裁判，通过技术进步、成本竞争，由终端用户做出选择。

第二，技术从引进吸收到超越，需要专利保护。由于国内的知识产权保护未得到高度重视，所以部分企业只能将研发中心放在海外，这不利于我国未来在新能源领域的技术发展。应该强化专利保护的政策，将研究成果及时申请专利，支持和保护在技术发展上不断投资的优秀企业，最终实现在能源技术上的整体“弯道超车”。

第三，电力应重点推广非化石能源应用技术。重点推动储能和电网相关技术大规模应用。随着非化石能源占比不断提升，储能技术能否与之配合非常关键。一方面，储能技术和动力电池略有不同，该技术对于能量密度要求较低，而对循环次数要求更高，并且安全性尤为重要，如果没有足够的储能市场，则难以对其进行优化。另一方面，电网从过去的“电源可控，负荷不可控”到未来的“电源和负荷均不可控”的模式，不仅需要政策理顺成本，也需要技术应用来降低电网的备用冗余，进一步提升电网效率，优化供需匹配。政策端应该重点推广智能电网技术的试点，给出导向。

第四，非电能源需要支持新技术产业化，在合适时间推出激励政策。非电能源成本较高，只有技术进步才能刺激终端应用。从历史经验来看，一个技术达到产业化以及应用成熟分别需要约 20 年的时间。当前非电领域，会形成氢能、碳捕捉和生物质多种技术并行的产业化发展格局。但与电力不同的是，氢能的应用并不能和目前的传统能源应用技术兼容，因此在政策方面应考虑同步支持相关的配套技术。

光伏发电“领跑者”项目是可复制的成功案例，能帮助新技术实现产业化。推出试点项目，在补贴、税收等方面给予优惠政策，帮助技术渡过难关。光伏发电行业的技术发展，正是通过“领跑者”项目给高效产品、先进技术提供了舞台。与此同时，“领跑者”项目享受配套的利好政策，包括土地、接网等的便利，最大限度降低非技术成本，使项目本身能够专注于对光伏发电成本下降和发电效率提升的相关探索。

那么政策支持应该何时介入？通过复盘海外案例和国内可再生能源发展初始阶段的补贴政策，建议当非电技术（氢能、碳捕捉）较传统能源的成本溢价下降至接近200%时，通过政策进行支持。

回顾德国（2000年）和日本（2012年）分别提出的光伏发电度电补贴政策,可以看到补贴电价较标杆电价的溢价分别是163%和250%。另外，回顾中国对陆上风电（2009年）、光伏发电（2013年）和海上风电（2014年）明确度电补贴政策的时点，补贴电价较燃煤标杆电价的溢价分别在45%~68%、120%~254%和89%。可以看出，各国普遍在当初高成本的光伏发电成本溢价接近200%时，通过有效的补贴政策促使后续光伏发电成本劣势不断减少，最终实现光伏发电较传统电源平价甚至低价的情形。因此，当相关非电技术（氢能、碳捕捉）较传统能源的成本溢价接近200%时，就可以通过政策进行支持，推动相关技术的不断发展带来成本下降。

潜在的超预期能源技术

第一，若碳捕捉技术成功降本带来经济性，则对氢能技术开发的需求可能下滑。当前非电领域的碳中和技术主要为碳捕捉、氢能及生物质。碳捕捉技术的优势在于可以融合当前能源技术，仅需在尾端加上碳捕捉装置，帮助中和排放，在应用上较氢能更便捷；而劣势则在于对目前封存成本的控制，并且总体的零碳成本（传统能源+碳捕捉）受制于其中传统能源的成本。如果碳捕捉技术能在应用上找到新的突破口，那么其成本将会大幅下降，并且由于其兼容目前的能源和工业体系，所以将加速碳中和的到来。

第二，若第四代核电技术升级能显著增强固有安全性，则其使用率有望大幅提振，或对电力结构产生影响。作为清洁、高效的基荷电源，核电的重要性、功能性不言而喻。然而，核电建设的“邻避效应”制约了行业的发展。安全运营是核电行业的第一要务，也是核电技术研发的重心和目标。如果核电可以在设计上实现固有安全性（事故条件下的自动停堆），那么它在应用上也将会有大的发展。长期来看，核能仍然是人类可以使用的能量密度最高的能源，而太阳本身也是核聚变反应，因此，如果能实现可控核聚变，就会引爆新一轮的能源技术革命。

第三，光伏发电效率还存在超预期的可能。前文在光伏发电的成本预测中只考虑了目前技术路线可以到 30% 的钙钛矿技术，没有考虑未来“聚光 + 多结”技术应用的可能性，因此从转化效率来看，并不排除未来经过长期的技术进步，最终出现光电转换效率达到 40% 以上的光伏发电技术的可能性。如果光伏发电成本进一步超预期，就能带来更多的应用场景和更多的能源使用。

慢于预期的风险点

第一，电网消纳技术可能慢于预期。在当前中国的电网架构下，高比例可再生能源的接入，可能会对局部电网平衡造成冲击，这主要是由于可再生能源发电具有瞬时出力的波动性、日间曲线的波动性以及季节间资源水平的波动性。近几年在风光可再生电力渗透率高的市场，如澳大利亚、英国、美国加州，都出现过极端气候下有关电力系统平衡安全的风险事件，对电网瞬时平衡能力提出了众多挑战。短期来看，为解决这一问题，增加和释放电网灵活性就成为非化石能源比例提升的关键。电力系统可以通过鼓励火电、抽水蓄能等电网灵活性资源的释放，加强区域、全国联网调度，但难点在于，需要电力系统对于灵活性需求做出前瞻性的判断，并设定及控制电价信号。

第二，氢能技术应用发展可能慢于预期。氢能技术并不兼容目前的技术，若各行业从使用传统能源改为使用氢能，则对自身的技术进步提出了较高的要求。例如在航空运输方面，各国加快研发氢能源飞机，解决难点，要实现氢气在航空发动机中的掺烧需要新的技术突破，同时氢气储存也对燃料箱的设计等提出了更高的要求。2020 年 9 月，空中客车提出了三种零排放液氢燃料客机的概念，该公司预计将在 2035 年将其投入商业使用。若实际进度慢于预期或最终无法实现，都将给我国的碳中和进程带来一定的影响。

▶▶ 第六章

绿色能源：破茧重生

摘 要

我国近90%的碳排放由能源领域产生，本章将探讨能源领域的减排解法。能源减排的难点不仅在于其存量体量巨大，更在于我国仍处于经济发展阶段，人均GDP持续追赶发达国家，仍有进一步提升能源消费总量的需求。因此，能源消费增长的需求与碳减排压力的矛盾，是绿色能源的核心难点。我们将从绿色溢价的角度讨论电力能源和非电能源的减排解法，其中电力清洁化以及电能替代在当前已经具备经济可行性和技术可得性，而氢能等选项在不同用能领域仍需技术进步和成本下降逐步实现经济可替代性。此外，考虑到用能习惯以及用能方式改造给各行各业带来的变动和影响，需要对政策层面和社会层面予以引导及支持；对于尚未成熟的氢能等技术，应在绿色溢价收窄到恰当水平后推动其加速发展。根据中金公司研究部各行业组的测算，预计到2060年70%的能源将由清洁电力供应，约8%将由绿氢支撑，剩余约22%的能源消费将通过碳捕捉的方式实现碳中和。而实现这一变化，需要能源供给端和需求端的共同努力。[①]

① 本章作者：裘孝锋、陈彦、刘俊、王钟杨、曾韬。其他做出贡献者：刘佳妮、王嵩。

当前我国能源结构概况

我国近 90% 的碳排放来自能源领域，发展绿色能源供应体系刻不容缓

当前我国仍保持以煤炭为主，石油、天然气和非化石能源为辅的能源供应体系，应对气候变化、减少碳排放已成为国际社会的共同课题。根据联合国环境规划署《2019 年排放差距报告》，中国是全球碳排放量最多的国家，2018 年碳排放量占到全球的 1/4 以上，2060 年前碳中和的目标下达正是我国自主给出的国际承诺，也为我国融入国际社会实现双循环提供了支持。

因此，能源行业加快“低碳、零碳”步伐，是我国完成碳中和目标的关键，任重道远、大有可为。

经济增长保持韧性，虽然单位 GDP 能耗逐步走低，但能源总需求或将继续上行

根据官方统计的数据，我国当前人均 GDP 水平仅为发达国家的 1/6~1/3，我们认为，未来经济增长空间仍然可观。中金宏观组预计，GDP 增速到 2030 年、2040 年、2050 年和 2060 年将分别达到 4.2%、3.0%、2.5% 和 2.0%。从人均角度来看，2019 年我国人均 GDP 达 10 276 美元（见图 6.1），较 2010 年的 4 628 美元实现翻倍以上增长，达成了党的十八大提出的 2020 年建成全面小康社会以及人均 GDP 达 10 000 美元的目标。面向未来，在 2035 年基本实现社会主义现代化以及 2050 年实现中华民族伟大复兴的大方针下，我们预计人均 GDP 有望在 2060 年达到 46 559 美元，达到当前日本、德国的水平。

目前单位 GDP 能耗仍在较高水平，未来有望受益于结构变化、节能等措施而走低。根据官方统计的数据，2020 年，我国单位 GDP 能耗为 0.328 千克标准煤 / 美元（见图 6.2），仍高于发达国家的 0.116~0.264 千克标准煤 / 美元。随着经济结构的不断改善，各行业加速单位能耗控制，预计我国单位 GDP 能耗有望在 2060 年下降至 0.123 千克标准煤 / 美元，较当前大幅回落约 63%，低于美国和日本的能耗水平。

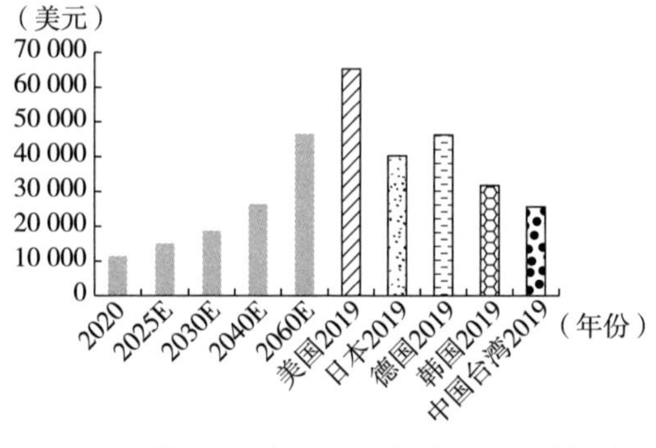

图 6.1　人均 GDP（中国大陆与其他国家及地区）

资料来源：国家统计局，各国及地区政府网站，中金公司研究部。

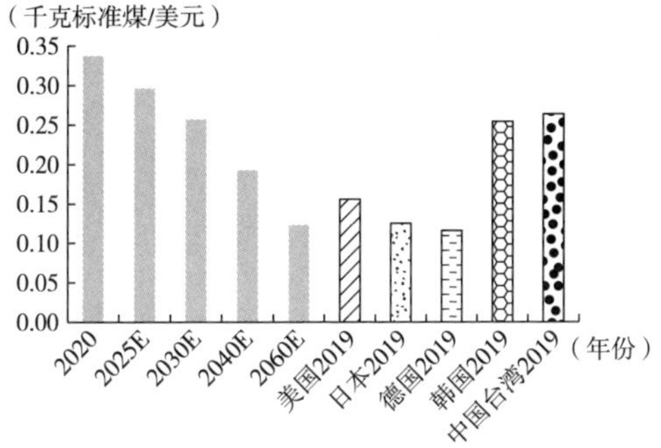

图 6.2　单位 GDP 能耗（中国大陆与其他国家及地区）

资料来源：国家能源局，国家统计局，各国及地区政府网站，中金公司研究部。

即使考虑单位能耗走弱，预计经济增长仍将带动能源消费总量在2060年达到67.3亿吨标准煤，较当前上行38%（见图6.3）。我们预测我国的能源消费总量将在2025年、2035年、2060年分别达到57.6亿吨、63.6亿吨、67.3亿吨标准煤，总体保持连年同比增长。但随着单位GDP能耗较低的第三产业比重不断扩大，能源消费增速将呈现放缓走势，其中2021—2025年复合年均增长率达到3.3%，随后在2025—2035年增速放缓至1.0%，再到2035—2060年放缓至0.2%。

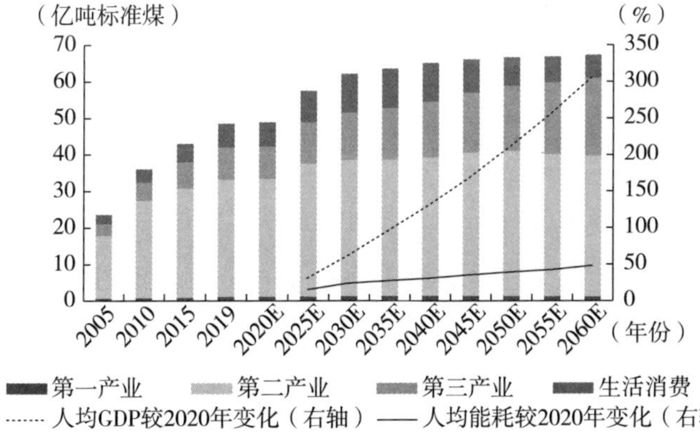

图 6.3　能源消费总量预测

资料来源：国家统计局，中金公司研究部。

当前能源结构下减排压力艰巨，完成目标需顶层设计和更大力度的政策支持

作为全球碳排放量最多的国家，我国减排任务重、困难多。碳中和意味着我国能源体系必须向更清洁、更安全转型，同时要实现更经济的能源结构。综上来看，能源需求的增长和碳排放量的下降的约束，将使我国完成碳中和目标更具挑战性，在需要强有力的政策支持和指引的同时也将加速中国的能源转型，使我国经济最终受益。碳中和目标是在美丽中国概念下实现能源革命战略目标思想的更进一步，将使中国在 2060 年获得不仅更清洁，而且更经济和更安全的能源结构。中国能源结构情况见图 6.4。

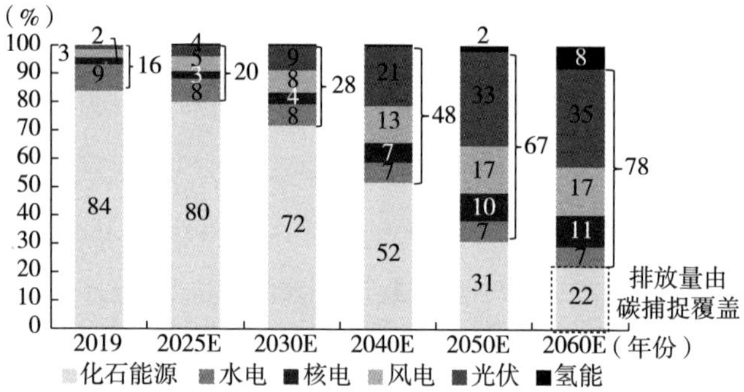

图 6.4 中国能源结构（2019—2060E）

资料来源：BP Energy，中金公司研究部。

注：数据为四舍五入，因此个别合计数有误差。

为实现能源碳中和，我们认为中国需要在能源供给端推动以非化石能源为主的电能成为能源主体，加快提升电气化率，在非电能源领域加速推动氢能、碳捕捉等新技术的应用。根据各行业组对于未来用能形式的推演，预计到 2060 年 70% 的能源将由清洁电力供应，约 8% 将由绿氢支撑，剩余约 22% 的能源消费将通过碳捕捉的方式实现碳中和。而实现这一变化，需要能源供给端和需求端的共同努力。其中供给端将主要依靠电力的清洁

化以及非电的清洁化，需求侧则需要推动电力、氢能等新用能形式的落地。

碳中和能源领域解法：先易后难，以更经济的方式推动转型

能源行业能做什么？基于电力清洁化快于非电的实际，应提高电气化率以释放电力清洁化红利。

能源转型是我国完成碳中和目标的基础。若以当前的能源结构、技术条件和成本，水泥、钢铁、电解铝行业难以承受全部内部化的碳中和成本，虽然化工行业可内部消化成本，但会导致其盈利能力显著下滑，仅一般制造业相对可承受碳中和成本。

在能源领域实现碳中和的各种路径中，为什么电力清洁化优先，然后是非电清洁化？

电力清洁化。清洁能源替代火电成为主力电源是降低电力碳排放的有效选择。预计电力行业在2030年前就将实现绿色溢价率先转负。当前时点，零碳的电力结构已经接近具备经济可行性。即使考虑电网成本，电力能源也有望在10年内实现负的绿色溢价。

非电清洁化。加快提升电气化率以及节能减排、新技术（氢能、碳捕捉技术），技术突破和政策支持必不可少。非电选项如氢能、碳捕捉在短期内绿色溢价较高，仍不具备可行性。我们测算，我国电气化率最高可以提升至70%，仍有30%需要非电碳中和技术的支持。非电碳中和主要通过碳捕捉和氢能两种形式来完成，两个技术有不同应用场景。根据各行业组的分析汇总，我们测算到2060年碳捕捉的应用比例或将更高，主要用于大宗环节，而氢能的应用则更可能在交通运输、化工行业。我们测算2021年非电能源供应的全行业绿色溢价比例约为175%。假设化石能源的成本不变，随着碳捕捉和氢能成本的逐步下降，绿色溢价比例有望在2030年和2060年分别降至57%和14%，始终有正溢价。这意味着若要

实现碳中和，就会增加全社会的非电用能成本。

如表 6.1 所示，“电力清洁化 + 非电清洁化”是实现碳中和的最优解。

表 6.1 “电力清洁化 + 非电清洁化”是实现碳中和的最优解

	电力清洁化 + 非电清洁化	仅节能减排	仅碳汇
对经济发展的影响	新兴制造带动产业升级和经济发展	压制能源消费增长，对经济增长造成干扰	实现碳中和所需绿化面积过大，影响经济发展用地
结论	正面	负面	负面
对能源安全的影响	以制造业为核心的可再生能源将使中国摆脱能源依赖，进而成为能源出口国	无法改变能源依赖局面	无法改变能源依赖局面
结论	正面	中性	中性
对碳排放的影响	可实现完全碳中和	可控制碳达峰，但无法完成碳中和	可实现完全碳中和
结论	正面	正面	正面
成本	“光伏发电 + 储能”成本的下降有望带动全社会用能成本下降，氢能和碳捕捉的应用将小幅抬升用能成本	作为驱动因素的碳税征收过程将带来额外经济损失	绿化成本高昂
结论	正面	负面	负面
综合结论	最优选		

资料来源：中金公司研究部。

电力：以成本下降推动电力向非化石能源为主体转型

电力行业的碳中和绿色溢价计算

电力行业的成本计算包括发电、消纳、输配三个环节，对比碳中和情形与基准情形，有三个关键变量：第一，发电侧，电力结构中不同能源形式（火电、水电、核电、风电、光伏发电）的占比，以及各自的度电成本；第二，消纳侧，不同灵活性电源（火电调峰、抽水蓄能、电化学储能）的占比，以及各自的度电成本；第三，发电与消纳的联动，随着发电侧风电、光伏发电渗透率的提升，对于消纳的需求（消纳电量占全部发电量的比例）也会提升。因此，碳中和情形相比基准情形，不仅是电源成本的变化，更需要考虑电网消纳需求的增长。对于输配电环节，我们假设成本保持固定。基于这一准则，我们测算电力行业在2030年前就可实现绿色溢价转负（见图6.5）。

2021年当前：碳中和情形较基准情形的度电成本，在发电环节有6%的正绿色溢价比例，在消纳环节有36倍的正绿色溢价，假设输配电成本不变，电力行业合计有17%的正绿色溢价。

2030年预期：碳中和情形较基准情形的度电成本，在发电环节有17%的负绿色溢价比例，在消纳环节有约5倍的正绿色溢价，电力行业合计的绿色溢价比例转至–4%。

中金电新组预计，自2051年起，我国有望实现火电全部退役，电力系统由零碳的水、核、风、光构成，实现电力碳中和目标。

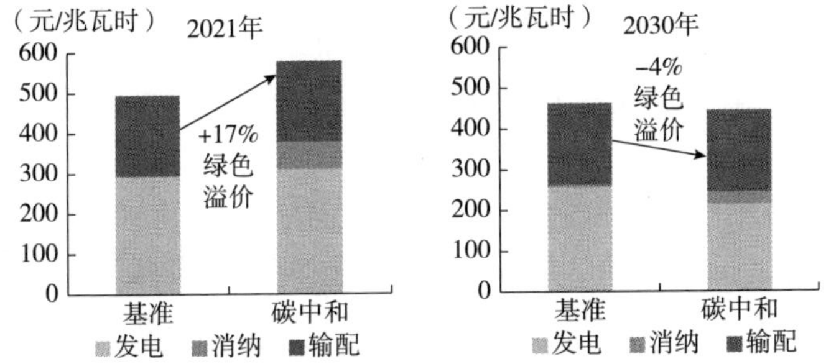

图6.5　2021年和2030年电力行业绿色溢价比例

资料来源：2021年度电成本的测算参考中国电力企业联合会、风光水核公司公告、高工产业研究院、艾意凯咨询的数据，并对标国家能源局、各区域电网披露的电价水平；2030年度电成本为中金公司研究部预测。

发电环节：非化石能源的更低度电成本驱动电源结构的清洁化转型

2021年，如图6.6左图所示，水电、风电的度电成本已经低于火电，而核电、光伏发电从全国平均水平来看还略高于火电，根据火电、水电、风电、核电、光伏发电在发电量中分别占比68%、16%、7%、5%、4%的电源结构，我们测算电力系统的综合度电成本为293元/兆瓦时。而在碳中和情形下，应用2060年的电源结构预期（零碳结构），我们测算度电绿电成本为311元/兆瓦时，碳中和情形下发电端的绿色溢价比例为6%。

2030年，如图6.6中图所示，我们测算国内光伏发电、风电成本有望降至低于水电、核电，即清洁电源的成本全面低于火电，根据中金电新组预测的2030年电源结构（火电、光伏发电、风电、水电、核电在发电量中占比分别54%、14%、13%、12%、7%），电力系统的度电成本在257元/兆瓦时。而在碳中和情形下，应用2060年的电源结构预期（零碳结构），通过类似的计算方式得到度电绿电成本为213元/兆瓦时，由于风电、水电、核电、光伏发电成本全面低于火电，这一时间节点碳中和发电端的绿色溢价比例转至–17%。

2060年，如图6.6右图所示，随着2030年往后清洁电力成本全面低于火电，以及火电机组的到期退役，中金电新组预计发电端的碳中和转型将自发实现，因此到2060年，电力系统将实现零碳。

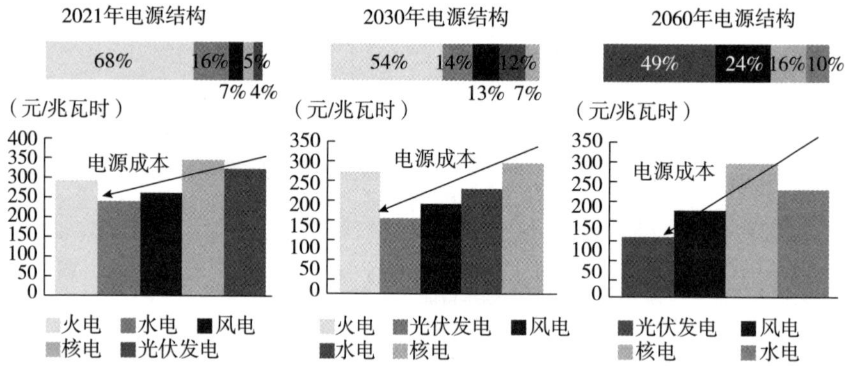

图6.6 度电成本构成拆分（电源成本排序指导电源结构变化）

资料来源：2021年度电成本的测算参考中国电力企业联合会、风光水核公司公告的数据，并对标国家能源局、各区域电网披露的电价水平；2030年度电成本为中金公司研究部预测。

消纳环节：电力结构将保持多能互补，帮助实现消纳成本最优化

新能源渗透率提升带来消纳压力，电网灵活性调度带来额外电网成本。通过复盘海外市场发展经验，我们注意到消纳成本（以度电发电摊销的辅助服务成本来近似）会随着“风电＋光伏发电”在发电结构中的渗透率提升而增长，在不同的电力市场设计机制下，其比例可以达到 10%~20%，构成电力系统显著增长的一部分成本，延后“发电＋电网”消纳的绿色溢价降至零的时间点。电力结构保持多能互补，或有望帮助实现电网消纳成本最优化。度电消纳成本构成拆分见图 6.7。

火电灵活性调峰会带来最低的电网调度消纳成本，因此火电可能不会过快退出电力系统。

通过智能电网调度实现多能互补（见图 6.8），也是有效降低消纳需求和成本、减少“发电＋电网”绿色溢价的重要手段。

电化学储能若能在政策支持下实现技术突破，在成本端实现超预期下降，对消纳环节降本将是重大利好，能加速电力清洁化进程。

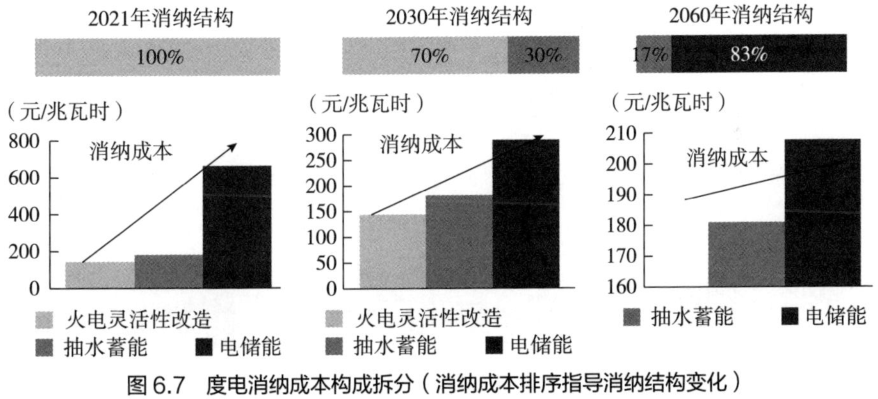

图 6.7　度电消纳成本构成拆分（消纳成本排序指导消纳结构变化）

资料来源：2021 年度电成本的测算参考高工产业研究院、艾意凯咨询的数据，并对标国家能源局、各区域电网披露的电价水平；2030 年度电成本为中金公司研究部预测。

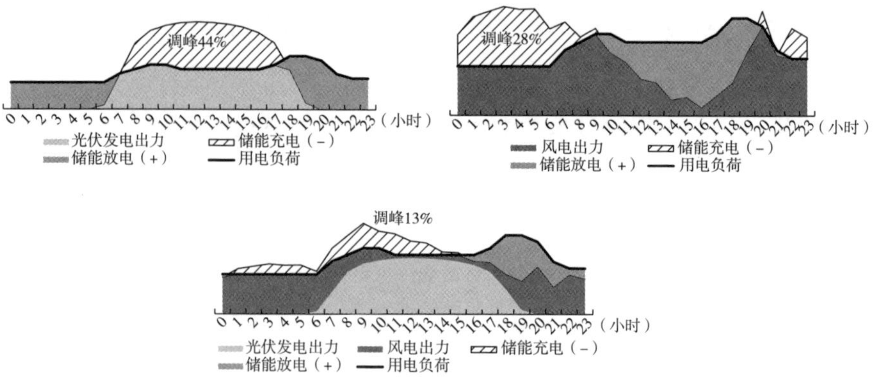

图 6.8　风电、光伏发电日度互补性，多能互补降低储能需求

资料来源：中金公司研究部。

非电：电气化、氢能、碳捕捉多管齐下，完成能源转型

我国电气化率最高提升至 70%，仍有 30% 需要非电碳中和技术支持

从各行业细分情况来看（见图 6.9），电气化率的提升主要将集中在黑色金属冶炼及压延加工（钢铁）、交通运输仓储（新能源车、铁路等）、生活消费（采暖）三方面。我们估算 2019 年我国能源消费总量中非电能源消费占比约 54%，但是在能源使用中，部分使用形式需要更高的能量密

图 6.9　主要能源应用领域的电气化率预期（2017 与 2060E 对比）

资料来源：国家能源局，中金公司研究部各行业组。

度、长期的储存以及燃烧释放热能的形式，无法用电取代。结合中金各行业组对于未来用能形式的预测，我们汇总得到 2060 年预计的电气化率最高将升至 70%，仍将有 30% 的能源无法被电取代。

非电领域：氢能和碳捕捉是可行的碳中和技术

非电碳中和是迈向能源碳中和的最后一步。目前只有通过碳捕捉和氢能两种形式来完成，碳捕捉的应用比例或将更高，并且主要应用在大宗环节，而氢能的应用则可能在交通运输、化工领域。两个技术有不同的应用场景，需要同步发展。

工业上碳捕捉更为合适。对于部分工业（化工、金属与非金属冶炼、造纸等行业）需要通过燃烧能源的使用形式也难以被电能满足。碳捕捉技术的优势在于可以融合当前的能源技术，仅需在尾端加上碳捕捉装置，帮助中和排放，在应用上比氢能更便捷，不需要针对氢能应用新的工业生产技术。

交通运输、化工领域用氢能或许更有优势。可以看到，在能源的利用领域还是有很多的能源需求无法用电来替代的，不仅仅是电力的成本问题，也是其利用能源的形式所致，比如长距离交通领域（航空和航运）的能源使用难以通过电能实现。而拥有高能量密度的氢能，可能是最可行的非化石能源替代解决方案。

2060 年氢能和碳捕捉或将分别达到 22% 和 8%

氢　能

基于几个重点排放行业的减排测算累加，在 2060 年碳中和中性及乐观情形下，我们汇总得到氢能消费量将分别达到 1.1 亿吨和 1.3 亿吨，折合 5.4 吨和 6.5 亿吨标准煤消费量，相当于贡献 2060 年能源消费总量的 8%~10%。

交通领域。氢燃料电池适合对占用空间要求不高、长续航的交通运输场景，例如公路、重卡和航空。这主要是因为氢能具有高质量能量密度和低体积能量密度的特点。同时其较快的充能速度有利于商业化应用。根据中金交通运输组的测算，乐观情形下氢能重卡有望全面转用氢能，而航空、航运业也有部分能源消费可转为氢能。

化工领域。合成氨与甲醇工业是主要的氢能替代场景，其中合成氨工艺逐步从 AEC（碱性电解水）过渡到 PEM（质子交换膜电解水）以及最终的 SOEC（固体氧化物电解水）路线，从而实现氢能对于化石原料、燃料的完全替代。而甲醇工艺也将经历类似的迭代历程。

一般制造领域。通过兼并重组、优胜劣汰，一般制造业各门类有望逐步提升集中度，减少企业数量。而随着企业数量的减少，集约化、先进生产工艺将获得更广泛的应用。

碳捕捉

根据当前工艺路线预测角度，部分行业的化石原料、燃料无法用电能或氢能取代。因此，基于各行业组测算反推，可能需要保留约 22% 的化石能源消费，相当于 13.4 亿吨标准煤，等价于 34 亿吨碳排放。

水泥。根据高长明等学者的预测，全国水泥工业的 TSR（热量替代率）将在 2030 年达到 25%，在 2050 年达到 70%。但即便在工艺技术迭代假设下，单吨水泥在碳酸钙工艺环节仍将释放 0.36 吨碳，燃料阶段也仍有 0.18 吨碳排放。即使考虑凭借循环利用和整体基建开发减少推动水泥总产量，剩余二氧化碳仍将需要通过碳捕捉来抵消。

钢铁。从潜在技术路线角度，如果用高炉直接还原铁，消除化石燃料使用存在一定可行性，但从工艺角度来说也有无法实现的可能性。因此，中金大宗商品组仍然基于需要化石燃料，以及作为化石原料的重要还原剂的焦炭的情形进行碳中和测算。

铝。由于氧化铝工艺无法避免化石燃料的使用，所以需要通过碳捕捉来抵消。

非电碳中和技术成本对比及绿色溢价测算

如前所述，在碳中和场景下还有约30%的能源消费在形式上无法被电气化。非电能源消费中，约33%可以通过氢能替代实现零碳排放，其余将保留为煤炭、石油、天然气的消费形式，通过末端碳捕捉来中和。基于这些假设，对比碳中和情形和基准情形，我们测算2021年非电能源供应的全行业绿色溢价比例约为175%。假设化石能源的成本不变，随着碳捕捉和氢能成本的逐步下降，绿色溢价比例有望在2030年、2060年降至57%、14%，始终有正溢价。这意味着若要实现碳中和，全社会的非电用能成本将会增加。

到2060年，氢能单位成本会由2021年估算的13 000元/吨标准煤（煤炭、石油、天然气根据当前消费结构加权平均在2 400元/吨标准煤），降至4 000元/吨标准煤，但仍高于传统能源加权平均值，构成绿色溢价。

到2060年，每吨碳的捕捉成本将由2021年估算的465元降至262元，由于碳捕捉加装在传统能源工艺末端，所以相较于使用传统能源的基准情形，碳中和是一道额外的成本，永远构成绿色溢价。

我们测算氢能较“柴油+碳捕捉”更能实现成本优势，“煤炭+碳捕捉”“天然气+碳捕捉”则较难实现（见图6.10），因此在使用柴油的场景中，更可能实现氢能替代。根据对海外经验和国内可再生能源发展初始阶段的补贴政策的复盘可知，当非电技术（氢能、碳捕捉）的成本溢价接近200%时，就需要通过政策进行支持。

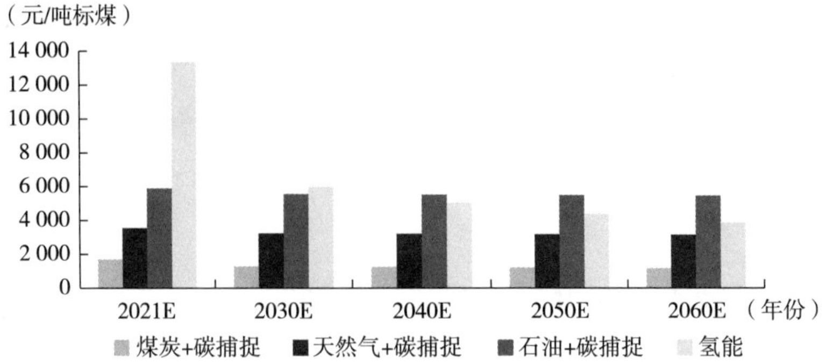

图 6.10 非电零碳能源的成本对比

资料来源：中金公司研究部各行业组测算数据汇总。

政策建议：以电改加速非化石能源消纳，以产业化推动非电技术突破

电力领域政策建议：公共政策应着力解决电力系统对新能源消纳的稳定性问题

第一，完善能源辅助服务市场建设。完善能源辅助服务市场是适合当前我国国情的政策路径，在电储能经济性尚且不足的情况下，完善电力辅助服务市场可能是更优解。可采取的主要措施包括，完善能源辅助服务市场的定价机制，以合理的回报吸引电力系统存量的灵活性资源（主要是具备主动功率调节能力的火电、抽水蓄能、储能及需求侧响应）参与电网的调度，在可再生能源出力高的阶段降低灵活性资源的负荷，从而减少可再生电力的弃用。

第二，启动现货市场交易体系。启动现货市场交易体系的同时还要做好机制配套。电力现货市场交易可通过价格信号反映实时供求关系，平抑不必要的电力尖峰需求，拉升谷段的电力需求，同时将使得储能峰谷套利的商

业模式走通，加速储能需求增长。但完善的现货市场体系的建立非一日之功，并且可能出现现货价格波动不可控的风险。总体而言，应当启动电力现货市场交易，引导灵活性资源的投资、运行决策以及需求侧行为，但同时也应做好相关机制的配套，避免极端情形下市场交易带来的潜在风险。

第三，推广储能示范项目。新能源发电侧配储能，提升网点的稳定性和可调度性，这是未来在“新能源＋储能”平价后最佳的提升电网可再生能源消纳能力的方法。现阶段，我们认为在新能源发电侧强配储能改革难度最小、起效最快，不需要建立市场机制，也不挑战电网的安全要求，但会降低投资回报率。在推广储能的政策支持上,可以推出储能示范项目，在补贴、税收等方面给予优惠，在项目开发建设中享受包括土地、接网等便利的利好政策。

非电领域政策建议：着力于解决减碳、零碳过程中遇到的规模化配套困难问题，以及通过设立奖惩机制推动相关行业清洁化发展

第一，推广煤改气、煤改电过程中要着重解决配套问题。推广减碳、零碳的过程中要注重配套。以煤改气、煤改电为例，在其推广过程中遇到了天然气气源供应保障度不高、配套资金补贴不到位和相关输送管道等基础设施建设不到位的问题。在规划相关低碳、零碳技术的推广时，不仅要考虑技术本身的可用性，也要考虑技术运用中产生的相关配套问题。

第二，启动碳交易奖惩机制，给氢能、碳捕捉等技术产业化发展带来更高经济性。碳交易市场启动，通过对碳排放总量的控制倒逼企业进行非电节能减排技术创新。对于排放量较大的企业来说，支付额外的环境成本将加大生产经营压力，导致竞争力下降。碳交易的推行，让企业不得不重视碳排放不达标带来的成本增加问题，也将给氢能、碳捕捉等零碳、负碳技术产业化的发展带来经济补偿，提高经济性。

▶▶ 第七章

绿色制造：高排放领域的减排之路

摘 要

实现“绿色制造”是我国实现碳中和目标的关键一步。依据中国碳核算数据库，2017年钢铁、水泥、化工（包括石油化工与基础化工）、有色等高耗能制造业的碳排放量，合计占全国碳排放量的约 36%。因此，降低高耗能制造业碳排放量、实现“绿色制造”是我国实现碳中和目标的关键一步。本章围绕着钢铁、水泥、有色、化工、一般制造业这五个重点制造业领域，以不同时间节点绿色溢价的变化为线索，探讨了制造业走向碳中和的路径。

减排难度取决于碳排放结构：制造过程中来源于非电的碳排放占比越高，当前绿色溢价越高。我们测算了各个行业的碳排放总量和绿色溢价，得出结论：行业生产过程中非电碳排放比例越高，减排难度越大。随着火电被绿色电力替代，行业来源于电力的碳排放有望大幅减少。如果行业非电碳排放占据主导，则需要进行行业自身技术路线的变更或碳捕捉，这意味着较高的绿色溢价。

当前到碳达峰的 10 年或将是制造业减排面临挑战最大的 10 年。考虑到大部分高耗能行业的当前主要碳排放由非电环节贡献，当前到碳达峰的 10 年中，行业将同时面临技术难题和成本困局，直接排放（即不考虑电力碳排放）口径下，2019 年钢铁、水泥、电解铝、基础化工、石油化工绿色溢价比例（即当前如实现零排放，行业成本的增加幅度）分别为 21%、151%、4%、61%、8%，一般制造业考虑绿色溢价后盈利会收缩约 3%。因此，在减少碳排放的前期阶段，需要通过公共政策工具给予企业强有力的支持，帮助行业克服困难，完成技术改造，探索出一条合理情境下的减排之路。

碳达峰到碳中和阶段，减排目标给行业带来的压力有望大幅减轻。从我们对可行技术和政策工具的梳理来看，制造业最终能够探索出一条合理且可负担的减排道路。2030—2060 年，伴随着企业向低碳排放技术路径转型完成，以及部分高耗能行业供需总量的下滑，2060 年钢铁、水泥、电解铝、基础化工、石油化工的绿色溢价比例（直接排放口径）分别为 6.7%、67.5%、2.0%、–0.8%、–3.3%，均较当前大幅下降。[①]

① 本章作者：陈彦、裘孝锋、孔令鑫、李可悦。其他做出贡献者：龚晴、赵启超。

零排放的代价：如何从绿色溢价角度分析制造业的碳中和路径

本章将围绕五个重点高耗能制造业领域（钢铁、水泥、有色、化工、一般制造业），以不同时间节点绿色溢价的变化为线索，探讨每个行业走向碳中和的路径，以及各行业对碳中和成本的负担能力。

首先，当前技术条件下，重点制造业实现零排放需要额外支付的代价非常高昂，因而制造业的碳中和难以一蹴而就，引导行业进行碳减排，必须在行业自身和下游能负担的尺度内循序渐进。当下高耗能制造业的碳排放主要来源于电力与非电排放两部分，电力部分要实现零排放，通过将火电转化为风电、光伏发电等非碳化电力即可，产生的额外成本较低；而非电部分则难以通过碳捕捉以外的手段实现零排放，在当前时点实现零排放代价高昂。综合来看，除一般制造业外，重点制造业当下的绿色溢价水平普遍较高。我们测算，当前若要实现零排放，考虑"直接+间接"排放方式，钢铁、水泥、电解铝、基础化工、石油化工行业的绿色溢价比例分别为22%、156%、34%、66%、8%，一般制造业盈利将在2019年水平的基础上下降约3%；而在仅考虑非电直接排放的口径下，2019年钢铁、水泥、电解铝、基础化工、石油化工的绿色溢价比例分别为21%、151%、4%、61%、8%，大部分行业在不向下游大幅加价传导成本压力的情况下，势必难以负担内部化的碳中和成本，其中绿色溢价最高、减排难度最大的水泥行业，甚至需要支付约3年的净利润来实现当前时点的零排放。因此，在当前时点实现制造业碳中和难以一蹴而就，需要循序渐进，利用公共政策工具引导企业进行自身产能、产量的限制及技术创新，在行业自身和下游能负担的尺度内，推动各个行业探索出一条合理的减排路径（见图7.1）。

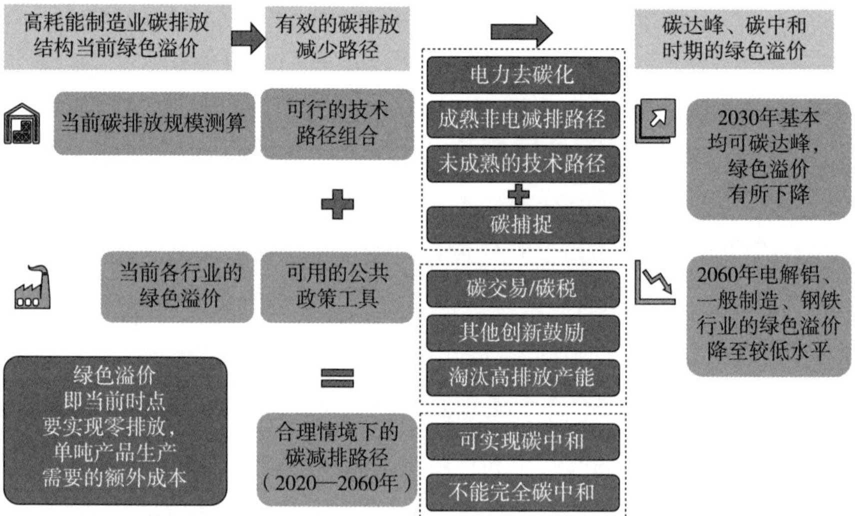

图7.1　绿色制造思维导图：随着时间的推移，碳中和对行业造成的负担明显减轻

资料来源：中金公司研究部。

其次，我们讨论了各个行业能否利用现有的技术创新，以及可用的公共政策工具，探索出一条最优化的减排路径（即下文提到的合理情境）。整体来看，制造业前期碳达峰仍需借助限制供给等政策工具，而碳达峰后减碳技术成熟及行业产销量的自然下滑将成为重要的减排动力。第一，由于电解铝、一般制造业主要碳排放来源于电力，所以减排难度最低，初期通过限制产能天花板和适当的限产即可实现碳达峰和碳减排，随着火电比

例逐步降低至零，到 2060 年电力碳排放有望接近碳中和。第二，钢铁行业能够将高排放的高炉产能转化为低排放的电弧炉（技术完全成熟，但受到原料限制，到 2060 年电弧炉占比或许能达到 60%），以及进行高炉低排放技术改造（技术尚未成熟），前期碳达峰仍需对行业产能和产量实施一定限制，中后期可通过公共政策工具（如碳税、碳交易机制、试点补贴机制）鼓励企业自主减排，推动行业产能整体升级来实现大幅减排。第三，水泥和化工行业在目前的条件下缺乏大幅减少碳排放的成熟技术，对碳捕捉技术依赖度高，前期碳达峰主要依靠对企业产能、产量的限制，亦需要通过政策鼓励企业进行技术改造来减排。

为量化减排的成效，我们也绘制了合理情境下各个行业 2020—2060 年的碳排放轨迹，显示大部分行业均有望提前实现碳达峰，并于 2060 年在碳捕捉（届时成本已大幅下降）的辅助下实现碳中和。整体来看，碳达峰时期除了鼓励企业进行技术改造并减排外，对产能和产量的限制，以及伴随而来的对落后产能的淘汰也是重要的政策工具，对行业的影响类似于供给侧改革。预计到 2030 年，依靠政策（以及行业自律）对产能、产量的限制，以及部分企业实施低碳环保技术改造，大部分行业均有望提前实现碳达峰。2030—2060 年，部分行业产销量增长停滞，甚至进入下滑通道，以及技术成熟后企业技术改造更大范围地推进，带动单吨产品碳排放量的降低，到 2060 年，钢铁、水泥、电解铝、化工行业在不借助碳捕捉技术的前提下，碳排放量分别有望较 2019 年下滑 79%、78%、90%、63%，随着未来碳捕捉成本的大幅下降，借助碳捕捉实现碳中和对这些行业来说变得可负担，这些行业均有望实现碳中和。而一般制造业有望在 2060 年实现不借助碳捕捉技术的完全碳中和。

最后，我们计算了合理情境下各行业碳达峰（2030 年）、碳中和（2060 年）时期的绿色溢价，来观察实现碳中和对企业的负担是否随着时间的推移而明显下降，并得到了肯定的结论。对于碳排放主要来源于电力的行业

（电解铝、一般制造业）和已有成熟路径大幅减少碳排放的行业（钢铁），我们观察到它们的绿色溢价大幅递减，到2060年这些行业的绿色溢价已达到企业可负担的低水平，或低至零；而尚未有成熟减排路径的行业（水泥、化工），绿色溢价届时也已大幅下降，企业通过适当提价传导成本压力，能够负担部分内部化的碳成本。

综合来看，当前到碳达峰的10年或将是制造业减排面临挑战最大的10年，而后压力有望大幅减轻。前10年中，行业同时面临技术难题和成本困局，在当前条件下要实现碳中和，除一般制造业外的所有高耗能制造业均将面临成本的大幅上升，以及潜在的高额亏损的问题，因而在减少碳排放的前期阶段，需要循序渐进，通过公共政策工具（如碳交易机制、试点补贴、限产等手段）给予企业强有力的支持，帮助行业克服困难，完成能源的去碳化和非电环节的技术改造。到2030年后，各行业的绿色溢价将普遍迅速迎来大幅下降，2060年钢铁、水泥、电解铝、基础化工、石油化工的绿色溢价比例（直接排放口径）分别为6.7%、67.5%、2.0%、-0.8%、-3.3%，均较2019年大幅下降。因此，在技术革新和政策支持下，制造业最终能够探索出一条合理且可负担的减排道路。

钢铁行业：已有成熟减排路径，静待电弧炉产能潜力逐步释放

行业绿色溢价：当前时点钢铁行业实现零排放要付出多少代价

钢铁行业为中国工业行业第一大碳排放行业，因而钢铁行业碳中和对于制造业碳中和至关重要。钢铁工业是经济社会发展的支柱产业，也是中国碳排放的主要领域，我们估算2019年中国钢铁行业碳排放量达15.4亿吨（含消耗电力的碳排放量），占工业碳排放量的47%，占全国碳排放总量的18%左右，在工业行业碳排放量中位列第一，因此钢铁行业实现碳

中和是制造业碳中和最重要的一环。

高碳排放导致钢铁行业绿色溢价处于较高水平。我们测算，主要原料为铁矿石及焦炭的高炉炼钢，所炼每吨钢的碳排放量为 1.68 吨，其中非电能耗对应吨钢碳排放量为 1.42 吨，电耗对应吨钢碳排放量为 0.26 吨；主要原料为废钢的电炉炼钢，每吨钢的碳排放量为 0.4 吨。我们测算 2019 年钢铁行业如果要实现零排放，在计算电力能耗的情况下，其绿色溢价为 695 元 / 吨粗钢，较实现碳中和前成本增加 22%；2019 年钢铁行业的总绿色溢价是 6 900 亿元，过去 10 年钢铁行业平均每年的利润总额为 2 230 亿元，2019 年钢铁行业的绿色溢价约相当于 3 年钢铁行业利润总额。

钢铁行业难以完全内部化碳中和成本，当下实现碳中和难度较大。我们测算，如果在 2019 年推动钢铁行业碳中和，并且成本全部内部化，那么行业总成本将增加 6 900 亿元，对应钢成本上升 695 元 / 吨。以典型的钢材产品螺纹钢为例，2018 年是近 10 年钢铁行业利润水平最高的一年，我们测算 2018 年钢铁行业全年钢的毛利为近 1 050 元 / 吨；而 2015 年行业底部阶段，测算行业全年的钢毛利仅为 5 元 / 吨，叠加钢铁行业作为供给相对过剩，产品同质化严重的中游加工行业，其向下游传导成本的能力较弱，钢铁行业难以完全内部化碳中和成本，在没有政府引导及鼓励的条件下，钢铁行业自身实现碳中和难度较大。

钢铁行业减排之路：如何有效探索技术路径与应用政策工具

一石可以二鸟，电炉冶炼是目前钢铁行业最成熟、最经济的碳减排技术路径。电炉冶炼可以显著降低钢铁冶炼环节中的碳排放量，并且具备单吨投资成本较高炉更低及投产周期更短的优点，积极发展电炉冶炼是行业走向绿色制造的必经之路。此外，目前我国铁矿对外依存度高达 90%，发展电炉冶炼也有助于中国逐渐降低对进口铁矿石的依赖，对中国重要工业行业原料保供安全具有重大意义。我们认为电炉冶炼是目前钢铁行业最成熟、最经济的碳减排技术路径，碳中和背景下，电炉冶炼有望迎来加速发展，我们预测随着废钢资源的逐渐丰富，2060年，我国电炉钢产量占比将扩大至60%，逐渐接近欧美国家当前水平，届时中国铁矿石的需求量将下降70%，基本摆脱对进口原料的依赖。

我们目前正在积极探索绿色冶炼技术。目前钢铁行业有两种仍处于探索阶段的绿色冶炼技术。一是高炉氢能冶金，能够大幅降低高炉吨钢碳排放，但会导致生产成本大幅上升，尚不具备大规模应用的基础。二是非氢直接还原铁，技术成熟且可明显降低高炉碳排放，但在国内推广受气源及设备限制。未来中国钢铁行业仍需不断探索新的碳减排技术路径，主要有三种可以探索的大方向：一是更多地应用清洁能源进行冶炼；二是分离高炉煤气中的二氧化碳，并将之循环利用；三是回收利用高炉煤气中的一氧化碳。

根据目前钢铁行业主要碳减排路径，我们建议对钢铁行业采取以碳交易为主的减排激励政策。钢铁行业的碳减排之路是一条需要用几十年去走的路，我们应当行稳致远，前期碳达峰仍需要对行业产能和产量实施一定的限制，中后期可能需要通过公共政策工具（如碳税、碳交易机制、试点补贴机制）鼓励企业自主减排，推动行业产能的整体升级，实现大幅减排。我们认为长期来看，比起直接限制供给，更应当引入碳交易机制作为行业减排的激励政策。政策推动下，一方面，企业转电炉后生产成本有望下降，能够扩大自身成本优势，可有效增强钢企转型电炉冶炼的意愿；另一方面，碳交易获取的额外收入可以弥补碳排放成本上升的代价，由此将催生出较为可观的碳交易市场空间。

绿色溢价的下降：钢铁行业能否如期实现碳达峰与碳中和

钢铁行业在电弧炉技术持续发展以及政策工具的约束促进下，有望于 2030 年前提前实现碳达峰，但由于废钢资源的制约，电弧炉难以完全替代高炉，2060 年行业只有在可负担的碳捕捉的支持下才能够实现碳中和。钢铁行业未来碳排放量下降主要来自两方面：一方面，随着城镇化率逐渐接近 75%，建筑用钢需求量将明显下滑，而钢铁产量一般由需求决定，因此我们预计，未来钢铁产量将逐渐下降，2030 年国内钢铁产量将下滑至 8.8 亿吨附近，2060 年将继续下滑至 6.5 亿吨附近（见图 7.2）；另一方面，电炉钢随着废钢资源逐渐充裕稳步发展，我们预计 2030 年国内电炉钢占比将达到 30%，2060 年电炉钢占比将继续提升至 60% 左右。在这样的假设下，我们测算 2030 年全行业碳排放量为 9.6 亿吨，有望提前实现碳达峰；而 2060 年碳排放量有望进一步降低至 3.2 亿吨，较 2019 年下降 79%，届时钢铁行业有望在碳捕捉技术成本可负担的前提下实现碳中和。

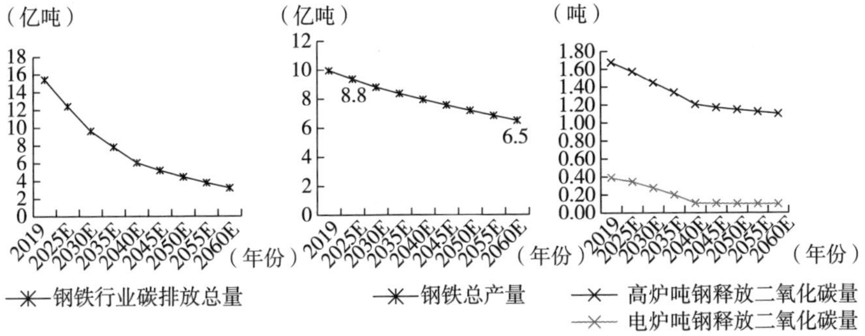

图 7.2　钢铁行业碳排放总量、钢铁产量以及高炉吨钢碳排放与电炉吨钢碳排放的对比

资料来源：我的钢铁网；中国钢铁工业协会，《钢铁行业“十三五”煤控中期评估与后期展望》；《2019 能源数据》；北极星电力新闻网；中金公司研究部。

2060 年钢铁行业有望完全内部化碳中和成本，行业实现零碳排可期。在计算电力能耗的情况下，我们估算钢铁行业 2019 年、2030 年、2060 年单吨绿色溢价分别为 695 元、270 元、115 元，主要为碳捕捉成本，预期绿色溢价成本占比分别为 22%、11%、7%（见图 7.3）。我们预计 2060

年行业整体碳排量放有望下降至 3.2 亿吨，若通过碳捕捉完成碳中和，行业整体绿色溢价将下降至 744 亿元。我们认为随着绿色溢价在钢铁生产成本中占比的持续下降，2060 年钢铁行业有望完全内部化碳中和成本，行业实现零碳排可期。

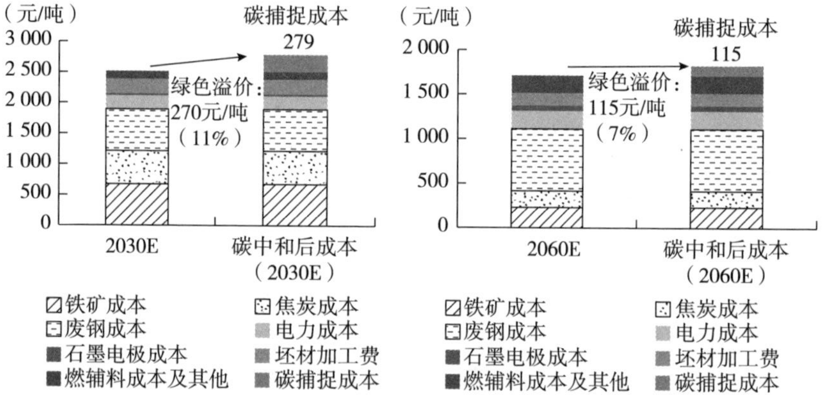

图 7.3　不同时点下钢铁行业龙头完全碳捕捉单吨绿色溢价（2019、2030E、2060E）

资料来源：Global status of CCS 2019，European Zero Emission，Technology and Innovation Platform，The National Petroleum Council，GCCS，Wind，中金公司研究部。

水泥行业：碳中和难度高，需等待自然需求下滑及碳捕捉成本下降

行业绿色溢价：当前时点水泥行业实现零排放要付出多少代价

水泥行业是制造业中碳排放规模最大的行业之一。据估算，2019 年，中国水泥行业的碳排放量高达 13.7 亿吨（含消耗电力的碳排放量），占全国碳排放量的 14%。单吨水泥的碳排放量约为 0.6 吨，拆分来看，预计单吨水泥中石灰石产生的二氧化碳为 0.36 吨，燃煤产生的二氧化碳为 0.18 吨，用电产生的二氧化碳为 0.05 吨。

水泥行业除碳捕捉外暂未有成熟的减排路径，而依赖碳捕捉手段实现零排放代价高昂。水泥行业当前 99% 的生产线为干法熟料生产线，技术体系基本成熟。水泥制造过程中，电力产生的二氧化碳可通过外购非火电解决；而非电环节产生的二氧化碳（如石灰石分解产生的二氧化碳），则基本需要借助碳捕捉手段解决。综合来看，我们估算 2019 年水泥行业单吨碳捕捉成本为 500 元，而单吨水泥要在 2019 年实现零排放，付出的单吨绿色溢价高达 278 元；行业总体绿色溢价将高达 6 478 亿元，是行业盈利高峰期（2019 年）年利润的 3 倍以上。

水泥行业难以承受全部内部化的碳中和成本。若在 2019 年推动水泥行业碳中和（即实现零排放），并且将成本全部内部化，那么行业总成本将增加约 6 500 亿元，即使是处于行业成本曲线低端的某龙头企业，其水泥成本亦将从 179 元 / 吨大幅上升至 456 元 / 吨（相较原有成本增加约 155%）。我们可以观察到，2019 年水泥行业的盈利处于历史高位，行业利润总额约 1 867 亿元（对应单吨水泥净利润约 80 元）；而在 2015—2016 年行业底部阶段，利润总额为 300 亿 ~500 亿元，单吨净利润仅 15~25 元。因此，即使在水泥行业盈利高峰期，若无法通过提价向下游传导碳中和成本，水泥行业将完全无法承受此成本压力；若向下游传导，则地产、基建及农村的建设成本将显著增加。

水泥行业减排之路：如何有效探索技术路径与应用政策工具

从技术路径来看，水泥行业减少单位产品碳排放的方法非常有限。从目前我们与行业协会、水泥企业的交流来看，水泥行业难以大幅降低单位碳排放，仅存在边际削减碳排放的方式，主要包括以下三种。

一是通过技术改造和替代燃料降低水泥煤耗、电耗。水泥行业通过余热发电和使用替代燃料（如高热值固废）能够使水泥的电耗下降 1/3、煤耗下降超过 10%。

二是推动电能非碳化。水泥行业电力以火电为主，随着火电逐步被非碳能源或采用碳捕捉技术的燃煤电厂完全替代，水泥行业使用的电能有望逐步非碳化。

三是使用低碳排放的替代原材料。适当使用脱硫石膏、电炉渣等低碳排放的替代原材料，能够边际降低石灰石分解带来的碳排放。

要实现完全碳中和，水泥行业需依赖碳捕捉。我们预计以上三种技术有望逐步降低行业单耗，若 2060 年技术改造能够达到目前的理论极限，单吨水泥电耗有望下降 22%、煤耗下降超过 15%、原材料单位碳排放下降 30%，但届时水泥单吨碳排放仍将高达 0.4 吨。因此，未来水泥行业实现碳中和的技术组合仍将是：技术改造降低单耗与碳捕捉。当前碳捕捉成本高昂（接近 500 元 / 吨碳），未来有望随着技术迭代逐步下降，但仍较昂贵。

从政策引导来看，可在短期限制供给，长期采用碳税或碳交易引导。由于行业减排技术难度较高，并且碳捕捉在当前时点成本高昂、难以负担，前期水泥行业的碳达峰主要依靠对水泥企业的产能、产量限制，比如严控产能置换、强化错峰限产要求等。同时长期来看，行业亦需要通过碳交易、碳税等政策鼓励企业通过技术改造促进减排。碳税与碳交易均是引导水泥行业积极减排的合宜政策，但与碳税相比，碳交易采用灵活的市场化机制，兼顾了水泥行业区域盈利差异大、不同时期盈利差异大的特点，也能使减排成效较好的企业获得出售碳指标的收入作为奖励。

此外，通过试点补贴来鼓励企业创新，引导水泥企业在固废替代燃煤、余热发电、其他原材料替代石灰石等领域进行探索，也是一种可行的方法。在碳交易机制与绿色补贴政策的推动下，我们认为积极探索减排方案、重视节能减排的企业有望获得出售碳指标的额外收益、试点补贴以及最终市场份额提升的奖励，而部分高成本、难以减排的企业会逐步退出市场，行业格局也将进一步优化。

绿色溢价的下降：水泥行业如何实现碳达峰与碳中和

水泥行业尚未有成熟的、完全不借助碳捕捉的碳中和路径，但绿色溢价会因碳捕捉技术的进步而逐渐下降。我们估算 2030 年、2060 年水泥单吨绿色溢价分别为 156 元、106 元，对应吨水泥制造成本分别上升 91%、67%（见图 7.4），并且绿色溢价主要来源于碳捕捉成本。而未来随着技术迭代，绿色溢价的下降也将主要来源于碳捕捉成本下降。

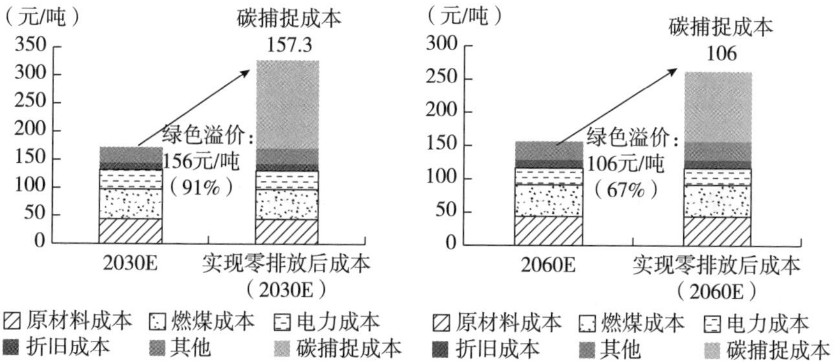

图 7.4　不同时点下水泥行业单吨绿色溢价

资料来源：海螺水泥，中国环境网，中金公司研究部。

水泥行业的碳减排路径，核心源于水泥需求量的下降，2030 年前有望提前实现碳达峰，2060 年在可负担的碳捕捉支持下能够实现碳中和。我们预计，随着城镇化率逐渐提升，水泥需求量将明显下滑，预计 2030 年国内水泥产量为 19 亿 ~20 亿吨（见图 7.5），到 2060 年，参照全球人均水泥消耗量测算，国内水泥需求量在 7.6 亿 ~7.7 亿吨；2030 年全行业碳排放量将减少至 10.7 亿吨，低于当前时点的碳排放量，有望提前实现碳达峰；而 2060 年碳排放量将进一步降低至 3.1 亿吨，相对于 2019 年下降

77%，但若无外部碳捕捉支持，则行业仍无法实现碳中和。我们估算2060年由于水泥生产总量的下降，若通过碳捕捉完成水泥行业碳中和，则行业整体绿色溢价为806亿元。

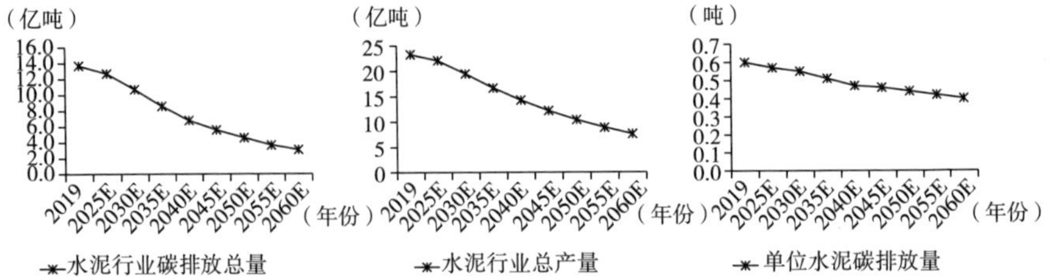

图7.5 水泥行业碳排放总量、水泥行业总产量及单位水泥碳排放量

资料来源：前瞻产业研究院，数字水泥网，《水泥单位产品能源消耗限额》，中金公司研究部。

电解铝行业：电力非碳化是行业碳中和的关键

行业绿色溢价：当前时点电解铝行业实现零排放要付出多少代价

电解铝是有色行业碳排放的主要来源，以基本金属（铜、铝、铅、锌）为范围测算，我们得出，2019年国内有色行业碳排放总量为4.21亿吨，其中铝、铜、锌、铅行业分别为3.63亿吨、0.11亿吨、0.31亿吨、0.16亿吨，铝行业占比高达86%，为有色行业碳排放的最主要来源，因此，本节中我们也重点讨论电解铝的排放。铝行业内部，我们测算电解铝生产过程中主要电力能耗碳排放量为2.79亿吨。铝行业整体电力二氧化碳比例为80%，非电二氧化碳比例为20%。

由于以非碳电力替代自备电厂发电的成本较为昂贵，电解铝行业绿色溢价当前较高，难以承受全部内部化的碳中和成本。将自备电厂的火电替换为清洁能源，对剩余非电碳排放进行碳捕捉可在当前时点实现电解铝行业的零排放。然而，当前时点清洁能源和碳捕捉技术的使用成本均较为昂贵，如切换为清洁能源，单吨电解铝的电力成本或较当前上升 50%~60%。我们测算得到，在 2019 年实现电解铝零排放，绿色溢价约为 3 436 元 / 吨电解铝，意味着单吨电解铝成本会上升 26.9%，总绿色溢价为 1 220 亿元，相当于行业 2~3 年的高点净利润和行业 6~7 年的平均净利润。

电解铝行业减排之路：如何有效探索技术路径与应用政策工具

电力非碳化是电解铝行业减排的关键，电力 100% 非碳化可降低行业 80% 的碳排放，剩余非电碳排放需要等待碳捕捉成本下降。电解铝的生产过程为“铝土矿→氧化铝→电解铝”：首先，“铝土矿→氧化铝”环节基本对应非电碳排放，占单吨电解铝碳排放的 20%，考虑到当前国际上 90% 的电解铝产能已经采用相对低碳排放的拜耳法①，工艺优化仅能边际降低单吨氧化铝生产的碳排放，此环节实现零排放仍需等待碳捕捉成本的下降，我们估算 2019 年单吨氧化铝碳捕捉成本为 501 元，但到 2060 年会下降至 262 元；其次，“氧化铝→电解铝”环节基本对应电力碳排放，占单吨电解铝碳排放的 80%，可通过将自备电厂的火电替换为非碳电力来实现零排放，随着电力的非碳化进程推进，清洁电力成本将下降至低于火电，此环节有望自然实现碳中和。

在行业碳减排的前期，由于绿色溢价较高，企业难以负担实现零排放的成本，碳达峰目标的实现仍然需要政策对供给端进行一定的限制。当前政策已通过设置产能天花板和在部分区域进行能耗限制，实现对行业碳排放总量的限制，这一过程对行业的影响可能类似于 2016—2017 年的供给侧改革，有助于行业供需面保持中长期紧平衡，减弱行业的盈利周期性波

① 铝土矿制备氧化铝的主要工艺有拜耳法、烧结法和混联法，拜耳法较烧结法、混联法吨氧化铝碳排放量可减少约 67%、49%。

动，并促进龙头企业健康发展。

长期来看，随着技术成熟，非碳电力和碳捕捉成本下降，靠技术推动行业实现碳中和成为可能，需要政策引导企业通过降低吨铝电耗，将自备电厂提供的火电置换为清洁能源，以及主动采用碳捕捉等手段实现减排。最重要的手段可能是引入碳交易或碳税机制，以强化那些使用火电能源较少企业的成本优势，拥有水电资源或清洁能源自备电厂的电解铝企业以及再生铝企业的成本优势有望显著增加，而处于成本曲线高端，并非减排“优等生”的小企业可能面临淘汰。考虑到电解铝行业的盈利波动较大（近5年电解铝环节单吨盈利不到200元，但高点可突破2 000元），并且区域盈利差异明显，我们认为，相较于统一定价的碳税，碳交易可能更有利于行业灵活安排生产，对盈利低谷期和处于盈利低洼区域的企业公平性更强。除碳交易以外，我们也建议未来通过试点优惠补贴的手段，鼓励条件合适的企业发展再生铝、建立绿电自备电厂，或以其他方式提高使用清洁能源的比例。

绿色溢价的下降：电解铝行业如何实现碳达峰与碳中和

电解铝行业在技术路径支撑与政策工具约束的促进下，有望于2030年前提前实现碳达峰。中国铝业集团和山东魏桥创业集团2021年初联合发布《加快铝工业绿色低碳发展联合倡议书》，倡议力争国内氧化铝、电解铝在“十四五”期间达到产能、产量峰值，铝行业产能天花板在4 500万吨左右。考虑到供需增长均有望明显放缓，以及电力非碳化进程有望推动单吨电解铝碳排放边际下降，预计2030年前电解铝行业有望提前实现碳达峰，至2030年，我们估算电解铝行业碳排放总量约为2.58亿吨，较2019年下降28.9%。

2060年，在可负担的碳捕捉支持下，电解铝行业能够实现碳中和目标。

至2060年，我国电力有望实现全面非碳化，推动单吨电解铝碳排放较当前水平下降80%，完成电解铝行业碳中和最重要的一步。同时，碳捕捉技术的发展有望推动单吨氧化铝绿色溢价显著下降，从554元降至262元。我们测算2060年电解铝行业碳排放量约0.38亿吨，对应全行业绿色溢价仅48.9亿元，较易被行业内部化，因而届时行业较容易实现碳中和目标。

随着非碳电力和碳捕捉成本下降，行业绿色溢价随时间明显下降，使行业逐渐易于承受碳中和的成本压力。假设考虑非碳电力转化成本，我们估算2030年、2060年电解铝行业单吨绿色溢价分别为1 079元、262元（见图7.6），基本均来源于碳捕捉成本与使用绿电能源的成本，考虑绿色溢价后的吨电解铝成本分别将上升8.3%、2.0%，绿色溢价的下降也主要来源于碳捕捉成本和绿电能源成本的下降。至2060年，我们估算，由于电力碳中和的推进，整体碳排放也将下降（见图7.7），最后将只剩下一小部分非电碳排放。若通过碳捕捉完成碳中和，我们测算届时行业单吨绿色溢价仅为262元，对电解铝企业而言可负担程度大幅提高。

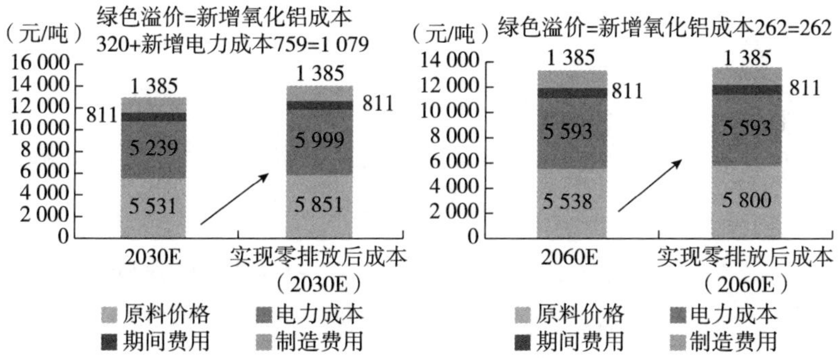

图7.6　不同时点下电解铝行业单吨绿色溢价

资料来源：伍德麦肯兹，相关公司公告，《中国电解铝生产企业温室气体排放核算方法与报告指南（试行）》解析，中金公司研究部。

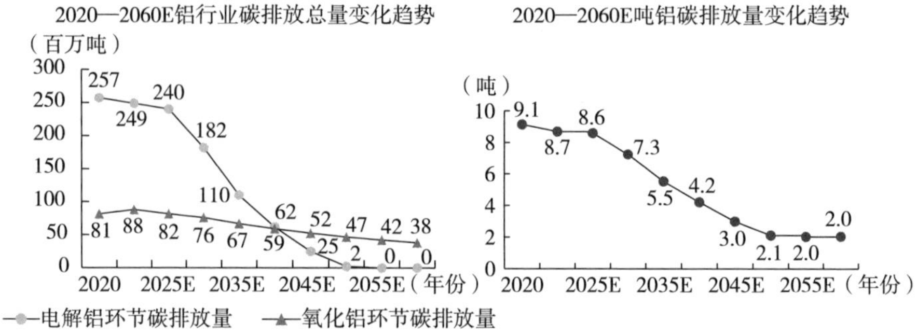

图 7.7　2020—2060E 铝行业碳排放量变化趋势及吨铝碳排放量

资料来源：伍德麦肯兹，中国知网，碳排放交易网，中金公司研究部。

化工行业：当负碳成为可能

行业绿色溢价：当前时点化工行业实现零排放要付出多少代价

化工行业包括石油化工与基础化工，在该行业，煤炭与石脑油替代压力大，主要源于化学品合成能耗需求与固定碳排放。单独观察化工消费结构，化学品合成中石脑油及煤炭消费量较高，后者既是主要合成原料之一，也是主要能源来源之一。一般化学品制造过程中主要涉及两部分碳排放：一是能耗排放，包括设备运转需求的电力投入以及维持产品生产环境的蒸汽投入；二是反应碳排放，以合成氨（煤基）生产为例，在第一步煤制气过程中，理论上一分子碳与一分子水可形成一分子一氧化碳与一分子氢气，但是实际过程中碳转化效率不能达到 100%，必有部分碳排放。由此可见，直接以天然气、煤或者石油作为燃料以及化学品生产过程中能耗排放的部分，可以通过其他清洁能源来替代，但是以天然气、煤或者石油作为原料生产化学品涉及反应原理的部分排放则难以替代。随着经济社会的发展，对化工品的需求仍将继续扩大。

合成氨、甲醇等在化工行业排放占比高。我们按照《2006 年 IPCC 国家温室气体清单指南》中的方法，选取了化工行业中碳排放最多的子行业——合成氨、氯碱、煤化工等，结合相关国家标准进行估算，得到甲醇、合成氨、乙烯以及丙烯等子行业重要产品合计碳排放占比为61%（考虑电力间接排放）。

化工行业绿色溢价水平差异化大，整体处于高位。从当下来看，我们认为将外购零碳电力和碳捕捉与封存技术结合是化工行业技术成熟可行的做法。由于不同反应过程耗能及碳排放绝对量不同，同时产生的二氧化碳浓度及杂质含量不一致，碳捕捉成本差异巨大，为100~420元/吨，所以化工各子行业之间绿色溢价差异巨大。当然，碳源与封存地距离以及封存地资源禀赋也会造成运输与封存成本的差异。

同时化工行业也难以精确计量全部子行业的绿色溢价，这里我们以基础化工中的合成氨、甲醇，以及石油化工中的乙烯作为行业均值来衡量行业情况，主要是由于这三种产品在化工行业中产能大（千万吨级别）、重要性高（均是不可或缺的基础化工品），并且碳排放量大（合计碳排放占比约53%）。测算结果表明，在三个子行业中，老工艺和碳捕捉与封存技术结合的路径经济性更强。分别以合成氨与乙烯作为石油化工与基础化工的代表，2021年石油化工、基础化工的绿色溢价比例分别为56.9%、7.9%。若不考虑电力排放，石油化工、基础化工的绿色溢价比例为53.2%、7.4%。

当下碳中和成本高昂，虽然化工行业可内部消化成本，但会使盈利能力显著下滑。由于化工各子行业碳中和成本上升程度差异较大，所以我们通过整体法粗略测算全行业成本。据测算，如果在2019年推动化工行业实现碳中和，并且成本全部内部化，那么行业总成本将增加2 507.4亿元（采用碳捕捉与封存技术，考虑电力排放，以“碳捕捉成本 × 碳排放量”计算）。根据国家统计局的数据，2019年化工行业利润总额约为6 837.56亿元，因此行业盈利将下降36.7%，即使按照周期高点2017年的行业盈利来看，碳中和后行业盈利将下降24.4%。若采用新工艺替代，其技术不成熟、成本高，将导致当下碳中和没有内部消化的可能性。因此，我们认为，化工行业可以承担完全碳捕捉与封存技术下的碳中和成本，但盈利下滑严重，向下传导则将导致终端基建、消费等行业成本大幅上升。同时，我们需要关注大规模封存带来的风险因素，有必要通过降本提升新技术可行性。

化工行业减排之路：如何有效探索技术路径与应用政策工具

化工行业减少碳排放的技术路径

多技术手段并举，实现化工行业零碳甚至是负碳。化工行业由于覆盖面广，子行业众多，其碳中和路径也趋于多样化：第一，电力及能耗需求导致的碳排放可以通过外购零碳电力解决；第二，电石主要用于下游 PVC（聚氯乙烯，需求占比达 84%）等生产，在未来乙烯法或许会成为主流，相应电石产品需求大幅下降甚至为零，即可完成碳中和；第三，碳捕捉与封存技术是重要补充，固定碳排放，特别是煤化工大量碳排放在当前技术水平下只能通过碳捕捉实现；第四，从原料角度考虑，生物质是非常优质的零碳替代原料；第五，甲醇、烯烃等产品可通过二氧化碳与氢气直接合成转化，实现过程负碳，全流程零碳；第六，节能减排，通过提高系统热效率或者反应效率等来提高单吨产品原料与能源使用效率。这里仅简单对后四种路径进行讨论。

碳捕捉与封存技术。对于中国由煤炭主导的能源体系来讲，在未来低碳排放目标的实现路径中，碳捕捉与封存具备技术上的可塑性、操作环节的灵活性、碳回收空间拓展的持续性，是构建中国兼具韧性和弹性的能源系统的关键。

零碳生物质原料替代。生物质原料大多可再生，来源广泛，资源利用潜力大，中国生物质总储量折合标准煤为 4.6 亿吨（不同的研究数值差异较大）。

以二氧化碳与氢气为核心的“碳一化工”合成路径。通过“绿氢＋二氧化碳”合成甲醇/合成气，以碳一化工为核心，实现对当前技术的完全替代，如通过“电解水制氢气＋二氧化碳”直接合成烯烃，不仅可以实现碳的零排放，还可以消耗大量二氧化碳，加速化工行业的碳中和进程。

节能减排。通过技术改造，加强原料利用效率，降低能耗，实现反应碳排放与能源碳排放双减少。在化学品制备过程中，技术进步对产品节能减排的效用非常大，常用方法有：第一，新工艺研发，包括提升反应催化剂活性，降低反应环境严苛要求等；第二，引入变频生产设备等新设备；第三，加强热网络建设，提升热量回收利用效率等。

化工行业减少碳排放的公共政策工具

政策引导为主，体系建设为重，针对难点多维度提升减排能力。化工行业覆盖面广，子行业格局不同，并且技术路径复杂，因此以引导为主的政策方针更加适用。

引导节能减排，通过引入碳税及碳交易机制，加强市场化运作，建立化工企业绿色责任考核体系，让企业与政府同时成为碳排放约束主体，引导企业加强新技术布局，实现自然的供给侧优胜劣汰，为先进企业发展提供更优良的竞争格局。

引导技术革新，通过补贴零碳生物质技术、二氧化碳转化利用技术等，或者布局包括先进电解制氢技术等相关先进技术研发与锂电池材料等新材料创新项目投入，降低企业研发成本，提升项目初期盈利能力。

加强化工品循环利用政策引导，采用补贴或者积分政策，鼓励运用如PET（聚对苯二甲酸乙二酯）等再生材料，将显著降低相关化学品的产量需求，减少碳排放。

绿色溢价的下降：化工行业如何实现碳达峰与碳中和

化工行业技术路径多样，我们依旧以合成氨及乙烯行业为例，测算两种路径的碳中和绿色溢价。路径一：传统工艺和碳捕捉与封存技术路径，主要依赖碳捕捉技术成本下降及零碳电力成本下降。路径二：以绿氢及二氧化碳为原料发展碳一化工技术路径（分为 AEC、PEM、SOEC 三种制氢方法）。当然，这两种路径均可以实现碳中和。

如表 7.1 所示，路径二的绿色溢价下降更为明显，大约在 2050 年之前，路径二的成本高于路径一，但是在 2060 年二者的绿色溢价均为负，表明新技术成熟后有望于 2050 年代替传统技术。同时，我们认为碳捕捉技术下的碳中和仍非全循环下的碳中和技术，路径二值得相应的溢价，因此在此之前即可逐渐应用。

表 7.1　合成氨及乙烯行业成本拆分与绿色溢价

规模：2 000 吨合成氨 / 天	2021 年				2030 年				2060 年			
	AEC	PEM	SOEC	传统工艺	AEC	PEM	SOEC	传统工艺	AEC	PEM	SOEC	传统工艺
绿色溢价	3 292	3 450	3 780	979	762	773	1 557	582	308	194	−13	427
实际绿色溢价	979				582				−13			
规模：60 万吨乙烯 / 年	2021 年				2030 年				2060 年			
	AEC	PEM	SOEC	传统工艺	AEC	PEM	SOEC	传统工艺	AEC	PEM	SOEC	传统工艺
绿色溢价	12 137	12 692	13 851	416	2 287	2 323	4 878	247	857	487	−188	181
实际绿色溢价	416				247				−188			

资料来源：中金公司研究部。

注：在合成氨行业，假设至 2060 年光伏发电的价格降至 0.14 元 / 千瓦时，则 SOEC 法制氢成本为 6.81 元 / 千克氢气，传统工艺考虑电力排放，若不考虑，则 2021 年、2030 年、2060 年的绿色溢价为 979、582、427 元 / 吨。在乙烯行业，传统工艺考虑电力排放，若不考虑，则 2021 年、2030 年、2060 年的绿色溢价为 416、247、181 元 / 吨。

在此基础上，我们估算了化工行业的碳排放量：一是考虑产量增长

（2030 年之前增长基本为 1%，2030 年之后趋于不变，具体分行业假设有所不同）；二是考虑传统工艺技术进步，碳排放系数每年减少 0.5%；三是考虑“绿氢 + 二氧化碳”新技术替代，2030 年渗透率为 5%，2060 年渗透率为 70%，每年递增；四是考虑生物质等零碳原料替代，在其他碳排放中设置 2051 年渗透率为 1%，2056 年渗透率为 10%，每年递增；五是考虑碳捕捉，假设碳捕捉与封存每年必要投产产能，则碳捕捉与封存装置处理量按照当年投产产能利用率为 60%、第二年为 80%、第三年为 100% 计，最终在 2030 年碳达峰，在 2060 年实现 –142 万吨的排放（见图 7.8）。

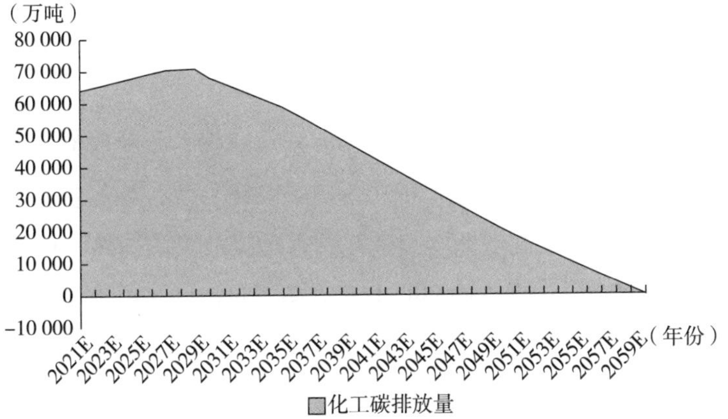

图 7.8　未来 40 年化工行业碳排放量估算（考虑电力排放）

资料来源：卓创资讯，百川资讯，中金公司研究部。

注：假设化工行业以绿氢与二氧化碳为核心的碳一化工新技术渗透率 2030 年在甲醇等行业为 5%，2060 年为 70%。假设甲醇碳消耗系数为 1.375（碳消耗系数指 1 吨产品可吸收二氧化碳的量）。

一般制造业：已越过碳达峰阶段，依托清洁能源替代实现碳中和

行业绿色溢价：当前时点一般制造业实现零排放要付出多少代价

一般制造业占我国整体碳排放量的比重仅约 2%。但一般制造业涉及

的下游行业较为广泛，部分生产工艺、生产设备的通用性较强，并且相关通用工艺、设备所形成的能耗规模在工业全流程中仍占据相当大的比重，因此在一般制造业领域加强相关工艺、流程、设备等方面的技术研发与工艺创新，对于降低综合碳排放量具备有效推动作用。

从总量来看，一般制造业碳排放量为2.1亿吨（含消耗电力的碳排放），占全国整体碳排放、制造业碳排放比重分别为2.2%、5.7%；从结构来看，一般制造业碳排放量中的电力与非电碳排放比例为7∶3。一般制造业采用的原煤、焦炭、天然气、柴油、汽油、其他洗煤、其他气体、焦炉气的碳排放量为12 800万吨、2 300万吨、2 200万吨、800万吨、600万吨、400万吨、400万吨、100万吨，前五大来源占比合计超过95%。其中，煤炭消耗主要对应电力需求，焦炭消耗主要对应冶金需求。因此，降低电力消耗和减少冶金铸造碳排放是降低一般制造业综合碳排放的重点方向。

一般制造业实现碳中和主要依赖于清洁能源替代，当前阶段的绿色溢价为1 106亿元。一般制造业电力消耗约占碳排放量的70%，因此清洁能源替代是一般制造业实现碳中和的主要路径。我们基于以下关键假设测算绿色溢价：绿电（不含火电）成本较综合电力（含火电）成本高约11%；对于工业车辆油耗及冶金，电动化与氢能替代是两大主要路径；天然气作为重要的过渡能源，假设其碳中和成本为零。由此，我们测算一般制造业实现碳中和所对应的绿色溢价为1 106亿元。

从企业利润来看，碳中和成本对于一般制造业来说是相对可承受的。一般制造企业的主要成本来自原材料采购、设备开支、厂房建设、人工等，而能源成本占一般制造企业成本比重相对较低。根据前文的测算，若采用新能源替代化石能源，则一般制造业需要承担的碳中和成本为1 106亿元，2019年中国一般制造业利润总额为3.34万亿元。由此，碳中和成本占企业利润总额约3%，占比相对有限。

一般制造行业减排之路：如何有效探索技术路径与应用政策工具

一般制造业减少碳排放的技术路径

一般制造业的碳排放主要来源于电力能源消耗与冶金铸造。对于前者，减少碳排放的方式主要是节能（直接）或提高生产效率（间接）；对于后者，减少碳排放的方式主要是提高电动化比例和改进原有生产方式。

通过数字化转型提升生产效率，以降低单位产值能耗：通过提升生产设备数字化率与工业软件渗透率，制造企业有望逐步强化生产效率，提升能源利用率。

推广高效电机与变频技术：电机系统耗电量约占工业用电的 75%。通过优化电磁及结构设计，采用新材料、新设备，改进制造工艺，使高效电机的损耗平均下降 20% 左右。此外，变频技术可帮助节电 30%。

改进铸造工艺、提高电炉比例：冶金铸造碳排放最主要的来源是熔炼冲天炉，能耗占比 53%。通过综合改进铸造生产流程，如电炉替代冲天炉、消失模铸造替代传统砂型铸造等，单位铸件成品能耗降幅可达 63.6%。①

推广绿色设计、回收再制造等：通过对产品的轻量化、模块化设计，可减少产品制造所耗用的原材料，降低使用过程中的能源消耗；此外，设备再制造在大型工业设备领域有广阔的应用空间。

一般制造业减少碳排放的政策建议

简化补贴政策流程，强化评价标准和监管力度：补贴政策等有助于新技术推广，但需注重科学设计与监管落实。以能效补贴政策为例，在过去的政策实施过程中，补贴手续复杂、市场监管不严、评价标准不科学影响了符合标准的厂商的生产积极性。建议加强对政策的科学设计与有效落

---

① 李元元等，《铸造行业的节能减排现状及对策分析》，2010 年。

实，防止“寻租”行为影响企业创新积极性。

避免政策“一刀切”导致的不公平：中国一般制造企业普遍规模较小、盈利能力较弱，并且不同行业间差距较大。在统一的碳中和背景下，盈利能力较强的行业具备更充足的资金和技术改造设备，而盈利能力一般的行业则负担较重。建议根据不同行业的实际情况制定针对性政策，避免“一刀切”的产业政策。

绿色溢价的下降：一般制造业能否如期实现碳达峰与碳中和

一般制造业碳排放已于2010年达峰。根据中国碳核算数据库的数据，一般制造业碳排放峰值为2010年的3.9亿吨，此后碳排放量逐年减少，2017年较2010年降幅超过40%。

依靠清洁能源替代，2060年以前一般制造业有望实现碳中和。电力消耗方面，随着绿电占比上升，一般制造业电力碳排放将逐渐下降；非电力消耗方面，通过电动化、氢能替代等，当前非电力能源所产生的碳排放量也将减少。综合考虑绿电比重、车辆电动化率、冶金电炉占比、氢能使用率、宏观经济增长及节能技术进步，未来一般制造业碳排放量有望持续下降。随着绿电占比增加、设备电动化率提升，以及氢能替代化石能源，2060年以前一般制造业有望实现碳中和。

根据测算，2019年、2030年、2060年一般制造业绿色溢价分别为1 106亿元、241亿元、0元（见表7.2），主要源于电动化趋势加强，绿电与氢能成本下降（核心假设见表注）。

表7.2　不同时点下一般制造业碳中和所需耗费的额外成本

一般制造业能源成本（亿元）	2019年	碳中和后成本（2019年）	2030年	碳中和后成本（2030年）	2060年	碳中和后成本（2060年）
电力	1 182	1 317	1 613	1 613	2 340	2 340

续表

一般制造业能源成本（亿元）	2019 年	碳中和后成本（2019 年）	2030 年	碳中和后成本（2030 年）	2060 年	碳中和后成本（2060 年）
焦炭	222	739	337	531	1 041	1 041
天然气	310	310	528	528	1 471	1 471
柴油	178	452	274	325	637	637
汽油	167	349	254	250	491	491
总计	2 060	3 166	3 006	3 247	5 979	5 979
绿色溢价		1 106		241		0

资料来源：中金公司研究部。

注：主要假设包括，2019 年、2030 年、2060 年绿电占比分别为 31%、46%、100%，冶金电炉占比分别为 12%、30%、60%，氢能使用比例分别为 0%、3%、100%，车辆电动化率分别为 2%、14%、100%，氢能价格分别为 79.9、29.0、18.8 元 / 千克，综合电价分别为 0.50、0.46、0.41 元 / 千瓦时，GDP 增长中枢分别为 6.0%、4.7%、2.0%。

▶▶ 第八章

绿色交通：清洁能源是治本，节能减排是辅助

摘 要

中国交通运输碳排放上行压力较大，目前绿色溢价偏高，如何解题？

交通运输是社会发展的血脉，2018 年中国交通运输碳排放占社会总碳排放的比重达 9.7%[①]，较 1990 年提升了 5 个百分点。随着人均 GDP 的增长，我们预测 2060 年交通运输周转量会翻倍，未来交通运输碳排放压力较大。另外，我们测算 2021 年交通运输行业的绿色溢价比例为 68%，对应零碳排放成本约 2.7 万亿元，脱碳成本高、难度大，如何解题？本章围绕绿色交通的中国“解法”展开，力争推演中国实现交通运输行业碳中和的技术路径与方法、可能面临的挑战与问题、需要采取的政策与措施。

绿色交通 = 更清洁的能源 + 更高效的能耗。清洁能源是治本之法，节能减排是辅助之道。本章尝试描绘出中国交通运输行业未来的碳排放路径，中性假设下，我们预测交通运输行业会在 2030 年实现碳达峰，峰值 13.3 亿吨，2060 年碳排放约 2.6 亿吨，较 2019 年（11.6 亿吨）下降 77%。分子行业来看，我们认为乘用车实现碳中和的路径较为清晰，中国在锂电池领域的优势将有望带动中国乘用车行业实现绿色的弯道超车；公路货运则将更依赖氢燃料电池的发展；航空和航运实现碳中和难度更大，更加依赖技术进步；铁路是比较确定可以通过电气化脱碳的行业。

我们也会在本章详细阐述作为治本之法的动力电池和氢燃料电池未来可能的技术演变，对于技术变化而言，动力电池技术具备较强的确定性，而氢燃料电池技术存在超出或者低于我们预期的可能性。除了技术，交通运输的碳中和也需要政策驱动，本章也从行业维度（如车电分离模式创新）和技术维度（如氢燃料电池标准制定），分别给出助力碳中和的政策建议。

在技术和政策的驱动下，我们测算 2030 年和 2060 年交通运输行业的绿色溢价比例均为 2%，对应的零碳排放成本为 897 亿元和 701 亿元，较 2021 年下降约 97%，这说明减排路径有一定的有效性。

最后我们畅想了自动驾驶、超级高铁和超音速飞机可能带来的出行与生活方式的改变。在技术日新月异、政策快马加鞭的时代，我们期待着真正“绿色交通”的到来。[②]

① 各数据库关于交通运输行业碳排放量的统计有差异，前文引用的是中国碳核算数据库的数据，较国际能源署和《中华人民共和国气候变化第二次两年更新报告》的碳排放数据都更低，我们为进行国际对比，引用了国际能源署的数据。

② 本章作者：杨鑫、张文杰、曾韬、常菁、陈桢皓、邓学。

绿色交通，全球进展如何

实现《巴黎协定》1.5℃的全球温控目标，需要全球共同努力减少碳排放，交通运输作为全球第二大碳排放行业，必须更加绿色化。但在具体讨论未来交通如何“变绿”之前，不妨分析过去及现状。本节将介绍：交通运输的碳排放从何而来？目前全球交通运输的碳排放量有多少？分行业、分国别的分布如何？借鉴欧美的经验，中国交通运输行业的碳排放可能会如何演绎？

交通运输的碳排放从何而来

第一次工业革命发明的蒸汽机于 19 世纪初先后运用在水运和铁路上，成为交通运输碳排放的开端。第二次工业革命发明的内燃机催生了汽车（1885 年）和飞机（1903 年），加剧了交通运输的碳排放。其后运输基础设施的完善让运输和出行更加便捷（比如过去 100 年全球铁路里程增加了约 60 万公里，接近翻倍；全球通用航空飞机保有量从 0 到目前的约 45 万架），公路、航空、铁路和水运迎来全面发展，随之而来的是碳排放量的高速增长。

世界交通运输碳排放量几何

根据国际能源署的数据，2018 年世界总碳排放量为 335 亿吨，较 1990 年增长 63%，其中交通运输碳排放量为 82.6 亿吨，占世界总碳排放量比重为 24.6%（见图 8.1），是仅次于电力的第二大碳排放行业（前三大行业中电力占比 41.7%，工业占比 18.4%），并且由于交通运输碳排放量增速快于总体（1990—2018 年交通运输碳排放量的复合年均增长率为 2.1%，总体为 1.8%），交通运输碳排放量占整体比重较 1990 年提升了 2.2 个百分点。

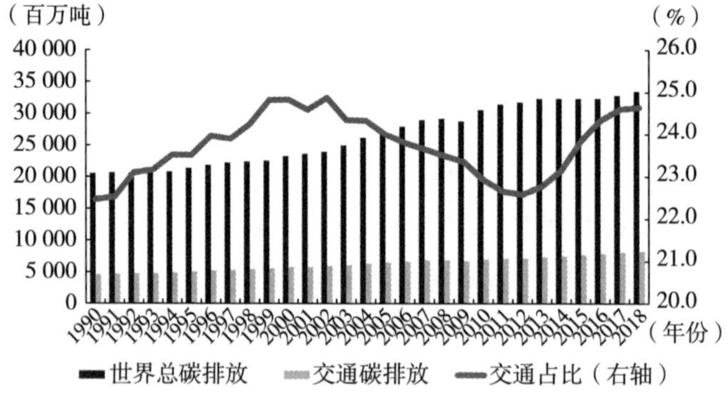

图 8.1　世界交通运输碳排放量

资料来源：国际能源署，中金公司研究部。

下文分运输方式和经济体来分析全球交通运输领域碳排放量的变化，基于数据的可得性，分析从 2008 年开始。

分运输方式来看：公路排放量最大，航空增速最快

从存量上看，2018 年全球交通运输碳排放量中，公路碳排放量为 61

亿吨，占比 74.5%，航空和航运占比分别为 11.7% 和 10.5%，铁路由于电气化程度高，占比仅 1.1%。

从增量上看，2008—2018 年全球交通运输碳排放总体增量 14 亿吨，其中公路增量为 11 亿吨，占比 78%；而航空增速最快，2008—2018 年碳排放的复合年均增长率达 3.4%，10 年内增加约了 2 亿吨碳排放量，占增量的 14%；全球航空客运周转量的复合年均增长率达 5.9%，是航空碳排放增长的主要因素。

分经济体来看：美国排放量最大，中国排放增量最高

从存量上看，2018 年交通运输碳排放量前三大经济体为美国、欧盟和中国，分别排放 18.1 亿吨、12.4 亿吨、11.2 亿吨，占比 21.9%、15.0%、13.6%。

从增量上看，中国增量最高，欧盟和美国碳排放量在下降。2008—2018 年中国交通运输碳排放量增加 5.8 亿吨，占全球增量约 41%。5.8 亿吨增量中，88%（5.1 亿吨）来自公路，原因是 2008—2018 年中国乘用车保有量同比增长 557%，公路货运周转量同比增长 177%。而欧盟和美国 2018 年交通运输碳排放量分别较 2008 年减少约 6 800 万吨和 2.0 亿吨，复合年均增长率分别是 –0.2% 和 –1.1%。

欧盟和美国交通运输碳达峰了吗？对我们有何借鉴意义？

我们认为其难言碳达峰。欧盟和美国的交通运输碳排放量在 2007 年分别达到了 13 亿吨和 20 亿吨的峰值后开始下行，但达峰后 10 年，欧盟和美国的碳排放量均呈现先降后升的态势。根据近期数据，欧盟和美国的碳排放量均已回到 2007 年高点的 90% 以上。我们认为欧盟和美国的交通运输能否实现碳达峰仍取决于未来新能源的渗透速度。

欧盟和美国有什么经验可以借鉴？

首先，交通运输碳达峰的前提是公路的碳达峰。公路碳排放量分别占美国和欧盟碳排放量的 86% 和 72%，欧盟和美国的交通运输阶段性碳达峰都以公路碳达峰为前提。

其次，周转量趋势基本与碳排放趋同。欧盟和美国之所以碳达峰后先降后升，有部分原因是，2007 年全球金融危机后货运和客运周转量均呈现负增长，直到 2013 年周转量随经济复苏开始重新增长。周转量是影响交通运输碳排放量的一个重要因素。

最后，交通运输碳排放下行依赖能耗的改进，而新能源、新技术的运用会加速这一进程。我们发现，2007 年后，欧盟和美国的各运输方式单位能耗普遍有加速下降的趋势（比如美国乘用车在 2007 年前十年和后十年的单位能耗下降速度分别为 0.6% 和 1.1%），我们认为这与新技术和新能源的应用有很大关系。

从绿色溢价看中国交通运输碳中和的难度

借鉴国外的经验，本节将聚焦中国交通运输碳排放，并引入前文提到的绿色溢价来具体分析中国交通运输的零碳排放成本。我们发现中国交通运输碳排放的上行压力很大，同时绿色溢价偏高也说明交通运输行业碳中和难度较大。

中国交通运输碳排放上行压力较大

根据国际能源署的数据，2018 年中国交通运输碳排放量占中国总碳排放量的 9.7%（见图 8.2），仍明显低于世界交通运输碳排放量占总碳排放量的 24.6%，但是中国交通运输碳排放量在 1990—2018 年的复合年均增长率达到 8.3%，明显高于世界交通运输碳排放量的增速（2.1%）及中国总碳排放量的增速（5.6%），交通运输占中国总碳排放量的比重提升了5个百分点。随着人均GDP的增长，交通运输的需求仍会持续增长，中国交通运输系统的碳排放上行压力较大。虽然中国交通运输行业何时碳达峰尚未可知，但我们可以通过拆解碳排放结构，再具体分析各子行业碳排放的驱动要素来进行推演。

从结构上看，2018年中国交通运输碳排放中，公路、航空、航运、铁路分别占83.4%、9.8%、5.4%、1.3%（见图8.3）。结合欧盟和美国的经验，我们也会更加关注公路和航空两个子行业。

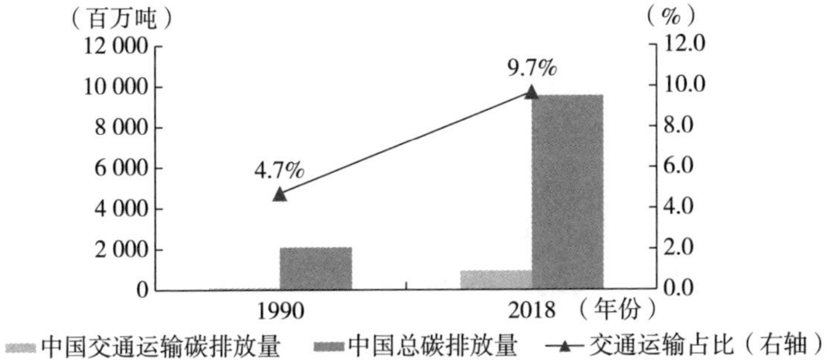

图8.2 中国交通运输碳排放量

资料来源：国际能源署，中金公司研究部。

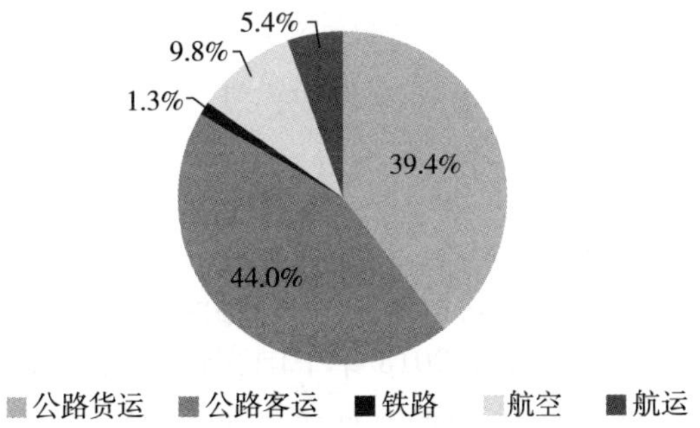

图8.3 2018年中国交通运输碳排放结构

资料来源：中金公司研究部。

注：数据为四舍五入，因此合计数有误差。

我们将对公路的分析拆解为公路客运和公路货运。

公路客运未来碳排放重点看乘用车保有量上行和新能源车逐步渗透的叠加影响。中国未来乘用车保有量增长空间仍然很大（根据万得资讯的数据，中国千人汽车保有量分别约是美国和欧盟的 1/6 和 1/5），同时中国新能源车的发展领先于世界，新能源车的渗透和汽车保有量的增长将会共同影响公路客运的碳排放量。

公路货运未来碳排放重点看新能源商用车规模化时点及货运结构调整。首先，我们认为新能源商用车未来会沿着轻卡到中卡再到重卡逐步渗透，逐级减少碳排放。其次，中国货运会通过“公转铁”和“公转水”调整货运结构。最后，新能源化以前的节能减排（包括燃油效率提升、数字化应用）同样重要。

航空是交通运输领域碳排放量第二的子行业，并且其碳排放量增速较快，因此该子行业也值得关注。

航空脱碳有难度，未来可能会用新能源替代航空燃油。未来航空运量会持续增长（根据万得资讯的数据，2018 年中国人均飞行次数是美国的 1/7，是欧盟的 1/5），由于运距长、能耗高，目前并无成熟的零碳技术，航空脱碳难度较大。

航运碳排放虽然占比不高，但脱碳难度大，铁路脱碳确定性最强。

航运脱碳有挑战，虽然航运碳排放占比不大（2018 年仅 5.4%）、增速不高（过去 10 年复合年均增长率为 1.4%），但因吨位大、运距远，故而其脱碳也有挑战。

铁路是比较确定可以通过电气化实现碳中和的行业，过去 10 年铁路电气化率提升了 36%，达到目前的 72%，我们认为未来铁路会通过全里程电气化来实现零碳排放。

交通运输的高绿色溢价说明脱碳成本高、难度大，需“技术创新 + 公共政策”共同驱动

如前文所述，绿色溢价比例指的是用新能源较用化石燃料的成本增加的比例，对应的零碳排放成本是为了实现零碳排放所需要付出的额外成本。

以乘用车为例，乘用车的绿色溢价是用清洁电力和用汽油的成本之差。我们测算 2021 年乘用车百公里电耗（清洁电力）成本比百公里油耗成本低 60%，但同时考虑到目前纯电乘用车购置成本较燃油车更高，我们认为采用全生命周期成本进行比较更加合理。我们以规格相近、扭矩相似的两款车作为基准，测算出燃油车单位公里的全生命周期成本约为 0.57 元，而纯电乘用车为 0.68 元，我们测算乘用车行业目前能耗成本约为 2.3 万亿元，而全部电动化后成本约为 2.7 万亿元，绿色溢价比例为 18%（见表 8.1）。

以航空为例，航空领域的绿色溢价是飞机用氢成本和用航空燃油成本之差，尽管我们认为全生命周期的测算更为合理，但新建氢能飞机或改造的成本都没有参考，因此我们只能以能源使用成本来测算。我们测算目前航空如果全部用氢的成本约为 3 167 亿元，而总燃油成本约为 715 亿元，两者成本差为 2 452 亿元，对应的绿色溢价比例为 343%。

综合交通运输各子行业，我们测算交通运输 2021 年零碳排放成本为 2.7 万亿元，对应绿色溢价比例为 68%，碳中和成本高。2021 年交通运输能耗成本约为 3.9 万亿元，假设重载领域用氢能满足，中轻卡、乘用车和铁路均用清洁电力，那么交通运输系统全部用新能源的总成本约为 6.6 万亿元，2021 年交通运输的零碳排放成本即两者之差约 2.7 万亿元，对应的绿色溢价比例为 68%。

以上均说明交通运输行业碳中和的成本高、难度大，因此要推动交通运输行业的碳中和必须依靠技术创新和政策治理的共同作用。在下面几个小节中，我们将详细剖析交通运输未来碳排放的趋势，以及隐含的技术创

新和公共政策的支持。

表 8.1　2021 年交通运输绿色溢价比例为 68%

2021 年	当前能源成本（亿元）	新能源化后成本（亿元）	零碳排放成本（亿元）	绿色溢价比例（%）
公路货运	15 190	34 542	19 353	127
公路客运（含乘用车）	22 666	26 846	4 181	18
铁路	413	295	–118	–29
航空	715	3 167	2 452	343
航运	277	1 161	884	319
整体	39 260	66 012	26 752	68

资料来源：中金公司研究部。

注：公路货运和公路客运均采用全生命周期成本测算。

绿色交通的中国“解法”

上一节介绍了中国交通运输碳排放的现状，并通过绿色溢价分析了该行业碳中和的难度。本节将着重探讨未来减排路径。我们先测算交通运输行业整体的碳排放，再看细分行业，但所用逻辑类似。首先，我们预测未来 40 年保有量 / 周转量的趋势，并基于保有量 / 周转量、新能源渗透假设、单位能耗假设来测算碳排放的规模，之后会详细介绍具体的脱碳及减排途径。

行业整体碳排放测算：2030 年碳达峰，中性假设下 2060 年碳排放量为 2019 年的 23%，难以实现碳中和

交通运输周转量测算：2060 年将较 2019 年翻倍

从碳排放的角度来看，周转量（吨公里）是比货运量、客运量更有效

的指标。2019 年交通运输行业总周转量为 19.7 万亿吨公里，至 2060 年，我们预计交通运输总周转量为 38.7 万亿吨公里，40 年的复合年均增长率为 1.7%。（由于交通部的统计口径，并未将乘用车出行纳入公路客运周转量，但我们将其纳入了碳排放测算。）

从各行业增速来看，我们预计未来 40 年，公路、航空、航运、铁路的周转量增速分别为 0.6%、3.5%、1.8%、2.4%（见表 8.2），公路增速慢源于客运中的高铁和航空分流以及货运的"公转铁"和"公转水"，航空增速最快，源于人均出行量的增加，铁路和航运作为低碳方式，也将得到相对高的增长。

表 8.2　2060 年交通运输周转量预测

周转量	2019	2060E	2060 年 / 2019 年	复合增速（%）	基本假设
总体（亿吨公里）	197 164	387 418	196%	1.7	
分运输方式					
公路	60 425	78 408	130%	0.6	我们认为公路客运会持续被高铁和航空分流，公路货运的增速会随着大宗货物分流到铁路上而较 2019 年前放缓
航空	1 293	5 393	417%	3.5	根据美国的经验，人均 GDP 1万~2万美元，航空周转量复合年均增长率为 5%；人均 GDP 2万~3万美元，航空周转量复合年均增长率为 4%；人均 GDP 3万~4万美元，航空周转量复合年均增长率为 2%
航运	103 970	219 094	211%	1.8	在经济内循环的背景下，我们认为内河周转量增速为 3.4%，会快于沿海增速 2.0% 和远洋增速 1.0%
铁路	31 476	84 523	269%	2.4	铁路里程到 2060 年将会达到 25 万公里，其中 9.5 万公里是高铁，届时中国铁路的密度会和 2019 年的美国相近；客运会受益于高铁里程的扩张；铁路货运会分流部分公路货运

资料来源：Wind，中金公司研究部。

中性假设下，2060 年交通运输碳排放量较 2019 年下降 77%

根据我们的估算，2019 年交通运输行业碳排放量为 11.6 亿吨，中性假设下，预计该行业 2030 年碳达峰，峰值 13.3 亿吨；到 2060 年交通运输碳排放量为 2.6 亿吨，较 2019 年下降 77%。基于目前的技术，我们认为航空和航运难以在 2060 年前脱碳，因此在中性假设下交通运输难以实现碳中和。但是，技术进步总会超出想象，我们认为未来 40 年或许会出现技术突破，助力交通运输行业实现碳中和。

整体而言，交通运输碳排放取决于三个因素：一是周转量上行；二是各种交通方式的燃油效率提升；三是低碳或无碳能源替代传统化石燃料，例如电动车、生物质航空燃料、液化天然气船舶等。

我们的中性假设的前提是什么？主要的节点有哪些？（见图 8.4 和表 8.3。）

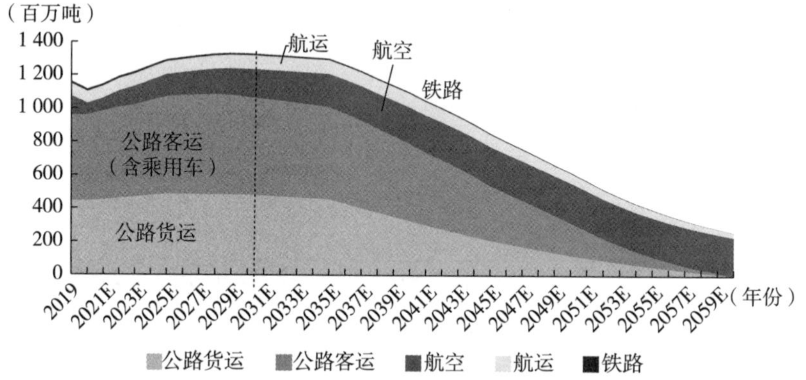

图 8.4　2020—2060 年交通运输碳排放量预测

资料来源：中金公司研究部。

注：竖虚线表示交通运输行业整体碳达峰的时间点。

预计乘用车出行将在 2028 年实现碳达峰，届时新能源乘用车保有量渗透率约为 10%，而后新能源乘用车销售渗透率不断提升，新车销售渗透率于 2045 年达到 100%，到 2060 年所有乘用车均为新能源汽车，实现碳中和。

预计公路货运商用车在 2030 年实现碳达峰，届时新能源货车保有量渗

表 8.3 交通运输行业碳中和的主要节点

主要节点	2025 年	2028 年	2030 年	2040 年	2045 年	2050 年	2060 年
碳排放事件		乘用车碳达峰	公路总碳排放达峰	航运碳排放达峰		航空碳排放达峰	公路实现碳中和，铁路达到碳中和
公路客运（乘用车）标志性事件	纯电汽车较传统燃油车实现购置平价，新能源新车渗透率达 20%	新能源车保有量渗透率在 2028 年达到 10%，千人汽车保有量大约达到 250			千人汽车保有量达到 500，自动驾驶开始普及，之后保有量开始下降；新能源新车渗透率达 100%		乘用车保有量 100% 新能源化
公路货运（商用车）标志性事件	中轻卡保有量新能源渗透率 3%，燃料电池重卡保有量渗透率 1%		中轻卡保有量新能源渗透率约 20%，燃料电池重卡保有量渗透率 3%	中轻卡保有量新能源渗透率约 70%，燃料电池重卡保有量渗透率约 30%		中轻卡保有量新能源渗透率 100%	重卡保有量新能源渗透率 100%
航空标志性事件			生物质燃油开始供能，占比 1%	氢能飞机进入市场		生物质燃油和氢能供能 25%	生物质燃油和氢能供能 45%
航运标志性事件	内河电动船舶渗透率 1%，液化天然气替换 3% 航运燃油		内河电动船舶渗透率10%，液化天然气替换10% 航运燃油				内河船舶完全电动化；液化天然气供给 50% 能源需求，氢能和氨能各供给 20% 能源需求
铁路标志性事件	铁路电气化率 82%		铁路电气化率 85%	铁路电气化率 91%	铁路电气化率 94%	铁路电气化率 96%	铁路电气化率达 100%

资料来源：中金公司研究部。

透率约为 10%，预计到 2050 年中轻微卡保有量将 100% 电动化，到 2060 年燃料电池重卡保有量渗透率有望达到 100%，公路货运实现碳中和。

预计航空在 2050 年实现碳达峰，届时生物质燃油和氢能可以供能 25%，之后生物质燃油和氢能会持续渗透，但无法完全替代传统航空燃油，预计 2060 将实现年生物质供能 30%，氢能供能 15%，碳排放量为 2.3 亿吨，约是 2019 年碳排放量的 2 倍，届时航空碳排放量占交通运输总碳排放量的比例为 89%。

预计航运 2040 年碳达峰，届时新能源供能 25%，之后液化天然气、氨和氢会逐步渗透，但也无法完全替代航运燃油，预计航运 2060 年碳排放量约为 2 900 万吨，较 2019 年下降 62%，届时占交通运输总碳排放量的比例为 11%。

预计铁路电气化比例到 2060 年提升至 100%，实现碳中和。

有什么可能超预期或低于预期？我们认为未来 10~15 年的技术路径和新能源应用具有更高的确定性，但我们无法准确预测更长时间的技术发展。

可能超预期的部分：第一，智能驾驶可能提前到来，届时汽车保有量可能会提前下降，乘用车可能早于 2060 年实现碳中和；第二，燃油效率的提升幅度可能会超预期，如果未来碳交易市场成熟，有可能倒逼企业加快节能减排，届时燃油效率的提升可能会超出我们的预期；第三，储氢技术近期有突破，未来氢能发展可能会超预期。①

可能低于预期的部分：第一，公路商用车的新能源渗透率可能慢于预期，由于公路商用车以个体户为主，更多讲究经济效益，因此在新能源车完全平价之前，商用车的渗透率可能会慢于预期；第二，航空的生物质燃油发展可能低于预期，生产生物质燃油需要有完善的产业链，上游生物质

① Balancing volumetric and gravimetric uptake in highly porous materials for clean energy，2020.

原料的收集、转化都比较难，因此可能会低于预期。

我们根据超预期和低于预期的部分，绘制了三种不同情景（乐观、中性和悲观）下的未来中国交通运输碳排放图（见图 8.5）。在乐观假设下，交通运输整体碳达峰会提前到 2028 年，峰值为 12.7 亿吨，并会在 2060 年实现碳中和；而在悲观假设下，交通运输整体会在 2035 年碳达峰，峰值为 14.4 亿吨，2060 年碳排放量为 6.1 亿吨，较 2019 年仅下降 48%。

我们在下文对交通运输各子行业进行分析。首先介绍各子行业碳排放现状，并测算未来的保有量 / 周转量以及 2060 年碳排放量，之后详细解释各子行业如何进行碳减排。

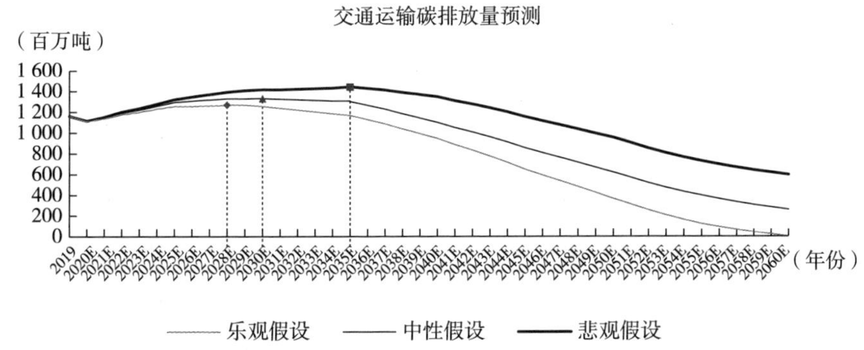

图 8.5　中国交通运输 2020—2060 年不同情景碳排放量预测

资料来源：中金公司研究部。

注：标记点表示碳达峰的时间点。

乘用车碳排放量测算：保有量先升后降，2060 年达到零碳排

乘用车保有量

乘用车保有量预计将经历先升后降，2060 年保有量达到 5.3 亿辆，较 2019 年增长 158%。

我们认为乘用车保有量将经历三个阶段。

阶段一：直至 2030 年，经济处于中高速发展阶段，人均 GDP 增长拉动我国乘用车千人保有量较快速增长。乘用车保有量从 2019 年的 2.1 亿辆提升至 2030 年的 4.3 亿辆，复合年均增长率达到 6.9%。

阶段二：2030—2045 年，经济发展进入成熟期，人均 GDP 进入中低增速阶段，千人保有量增速趋缓。我们认为，远期千人保有量中枢可对标人口密度较大的日本、韩国，于 2045 年达到 500 辆，仍低于美国超 800 辆的水平。届时乘用车保有量触顶，达到 7.1 亿辆，对应复合年均增长率为 3.3%。

阶段三：我们认为智能驾驶和智慧交通会有效提升交通运营效率，从而降低社会对于汽车保有量的需求，带动汽车保有量下行。我们预计 2060 年乘用车保有量将降至 5.3 亿辆，2045—2060 年复合年均增长率为 –1.9%。

新能源汽车销量预测：2025 年新能源乘用车实现购置平价，新车渗透率在 2045 年达到 100%

基于对乘用车保有量的预测，新能源渗透率可以作为最重要的碳排放测算依据。由于电池生产环节规模效应加大，叠加锂电池材料成本降低，我们预计 2025 年三元电池组装车成本将较 2020 年下降 35%，推动纯电动汽车较燃油车的购置平价，进一步拉动纯电动汽车渗透率提升。2020 年新能源乘用车新车销售渗透率达到 6.2%。根据《新能源汽车产业发展规划（2021—2035 年）》以及《节能与新能源汽车技术路线 2.0》，我们预计新能源乘用车新车销售渗透率将在 2025 年达到 20%，2035 年达到 50%，2045 年达到 100%。

基于对新能源汽车渗透率及燃油车节能化的判断，我们预计乘用车市场将于 2028 年实现碳达峰。此后，随着已保有的燃油车不断报废和淘汰，2060 年燃油乘用车将全部报废完成，乘用车的碳排放量将降至零。

乘用车节能减排：组合拳模式共同推进

乘用车领域实现碳中和的技术路径主要是燃油车节能化和能源清洁化。下面我们将按照减排效果从低到高，对材料技术、混动技术、锂电池技术展开分析。

轻量化材料技术降低车辆整备质量，2030 年车身较 2015 年减重 35%

轻量化技术路径主要是推进铝合金、镁合金、碳纤维增强材料在汽车上的使用。根据欧洲汽车工业协会的研究，汽车质量每下降 100 千克，百公里油耗可下降 0.4 升，碳排放量大约可减少 1 千克。我们发现近年来欧洲和美国汽车单车用铝量正在稳步提升，2020 年单车用铝量均超过 180 千克。而中国乘用车单车用铝量在 2017 年仅 105 千克 / 辆，与欧美相比存在明显提升空间，我们预计到 2030 年车身会较 2015 年轻 35%。

混动技术是汽车企业在新能源汽车完全替代燃油车前实现减排的最优方案

《节能与新能源汽车技术路线图 2.0》预测 2035 年混合动力新车渗透率达到 50%，届时混动车型将全面替代传统燃油车，实现燃油车全面节能化。在技术方案上，混合动力汽车在原有动力基础上引进发电机，构建“发动机 + 发电机”双驱动模式，帮助发动机实现不同工况下的高效率运作。

自主品牌车企逐步建立混动技术储备，包括上汽、广汽、长城、吉利、比亚迪都发布了混动开发平台，主要研发路线集中于并联式和混联式结构（适用范围广），以更好地应对日益严格的油耗标准。

锂电池进入大规模量产阶段，成为实现乘用车出行碳中和的重要方向

新能源汽车综合性能和使用体验仍存在明显短板，如在低温环境下续航能力下降明显，高温易引发电池包热失控等，导致消费者在使用环节出现明显的里程焦虑和安全担忧。我们认为，电池企业和汽车企业在解决新能源汽车痛点中都扮演着重要角色。

锂电池企业会通过优化电池材料体系、开发新型电池技术等方案解决锂电池技术瓶颈，一定程度上缓解里程焦虑，为2045年新能源汽车完全替代燃油车做好充分的技术准备。

造车新势力逐步发力汽车智能化并创新商业模式，改善消费者用车体验，如特斯拉推广快充技术，超级充电桩V3最大充电功率可达250千瓦，可满足消费者对充电时长的要求。另外，智能电动车会加快消费者转型新能源汽车消费的节奏，如蔚来NIO Pilot（自动辅助驾驶系统）2.0平台相较于1.0平台，在硬件配置、算力算法方面有显著提升。

商用车碳排放测算："新能源渗透+数字化技术+货运结构调整"，2060年实现碳中和

货运结构调整减少公路货运需求

对比欧盟和美国的货运结构，我们发现欧盟的水运占比更高，美国则是铁路占比更高。从过去的发展来看，欧盟和美国对公路货运的依赖度在降低，而中国则在升高。

2017年开始，中国环境保护部、发改委、交通运输部等多部门推动"公转铁"，2019年铁路货运量较2016年增加约10.6亿吨，初见成效。我们测算公路综合运输成本分别是铁路的2倍和水运的4倍，而公路的单位能耗则分别是铁路的4倍和水运的10倍，"公转铁"和"公转水"将会持续分流公路的货物，带动公路货运需求下行。

商用车保有量：重卡、中轻微卡保有量分别于2030年、2045年触顶

重卡：保有量先升后降，于2030年前后触顶。地产、基础设施建设、公路物流运输近几年仍会带动重卡需求增长，但随着"公转铁"的加快叠加，车货匹配效率提升，会带来重卡保有量的需求下降。因此，我们推演

重卡未来保有量会先升后降，2030 年达到峰值 1 040 万辆，2060 年降至 817 万辆。

中轻微卡：预计 2045 年保有量触顶。保有量由地区内道路运输需求和运输效率决定，我们预计中长期内城镇化率将推动中轻微卡保有量提升，保有量将于 2045 年触顶。之后随着自动驾驶汽车在商用车领域的普及，中轻微卡保有量开始下行。我们认为，客车保有量已经跨过前期高点，预计中枢将长期保持稳定。

2060 年新能源车型全面替代燃油车，实现商用车出行碳中和

我们预计客车、中轻微卡、重卡的新能源车型渗透率分别于 2030 年、2050 年、2060 年达到 100%，2060 年会实现商用车出行碳中和。

新能源客车受益于地方政府加大纯电动客车采购，预计于 2030 年实现对传统客车的替代。

中轻微卡电动化的进程慢于客车，预计于 2050 年前后实现 100% 电动化。

燃料电池重卡渗透率提升有赖于政策推动和燃料电池降本力度，根据《节能与新能源汽车技术路线图 2.0》的指引，到 2035 年燃料电池商用车保有量将达到 100 万辆左右，届时渗透率将达到约 8%。随着燃料电池发电效率和储氢技术的提升，我们预计氢燃料电池将在重卡领域大规模进行商用，并于 2060 年实现燃料电池重卡完全替代传统燃油重卡。

减排路径一：氢燃料电池替代传统燃油

氢燃料电池具有能量密度高、清洁环保的特点，成为商用车实现节能减排的重要路线。尽管电池氢燃料技术方向明确，但是燃料电池发展仍处于起步阶段，对产业链的具体分析将在后文展开。

减排路径二：动力单元技术 + 尾气后处理技术

近 10 年来，我国内燃机排放标准经历了从国三标准到国六标准的变迁，每一次升级都伴随着更加严格的排放要求。以 2021 年 7 月实施的重卡燃油车国六排放标准为例，其碳氢化合物和一氧化碳的排放限值相较于国五标准降低了 50%，颗粒物指标限值降低 10 倍。长期来看，内燃机排放标准将持续升级，未来 10 年内国七标准或将落地，预计各排放物的标准将更为严格。

减排路径三：数字化技术提升公路货运效率

数字化技术可以有效去中介化，解决车货匹配困难的问题。车货匹配平台可以运用大数据算法，基于司机的位置、习惯、路线等数据标签，减少司机找货的时间，主动为司机推送货源，持续提升匹配效率。根据搜狐网的新闻报道[①]，车货匹配平台福佑卡车平台的运力月均有效行驶里程可以较传统调度模式提升 22%~57%。以 2019 年公路货运的数据为基准，我们测算出公路货运空驶率每降低 1%，可以减少约 730 万吨碳排放（占当年公路货运碳排放的 1.6%）。

航空碳排放测算：航空碳排放预计到 2060 年较 2019 年翻倍，实现碳中和难度最大

本节我们同样将先介绍航空碳排放现状，并测算 2060 年周转量及碳排放量，之后解释航空如何通过新能源燃料、运营优化及国际航空抵减机制来实现碳减排。

---

① 参见 https://www.sohu.com/a/354965965_168370。

过去 10 年，航空周转量带动碳排放高速增长

航空 2019 年碳排放量约 1.2 亿吨（含国际），占交通运输碳排放量的约 10%，过去 10 年复合年均增长率为 11.5%，主要是由航空总周转量上行带来的（过去 10 年周转量复合年均增长率为 11.7%）。

航空难以完全“脱碳”，中性假设下 2060 年航空碳排放量将翻倍

航空客运和货运需求会持续上升：2019 年我国航空人均飞行次数仅 0.4 次，明显低于欧盟的 2.2 次和美国的 2.8 次，我们预测航空客运量 2060 年将是 2019 年的 3.7 倍，航空货运量 2060 年将是 2019 年的 3.2 倍。

针对航空难以“脱碳”的问题，新能源替代航空燃油和运营优化是两条有效的减排路径。航空业具有能耗高、运距长的属性，“脱碳”难度大，因此节能减排至关重要，未来航空业将主要通过两条路径进行减排：用新能源替代航空燃油，以及运营优化。

我们预测到 2060 年航空碳排放量约 2.3 亿吨，约是 2019 年的两倍。我们的假设是：生物质燃料可以在 2060 年供能 30%；氢能飞机在 2040 年进入市场，到 2060 年供能 15%；单位油耗效率每年提升 0.5%。

哪些方面可能超预期和低于预期？超预期的部分：技术进步往往是超出预期的，因此氢能飞机存在超预期的可能性。低于预期的部分：我们认为生物质燃油发展可能会低于预期，这主要是因为生物质燃料的收集、运输、转化难以规模化。结合可能超预期和可能低于预期的部分，我们预测乐观情景下 2060 年航空能够实现碳中和；而悲观情景下碳排放为 3.5 亿吨，约是 2019 年碳排放的 3 倍（见图 8.6）。

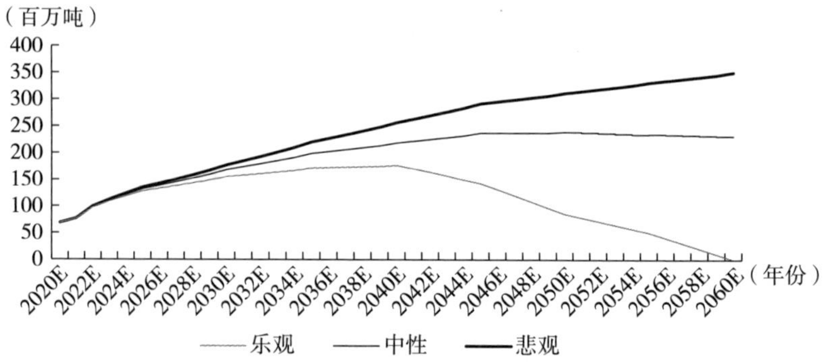

图 8.6 航空 2020—2060 年碳排放情景及假设

资料来源：中金公司研究部。

减排路径一：新能源替代传统航空燃油

生物质燃油（生物质材料，如秸秆，经过一系列工艺加工成燃油）、氢能和电能是目前航空领域讨论的主流新能源，我们对各清洁能源进行对比分析后，更看好生物质燃油的应用。

生物质燃油技术成熟度更高。生物质燃油国内外都有生产先例，（比如中石化制成的 1 号生物航煤，早在 2013 年就成功应用于东航的飞机[①]），而且将生物质燃油以一定比例混入现有航空燃油，用于现有发动机已经验证可行。

氢燃料飞机可能要颠覆飞机机体架构。完成相同里程的飞行，储存氢燃料所需要的空间是传统燃油的 4~8 倍，因此氢能飞机的架构很可能需要较大的变动，而设计、测试及认证新的飞机形态通常需要 10~20 年的时间，近期氢能飞机难以实现。

电池能量密度还需要 6~8 倍的突破才能保证电池的重量不会超过飞机最大起飞重量，技术上有难度。我们认为纯电飞机只能满足短距离的飞行。

2060 年新能源能给航空供能多少？

① 参见 http://energy.people.com.cn/n1/2017/1124/c71661-29666187.html。

中性假设下生物质燃油能为航空提供 30% 的能源需求。《中国 2050：一个全面实现现代化国家的零碳图景报告》表示，未来中国的生物质供能潜力为 4 亿~8.5 亿吨标准煤，考虑到生物质产业链建立的难度，我们保守取区间下限即 4 亿吨标准煤来看，除去会用于发电、化工原料、建筑供暖等领域的生物质供能，我们在中性假设下认为 2060 年将有大约 10% 的生物质产能（4 000 万吨标准煤）供给航空燃油，占当年航空燃油需求的约 30%。

中性假设下氢能将供给 15% 的能源需求。我们认为氢能飞机尚待技术突破，大约要在 2040 年才能逐步进入市场，因此中性假设下氢能到 2060 年可以供能 15%。

当然我们也不排除其他新能源作为飞机燃油的可能性，例如太阳能煤油、核能等，但这些还处于探索初期，我们就不在此展开讨论了。在新能源替代燃油之前，运营优化带来的油耗节约（我们假设每年节约 0.5%）对航空减排也很重要。

减排路径二：优化运营能小幅减少碳排放

运营优化主要包括优化飞行过程、航线、机队等。

飞行过程优化，包括连续上升 / 下降的飞行方式。根据欧洲航空安全组织（EUROCONTROL）的研究，采用连续上升和连续下降的飞行方式可以减少约 0.6% 的碳排放。

航线优化包括“截弯取直”。通过增加雷达引导直飞和开放临时航路，使区域内航班能够缩短航行距离，例如中国东方航空上海—伦敦航线通过“截弯取直”缩短了 270 公里航程。[①]

除了运营优化措施，还有机体设计、发动机热效能提升等也可以减少

---

① 参见 http://www.caacnews.com.cn/1/6/201803/t20180312_1242843.html。

碳排放，但中国更多是作为飞机购买方享受这部分的效能提升的（商用飞机的研发或有助国产飞机的能效提升）。总结看来，我们认为，优化运营每年能够带来小幅的减排。如果以上途径都无法完全实现航空业的“脱碳”，那么还有什么路径吗？

CORSIA 实现国际航空净碳排放零增长

什么是CORSIA（Carbon Offsetting and Reduction Scheme for International Aviation）？

CORSIA，表示国际航空碳抵消与减排机制，是国际民用航空组织推出的用于规范国际航班的碳减排机制，于 2021 年开始实行，参与的航空公司将为其超出 2019 年水平线的碳排放购买碳信用进行抵消，以实现净碳排放零增长（也就是说较 2019 年基准不增加碳排放）。

目前中国未参与 CORSIA，如果未来参与，我们认为航空业成本可能承压，但也会倒逼航空业降本增效。基于我们之前的周转量和新能源供能假设，我们测算 2060 年在碳抵消机制下，国际航空的成本是 84 亿 ~168 亿元（基于碳价 20~40 欧元 / 吨）；如果能转嫁到消费者端，以飞行距离约 4 000 公里的上海—新加坡的往返航班为例，票价提升 2%~4%；面对高昂的成本，我们认为 CORSIA 有可能倒逼行业加快节能减排的步伐。

航运碳排放测算：2060 年碳排放为 2019 年的 38%

航运碳排放占比低，增速慢，单位能耗下降快

我们测算航运（含国际）2019 年碳排放量约为 7 470 万吨，占交通运输行业整体碳排放量的 5.4%，过去 10 年复合年均增长率为 1.4%（增速慢的部分原因是单位能耗下降快，2019 年航运单位能耗较 2009 年下降 31%）。

中性假设下 2060 年碳排放量较 2019 年下降 62%

我们预测航运周转量到 2060 年仍会低速增长（复合年均增长率 1.8%），新能源燃料替代传统燃油和提升船舶能效是两条减排路径。

我们预测 2060 年航运碳排放量为 2 900 万吨，比 2019 年减少 62%，我们的假设是：第一，2060 年 100% 内河航运都由电能来驱动；第二，沿海和远洋的供能多元化，液化天然气占比 50%，氨能和氢能分别供给 20%；第三，单位油耗年均下降 1%。乐观情景下航运 2060 年能够达到碳中和，悲观情景下航运 2060 年碳排放量比 2019 年下降 20%。

减排路径一：清洁能源替代航运燃油

航运的清洁能源主要是电力、氨、氢、液化天然气。我们看好电动船舶在内河航运上的运用是因为内河运距短（约 400 公里），船舶平均吨位小（约 1 500 吨），电动 / 燃料电池船舶的技术可行性强。在沿海和远洋领域，液化天然气相对成熟，氨和氢还有待发展。

液化天然气发展相对成熟。液化天然气的优点是无硫，碳排放量较传统燃油减少约 20%，国际海事组织的限硫令（即船舶使用燃油的含硫量不得超过 0.5%）可能倒逼行业采用液化天然气。

氨和氢作为清洁能源仍需技术探索。首先，氨气用于生产化肥已经很成熟，但作为清洁能源还需要探索，例如需要专属的能源供给系统，并需要对发动机进行改造。其次，如前文所述，使用氢能更多需要解决的是氢能的体积密度、发动机改造等问题。

我们不排除其他新能源作为航运燃油的替代品的可能性，比如甲醇等，但不在此一一展开。

减排路径二：船舶能效提升

船舶能效主要是针对新船的 EEDI（Energy Efficiency Design Index，

船舶能效设计指数）和针对现有船舶的 SEEMP（Ship Energy Efficiency Management Plan，船舶能效管理计划），根据 CE Delf（研究和咨询公司）的测算，船舶能效改进后，最多可以减少 8% 的碳排放。

铁路碳排放测算：通过电气化脱碳，2060 年实现零碳排

过去 10 年，电气化率提升带来碳排放量下降

我们测算铁路 2019 年的碳排放量为 1 384 万吨，较 2009 年已经减半，过去 10 年复合年均增长率为 -7.2%。铁路电气化率过去 10 年提升了 36%，铁路电气化是碳排放量减少的主要推手。

未来铁路通过电气化来实现脱碳

2019 年铁路营业里程约 14 万公里，尚未电气化里程约 4 万公里。过去 10 年每年新建的铁路里程约 5 500 公里，新建的铁路基本都是电气化的，每年额外电气化里程约 1 050 公里。中性假设下，铁路每年额外有 1 000 公里的电气化里程，那么在 2060 年刚好能完成全部铁路的电气化，实现零碳排放。

行文至此，我们介绍了绿色交通完整的“中国解法”。不难发现，“绿色解法”中异常关键的一个路径便是新能源的运用。电能（动力电池）和氢能（燃料电池）的运用是公路、航空等行业实现碳减排的底层假设，下文将就这两个新能源的技术路径做详尽阐述。

聚焦技术：锂电池和氢燃料电池的技术应用推演

如前文所述，中国交通领域要想在 2030 年实现碳达峰，很大程度上要依赖电能、氢能等新能源的驱动。而我们在前文的绿色溢价部分也提出了政策与技术是驱动碳减排的两大要素，因此本节将聚焦技术部分，主要

关注锂电池和氢燃料电池。

锂电池作为电动化的终端动力载体，已在全球范围内进入大规模推广阶段。我们认为2021—2025年电池技术将进一步降本提质，推动600~800公里电动乘用车普遍走向平价，2025—2030年新一代技术（如固态电池）初步落地，2030—2040年新一代技术实现产业化，并带动更多领域（如船舶、小型飞行器等）电动化。配合制造环节、回收环节碳足迹追踪，锂电池有望在所应用领域彻底实现零碳排放。

氢燃料电池是道路交通重载领域应用清洁能源的中长期解决方案。燃料电池系统的成本特性使其较锂电池更适用于重载中长途交通运输领域。我们认为2030—2040年，氢燃料电池系统成本与性能基本达到大规模商业化要求，氢能源环节规模化配套与平价将会在新能源发电的推动下加快发展；2040—2060年，氢燃料电池从系统到终端有望实现平价下的大规模商业化，推动道路交通重载领域零碳排放。

交通运输领域的技术应用趋势如图8.7所示。

锂电池带动乘用车与部分公共交通领域电动化

如前文所述，乘用车领域最终实现零排放依赖于纯电动，我们预期2045年新能源新车销售渗透率将达到100%，此目标能否达成很大程度上取决于锂电池技术的整体性能与技术路径的演化。

从需求角度来看，与新能源车销售的增长同步，我们预期中国乘用车动力电池新增装机容量将于2045年达到顶峰。根据我们的测算，装机容量将由2020年的36亿瓦时增长至2045年的4 140亿瓦时，未来25年复合年均增长率为21%。

技术路径方面，动力电池技术演化与平价的达成具备较强的确定性。从技术路径角度来看，短期LFP（磷酸铁锂）与高镍三元路径将形成接

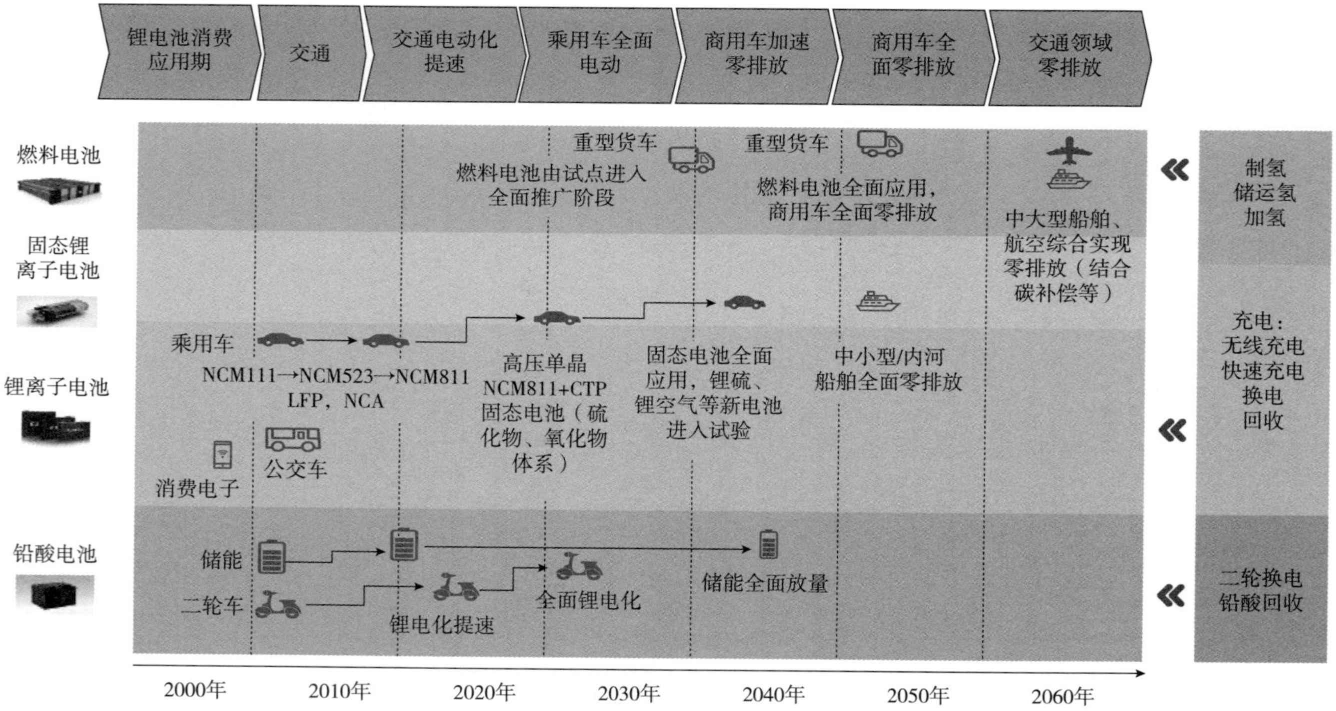

图 8.7　交通运输领域技术应用趋势

资料来源：高工产业研究院，中金公司研究部。

注：NCM、LFP、NCA 都是指电池材料，N、C、M 分别指镍、钴、锰，N、C、A 分别指镍、钴、铝。CTP 指无模组动力电池包技术。

力，推动由中低里程到中长里程新能源车的平价，带动整体市场需求进一步爆发。固态电解质电池、锂硫电池、锂空气电池等下一代电池有望在2030—2060年逐步商业化，进一步提升锂电综合性能，同时带动更多领域电动化。

短周期维度（2021—2023年），平价初现：应对平价的需求，我们认为450公里以下同时价格区间在10万~15万元的新能源车将通过应用铁锂电池，在2021—2022年实现平价。

中周期维度（2023—2030年），全面平价推动电动化持续提速：我们认为锂电技术与产业化能力的进步，将推动高镍正极体系锂电池加速发展，并带动锂电池进一步降本提质，于2024—2025年推动600公里左右车型实现油电平价，于2026—2030年推动800公里以上车型实现油电平价。

长周期维度（2030年后），下一步技术逐步落地：我们认为下一代电池，包括固态及更下一代的锂硫、锂空气电池，将逐步迈向商业化的路径，推动更安全与更高能量密度电池技术的演变，带动更先进、更长里程（大于1 000公里）的新能源车及其他领域（如小型飞行器等）的应用。

氢燃料电池应用带动重载领域零排放

燃料电池是一种把燃料所具有的化学能转换成电能的化学装置。按燃料类型可分为氢燃料电池和甲烷、甲醇、乙醇燃料电池。氢燃料电池因具有副产物清洁、安全性高等优点，是最具商业化应用前景的燃料电池。氢能的体积能量密度与锂电池相似，质量能量密度显著优于锂电池，在交通领域更适合应用于长距离重载场景。

目前氢燃料电池的系统成本和用氢成本均很高。从系统成本来看，国内燃料电池2019年售价约2万元/千瓦，要达到与重卡发动机平价，燃料电池系统的价格需要下降至300~500元/千瓦，我们认为氢燃料电池系统未来的路径如下。

2020—2025年：产业链本土化基本完成。目前供应链整体对海外材料的依赖程度较大，补贴政策与市场趋势需求下，我们预期2025年前国产化核心材料供应链有望完成基本布局，供应国产化以及对海外先进技术的吸纳将会推动系统成本由2019年的2万元/千瓦下降至约2 000元/千瓦，5年下降90%。

2025—2040年：国产替代完成，主导材料进步与规模化，推动系统级平价。我们预期2035年产业链国产化规模的进一步推广和综合系统的技术进步有望带动系统成本下降至300~500元/千瓦，较2025年下降70%~80%，实现燃料电池系统本身与传统重卡柴油机平价。

从氢能源成本环节来看，终端用氢成本中，制氢、运输、加氢成本分别占25%、19%、56%，这三个环节的降本将推动氢能源逐步与柴油平价。

目前主要有天然气/煤气重整制氢与新能源发电制氢两大主流制氢路径，新能源电解水制氢是中长期路线。在能源富裕区域，“天然气/煤气重整制氢+碳捕捉”的氢成本已低于20元/千克，而目前的电价下，电解水制氢的成本高达40元/千克。但我们认为2025年之后，随着新能源发电占比的持续提升，通过富裕部分的超低新能源电价（0.1~0.3元/千瓦时），可将电解水制氢的成本下降至10元/千克，2040年后可下降至5元/千克。同时规模效应对于成本的影响均较为明显，因此我们认为区域集中式大规模制氢将是中长期成本下降的主要路线。

运输成本的下降依赖于技术、规模的提升。以高压气氢为例，目前国内以Ⅲ型瓶为主，而海外已经规模化应用Ⅳ型瓶（级别越高，单位体积内储存的氢气越多，同时制造工艺越复杂）。我们认为技术的进步与国内应用规模的提升，可使运输成本在2030年后较现有水平下降30%~50%。

终端加氢具备较大的成本下降空间，规模化与国产化是主要推动力。目前国内建设一座加氢站（35兆帕）需要的资金为200万~250万美元，成本高昂，核心设备基本依赖进口，加氢站的折旧与运维成本占大部分。我们认为建设规模的提速，叠加设备的国产化，将推动加氢成本快速下降。我们预期终端的加氢成本将由目前的近 40 元 / 千克在 2030 年后逐步降至 10 元 / 千克以下。

建言献策：政策助力交通运输“脱碳”

上文阐述的是交通运输行业碳中和的可行性、路线和方法，是关于“如何做”的问题，下文会阐述“如何促进全社会去做”以及“如何做好”，将从行业和技术两个维度建言献策。

行业政策建议（乘用车与商用车）：产业政策转向市场化、创新化

新能源政策复盘：补贴边际效应减弱，双积分政策指引行业长期发展方向

复盘国内和海外的新能源汽车产业政策，我们发现，短期补贴扶持叠加长期产业引导，是国内外政府部门参与新能源产业推广的两大重要手段。我们认为，中国的补贴政策将逐步走向尾声，补贴的边际效应将会减弱，双积分政策接棒补贴政策，指引行业长期发展方向。与国内双积分政策相对的是，欧盟用碳排放政策考核车企，考核结果不达标的车企将面临巨额罚款，由此倒逼车企进行电动化转型。长期来看，我们认为补贴退坡后，碳排放考核将成为行业发展托底政策。

引导技术路线，增加新能源车的吸引力

随着补贴政策逐步退坡，未来优质车型将发挥更大作用，推动新能源汽车消费自然渗透率提升。基于此判断，我们认为政策的核心在于引导车

企生产更多具备优质产品力的新能源车型。

首先是对技术路线的引导，目前的“双积分”政策正在推动混动技术在燃油车当中的使用，同时要求车企不断提高纯电动车型占比。为了应对“双积分”政策，部分车企生产品质较低的新能源汽车，再低价卖给出租车运营公司，赚取积分。这种方式不利于培养C端消费者购买新能源汽车的消费习惯。因此，我们认为可以进一步细化“双积分”政策的计分标准，考核不同车型的续航里程、电池安全性、能量转换效率等综合指标，鼓励车企生产更优质的新能源汽车。

其次在汽车相关税收方面，我们认为可以适度从中央向地方转移，鼓励地方政府与地方车企形成联动，不仅在购买环节引导新能源车型消费，更要在使用环节鼓励新能源车型的应用。

鼓励创新，重点解决新能源汽车的痛点问题

锂电池技术尚未成熟，新能源汽车在购置和使用环节仍然存在多个痛点问题，政策方向应该以解决痛点问题为主。

我们认为，财政补贴可以从购车环节逐步转移至用车环节，特别是对充电桩、换电站等基础设施建设给予补贴，提升消费者在使用环节的便利性。

此外，政策导向应该为创新商业模式提供支持。例如，车电分离模式能够有效降低车辆初始购置成本,并且降低消费者对电池使用寿命的担忧，但需要政策辅助对车电产权归属进行定义。再如，换电站运营模式偏重资产，初始投资成本高，需借助产业资本和政府补贴的力量才能够得到大规模商业化。

减少用车环节碳排放

鼓励消费者形成更环保的驾驶习惯。很多不当的驾驶习惯，如高速飙

车、随意并线等都会增加油耗，会带来更多的碳排放。因此，我们认为，运用驾驶员状态监控技术，进一步规范驾驶行为，将推动碳排放在用车环节的进一步减少。

推动车辆网联化，减少交通拥堵，提高出行效率。采用网联化技术之后，车辆可根据云端数据进行最优行程规划，提升出行效率。因此，我们认为加装路侧感应装置、信号接收装置，推动车路互感，将有效促进车辆网联化，进而减少碳排放。

行业政策建议（航空）：关注生物质和氢能的发展

新能源：对成熟的生物质燃油给予一定补贴，关注氢能的发展。

给予一定的能源补贴政策，创造航空生物质燃油市场。目前航空的生物质燃料市场面临着“先有鸡还是先有蛋”的问题，其核心是解决航空生物质燃料的成本鸿沟。因此，相关机构可以适当给予能源补贴，抹平生物质航空燃油与传统燃油的价差，创造市场，从而带动整个产业链的发展。

关注氢能及其他新能源发展，探索与航空发动机的结合。中国商用飞机行业在飞机制造技术上与国际水平相比仍有一定差距，我们建议可以适当关注氢能带来其他技术路径的可能性。

技术政策建议（锂电池）：全生命周期零排放需产业与政策协同促进

锂电池碳排放，需要从全生命周期视角看待。从碳排放角度看，锂电池的应用带来了用车环节的零排放，但纵观产业链与生命周期，锂电池的制造与最终废弃锂电池的处置，均对碳排放有较大的影响。由此，我们认为锂电池需要全生命周期碳足迹的视角。

未来需通过进一步完善政策以推动动力电池产业链实现零碳排。目前各部委针对新能源汽车废旧动力电池回收问题，已出台一系列政策法规，但众多法规细节缺乏明确的奖惩机制和监管手段，需进一步落实明确；在生产制造端也应出台更明确的政策以实现节能减排。我们建议的政策包括以下几方面。

建立电池全生命周期溯源管理体系，追溯各环节碳足迹。在工信部建立的“新能源汽车国家监测与动力蓄电池回收利用溯源综合管理平台”基础上，可通过政策进一步推动各级供应链追溯上级供应链碳足迹，并落实奖惩机制，倒逼产业链控制、减少碳排放。

回收环节落实权责与实施主体，推动以4S店（汽车销售服务店）为核心渠道，以新能源车企及第三方机构为实施主体的回收网络建设。目前工信部已落实生产者延伸制度，明确汽车生产企业承担动力蓄电池回收的主体责任，未来需进一步打通电池回收网络，明确仓储、物流、再加工等规范细节，探索可行的商业模式与利益分配方式。

使用强制性政策、奖惩机制等措施推动新能源车企及用户积极参与动力电池回收。目前虽然建立了溯源与回收体系，但正规渠道回收率较低，未来政策可从车企端和用户端两方面推动。对于车企端，未来政策应进一步明确奖惩机制和监管手段,加强新能源车企回收动力电池的积极主动性。对于用户端，未来需加强动力电池溯源体系，同时使用奖励、补贴等政策促使用户积极参与动力电池回收。

技术政策建议（燃料电池）：需政策推动产业化应用

从产业现状来看，氢燃料电池的应用处于相对早期的阶段，同时中国本土企业较之海外企业从技术到规模均处于相对劣势。此外，能源配套环节需要较大的基础设施投资，产业会在相当长一段时间内无法靠直接运营获得较好回报。由此，氢燃料电池系统的研发、生产、应用和终端配套设施的补足，都需要政策来推动。

2020 年 9 月，根据《关于开展燃料电池汽车示范应用的通知》，氢燃料电池车应用进入为期 4 年的试点推广期。燃料电池汽车新政进入“十城千辆”阶段，试点推广期以构筑完整产业链为目标，聚焦技术创新与产业链基础发展，定位实际场景应用，探索有效商业模式，以实现良性发展。

根据欧洲燃料电池和氢能联合组织发布的《欧洲氢能路线图：欧洲能源转型的可持续发展路径》，我们认为在长周期的维度上，氢燃料电池的应用可借鉴以下政策工具。

第一，推动氢能源基础设施与燃料电池系统标准的制定，完善产业链权责。目前产业缺乏相对标准，特别是在基础设施建设环节，确定标准有助于规范加氢站的建设和投资，加快基础设施环节配套的落地。氢燃料电池系统层面也需进一步完善技术、生产、资质等标准，以推动产业进入规模化应用。

第二，长远规划基础设施建设方案，保障中长期规模化应用落地与发展的确定性。

第三，进一步明确并指引氢能源在特定交通场景中的应用路径与推广目标。

第四，推动氢燃料电池系统应用的跨国合作，提升中国燃料电池产业链的供应覆盖面，加速产业规模化发展。

从绿色溢价再看绿色交通推演的效果

上文我们讲述了到 2060 年交通运输碳排放的路径，并给出了与这条碳排放路径配套的技术路径和公共政策。但如何更加定量地衡量这条路径的合理性及有效性？我们再次从绿色溢价角度讨论。

交通运输未来绿色溢价将明显下降，但难以在 2060 年实现零溢价

我们在前文计算了 2021 年交通运输行业的绿色溢价比例为 68%，对应 2.7 万亿元的零碳排放成本，说明交通运输行业当下实现脱碳的成本高、难度大。在基于前文描绘的碳排放路径下，我们希望再次测算 2030 年碳达峰和 2060 年碳中和时交通运输的绿色溢价，来解释以下两个问题。第一，在 2030 年和 2060 年两个静态时点上，交通运输的零碳排放成本是多少？与当前时点进行动态比较，绿色溢价会如何变化？通过回答以上两个问题来验证我们给出的技术和政策路径的有效性与可行性。

2030 年零碳排放成本预计为 897 亿元，对应绿色溢价比例为 2%

我们测算 2030 年交通运输绿色溢价比例为 2%，对应零碳排放成本为 897 亿元（见表 8.4），较 2021 年下降约 2.6 万亿元，公路货运和公路客运（含乘用车）将贡献 65%（约 1.7 万亿元）和 29%（约 7 500 亿元）的减量。

表 8.4　2030 年交通运输零碳排放成本为 897 亿元

2030 年	当前技术路径成本（亿元）	绿色技术路径成本（亿元）	零碳排放成本（亿元）	绿色溢价比例（%）
公路货运	18 466	20 889	2 423	13
公路客运（含乘用车）	34 928	31 593	–3 335	–10
铁路	448	349	–99	–22
航空	1 359	2 872	1 513	111
航运	372	768	396	107
交通运输整体	55 573	56 470	897	2

资料来源：中金公司研究部。

公路货运零碳排放成本将下降 1.7 万亿元，至 2030 年的 2 423 亿元，

其中重卡零碳排放成本将下降 1.5 万亿元，主要是用氢成本和氢能重卡购置成本下行共同作用的结果（我们预计用氢成本将下降 52%，氢能重卡购置成本将下降 80%）；中轻卡零碳排放成本将下降约 1 800 亿元，我们预计电动中轻卡购置成本将会下降 38%，带动电动中轻卡全生命周期成本下行，2030 年电动中轻卡单位成本较燃油车低 17%（比 2021 年高 7%）。

纯电乘用车的购置平价推动公路客运（含乘用车）零碳排放成本下降约 7 500 亿元，2030 年公路客运（含乘用车）零碳排放成本为 –3 335 亿元。如前文所述，我们预计纯电乘用车将于 2025 年实现与燃油车的购置平价，并且用电成本比用油成本低 60%，基于此我们测算 2030 年纯电乘用车全生命周期单位成本比燃油车低 10%（纯电乘用车 0.47 元 / 公里，燃油车 0.53 元 / 公里），进一步得出零碳排放成本约为 –3 335 亿元。

2060 年绿色溢价比例预计仍为 2%，但零碳排放成本下降至 701 亿元

到 2060 年，我们测算交通运输绿色溢价比例仍为 2%，对应的零碳排放成本为 701 亿元（见表 8.5）。到 2060 年我们预计乘用车、商用车和铁路将全部新能源化，绿色溢价均为零；但航空和航运无法完全用新能源满足，我们预测到 2060 年用氢单位成本仍比用燃油高，基于此我们测算航空和航运 2060 年零碳排放成本为 537 亿元和 164 亿元，对应绿色溢价比例分别为 18% 和 31%，因此交通运输总体零碳排放成本为 701 亿元，对应 2% 的绿色溢价比例。

表 8.5　2060 年交通运输零碳排放成本为 701 亿元

2060 年	当前技术路径成本（亿元）	绿色技术路径成本（亿元）	零碳排放成本（亿元）	绿色溢价比例（%）
公路货运	15 299	15 299		0
公路客运（含乘用车）	24 943	24 943		0
铁路	546	546		0

续表

2060 年	当前技术路径成本（亿元）	绿色技术路径成本（亿元）	零碳排放成本（亿元）	绿色溢价比例（%）
航空	2 980	3 517	537	18
航运	522	686	164	31
交通运输整体	44 290	44 991	701	2

资料来源：中金公司研究部。

总之，交通运输绿色溢价比例将会从 2021 年的 68% 大幅下降至 2030 年和 2060 年的 2%，对应的交通运输的零碳排放成本会由 2021 年的 2.7 万亿元下降至 2030 年和 2060 年的 897 亿元和 701 亿元，这说明我们给定的碳排放路径有一定的合理性。但同时 2060 年无法实现零绿色溢价，也说明交通运输的相关技术仍有待发展，实际上交通运输绿色溢价的下行很大程度依赖锂电池和氢能技术的进步，锂电池技术路线相对比较确定，而氢能技术则有一定的不确定性，需要政策在研发、应用、标准制定等方面助力推进。

畅想未来：自动驾驶、超级高铁、超音速飞机的陆空联动

前面几节更多立足于可见的科技讨论未来的可能性。既然现在距 2060 年还有近 40 年之遥，我们也可以做一些仰望星空的畅想。本节我们将超脱现实，描绘一幅“脑洞大开”的交通图景，包括自动驾驶、超级高铁和超音速飞机。

自动驾驶：改变的不仅仅是出行

自动驾驶意味着“车－人－环境”达到高度融合，车辆可在任何复

杂情况下自主驾驶。

自动驾驶带来出行习惯的改变，使公路运输效率大幅提升

我们认为，完全自动驾驶为公路出行带来的改变主要集中在以下几个方面。

一是自动驾驶时代,车辆成为家和办公室中间的第三空间。我们认为，未来车辆的内部空间将趋于个性化设计，满足乘客出行的舒适度要求。届时，车辆不仅是出行工具，更是第三空间，乘客可以在车内办公、休息、娱乐。

二是部分航空和铁路出行需求被自动驾驶汽车出行方式替代，如北京到上海，乘客可以在前一天晚上出发，在车内舒适地睡一觉，第二天即可到达。

三是自动驾驶可有效降低车辆闲置率，提升运输效率。我们认为，自动驾驶将推动乘用车共享化，降低车辆闲置率。对于商用车来说，自动驾驶货物运输能够解决安全隐患（如疲劳驾驶），运输效率将得到进一步提升。

自动驾驶技术普及将带来基础设施建设的巨大改变

公路形态重构，多层次地下隧道得以应用。我们认为，自动驾驶时代将驱动多层次的地下道路的大规模应用，具备自动驾驶功能的车辆可自由行驶在不同深度的隧道内，极大地提高公路运输效率。

停车场建设需求降低，节约城市土地。我们认为，自动驾驶技术将带来出行领域的共享经济，闲置车辆不再需要占用停车位，城市中对停车场的建设需求将大规模降低，大幅节约城市土地。

超级高铁能否成真

超级高铁是埃隆·马斯克提出来的一种以“真空钢管运输”为理论核心的交通工具，具有超高速、低能耗、噪声小、污染小等特点。而超级高铁近期在美国和中国都向前迈进了一大步，维珍超级环路公司于2020年11月在美国完成了其超级高铁的首次载人测试，而2021年1月中国西南交通大学试验的高铁的运行速度超过了600公里/小时。①

如果超级高铁能够实现，那么它将颠覆现有的交通运输体系和生活方式。

一方面，超级高铁的理论时速已经超过航空，很可能挑战航空在远距离出行中的地位，因为无碳排放，超级高铁替代航空后将会助力交通运输体系达到碳中和。

另一方面，超级高铁的出现很可能将重新定义城市的范围。例如，从上海出发，北京和深圳都在超级高铁的一小时行程范围内，届时北京、上海、深圳在概念上可能已经是一个城市。

超级高铁的速度让人惊叹，而更快的超音速飞机的商用化或许近在眼前。

超音速飞机商用化或许近在眼前

超音速飞机是指飞行速度超过音速领域（大约1 200公里/小时）的飞机。在飞行的百年历史中，民航一直在亚音速领域探索，人类旅行的阶跃或许将在未来几年内发生。Boom Supersonic（航空初创公司）于2020年10月推出了首架XB-1超音速飞机演示样机，②并计划在2021年首飞，

---

① 参见 https://www.163.com/dy/article/G0831MQ20511NEUN.html。

② 参见 https://boomsupersonic.com/xb–1。

XB-1 最高巡航速度将达到 2 335 公里 / 小时。载客量仅为两人的 XB-1 显然还只是一架验证机，Boom Supersonic 真正的王牌是载客量达 55~75 人的 Overture 机型，而 Overture 预计在 2025 年实现商业化。

超音速飞机的能耗将成倍于目前的飞机，这是否会增加航空业的碳排放？我们认为答案是不见得。XB-1 在设计、开发和测试阶段都充分考虑到了对环境的影响，例如 XB-1 在进行地面测试时，80% 的燃油均是清洁燃油，如果未来清洁燃油在超音速飞机上验证可行，将会大大降低碳排放。未来超音速飞机会真实地缩短世界各地的距离，或许也将推动航空业的碳中和。

▶▶ 第九章

绿色生活：开启消费与社会治理新篇章

摘 要

保护地球家园、让生活更美好是每个人的心愿。消费是碳排放的终端，无论是2030年前碳达峰还是2060年前碳中和的目标，都离不开消费端亿万民众的共同努力。碳达峰、碳中和目标的实现，需要从普通民众生活中的点点滴滴着手，改变他们的生活方式与消费行为。

与此同时，居民作为消费者，也将面对绿色消费所带来的各项成本增加和不便利。但这涉及人类健康、环境保护与可持续发展，几代人的改变和付出将带来世世代代更美好的生活，因此这种付出是高尚且值得的。

在本章，我们强调了生活方式和社会治理的双重变革与互相促进。企业的作为可以有效降低成本，提升绿色消费的规模效益、品质及体验。而政府的作为，如绿色标准的健全、各项补贴的应用、政策法规的制定等，将鼓励消费者更多地进行绿色消费，更顺畅地实现生活方式的转变。

让我们积极实践、贡献力量，一起迈向青山绿水，迈向健康生活，建设与共享碳中和的美好时代。①

① 本章作者：郭海燕、樊俊豪、何伟、林思婕、陈文博。

绿色生活来自全社会的共同努力

居民生活碳排放占比 40%，低碳生活意义大

居民是工业生产的终端用户。居民生活碳排放包含两方面，一方面是生活中的能源消耗造成的直接碳排放，另一方面是生活中进行的消费、购买的服务等造成的间接碳排放。依据碳足迹的概念，这一部分碳排放也包含消费品生产过程中所产生的碳排放。据此测算，我国居民生活碳排放量约占总排放量的 40%，相对应的发达国家居民生活碳排放占比为 60%~80%（见图 9.1）。这表明随着生活水平的日益提升，居民生活碳排放占比还有提升的可能性，因此，倡导绿色生活方式需要未雨绸缪。

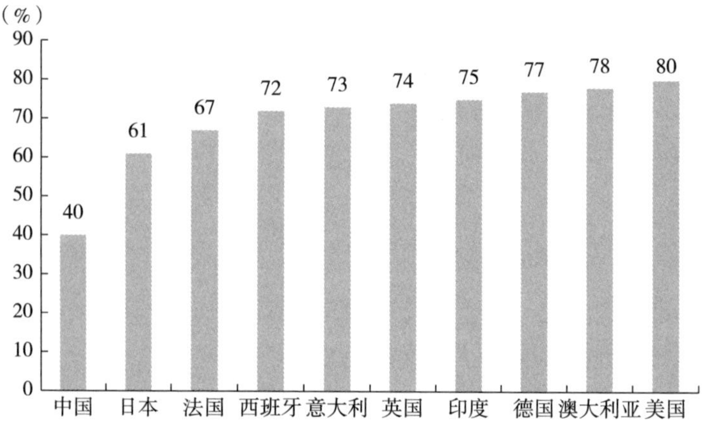

图 9.1　中国与世界主要国家居民碳排放占比

资料来源：Ivanova et al., Mapping the Carbon Footprint of EU regions, 2017；Xiaoling Zhang et al., How to Reduce Household Carbon Emissions: A Review of Experience and Policy Design Considerations, 2017；中金公司研究部。

注：根据 2017 年的研究数据整理。

居民、企业、政府三管齐下的社会综合治理

如何降低居民生活碳排放占比？倡导低碳的生活方式是碳中和的重要一环。随着经济的发展，居民生活碳排放占比有越来越高的趋势，绿色生活的方式也越来越重要。这方面要依靠：居民自身的低碳消费习惯，企业从供应端的创新与努力，政府的倡导与配套政策。因此，绿色消费需要从居民生活方式、企业运营模式、政府政策引导三个层面来突破（见图 9.2）。

居民能为碳达峰做些什么？绿色生活方式的推广、绿色消费习惯的培养、消费行为的改善，以及低碳饮食、杜绝浪费、节能环保……都能够从消费端推动碳中和的实现。

与此同时，在这一过程中，居民还会面临一个新问题——消费成本的增加和消费过程的不便。如何才能让居民积极参与碳中和过程？如何轻松

地解决上述新问题？这就需要企业的参与、政府的引导。消费企业能为碳达峰做些什么？产品创新、提效降耗、环保减排、回收利用、共享经济、ESG 发展……企业的有效作为不仅能够从供应端推动碳中和的实现，而且能够实现绿色消费品闭环的规模经济，降低居民的实际购买成本。

政策制定方面，家电能效体系与回收、节能产品补贴、森林资源的可持续利用、包装综合治理、光盘行动与有机物再利用等政策制度的完善与实施，也将适当补偿居民的新增成本，鼓励企业更加积极地参与碳达峰过程。

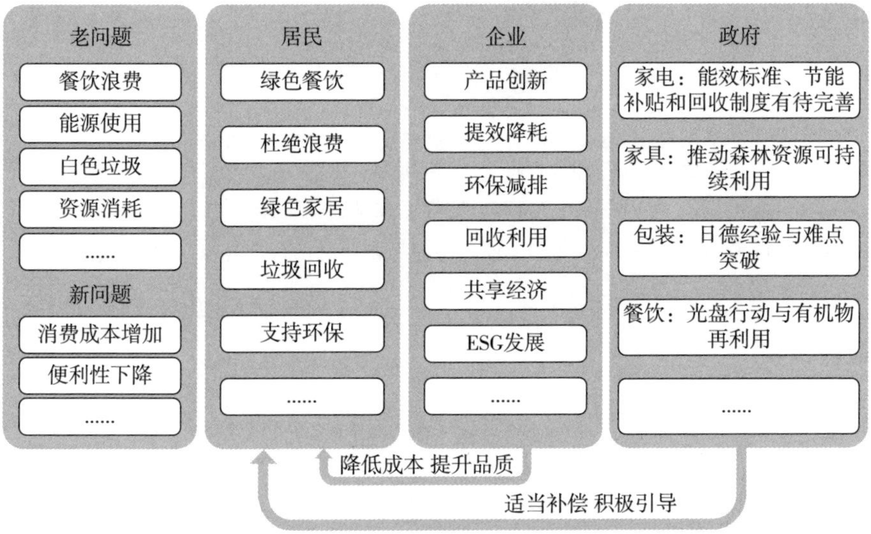

图 9.2　一张图看懂绿色生活实现路径

资料来源：中金公司研究部。

绿色生活方式：居民能为碳达峰做些什么

研究表明，欧洲居民平均碳足迹中，出行占 30%，家庭生活占 22%，餐饮占 17%，家具、生活用品占 10%，服装占 4%（见图 9.3）。其中，吃住行是碳排放的大户。前文已对绿色出行部分进行了详细分析，下文将重点讨论绿色饮食和绿色家居两个重要方面。

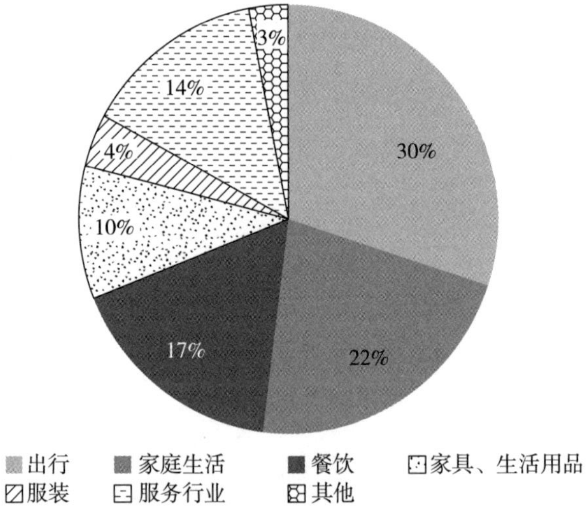

图 9.3　2017 年欧洲家庭碳排放来源占比

资料来源：Ivanova et al., Mapping the Carbon Footprint of EU Regions, 2017；中金公司研究部。

绿色饮食

素食产生的碳排放量在同等情况下远远小于肉食。主要原因是动物在成长过程中对食物的利用率较低，以及会排放甲烷类气体。即使在肉类食品中，不同类型的肉所产生的碳排放量也不同，比如牛肉和羊肉等红肉所产生的碳排放量是相同质量的鸡肉、猪肉类食品的约 4 倍（见图 9.4）。根据不同的饮食习惯，美国等西方国家中，一份均衡的饮食结构中肉类占饮食碳排放量的 56.6%（见图 9.5），是饮食碳排放中最主要的组成部分。而中国人摄入水稻类主食较多，肉类占饮食碳排放量的 36.5%（见图 9.6）。

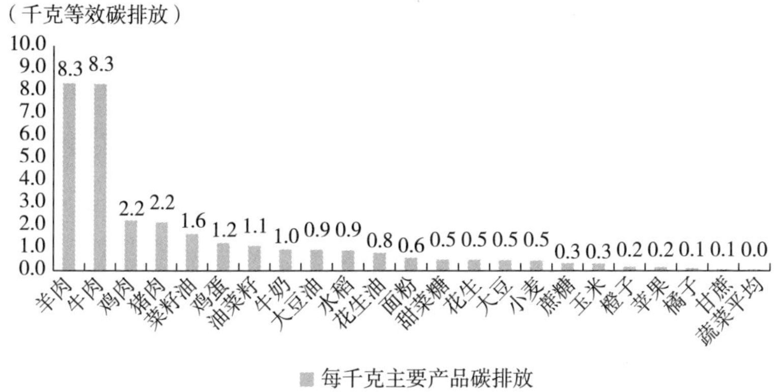

图 9.4　中国每千克食物碳排放量测算

资料来源：Xu et al., A Comparative Study on Carbon Footprints Between Plant and Animal-based Foods in China，2016；中金公司研究部。

注：数据为四舍五入。

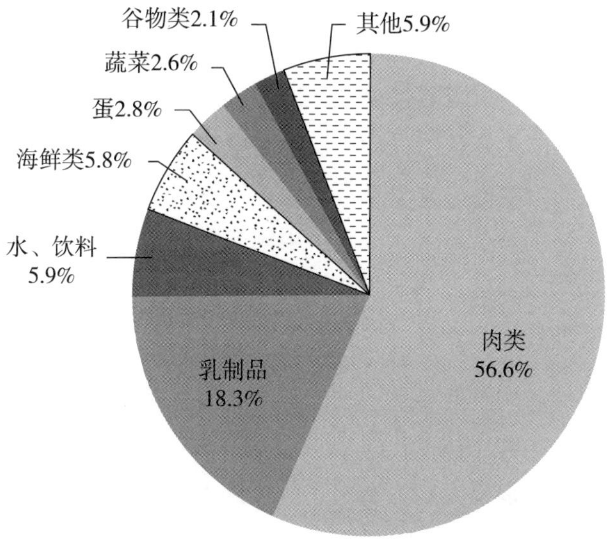

图 9.5　2018 年美国各类食品对碳足迹的贡献

资料来源：Center for Sustainable Systems，University of Michigan；中金公司研究部。

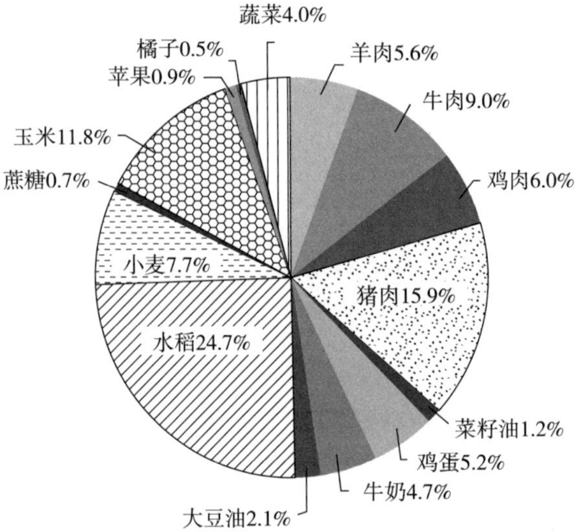

图 9.6　2016 年中国各类食品碳足迹的贡献

资料来源：联合国粮食及农业组织；Xu et al., A Comparative Study on Carbon Footprints Between Plant and Animal-based Foods in China, 2016；中金公司研究部。

注：水产类碳足迹统计数据缺失。

对于成年人来说，相较于正常的杂食食谱，纯素食和蛋奶素食的食谱所产生的人均碳足迹分别为杂食食谱的 59% 和 65%①，并且能满足人体均衡营养中所要求的各种营养物质②。根据测算，在一定的膳食结构改善的条件下，仅饮食习惯这一项即可在 2030 年降低当年碳排放量 6 621 万吨。

在确保营养均衡、饮食健康的前提下，膳食结构的改善不仅要依靠政府的宣传和引导，还要通过食品加工创新，将素食做出肉食的味道，淡化膳食结构改变带来的口味变化。其中，较为成熟的技术是人造肉技术。例如，目前市场上规模最大的人造肉龙头品牌 Beyond Meat 成立于 2009 年，

---

① Alice Rosi et al., Environmental Impact of Omnivorous, Ovo-lacto-vegetarian, and Vegan diet, 2017.

② M. Eisinger et al., Nutrient Intake of Endurance Runners with Ovo-lacto-vegetarian Diet and Regular Western Diet, 1994.

致力于通过植物直接制造出有肉类产品口感和味道的食物，产品囊括汉堡肉饼、牛肉、炸鸡、香肠等各类肉食的人造肉品类，渠道覆盖广泛。该公司 2020 年第三季度的报告显示，公司市场份额同比增长 6.14 个百分点。

多吃蔬菜，适量吃畜禽肉，少吃红肉，吃蛋奶素食或可减少碳排放量，并且有利于身体健康。相对于纯素食主义，蛋奶素食更容易做到营养均衡，在全世界范围内更容易被接受。虽然存在争议，但有大量研究证据表明蛋奶素食对健康有益。例如，有研究表明，蛋奶素食和纯素食具有更低的肥胖风险和罹患缺血性心脏病的风险，长期食用也能增加人类的预期寿命。同时，该研究还表明，相比于其他肉类，过量摄入红肉会显著增加患各类疾病的风险。① 世界卫生组织也将红肉列入 2A 类致癌物，即在动物实验中有充足的致癌证据，但是缺乏会使人类罹患癌症的证据。

杜绝浪费

消费端食物浪费量巨大，宴请聚餐是“重灾区”。随着消费水平的提升，我国主要餐饮浪费出现在消费端。根据世界自然基金会与中国科学院地理科学与资源研究所联合发布的《2018 中国城市餐饮食物浪费报告》，中国餐饮业人均食物浪费量为 93 克 / 餐，浪费率为 11.7%；初步测算，2015 年我国城市餐饮业仅餐桌上的食物浪费量就达到 1 700 万 ~1 800 万吨。中国社会科学院指出，中国每年在餐饮上浪费的粮食高达 4 000 万 ~5 000 万吨，相当于目前粮食生产量的 6.0%~7.5%。其中，朋友聚餐、城乡婚宴酒席、出生宴等各类“事件性宴聚”浪费，以及商务宴请浪费等餐饮食物浪费尤为严重。根据《2018 中国城市餐饮食物浪费报告》，朋友聚餐、商务宴请平均每餐每人食物浪费量分别为 107 克、102 克，明显高于其他形式（家

---

① Paul et al., The Long-term Health of Vegetarians and Vegans, 2015.

庭聚会每餐每人食物浪费量为95克,无特定目的就餐食物浪费量为67克)。此外，从餐馆规模的角度来看，浪费量与餐馆规模成正比：大型餐馆浪费量较高，平均每餐每人132克，明显高于平均水平93克；相比之下，小型餐馆及快餐店人均浪费量较少，分别为69克和38克。

餐饮食物浪费的背后意味着，生产这些食物所用到的水、土地、能源以及大量的碳排放都被无端消耗与释放，减少餐饮浪费不仅可以降低农业养殖所产生的碳排放，还可以减少垃圾填埋场食品腐烂造成的温室气体排放。

除饮食方面的浪费外，居民在日用品、服装等消费品类的购买方面也应合理规划，践行节约原则，这些都能够为保护自然资源、实现碳达峰贡献力量。

绿色家居

小习惯减少碳排放。尽管家庭生活部分的碳足迹占居民碳足迹排放比例超过了20%，但家庭生活减排却没有“一招鲜”的解决方案。减少家庭生活的碳排放，要依靠科技、能源的进步，更重要的是通过平日一些小的绿色生活习惯，日积月累地减少碳排放。根据密歇根州立大学研究学者的测算，推行各种不同减少碳排放的绿色生活方式，总计可以减少家庭生活碳排放量超过15%(见图9.7)。这些好的方法和习惯，包括房屋节能改造、家电更新维护、晾干代替烘干、降低热水温度等。

此外，积极参与城市的垃圾分类工作，在日常生活中做好垃圾分类，也是绿色家居习惯的重要组成部分。

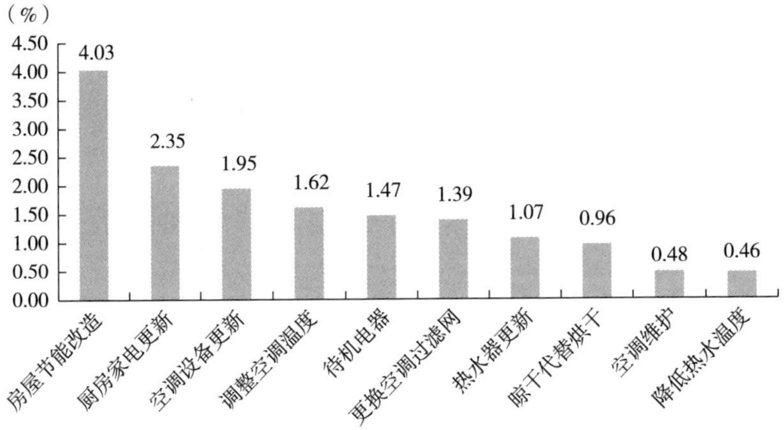

图 9.7　绿色家庭减排：优秀习惯对居民减少碳排放定量预估

资料来源：Thomas Dietz et al., Household Actions Can Provide a Behavioral Wedge to Rapidly Reduce US Carbon Emissions, 2009；中金公司研究部。

支持环保

展望未来，随着环保意识的增强，人们的消费模式也将更加有利于碳中和的实现。

减少外卖包装消费是支持环保的重要表现之一。目前，外卖包装市场规模迅速扩张，白色污染问题亟待解决。重复使用，多次利用，少使用一次性用品，多使用耐用品，是消费者在减少白色污染方面可以做到的。移动互联网的发展普及与在外就餐占比的提升促进了餐饮外卖市场蓬勃发展。根据艾瑞咨询调查的数据，2019 年中国餐饮外卖市场规模达 6 536 亿元，同比增长 39.3%，2015—2019 年的复合年均增长率约为 90%。外卖包装市场规模随之迅速扩张，我们测算，2019 年餐饮外卖使用的一次性餐盒或超 300 亿个，使用的包装袋或超 150 亿个。

塑料为外卖包装的主要材料。美团外卖的调研数据表明，外卖餐盒和包装袋中塑料材质占比均超过 80%，其中聚丙烯和聚乙烯等普通塑料使用最为广泛。国内目前外卖包装废弃处置回收链路尚不完善，而普通塑料在填埋或焚烧过程中会产生大量碳排放，同时受制于技术成熟度、性能和成本，可降解材质外卖包装的规模化应用尚未成熟，外卖包装带来的白色污染问题亟待解决。

此外，我们能做的还有很多，例如购买电子书、节约纸张、少用一次性餐具和一次性纸杯等。随着环保意识的增强，我们支持了环保，也保护了共同的未来。

绿色经营模式：消费企业能为碳达峰做些什么

在碳达峰过程中，企业可以在产品创新、提效降耗、环保减排、回收利用、共享经济、ESG 发展等方面积极作为，有效提升绿色消费的规模效益，降低成本，提升品质与体验。

产品创新

产品创新可降低家庭能源消费增长率。中国家庭消耗大量电能、天然气和少量散煤，以满足家电运行、烹饪、取暖需求。2019 年，居民用电 10 250 亿千瓦时，对应碳排放量 7.05 亿吨（2019 年中国清洁能源发电量渗透率 31%）；城市燃气用量 1 140 亿立方米，对应碳排放量 2.46 亿吨；北方民用散煤用量 0.6 亿吨（主要用于取暖），对应碳排放量 1.14 亿吨。

居民用电量存在刚性增长，要根本解决居民用电的碳排放问题，就要促使风能、太阳能、水电等清洁能源发电成为主流，尽量减少煤炭发电。要缓解居民用电量的增长，还可通过提高家电能效标准实现。这又可以分解为新生产的家电，特别是空调、中央空调的能效水平提升；促进家电以旧换新，淘汰能效水平较差的旧家电。存量家电中，家电机龄越长，平均能效标准越低，单台家电能耗越高。

除空调能效外，还有很多家电产品不断在节能化方向推陈出新：变频技术可以提升空调、冰箱、洗衣机的能效水平，太阳能热水器可以缓解电网负担，冷凝燃气热水器的效率要高于普通产品，LED（发光二极管）灯替代节能灯、白炽灯，设计更加合理的取暖器替代设计不合理的取暖器。

提效降耗

生产环节的原材料损耗是影响碳排放的又一重要因素。我们用家具行业利用柔性生产等智能制造技术持续提升木材利用率为例，展望提效减碳的空间。

中国是全球第二大木材消耗国，近年来木材消耗总量持续增加（见图9.8），减少木材消耗、提升木材利用率成为实现碳中和目标的重要一环。树木对二氧化碳具有很好的吸收作用，地球上一棵成年树一年可以吸收超过21.8千克的二氧化碳（见图9.9），中国林产工业协会和前瞻产业研究院

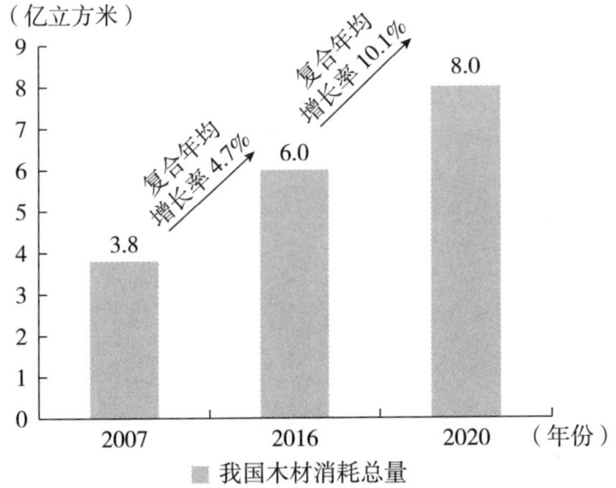

图 9.8　我国木材消耗总量持续增加

资料来源：中国林产工业协会，中国木材网，中金公司研究部。

图 9.9　一颗成年树木一年能吸收 21.8kg 二氧化碳

资料来源：植树节基金会，中金公司研究部。

的数据显示，近 10 年来中国木材消耗总量增长了 173%，成为全球第二大木材消耗国和第一大木材进口国，在每年的木材消耗中，家居家装领域的占比持续走高，其中人造板占比最高，为 32.99%，实木类家具产品占比约为 3%。

家居家装行业作为木材消耗大户，近年来为实现成本管控与低碳环保等目标，持续通过智能制造及柔性生产来提升木材利用率，目前部分头部定制家居企业的木材利用率已经提升到 85% 以上，极大地减少了木材消耗，有效助力碳中和目标的实现。

先进的柔性生产等智能制造技术，通过将微电子学、计算机和系统工程等技术有机地结合起来，很好地解决了机械制造高自动化与高柔性化之间的矛盾，能够充分满足家居产品的定制化需求。该生产技术借助大数据、信息化软件，将尺寸不一的各类柜体，通过自动组合、运算、排版，出具最佳切割方案，进而再通过柔性化设备进行生产，减少家具生产过程中的材料浪费，提高木材利用率，减少树木砍伐。目前我国定制家居龙头如欧派、索菲亚等企业，均向柔性生产技术发力，实现了木材利用率的持续提升。

环保减排

生产环节带来的环境污染也是碳中和所要解决的问题之一。这里，我们以日化产业和纺织服务产业为例，探讨排污与碳中和的关系及解决方向。

洗衣液生产环节碳排放量较大，企业积极行动

我国洗衣液消耗量大且快速增长，减少洗衣液生产环节碳排放成为实现碳中和目标的重要一环。2019 年，我国洗衣液市场规模约 272 亿元，以每 500 克约 7.8 元的单价进行测算，2019 年我国共消耗洗衣液约 174.4 万吨。2019 年我国洗衣液的渗透率约为 44%，与日本、美国的 79.5%、91.4% 相比仍有较大提升空间，预计我国洗衣液市场未来 5 年将以 13.6% 的复合年均增长率快速成长，并在 2024 年实现 515 亿元的市场规模，对应 330.1 万吨的洗衣液销量。

据碳阻迹公司的数据，在洗衣液生产环节，1 吨洗衣液将释放约 0.67 吨二氧化碳，我们估算 2019 年我国洗衣液生产共产生碳排放量 116.8 万吨，2024 年将产生碳排放量 221.2 万吨。由此可见，随着洗衣液消耗量持续快速增长，采用绿色环保配方、减少生产过程中的碳排放将成为实现碳中和目标的重要方式。

在全球企业与消费者环保意识崛起的背景下，近年来全球日化巨头不断推出环保型洗衣液，与传统的以石油衍生品为原料相比，环保型洗衣液主要以纯天然植物性成分为主，能够有效降低生产与使用过程中的碳排放量。

汰渍作为全球知名的衣物护理品牌，推出了一款天然植物配方洗衣液 Purclean，这款洗衣液中的植物性原料占比达到 75%，在保持较好的清洁性能条件下，大量减少了石油衍生原料的使用。

第七世代是在全球范围内广受欢迎的环保品牌之一，是雨林联盟与森

林管理委员会的认证伙伴，其推出的 Free & Clear 洗衣液中生物和植物基成分占比高达 97%。

展望未来，我们坚信浓缩洗衣液的推广将有助于推动行业节能减排。中国洗涤用品工业协会发布的《浓缩洗涤剂生命周期评估》表明，若我国全部消费者都使用浓缩洗衣液，那么能够在生产、运输中减少碳排放 174.72 万吨，节省电能耗用 85.67 亿度，并在消费者使用过程减少洗涤废水排放量 242.11 万吨。

纺织服装龙头企业节能减排先行

纺织生产过程中耗用的主要资源是水；温室气体排放主要源于生产过程的能源消耗，包括直接排放（天然气和煤等）和间接排放（电力和蒸汽）。在各生产流程中，面料生产是能源消耗的主要环节，生产过程中产生的主要废弃物为废水、废气、固废等，其中废水、废气主要产生于印染工序。

纺织制衣龙头企业申洲国际凭借依序推进的环保改造使之对环境更为友好，通过努力促进水资源和各类能源利用效率的进一步提高，降低生产对周边环境的不利影响，推行全过程的清洁生产，以确保最终消费产品的环保性。

从排污角度看，公司重视污染物的全过程控制。在确定合作供货商时，会对原料环保性予以重视；各生产部门持续改进生产工艺，力求提高工艺上的环保性；优化能源结构，逐步增加对清洁能源的使用；适时更新旧设备，通过引进更加环保、低耗的先进设备以减少资源的消耗量和污染物的排放量；在污染物的末端处理上，严格遵守政府的相关规定，确保合格排放。公司计划继续加大力度减少单位废水和废气的排放，预计 2020 年的单位废水排放量相比 2015 年减少约 35%。

从耗能角度看，目前申洲国际在宁波的工厂已全面使用天然气作为基础燃料，有效降低了对大气环境的不利影响。2019 年天然气消耗总量为 59 241 399 立方米，较上年同期增长 61.44%；同年生物质及煤的消耗总量为 174 770 吨，较上年度下降了 16.15%。

回收利用

回收利用是居民、政府、企业都要参与进来的闭环，需要企业与政府政策措施的相互配合。本节分别从产品包装优化与回收、快递包装再利用等维度进行论证和阐述。产品包装层面，优化包装是促进回收利用的第一步，生产企业的积极参与是促进回收利用的要素。老旧产品回收方面，以回收与换新均能减少碳排放的家电行业为例，重点从消费企业角度进行分析。快递包装的再利用也需要相关企业的积极参与。

优化包装是促进回收利用的第一步

降低塑料使用增长率是重要的减少碳排放的手段。加州大学圣塔芭芭拉分校测算，如果塑料产量增长率从 4% 降至 2%，那么塑料制品在 2050 年的预期碳排放量可以降低 56%。[①] 近年来新型可降解塑料产业发展迅速，如果能在消费品包装中广泛应用，则能够达到降低消费端带来的碳排放的效果。

优化包装的另一个层面是减少过度包装。白酒行业一直以来面临过度包装的问题。近年来，随着企业和消费者的理念逐渐转变，光瓶酒逐步取代盒装酒，玻璃瓶和仿陶瓷样式的玻璃喷釉酒瓶逐步取代传统陶瓷酒瓶成为白酒包装的新趋势。过去 5 年间，光瓶酒市场规模复合年均增长率达到 20%，我们预计未来 5 年光瓶酒市场规模的复合年均增长率可达 15%。光

① Zheng et al., Strategies to Reduce the Global Carbon Footprint of Plastics, 2019.

瓶酒对盒装酒的替代有望促进白酒包装简约化，减少外包装生产过程中的碳排放。相比陶瓷瓶，玻璃瓶回收过程中碳排放较低，因为被回收的碎玻璃的熔化温度低于用原材料新制玻璃所需温度，并且易于重新造型。

生产企业的积极参与是促进回收利用的要素

废弃物回收再利用是减少碳排放最直接的手段之一（见表 9.1）。回收过程产生的碳排放量，通常远小于重新制造和垃圾填埋所产生的碳排放量。研究表明，根据材料的不同，每回收 1 吨垃圾可以减少最多达 8.1 吨的碳排放量。同时，根据材料的不同，即使对于塑料这个单一品类，分类回收也能显著提升垃圾回收效率，增加垃圾回收所减少的单位碳排放量可达 50%~100%。①

表 9.1 部分废弃垃圾回收对减少碳排放的贡献

回收材料	减少碳排放（千克二氧化碳 / 吨回收材料）
玻璃	314
纸	459
卡片	120
书	117
钢罐	862
铝罐	8 143
碎金属	3 577
混合塑料	1 024
混合塑料瓶	1 084
PET	2 192

① Turner et al., Greenhouse Gas Emission Factors for Recycling of Source-segregated Waste Materials, 2015.

续表

回收材料	减少碳排放（千克二氧化碳 / 吨回收材料）
PVC	1 549
木材	444
灯泡	779
冰箱	853
汽车电池	435
植物油	2 759
食物残渣	452
服装鞋袜	3 376

资料来源：Turner et al.，Greenhouse Gas Emission Factors for Recycling of Source-segregated Waste Materials，2015；中金公司研究部。

家电的加速更新有助于改善存量家电的能效水平，需要家电企业的积极推动，并配合国家政策的鼓励。旧家电中不仅包含有色金属、橡胶，部分还存在铅、汞等有毒有害物质，若处理不当会产生大量环境污染物质。我们估计，截至2020年末，中国冰箱、洗衣机、空调、彩电保有量中使用年限达到9年以上的产品分别占11%、21%、9%、20%，对应总量约为3.3亿台。老旧产品生产年份久远，采用当时较低的能耗标准，单台能耗会显著高于新品。

软饮料企业积极作为，更多参与回收再利用过程，有望提高PET瓶循环利用效率，从而减少碳排放。我国软饮料瓶需求量大，经济效益有效驱动了高回收率。目前我国软饮料行业主要使用一次性PET包装，每年PET瓶消耗量大，根据化纤信息网的数据，2019年中国软饮料PET瓶总需求量为429万吨，2017—2019年保持稳健增长（见图9.10）。根据中国饮料工业协会的数据，2019年中国PET瓶回收率超94%（见表9.2），处于国际领先水平，主要原因是PET瓶回收再加工用途广，具备较高的回收价值，而经过几十年发展，中国已初步建立起一套以经济效益驱动的软饮料 PET 瓶回收体系。存在的问题有回收体系相对粗放、再利用技术和效率待提升，以及再生产品待提升等，未来仍有较大改善空间。

农夫山泉计划每年收集和回收 100 万桶不再使用的 19 升包装瓶，经回收企业再利用制造成塑料产品。此外，国际软饮料巨头近年来也开始重点提倡减碳行动，各企业均规划未来使用更多的再生 PET 生产制造饮料包装。

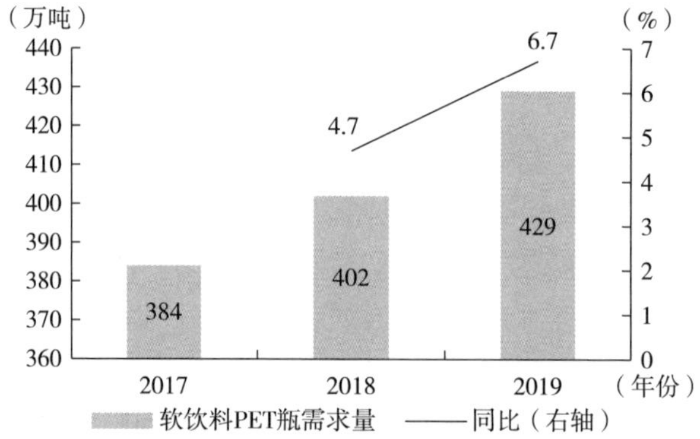

图 9.10　2017—2019 年中国软饮料 PET 瓶需求量及同比

资料来源：化纤信息网，华润材料招股书，中金公司研究部。

表 9.2　部分国家与地区 PET 饮料包装回收率（2019 年）

国家	包装物范围	回收率
中国	PET 瓶	>94%
德国	饮料瓶（易拉罐、塑料瓶、玻璃瓶）	97%
捷克	啤酒和饮料瓶	99%
芬兰	饮料瓶 / 易拉罐、玻璃瓶	93%
美国（各州不同）	啤酒和饮料瓶	50%~85%
挪威	饮料瓶	95%
丹麦	饮料瓶 / 易拉罐、玻璃瓶	89%

续表

国家	包装物范围	回收率
瑞典	PET 瓶、铝罐	84%、81%
	玻璃瓶	93%
比利时	PET 瓶	>85%
日本	PET 瓶	92%
瑞士	PET 瓶	82%

资料来源：中国饮料工业协会，中国环境科学研究院，日本PET瓶回收协会，中金公司研究部。

国内米面油包装主要为 PET 瓶、塑编袋，当前回收率较低。分产品看，根据中国物资再生协会再生塑料分会、中国包装联合会、欧睿的数据，我们测算 2019 年国内食用油 PET 瓶回收率约为 83%，低于欧洲的 85%、日本的 93%；2019 年国内米面塑编袋回收率约为 24%，而欧洲、日本这一回收率分别是 42%、47%。米面油包装回收率较低的原因多样，包括多种塑料包装混杂不易分拣，包装中残余产品交叉污染使回收处理成本高，以及国内回收体系尚未完善等。企业的积极参与有利于回收率的提升。

快递包装再利用

在快递包装上下功夫。在消费者感到快递越来越便利的同时，快递包装给城市清运以及环境保护带来了不小的挑战。快递包装目前存在几个问题：回收率低（不足 20%），二次包装和过度包装问题重，可降解塑料利用率低。

解决方法是，采取有针对性的措施来控制快递包装的使用量，目前的主要措施是“3R”“1D”。“3R”指的是包装减量（Reduce）、重复使用（Reuse）和回收利用（Recycle），“1D”指的是可降解塑料（Degradable）。

包装减量，指在确保包装保护功能的前提下尽量减少包装材料的体积和重量，节省资源消耗，如电商快件减少二次包装（到 2025 年要求 100%

不进行二次包装），采用智能包装算法提升包裹填充率等。

重复使用，指对包装材料进行最大限度的再利用，从而减少一次性材料使用，例如循环快递箱和循环中转袋。邮政局统计，2019 年投入使用 200 万个循环快递箱，循环中转袋使用率达 75%，预计到 2025 年可循环快递包装应用规模达 1 000 万个。

回收利用，指将废旧快递包装材料回收后进行再生产加工变为新的快递包装材料，例如瓦楞纸回收再造纸浆。

可降解塑料，指利用可降解塑料替代一次性塑料，目前比较推崇的可降解材料是以植物淀粉为原料的淀粉基塑料和聚乳酸。

共享经济

共享经济赛道作为近两三年的创业热点，新兴模式层出不穷。共享雨伞、共享玩具等渐渐销声匿迹，共享单车作为代表性项目热度也早已衰减，而曾经默默无闻的共享充电宝却已遍布大小商场。在共享这一经济形态背后，是租赁的生活方式和共享的生活理念。共享经济中，生产力与消费需求得到了更有效的匹配，因此更加节省资源，为低碳经济做出了贡献。

以共享充电宝为例，它减少了消费者购买充电宝的需求，因此节省了生产过多充电宝产生的碳排放。根据中国互联网络信息中心的数据，截至 2020 年上半年，我国共有手机网民 9.32 亿人，如果没有共享充电宝，极端情况下人手保有一个充电宝，按照平均 3 年的换购周期来算，则年均充电宝消费量在 3 亿台左右。根据艾瑞的数据，2019 年共享充电宝的用户规模达到近 2.5 亿人，交易规模近 80 亿元，则人均支出为 32 元，按照当年次均付费 1~1.5 元计算，则用户年均消费 20~30 次。参考行业数据，市场上每台共享充电宝每天被借出 0.8 次，则目前存量的共享充电宝数量在 2 000 万 ~ 3 000 万台。

除了共享充电宝外，还有许多其他共享经济因切实地以更高效的手段满足了人们的生产生活需要，所以节省了不必要的生产环节，为减少碳排放做出了贡献。如共享出行、共享办公、共享自习室等。

各种共享模式把原本分散化、个性化的需求集中起来，除了减少了无谓的生产量之外，还因规模效应提高了生产效率，可以实现更为低碳、可能需要更大前期投入的生产模式,因此对减少碳排放的作用被进一步放大。如 WeWork（共享办公企业）将办公地点首选在地铁站附近，鼓励员工低碳出行；对所有会议室空间实行智能系统预订制度，鼓励大家远程会议，减少非必要的碳排放；所有办公用品在尽量数字化的同时选用可再生材料等。未来随着更多共享需求的开发、模式的创新和技术的不断进步，我们相信社会生产将向更低碳节能的方向演进。

ESG 发展

ESG 是环境、社会和治理的缩写，是一种关注企业环境、社会、治理绩效的投资理念和企业评价标准（见图 9.11）。通过 ESG 绩效，能评估企业在促进经济可持续发展、履行社会责任方面的贡献。

ESG 可有效推动企业从单一追求自身利益最大化到追求社会价值最大化。ESG 表现良好的公司能够更好地预期和管理目前以及未来的经济、环境、社会机会和风险，关注质量创新、生产力创新，重视环境保护、节能减排，降低运营成本，创造竞争优势以及长期价值。我国家电龙头积极推进生产环节节能减排，废物利用取得显著效果。美的集团、海尔智家在行业中更早地对 ESG 的要求予以重视，并在社会责任报告中更好地披露了相关信息，获得海外投资者的赞许。海尔智家 2017 年、2018 年、2019 年单位产值能耗分别同比下降了 13.22%、16.67%、6.77%。2018 年、2019 年分别减少碳排放 44 221 吨、10 503 吨。2019 年，海尔智慧能源中心覆盖了海尔智家所有产品主线，利用自动化、信息化技术和集中管理模式，对全国所有工厂的水、电、气等主要能源消耗实施了集中动态监控和数字化管理，在能源转化、输配、消费等方面开展全过程信息化自动控制，自动精准地采集能源数据，完成了能耗数据的预测、分析，优化了能源调度。

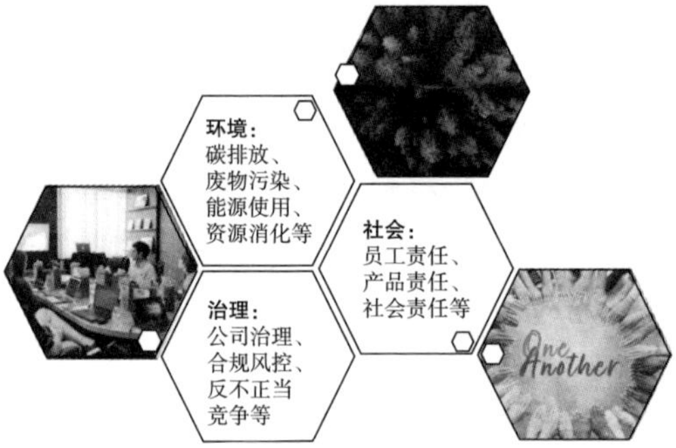

图 9.11　消费企业的 ESG

资料来源：必应图片，中金公司研究部。

政策制定与社会治理：中外对比看未来方向

家电：能效标准、节能补贴与回收制度有待完善

中国现行家电能效入门级标准相比美国、欧洲、日本低 20% 左右（口径不完全可比）。

美国对空调、冰箱、洗衣机采用能源部能效限值和能源之星制度，美国能源部主管的黄色能源指引标签为强制性能效标签，而由美国国家环境保护局主管的能源之星标签为自愿性能效标签。

欧盟 2011 年发布的第 626 号指令，要求制冷量小于等于 12 千瓦的电驱动空调器需强制加贴能效标签，并要求在能效标签上标出年耗电量。欧盟对冰箱、洗衣机等也有《家用电冰箱、电冰柜及其组合的能源标签的委员会指令》《家用洗衣机能源标签的委员会指令》等相关指令，产品需按规定加贴能源标识。

日本对于家用电器的能效标准要求主要体现为准强制的“领跑者”计划，包括强制性的电器零售商节能标签以及自愿性节能标签。

对比日本、美国现行空调和冰箱的能效标准，发现发达国家代表性家电最低准入能效标准比我国高 10%~30%（口径不完全可比）。

节能补贴有利于推广高能效家电产品，助力实现碳中和。2009—2013 年中国家用空调经历过两轮节能补贴政策刺激，以及两次能效标准提升。从历史经验看，节能补贴的推出有助于生产企业和消费者顺利从低能效产品向高能效产品切换。2021 年 2 月 10 日，《商务部办公厅关于做好 2021 年绿色商场创建工作的通知》发布,呼吁“扩大节能家电及绿色产品销售，促进绿色消费”。我们认为，适度的节能补贴，有利于增强高能效产品在消费市场中的竞争力，从而改善家电产品的能效结构，助力我国早日实现碳中和的重要目标。

此外，随着“碳足迹”概念的兴起，各国纷纷开发了碳足迹的评价标准，鼓励低碳产品的生产消费，以“碳标签”的形式把商品在生命周期中的温室气体排放量用量化的指数进行标示，告知消费者产品的碳信息。例如，国际标准 ISO/TS14067 和英国标准 PAS2050 是目前广泛采用的两种碳足迹核算与认证标准。“碳标签”是自愿性的认证指标，可以帮助企业树立低碳环保的良好形象，吸引更多关注气候变化的消费者，使得产品在进入对环保要求高的国际市场时也具备更强的竞争力。

第一，环保要求方面，美国有联邦层面的《有毒物质控制法案》，此外各州也有相关的法律法规。

欧盟市场的产品需要满足 WEEE（报废的电子电气设备）指令对电子废弃物的回收要求，如温度交换设备（包括空调、冰箱、冰柜等）和大型设备（包含洗衣机、洗碗机等）回收率要达到 85%，再利用和再循环率要达到 80%；需要满足 RoHS（在电子电器设备中限制使用某些有害物质）指令对有害物质的控制要求；需要满足 ErP（能源相关产品）指令对具体产品实施措施的生态设计要求。此外，还有自愿性的生态标签，如由欧盟生态标签委员会主管，适用于冰箱、洗衣机、洗碗机、真空吸尘器的“欧洲之花”生态标签，适用于冰箱、洗衣机、厨房器具的北欧“白天鹅”生态标签等。

日本市场的空调、冰箱、洗衣机需要满足《特定家用电器再生利用法》对废旧家电的回收要求，而空调、冰箱、洗衣机、干衣机和微波炉还需要满足规定的有害物质控制要求。

第二，在建立环保标准的同时，我国旧家电回收制度正在日益完善。

2012 年，我国出台《废弃电器电子产品处理基金征收使用管理办法》，设立了废弃电器电子产品处理基金，对正规拆解处理旧家电企业进行补贴。但由于预算不足，基金至今仍存在较大缺口，无法满足实际需求。

2020 年 5 月，发改委等七部门联合出台《关于完善废旧家电回收处理体系　推动家电更新消费的实施方案》，鼓励家电生产企业自建回收网络、委托回收、联合回收以及“互联网 + 回收 + 创业单元”等新型回收模式，鼓励以旧换新活动等。

2020 年 12 月，供销合作总社、发改委发布《关于积极打造废旧家电回收处理产业链　推动家电更新消费的行动方案》，积极打造家电销售和废旧家电回收处理产业链，推动家电更新消费。

家具：推动森林资源可持续利用

欧美地区对于木制产品的砍伐、生产等产业链环节监管严格，并颁布了相关法规进行规范，推动森林资源可持续利用，同时避免过度采伐和消耗。

全球性的认证，如 FSC（森林管理委员会，是由世界自然基金会组织发起的非营利性国际组织）森林认证旨在规范林业生产产业链上各环节的良好运作，促使公众通过购买标准化的林产品来改善森林经营，推动森林资源可持续利用，同时避免过度采伐和消耗。

欧美地区也出台了相应法规，如美国的《雷斯法案修正案》、欧盟的《欧盟木材与木制品法规》均要求提供证明木材来源合法性的相关材料，对非法的木制产品交易有严厉的处罚。

包装：海外经验与难点突破

商品包装：综合治理势在必行

我国各个部委也多次发文规范企业包装，包括国家质量监督检验检疫总局、国家标准化管理委员会发布的 2014 年第 27 号公告《限制商品过度包装通则》等。《限制商品过度包装通则》对包装成本、材质、设计等方面提出了要求。多地也出台了地方性限制法规。

近年来中央及地方政府、外卖平台及餐饮企业已采取环保减塑举措，助力可持续发展。在塑料包装使用方面，2020 年国家发改委、生态环境部发布《关于进一步加强塑料污染治理的意见》，要求“到 2020 年底，直辖市、省会城市、计划单列市城市建成区的商场、超市、药店、书店等场所以及餐饮打包外卖服务和各类展会活动，禁止使用不可降解塑料袋”，以及“到 2025 年，地级以上城市餐饮外卖领域不可降解一次性塑料餐具消耗强度下降 30%”。在塑料包装回收领域，2020 年 7 月厦门推出垃圾分类新规，将一次性塑料餐盒、塑料袋等从“其他垃圾”归类至“低值可回收物”，纳入回收系统。

全球限塑政策趋于严格，在全球环保减排意识崛起的背景下，欧美等发达经济体对塑料包装制品的监管不断趋严，对塑料包装使用的限制不断升级。政府及相关部门可参照国际经验完善现有制度规章（如欧盟自

2021 年起禁止生产和销售一次性餐具等一次性塑料制品，由纸、秸秆或可重复使用的硬塑料替代；英国 2019 年宣布征收各种塑料制品税费等），包括包装标准的制定、废弃回收链路的设计和监督机制的建立。

日本的 PET 瓶、米面塑编袋回收率均高于我国的水平，借此推动了日本碳排放量的持续降低。我们认为这主要是因为其相关制度严格、回收体系全面细致、技术成熟（见图 9.12）。

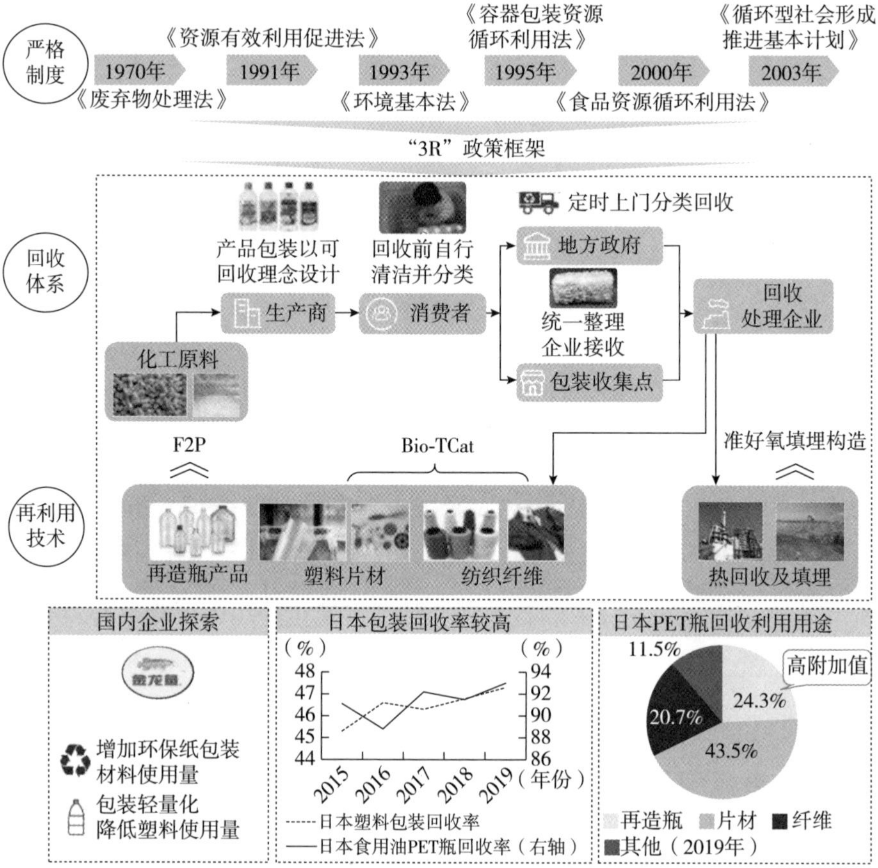

图 9.12　日本的回收利用经验示意

资料来源：日本 PET 瓶回收协会，日本环境省，金龙鱼投资者交流公告，中金公司研究部。

注：F2P 表示再造瓶直接回收技术，Bio-TCat 表示热催化生物转化技术。

严格的制度为包装回收利用奠定了基础。日本自上而下设立了多项制度，早在 1970 年和 1995 年便推出了《废弃物处理法》和《容器包装资源循环利用法》，并提出回收利用的“3R”政策框架，规定 PET 瓶生产商、使用 PET 瓶的食品厂商均需承担回收费用。

全面细致的回收体系为回收利用的中坚力量。日本塑料制品回收体系已普及数十载，废塑料包装先由居民预先清洁，再由政府组织专人定时分类回收，或通过各收集点直接回收，最后由回收处理企业进行热回收、填埋处理，以及加工再利用。

成熟的再利用技术为助力。日本废塑料再利用技术主要为机械处理、化学降解，废塑料回收量中的 24% 用于生产具有高附加值的再造瓶。日本借助 F2P、Bio-Tcat 等，令化学降解后的分子保持较高韧性和食品安全性，从而实现再利用。

德国的押金返还制度，是高效回收再利用 PET 瓶的典范。目前国际回收利用 PET 瓶的主流方法为押金返还制度，目前已被西欧各国、加拿大、美国部分州等地采用。德国早在 1991 年就立法通过了押金返还制度，并于 2003 年开始实施，主要针对各类饮料包装，如 PET 瓶、铝制包装、玻璃等。我们认为德国回收体系有如下优势。

第一，制度权责清晰，该制度明确了生产商、零售商、消费者等提高循环经济效益的责任。

第二，数字化监督管理，零售业协会与制造业协会组建的系统运营商监督维护系统，可采用数字化手段监控整体流程。

第三，自动化水平高，回收系统中 80% 采用自动回收，20% 采用人工回收。

第四，规模化再利用、再加工过程具备规模效应。

作为最早建立押金返还制度的国家之一，德国凭借该制度实现了 PET 高比例回收率，并且在再利用方面实现了从前端设计到后端回收的体系化，提升了再生 PET 瓶比例（见图 9.13）。根据 GVM（德国包装市场研究协会）公布的数据，2015 年德国 PET 瓶回收率为 97%，利用率为 93.5%，并且其中约 34.0% 被再加工为 PET 瓶，远高于世界平均水平（不到 10%）。

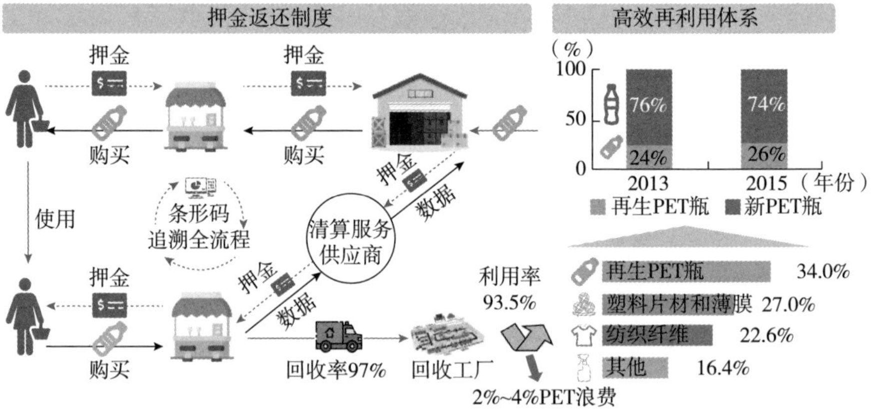

图 9.13　德国押金返还制度回收 PET 瓶与其高效再利用体系

资料来源：CM 咨询公司，GVM，Forum PET，中金公司研究部。

注：数据均为 2015 年数据。利用率 93.5% 指剔除瓶盖与标签后的 PET 利用率。

快递包装：难点与突破

我国在政策上一直在稳步推进绿色快递包装，例如《快递暂行条例》《关于加快推进快递包装绿色转型的意见》等，但我们可以看到行业在向绿色转型时仍然存在障碍。

一方面，包装减量有标准但难执行。早在 2018 年国家质检总局和国家标准委就发布了《快递封装用品》系列国家标准，对快递包装减量提出要求。但标准中的孔隙率、容积率等指标很难用肉眼判定，而通过抽检来规范快递企业明显效率太低。

另一方面，回收需要政府、生产商、物流商和公众共同合作。目前没有系统化的回收路径，回收主力军仍是老年居民、保洁人员及流动的拾荒者。快递企业近年来也逐步启动了回收行动，但整体回收效率不高。建立一个社会规模化的回收体系需多头并进，可参考德国和日本的经验。

第一，两国都进行了立法。例如，德国出台《包装废弃物管理办法》和《包装回收再生利用法》，设定了不同包装废弃物的回收目标和时限；日本实施了《能源保护和促进回收法》《包装再生利用法》，致力于回收体系的建设。

第二，两国回收体系的基础是民众垃圾分类意识的建立。德国和日本都推行了严格的生活垃圾分类。

第三，两国都明确了回收主体及责任主体。德国强制性较强，如包装材料的生产企业要到"德国二元体系"协会注册，交纳"绿点费"；日本自愿性较强，除建立大量的回收站点方便回收外，还大力提倡居民组团参加集体回收。

我们建议我国可以从以下几方面入手建立快递包装回收体系。

首先，加强包装废弃物管理的法律法规。目前仅有的几部废弃物处理通则，法规法律层次低、处罚力度小。

其次，提高公众回收意识。通过媒体传播、企业活动等形式逐步梳理包装回收理念，适时在主要城市推行垃圾分类。

最后，健全回收体系。要明确主要回收途径（如校园、社区、办公区等），丰富回收渠道（如便利店、快递网点、社区物业等），配置回收基础设施（如专属的回收箱、利用现有快递柜等）。

餐饮：提倡光盘行动与有机物再利用

近年来我国加强教育宣传，餐饮企业采取措施助力减少餐桌上的浪费。目前国内对于餐饮浪费采取的措施主要为通过教育宣传降低浪费总量。如 2013 年 11 月 18 日，中共中央、国务院印发《党政机关厉行节约反对浪费条例》，并通过宣传画、电子屏等方式向干部职工宣传“光盘行动”，倡导按需点餐、做饭的行动宗旨，并在中央的号召下得到了消费者和餐饮企业的积极响应。2013 年，中央国家机关各单位各部门公务接待餐饮经费下降 60%，餐厨垃圾下降 30% 以上。

展望未来，法律管控与科技创新将有助于减少餐饮浪费造成的环境负荷。国外方面，除教育宣传外，对餐饮浪费的管控主要通过政策法律与食物废弃物回收利用实现。政策法律方面，法国于 2016 年推出《反食物浪费法》，规定超市捐赠即将过期的食物可获所捐食物价值 60% 的税收减免，餐厅销毁可食用未售出食物将面临罚款，罚款金额最高可达上一财年营业额的 0.1%。回收利用方面，英国、美国、日本等多个国家利用餐厨垃圾堆肥发酵。如美国 Re-Nuble（农业技术公司）将剩饭剩菜等有机废弃物转化成有机肥料，用于发展无土栽培技术种植新的农作物。美国 Ecovative Design（生物材料公司）则利用废弃蘑菇茎部细胞上的植物纤维以及其他废弃有机农作物，制造坚固、易降解的包装材料。

定量测算：绿色生活方式意义重大

为了更好地促进居民生活方式、消费习惯的改善，企业积极参与、政府引导推动对碳中和的积极影响，我们针对五个典型的方面（节约用电、光盘行动、低碳饮食、快递包装再循环、共享充电宝减少购买需求）进行了场景假设和减少碳排放的定量测算。模型测算结果显示，绿色生活方式的提倡与推广对碳中和有着积极的意义。

测算一：节约用电与清洁能源的使用

综合考虑家电能效标准提升、清洁能源占比提升，相比于基准情况

（家电能效无提升、清洁能源占比无提升的情况），可有效控制居民用电导致的碳排放量增长。我们测算2030年居民用电导致的碳排放达8.1亿吨，相比基准情况下降4.94亿吨，其中家电能效提升贡献57%，清洁能源发电比例提升贡献43%。推动整体家电能效标准提升，2030年居民用电量相比基准情况减少21%。

如需扭转居民用电碳排放增长趋势，清洁能源占比提升速度需要进一步加快。目前我们假设清洁能源占比从2020年的34%提升至2030年的46%。

推动家电能效标准提升，居民用电量依然会稳健增长。我们测算，考虑家电能效标准提升，2020—2030年居民用电量复合年均增长率为3.3%，相比于基准情况降低2.5个百分点；2030年居民用电量为15 138亿千瓦时，相比于基准情况减少21%。

测算二：杜绝浪费

根据世界自然基金会与中国科学院地理科学与资源研究所联合发布的《2018中国城市餐饮食物浪费报告》，2015年我国城市餐饮业仅餐桌上的食物浪费量就达到1 700万~1 800万吨。

我们假设：首先，如不采取任何措施减少餐饮浪费，城市餐饮食物浪费量2016—2030年的复合年均增长率为10%，与城市餐饮消费规模增速基本一致；其次，未来城市餐饮食物浪费结构与《2018中国城市餐饮食物浪费报告》中的数据一致；最后，主要食物碳排放量参考研究报告《中国素食和肉食碳足迹的比较研究》（A Comparative Study on Carbon Footprints Between Plant-and Animal-based Foods in China）。

在推动减少城市食物浪费量的情况下，假设2030年浪费量减少一半，根据推算，将减少相对应浪费食物所产生的碳排放量2 691万吨。

测算三：饮食结构变化

我们假设：10% 的人口由杂食食谱转为蛋奶素食食谱，膳食结构改善参照研究报告《杂食、蛋奶素食和素食饮食对环境的影响》（Environmental Impact of Omnivorous，Ovo-lacto-vegetarian，and Vegan Diet）；其余人口用猪肉和鸡肉代替一半的牛羊肉摄入；剩余食品摄入结构不变，测算参考 2018 年联合国粮农组织的总供给数据；基于联合国人口预测的方案，2030 年中国人口达到 14.64 亿；主要食物碳排放量参考研究报告《中国素食和肉食碳足迹的比较研究》。

如果 2030 年中国人的膳食结构按照我们假设的进行改善，根据推算，中国将在 2030 年减少相对应碳排放量 6 621 万吨。

测算四：快递包装回收利用

我们预计快递业务量未来几年仍会保持高速增长，到 2025 年快递业务量预计将达到 1 644 亿件（2018—2025 年复合年均增长率 18.3%），而快递包装耗材也会随着快递业务量的增长而增长，我们预计 2025 年快递包装的消耗量将达到 2 746 万吨，占城市生活垃圾清运量的 8%。

快递包装基本是纸类或者塑料，一般都是通过焚烧和填埋处理这类包装的，因此会产生二氧化碳。在维持目前回收率（低于 20%）、不适用循环快递箱的情况下，我们预计处置快递包装（基本是填埋和焚烧）产生的二氧化碳将会从 2018 年的 527 万吨增长至 2025 年的 1 536 万吨，复合年均增长率为 16.5%。

但如果能够推动包装减量、重复使用和回收利用，我们认为碳排放量会有明显的下降。

我们假设到 2025 年：我国快递包装回收体系逐步健全，回收率提升至 40%；二次包装减少与智能算法带来单件快递包装减量 15%；循环使用快递箱突破 1 000 万个，快递包装的碳排放量在 1 536 万吨的基础上减少 32.2%（对应约 495 万吨）至 1 041 万吨，其中回收率提升带来的碳排放减少最为明显，占到总体减量的 61%。

测算五：共享充电宝减少了消费者购买需求

未来随着共享充电宝的主要商业场景进一步下沉，以及用户规模的扩大和人均消费次数的提升，共享充电宝的存量将进一步扩大。共享充电宝在解决用户充电需求的同时，抑制了个人对充电宝的购买需求。我们在假设充电技术不出现突破性进步的基础上，对近 5 年节省的充电宝购买需求进行了测算。因 2020 年新冠肺炎疫情期间户外活动减少，我们以 2019 年的情况为基础进行假设。基于共享充电宝的使用频率较高，并且一般充电 500 次后效率会明显降低，我们假设其更换周期为 1.5 年。

结合预测数据，我们估算未来 10 年平均每年因共享充电宝节省的充电宝消费在 1 亿台左右。因无法获知生产每台充电宝具体的能耗数据，我们使用我国单位 GDP 的碳排放数据,以每个充电宝的平均价格 50 元计算，单位 GDP 的碳排放（碳强度）以 1.4 吨 / 万元计算，则未来 10 年内每年平均减少约 70 万吨碳排放。

▶▶ 第十章

绿色城市：通往低碳的规划与治理

摘 要

“绿色城市”是目前国际社会普遍倡导的发展理念，尤其是针对大都市。从广义视角来看，“绿色”指代城市整体宜居性，其着眼范围包括但不限于环境健康度（包括污染防治、碳排放、空气质量等）、城市开放空间体系设计（同时关注环境美学和城市活力）、社会资源公平性（包括住房供给、贫富差异等）、交通效率（绿色出行）、能源可持续性（利用是否高效、是否可再生）等多个方面。当前中国在迈向绿色城市的过程中，存在着一系列问题。从空间规划的角度来看，土地低效利用和住宅供需失衡导致的重复性建设，与职住资源分布失衡导致的长距离通勤是产生高碳排放的重要原因。从城市交通、建造和维护技术手段的角度来看，公共交通设施新能源普及率不足，而城市轨道交通经营入不敷出的现状又亟待突破；建材生产、施工建设、后期运营的各个环节急需新工艺、新技法来降耗减排；水热供应设施老化、损耗率高，而资源回收尚处于起步阶段，行业末端较为依赖人力，营运效率有待提升。本章围绕碳中和，以构建绿色城市为目标，针对上述问题提出政策建议与改善举措，并对优化制度设计、应用新工艺的碳减排效果予以定量测算。[①]

① 本章作者：张宇，杨鑫，詹奥博，蒋昕昊，王璞。其他做出贡献者：张文杰、张钰琪。

中国打造绿色城市的主要问题和难点

全球范围内在绿色城市建设上较为成功的城市有温哥华、墨尔本、多伦多、哥本哈根、鹿特丹等，它们在节能减排和整体环境营造上均取得了瞩目成绩。除了在城市发展理念上相对先行，以及政策与规划设计行之有效之外，这和产业结构相对绿色也有一定的关系。对于一些产业活力更为突出的城市，如伦敦、巴黎、纽约、东京、新加坡而言，其在绿色城市建设上亦处于领先地位，这也是当代城市重要的“软实力”。通过观察这些城市的相关规划举措，可以发现一些共性，包括都采用规划先行（通过广泛的社会沟通提前制定符合长期发展目标、具备长期执行效力、带有清晰量化指标的综合性城市规划），能够形成社会一致愿景与广泛行动力（在充分普及绿色城市的概念上），从宏观政策到具体规划法规上能够做到连续和有效贯通（即“多规合一”），具备完善的监测机制等。从相关规划关注的技术方面来看，主要包括绿色交通、市政设施、生态土地利用、建筑技术等。上述经验对于当前阶段中国城市的规划和治理也具有同等参考意义，一方面在于要应对“大城市病”和纠正粗放发展模式，另一方面在于塑造更为绿色宜居的城市环境符合人民追求“美好生活”的根本诉求。

目前中国迈向绿色城市过程中的问题和难点集中于空间结构和技术手段两个领域。当前中国城市的空间结构整体仍以“单中心”模式为主，存在一系列突出问题。

一是城市用地结构有待优化。目前的问题包括工业用地普遍存在低效使用、职住分离、住房供给结构仍不甚合理等状况。

二是交通系统建设仍需改善。目前整体交通规划效率以及公共交通设施的供给密度和触达性仍有待提升。

三是建筑技术和管理手段有待提升。目前高污染、高碳排、高能耗不仅体现在建材生产、施工建设环节，而且存在于建筑管理维护过程中，规划层面也缺乏在全生命周期对相关流程管理和标准的有效制定。

四是城市运行和维护水平仍相对落后。环保和可持续发展理念近年来虽然有所提升，但实践中仍存在诸多问题，尤其在供水供热、资源回收、垃圾分类等方面。

面对这些突出问题，如何实现空间方案、政策法规、技术利用、标准制定以及公众参与在城市规划中的有机融合是需要进一步探索的方向。特别是在当前增量建设用地指标发放趋严的背景下，未来实现绿色城市可持续发展，既要看到理想方向，也要遵从客观实际，寻找适合中国自己的发展路径。

结合当前产业经济发展阶段和未来环境治理目标，特别是执行的紧迫性和优先级，城市规划应在积极配合落实产业发展和基础建设的同时，以“空间方案优化”和“管理水平提升”为两个主要抓手来促进绿色城市发展。为呼应上面提到的主要问题,下文中的讨论将集中在四个方面。第一，城市空间规划和制度设计：针对土地利用不集约、职住分离、住房供给不匹配等问题。第二，城市交通规划管理：针对出行方式低碳化、绿色化程度不足等问题。第三，城市建设管理：针对施工工艺能耗高、建筑材料不够环保、建筑综合管理水平不高等问题。第四，城市维护管理：针对城市水暖气热等使用效率不高、资源回收利用率低等问题。

绿色城市的结构如图 10.1 所示。

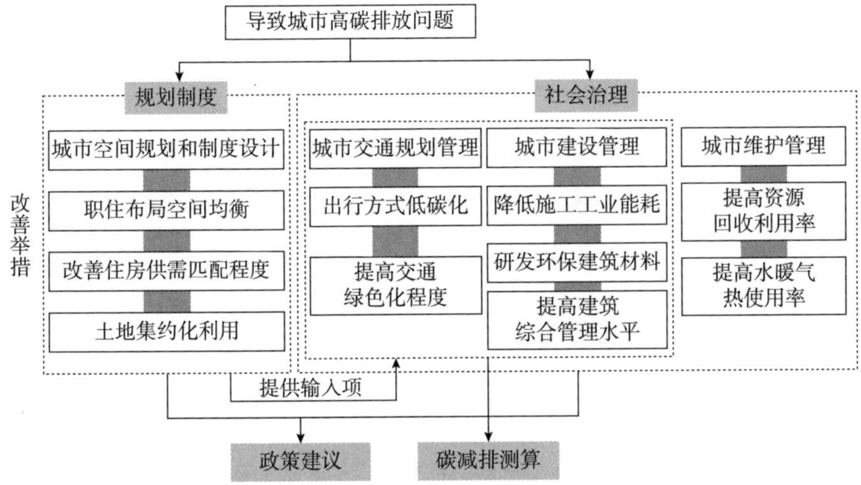

图 10.1　绿色城市的结构

资料来源：中金公司研究部。

城市空间规划：打造职住均衡、住房供需适配的集约型城市

城市是碳排放的主体，形成高碳排放的原因有三点：第一，由于居住地与工作地以及生活服务资源分布失衡，居民依赖于私家车实现远距离通勤；第二，合理住房制度的缺失形成了多层次的供需失衡，进一步导致住房资源闲置与无效供给；第三，土地资源利用不集约助长建成区的低密度扩张。本节从城市空间规划与制度设计视角，针对上述三条高碳排放路径分别探讨改善举措，为后续估算碳减排量的内容提供输入项。

均衡布局就业与服务资源，改善远距离通勤

打造多就业中心格局与构建15分钟生活圈。受困于早期粗放的规划设计，多数成熟型与崛起型城市饱受“单中心”发展模式所产生的城市病困扰。由于就业资源与基础生活服务设施过度集中于功能核心区，城市边缘的居民为了工作和日常消费需要忍受潮汐式的远距离通勤，而通勤成本会提升核心区住房的区位价值，并通过市场价格机制将部分群体驱离到城市外沿，进一步加剧了就业与生活服务资源的空间分布失衡，不利于控制城市碳排放和提升交通资源利用率。针对就业资源与生活服务设施配置失当的现状，打造多就业中心格局与构建15分钟生活圈，是从缩短居民通勤距离这一路径来减少城市碳排放的重要策略。

疏解核心区功能，促进“单核”向“多核”的演化。职住分离是居民长距离工作通勤的主要原因，而如何将瘀滞在主城区的产业资源公平有序地引导至城市边缘地区，形成多中心网络格局，是改善职住空间分布失衡、缩短工作通勤距离的关键。为了打造多中心城市，规划设计应注意如下两大方面。

一方面，有次序地推动多中心建设，壮大城市快速轨道交通系统。虽然“多轴、多核”的多中心体系构建已被多数大城市纳入发展规划中，但无主次的、全面铺排式的建设导致规划执行效果欠佳。为了保证招商引资的扶持政策在空间上足够聚焦，需要根据交通区位、产业基础、与主城区的经济关联度等因素，有次序地逐步建设次中心，使优质的产业和资本更容易发生空间集聚，并在中短期内形成新的经济增长极。此外，轨道交通网络是保障城市健康发展的动脉。为了强化主次中心的经济联系，需要将轨道网络进一步延伸至城市次中心与边缘区域，同时鼓励北京、上海等其他区域核心城市建立跨城快速轨道交通系统，增强次中心与外界（如周边卫星城）的关联。

另一方面，提高城市规划的颗粒度。为了避免陷入发展空间瓶颈，大中型城市应更加注重规划的精细程度，深挖有限土地资源的潜力。首先，在满足新区内工业、住宅、商服用地合理配比的同时，应以企业生产与居民生活的空间关联为准绳，将大面积的单一用地规划调整为混合使用，提高规划颗粒度。其次，注重存量建设用地的“填充式”开发，盘活中心区低效土地，通过老旧社区、厂房、商务楼宇改造与基础配套更新来保持核心城区的集聚能力。

合理布局基础服务设施，构建 15 分钟生活圈。生活配套资源的缺失是居民远距离通勤的另一个原因。为了满足居民享受优质公共服务的需求，应根据使用频率和重要性，以住宅为中心合理布局生活服务设施，使居民可以利用绿色通勤组合在 15 分钟内实现消费、娱乐、社交等日常活动，构建“自助型社区”。打造 15 分钟生活圈需要注意如下两点。

第一，有层次地布局服务设施，构建“步行 + 骑行 + 公共交通”组合。在生活圈内部，基于步行尺度下 5 分钟、10 分钟与 15 分钟时间区间或 400~500 米、800~1 000 米和 1 500~1 600 米圈层方式，根据重要程度合理布局消费场所与公共服务设施，使居民在 15 分钟内可以利用“步行 + 骑行 + 公共交通”的组合享受到优质服务，以此减少私家车出行，疏解重点路段拥堵。而在实际规划设计中需要为缺乏配套的居民区补建基础服务设施，应以设施为中心、以“级别越高、辐射群体越多”为原则来挑选合适的建设地点。

第二，培育紧凑、多元的业态结构。“15 分钟”的空间局限性要求 TOD（以公开交通为导向的开发）模式生活圈具备紧凑的物业分布，这种紧凑既体现为距离的压缩和空间的高效利用，也反映为业态的多元化，涵盖居住、消费、医疗、娱乐、社交等多种场景，以满足居民的日常生活需求。此外，集中供应服务的同时还应关注不同工作性质、收入阶层群体间的需求异质性。

以上述规划策略为调改路径，利用合理方法测算可以节省的城市通勤距离，该结果将作为后文“城市交通：推动工具新能源化、出行结构低碳化”小节碳减排量测算的输入项。由于职住通勤距离占居民总通勤的绝大比例，并且改善职住空间布局的同时也会提高生活服务设施配置的合理性，我们选取了36个中国主要城市以“职住平衡”为规划调整目标进行测算，发现全年可节省通勤距离约1 153亿公里，考虑城市规划调整难度后为837亿公里。

从规划角度看，城市就业者的通勤距离可以划分为两部分。一是职住分离导致的通勤距离，也就是不考虑就业差异与居民选址偏好，在既有职住布局条件下通过交换个体就业地，在理论上能够实现的最短通勤距离。基于中国城市规划设计研究院发布的主要城市通勤监测报告数据，我们测算出这些城市职住分离导致的通勤距离占总职住通勤距离的30%~60%（见图10.2）。二是根据区位及配套资源的偏好，居民通过市场机制选择工作地与居住地，与理论上距离最短的方案不一致导致的额外通勤距离。职住分离导致的通勤距离是可以通过合理的规划职住布局来降低的，故而也是主要测算对象。

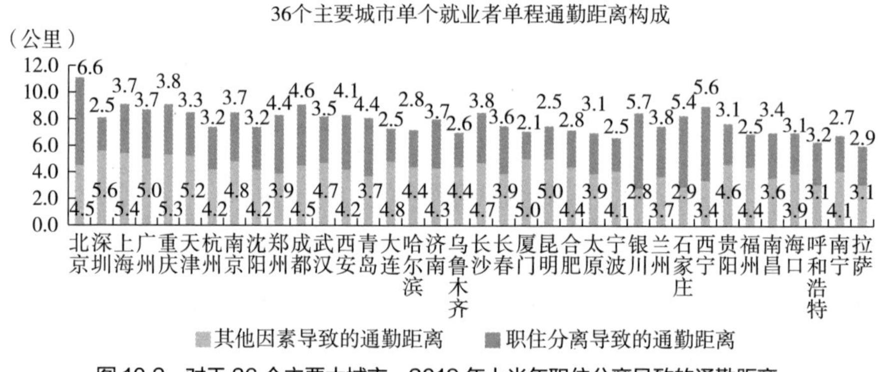

图10.2 对于36个主要大城市，2019年上半年职住分离导致的通勤距离占总职住通勤距离的30%~60%

资料来源：中国城市规划设计研究院，《2020年度全国主要城市通勤监测报告》；中金公司研究部。

国际城市规划学者很早就指出，1~2 英里（即 1.6~3.2 公里）是城市居民可以利用步行和骑行组合这种绿色出行方式所能实现的合理通勤距离。[①] 尽管随着经济发展和科技进步，城市已有很大变化，但该距离至今仍是较为理想的通勤距离。通过打造多中心城市结构、构建 15 分钟生活圈等方式，将职住分离程度逐步缩减至这一距离范围，可以计算出规划学意义上实现职住平衡时单个就业者节省的单程通勤距离。截至 2019 年末，中国城市就业人口占总人口比重约为 70%，基于该比例估算 36 个城市的通勤人口，并推算出全年主要城市通过改善职住分离状况可以节省通勤距离约 1 153 亿公里。考虑到不同发展阶段下城市规划的调整难度存在差异，根据人口规模和通勤半径（即覆盖 90% 通勤人口区域的长轴长度）将城市分为"超大""特大""大型""中等"四类，并依据修改城市规划的难度分别设定了折损系数，在考虑城市规划调整难度的基础上重新计算的全年节省通勤距离约为 837 亿公里。

合理设计住房制度，供需适配减排提效

中国住房市场供给体系呈现出总量充足、结构失衡的特征。截至 2019 年末城镇住房存量约 300 亿平方米，套户比已达到海外成熟市场水平（约 1.1 套 / 户）。但从结构来看，住房供应与实际需求不甚匹配且有待调整。一是空间配置不均衡。参照常住人口分布，超高能级与高能级城市住宅用地供应量相对不足。二是不同收入群体间配置不均衡。根据国家统计局公布的 2015 年 1% 人口抽样调查，约 15% 城镇家庭存在住房困难问题，在北京、上海等发达地区该比例超过 25%，最低收入的 20% 城镇居

① Kenworthy et al., An international sourcebook of automobile dependence in cities 1960–1990, 1999.

民仅占有 6% 的住房资源。

住房建设是城市碳排放的重要来源之一，改善住房市场的供需失配、提升资源利用效率可以减少住房施工量，进而减少城市碳排放。针对住房市场供需失配情况，我们从住房供应体系、土地市场、财税制度三方面探讨制度设计的改善举措。

供应体系：构建“市场、保障”并重的多层次住房体系

近年来，中国住房供应体系已逐步从“重市场”向“市场、保障并重”的方向转型。完善保障性住房制度既满足了中低收入家庭的基本住房需求，也对构建多层次住房供应体系、减少无效住房供给起到了重要作用。针对体系现存问题，可从以下三点继续改进。

第一，关注夹心层的住房需求。中国保障性住房体系长期忽视了以应届毕业生、专业性人才为主的夹心层群体。构建人才住房和基本保障性住房并轨的保障性住房体系（以深圳为例，两者供应比重约为 7∶3），可以切实满足该群体的基本住房需求，其中基本保障针对户籍低收入家庭，人才保障针对符合规定学历、特定研究领域的专业技师或人才。

第二，设计合理的投融资框架，激发政府与私人部门的参与动力。公共资金回流困难、缺乏行之有效的退出机制是阻碍保障性住房扩大建设规模的重要原因。为了激发地方政府与私人部门的参与动力，设计合理的投融资框架至关重要，比如前端让渡地价促进供应，后端通过 REITs（房地产信托投资基金）退出回收，同时在建设阶段辅以金融和财政手段进一步激励私人企业参与保障性住房的供应，并适当拓展政策性住房覆盖的群体范围来提升 REITs 底层资产收益率，增强退出机制的可行性。

第三，城市间分配与城市内选址的合理性有待优化。根据 2009—2019 年土地出让情况，中低能级城市负担了更多的保障性住房建设任务，尤其是租赁型产品，这种城市间的分配方式与住房可支付能力及需求结构

的异质性特征存在矛盾。为改善这一状况，应适当减少中低能级城市的租赁型保障房，并增加超高能级与高能级城市的公租房供给。此外，在城市交通便捷的区位建设保障房或增设必要的配套基础设施，可以满足中低收入家庭的生活需求，降低保障房空置率。同时，也要避免大规模、成片式建设，防止居住隔离引发的社会矛盾。

土地市场：深化土地市场改革

土地市场改革是构建多层次住房体系的前提和保障，中国房地产市场的多数供给侧问题，如空间配置失当，都可以从土地市场中找到症结。要想做到对症施方，改善土地市场供给十分关键。在现有的制度框架下，深化土地改革的工作主要集中于如下两大方面。

一方面，完善全国层面建设用地指标交易市场。学者普遍认为，中国建设用地指标体系的不完善导致了东中西区域间的土地供给失当。目前省域内指标交易已趋于成熟，跨省节余指标流转也有了成功尝试。为确立完善的全国交易市场、实现因地制宜的指标配给，仍可从以下几方面加强。一是下放交易主体，县市抓落实。将省市作为跨省调拨主体会导致交易规模过大、灵活性降低，较难实现准确的对口帮扶。省将权力下放给县市后可以通过建立信息化监管系统来统筹监督。二是省内为主、跨省为辅。完全开放全国层面的指标交易可能有悖于集约化发展的初衷，在省内难以调配且交易具有紧迫性的前提下，应准许跨省域的指标流转。三是增强信息透明度与利益分配公平性，充分发挥公众、社会媒体的监督作用，通过提高居民参与度来减少利益侵害事件的发生。

另一方面，构建城乡统一的建设用地市场。城乡二元土地结构导致集体建设用地无法直接入市，形成了地方城市政府独家供地的局面。只有推动城乡建设用地的“同地、同价、同责”，才能构建“同权”的多主体供应市场。首先，在设计城市规划时应以全域视角无差别对待两类用地（即

"同地"），使集体用地能享受到城市的发展福利。其次，建立城乡统一的基准地价体系，使交易价格公开透明化，确立入市合法地位，以市场竞争促进"同价"的实现。最后，制定合理的收益分配制度，避免集体用地权益人承担过量的社会责任（即"同责"）。只有基于上述"三同"，才可以保证两类用地的平等产权地位。

财税制度：公平合理地增设个人住房房产税

土地市场更深层次的改革是中国地方政府的财税体制改革，公平合理增设房地产税对住房市场的供需两侧都有着重要意义：一方面，新设税源有助于增加地方政府在土地市场改革过程中的能动性；另一方面，合理制定房产税可以抑制住房市场的投机行为，也有利于国民收入的再次分配。关于如何公平、合理、有效地落实个人住房房产税，有两点值得关注。

一是明确设税目的。作为一个税种，房产税首要注重长期稳定性，这与调控工具的灵活性和时效性的特征相背离。海外成熟市场的经验表明，单纯依靠房产税难以实现平抑房价与抑制投机。相反，供给侧房产税凭借稳定、难藏匿、抗周期的特性，可以为政府提供可靠的收入来源，发达国家房产税占财政收入的比例普遍在20%以上。综合来看，可以采用"房产税+空置税"的组合，借鉴法国、加拿大等国的实践经验，征收时间累进制的惩罚性空置税，推动空置住房重新流入市场，抑制炒房等投机行为。

二是采取"两步走"策略。土地出让金与房产税的产生均源于房产持有收益，构成了重复征收负担，但住宅用地使用年限为财税结构转型提供了契机：使用期届满后，建议实施国有土地永续使用改革而非续租70年，确立房产税的法理依据；使用期届满前，通过低税率、窄税基的方式广泛实施房产税，秉承公平合理、不损害正常住房需求、调控房产财富效应的原则，为后续全面落实积累经验。

我们通过比较住房"供需匹配"模式与当前"大拆大建"模式，估算出在未来40年内可节省的建筑面积为212亿平方米，该数据可作为后文“城市建设：理念、技术、材料革新三轮驱动”小节碳减排量测算的输入项。

首先，按照当前建设模式测算未来40年新开工：根据联合国世界人口预测以及我国2050年城镇化率达到80%的目标估算城镇人口数量，再根据城镇化率与人均新开工面积的相关关系估算未来城镇人均新开工面积，两者相乘可得到2021—2060年累计新开工面积约为651亿平方米（见图10.3）。

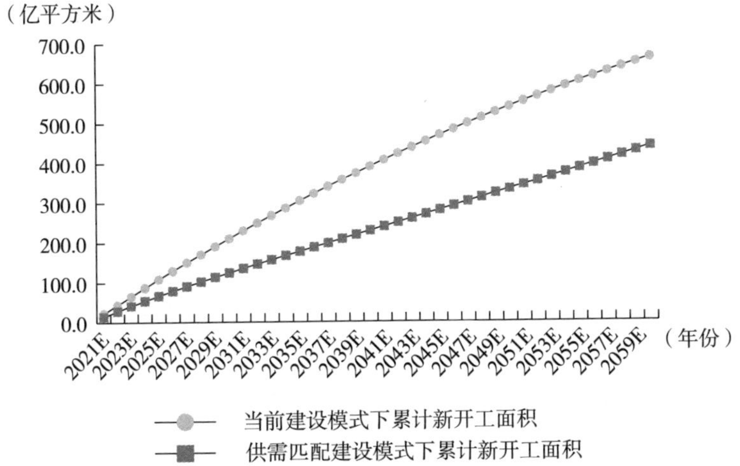

图10.3　当前与供需匹配建设模式下累计新开工面积测算

资料来源：联合国，国家统计局，中金公司研究部。

其次，按照供需匹配建设模式测算未来40年新开工：根据我们对中长期满足合理住房需求总套数的估算，假设人均居住面积有所提升，可以计算出未来40年居民合理的住宅需求面积；住宅新开工面积占房屋新开工比重约为72%，可以反推出2021—2060年累计新开工面积为439亿平方米。

两种模式结果相减得到合理设计住房制度节省的新开工面积。截至2060年累计节省约212亿平方米，占大拆大建模式下新开工面积的33%（见图10.4）。

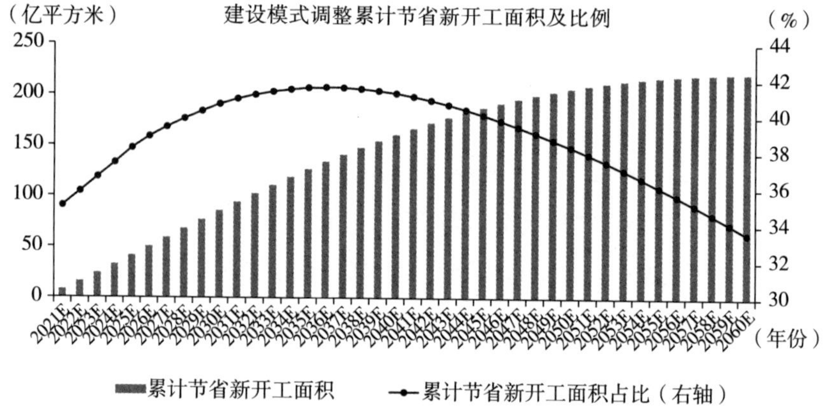

图 10.4　合理设计住房制度累计节省新开工面积及比例

资料来源：联合国，国家统计局，中金公司研究部。

土地集约化利用，推动高质量发展

粗放式、低质量的土地利用导致了城市的高碳排放。在传统资源驱动型发展模式下，提升城市经济总量依赖生产要素的支持。城镇化进程中，多数城市为了吸纳更多农村迁移人口选择低密度、“摊饼”式土地开发，建设了大量利用效率低下的配套基础设施，提升了整体碳排放。截至2019年末，地级市建成区平均经济密度约为1 200元/平方米，除东部重点城市群外，其他区域仍有显著的提升空间。针对快速崛起型和收缩型城市，促进产城融合、构建发展轴线，以及主动收缩规模、增强城市韧性是提升土地利用效率和减少碳排放的重要举措。

促进产城融合、构建发展轴线

中西部区域中心和重点城市群的卫星城承接了东部沿海经济发达区域转移的人口和产业，如何通过土地集约利用将人口优势转化为高质量发展动能是这类城市的发展要务，应注重如下两方面。

第一，以产兴城，产城融合。以区域交通枢纽为依托，在主城区边缘设立经济技术开发区或高新产业园，通过减免税收与土地成本来吸引优质产业，实现高质量城市扩张。以郑东新区为例，郑州市通过招商引资重点引入规模大、竞争力强、产业管理度高的龙头企业，在郑东新区形成了以高端商贸、金融为主，教育科研、总部经济为辅的现代服务产业体系，建设成郑州市经济新增长极。对于以传统制造业为主导的新区，需要完善其生活服务设施建设，在主导产业逐渐成熟的同时提高服务业比重，有助于摆脱对城市中心区的依赖。

第二，构建“中心城区—边缘集团—新城—跨境城市组团”的发展轴线。以核心区为出发点，依托城市的轨道交通网络间隔式布局，构造“中心城区—边缘集团—新城—跨境城市组团”的辐射式发展轴线。其中，边缘集团的功能性取决于中心城区职住匹配情况：如果中心区职住失衡严重，边缘集团就要充分发挥“卧城”功能，最大限度地为中心区群体提供居住空间，避免职住分离进一步扩大；反之，边缘集团可形成围绕核心区的次就业中心，加大“主城—新城”间薄弱地带的经济密度。

主动收缩规模、增强城市韧性

2010—2019 年，近 80 个中西部和东北部地区城市的人口密度呈现了不同程度的下降，人口迁移与产业流失是规模收缩的主要原因。同样地，由于缺少产业与人口的支撑，收缩型城市对土地资源的低效率利用，会导致更加严重的后果。为应对严峻形势，收缩型城市应从以下三方面提升土地利用效率。

第一，坚守老城区，推动产业转型。面对原有的单一传统产业衰败，应立足于经济密度相对较高的中心城区，积极发展因地制宜的特色产业，调整城市的发展方向。以甘肃省玉门市为例，随着油田资源的枯竭，该市挖掘地方民俗、培育本土文化，积极融入敦煌文化圈，向西部旅游小城转型，同时完善农村仓储配套建设，大力推动以枸杞、蜜瓜等为代表的绿色有机农业发展。

第二，加强城市修复，增强城市韧性。随着人口流失、规模收缩，低密度建成区功能逐步荒废，亟待城市管理者加强生态修补与功能修复。具体来说，可以积极利用闲置土地搭建城市内绿色生态网络，适当收缩主城区、商业街区的规模，将多余用地转为公共服务设施，保持紧凑而有活力的中心区。这些举措均有助于提升城市应对外部影响的韧性，防止收缩加剧。

第三，采取主动收缩策略。目前多数中国城市尚未出现严重的规模萎缩现象，但是城市规划设计依旧要具备足够的前瞻性。一些地理条件差、传统产业占比高、资源压力大的城市，应减少对传统产业的用地供应，合理有度地收储土地并及时实现价值转化，严格控制土地总规模，并注重建成区内低效土地的再次利用，积极推动主城区“工改工”“工改住”“商改住”项目的开展。

城市交通：推动工具新能源化、出行结构低碳化

本节主要关注城市出行领域的碳减排前景，包括公共交通新能源化、城市轨道优化推广、共享单车的城市治理方案、职住平衡节省通勤距离。我们判断，到 2030 年公交车、出租车和网约车将完成新能源化，城市轨道和共享单车等低碳出行方式将承载更多的客运量，而前文提到的城市职住平衡规划将节省更多通勤距离并减少碳排放量。

城市出行方式包含轨道交通、公交车、出租车、网约车和共享单车等。从客运量来看，2019 年总客运量约为 1 656 亿人次，其中公交车、出租车、城轨、网约车、共享单车分别占比 21%、42%、14%、12%、10%。相较于 2010 年，出租车、公交车客运量占比呈下降趋势，而城轨、网约车、共享单车占比则分别增加 9%、12%、10%，共同构成城市低碳出行

新生力量。

碳排放大户是出租车、公交车和网约车（由于绿色交通章节已将网约车纳入乘用车并进行了相关测算，所以此处不再重复计算）。我们估算 2019 年出租车和公交车这两种城市出行方式产生的碳排放量为 3 132 万吨，其中公交车占比 24%、出租车占比 76%。我们预计城市出行的客运量仍会维持年化 3%~4% 的持续增长，因此该领域实现碳中和也并不容易。未来城市出行有望通过两方面来实现碳中和：一是公交车、出租车和网约车逐步电动化；二是在尚未电动化前，客运结构会向城轨、共享单车等低碳方式倾斜来进行减排。在实际操作中，城轨存在投融资和盈利模式问题，而共享单车的问题则集中于运营管理方面，下文将一一分析。

公车交、出租车和网约车 2030 年即完成新能源化

能源与交通创新中心 2019 年发布的《中国传统燃油车退出时间表研究》报告提出了传统燃油车退出时间表，其中出租车、网约车和公交车都处于传统燃油车退出的第一列队，从 2020 年开始将先从特大型城市（如北京、上海）开始退出，逐步扩展到传统汽车限购先行城市（如天津、杭州），再逐步扩展到全国。

电动公交车保有量渗透率 2019 年已达 59%，2025 年有望达到 100%。根据交通部的数据，2019 年电动公交车保有量约 41 万辆，占目前整体公交车的 59%，而 2018 年公交车销量中有 90% 均为电动公交车。未来的电动公交车渗透率有望持续上升，我们预计 2025 年将达到 100% 的电动化。

出租车与网约车会在 2030 年前完成传统燃油车退出，实现新能源化。根据《中国传统燃油车退出时间表研究》报告，传统燃油的出租车与网约车会于 2020—2030 年逐步在各城市被纯电动汽车替代。

出租车及网约车受政府主导，会率先实现传统燃油车退出。例如深

圳市政府发布《2018 年“深圳蓝”可持续行动计划》，要求到 2018 年底，包括公交、出租、物流、网约、专用等领域都将完成各自不同的“电动化”目标。至 2019 年，深圳纯电出租车比例已达 99%，而公交车已全部实现纯电动化。各地出台的政策也基本符合中国传统燃油车退出时间表的规划。我们预计 2030 年公交车、出租车和网约车这三种城市出行方式基本能够实现电动化，做到零碳排放。

2030 年前城市客运结构将更加低碳化

我们判断 2030 年前城市出行方式将向城轨、共享单车及步行等低碳方式倾斜，其逻辑为：城市轨道融资和盈利方式将进一步成熟，承担更多客运任务；共享单车将由政府和企业紧密合作管理，投放更精准，运营更高效；合理设计城市规划可以改善职住分离情况，这有助于缩短城市通勤距离，更多居民将实现“2.5 公里”内“步行 + 骑行”式通勤。

城市轨道将会承载更多的客运量从而减少碳排放，发展关键在于盈利和融资模式

中国大城市地铁密度仍低于发达国家，城轨客运量占公共交通比例仍有较大提升空间。按单位面积地铁长度来计算，北京、上海和广州的地铁密度较巴黎、纽约和伦敦等国外大城市尚有差距。上海、广州、北京的城轨密度仅为 0.13、0.07、0.05 公里 / 平方公里，远低于巴黎、纽约、伦敦的 2.03、0.54、0.29 公里 / 平方公里。此外，北上广等发展城轨多年的大城市，城轨占公共交通客运量比例仅为 40%~50%，明显低于东京、巴黎等国外城市 70%~80% 的比例，全国来看，城市轨道交通客运量占比仅为 14%，我们预计未来 10 年内城轨占比可达 30%。

城市轨道整体经营入不敷出，盈利模式仍需优化。根据中国城市轨

道交通协会的统计，2019 年全国城轨交通平均单位人公里运营成本为 0.7 元，运营收入为 0.5 元，平均运营收支比为 72.7%，较 2018 年的 78.0% 有所降低。整体上看，城市轨道运营入不敷出仍是普遍情况，而地铁作为城市轨道交通的主力也难以幸免。多元化经营不足、运营机制低效是亏损的主要原因。

如何优化运营机制？可以参考香港地铁的经验。香港地区采取集约式开发的城市发展战略，地铁运营线路拥有相当高的客运强度。港铁客运强度接近每日 2.3 万人次 / 公里，比内地客运强度最高的广州（每日 1.7 万人次 / 公里）还高出约 35%。经营战略上，港铁采取以公共交通为导向的经营模式，开发商以相对较低的价格获得沿线土地的开发权，以沿线物业收入反哺地铁运营。从表观数据看经营效率，2019 年港铁的 EBITDA（税息折旧及摊销前利润）约为 210 亿港元（见图 10.5），EBITDA 率为 38%，远高于内地同业申通地铁的 19%，其中港铁车站配套商务、物业开发、地铁物业租赁和管理业务贡献了 29%、27%、20% 的 EBITDA，其中地铁物业的租赁和管理、开发成为最大的利润来源。借鉴港铁的开发和运营经验，"地铁 + 物业" TOD 模式将大大提升城市轨道的运营效率，有助于改善内地多数城市轨道依赖政府补助、亏损严重的现状，对政府、公众、开发商和运营方而言是共赢的选择。

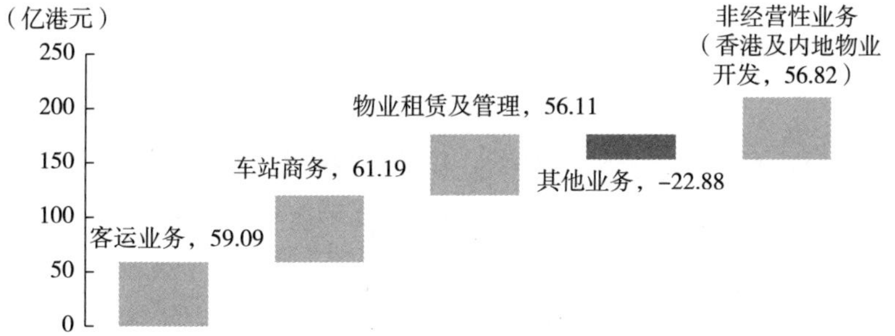

图 10.5　2019 年港铁公司 EBITDA 构成

资料来源：港铁公司公告，中金公司研究部。

如何解决融资难题？未来，城市轨道REITs的推出将扩大直接融资渠道，实现建设资金的良性循环。REITs的推出将弥补政府和社会资本合作（PPP）退出不够灵活的问题，实现“投资—运营—REITs—再投资”的良性内循环，打造可持续投融资体系。同时在运营模式上，城轨REITs需要满足规范完整的审核流程和公开透明的信息披露，城轨项目将受到监管、市场、社会公众更全面的政府监督，这将倒逼运营方提升效率和开展多元化业务，提升行业盈利水平。

共享单车能很好地解决用户“最后一公里”出行痛点，关键在于共享单车和城市的整合规划

共享单车针对“最后一公里”出行痛点，在一定程度上减缓了城市拥堵和空气污染，是一种绿色出行模式。共享单车在2015—2018年快速增长，用户规模从2015年的245万人增长至2018年的约2.4亿人。2018年共享单车行业出现大洗牌，逐渐告别烧钱补贴、恶性竞争的粗放式发展，开始聚焦效率和质量的比拼。2019年局面基本稳定，背靠庞大互联网平台的哈啰单车、美团单车、青桔单车合计占据了95%的市场份额。在实际运营管理中，停放无序、公车“私藏”、调度不均等问题，需要政府与企业协调管理以提升效率。

政府可以与企业在招标、投放、骑行停放、运营等环节更紧密地合作，提升城市共享单车整合规划效率。首先，在投放环节，政府可以以招标形式与企业合作投放共享单车，综合考虑城区面积、热点区域等诸多因素，实现更加精细有序的投放，例如2019年广州发布40万辆共享单车配额招标，以招标方式确定共享单车运营商。其次，在运营环节，政府则可以与企业共建信息化平台，实现信息互通，例如杭州、深圳、成都均率先构建了全市共享单车监管平台，合理规划共享单车的分布。最后，在停放和治理环节，政府和企业可以引入信用体系，例如哈啰单车与芝麻信用积分的

绑定，促进市民更规范地使用和停放共享单车。未来通过政府和企业的合作管理、精细化的投放和运维，共享单车的周转率、空置率、停放都将获得优化，在让街景环境更加整洁的同时促进城市出行的低碳转型。

职住平衡将缩短城市通勤距离，从而减少碳排放

职住平衡将在很大程度上缩短通勤距离，根据前文测算，如果 36 个主要城市均实现职住平衡，则全年可以节省通勤距离合计约为 837 亿公里。在此基础上，根据城市不同交通出行方式占比、能耗及碳排放量，进一步测算出职住平衡将减少 292 万吨的通勤碳排放（见表 10.1）。

表 10.1 职住平衡下的碳排放减少量测算

通勤距离节省带来的碳排放减少量测算		
节省的通勤距离（亿公里）	837	
	客运结构比例（%）	对应节省通勤距离（亿公里）
公交车	47	390
轨道交通	16	135
乘用车（含出租车、网约车）	37	312
公交车测算		共计减少碳排放：292 万吨
公交车电气化率（%）	59	
柴油公交车百公里耗油（升）	30	
公交车载运人数假设（人）	20	
公交车节省碳排放量（万吨）	52	
乘用车测算		
乘用车电气化率（%）	3	
乘用车百公里耗油（升）	6.8	
乘用车载运人数假设（人）	2	
乘用车节省碳排放量（万吨）	240	

资料来源：中金公司研究部。

城市建设：理念、技术、材料革新三轮驱动

本节主要讨论如下问题：当前建筑部门每年产生多少碳排放？过去政府针对建筑部门节能减排做出了哪些政策安排？未来通过城市规划、建材生产技术改造以及建筑设计、施工、运营等全过程的减降措施，到2060年建筑部门碳排放能够减少多少？

建筑全过程碳排放占全国36%

建筑全过程碳排放：2019年约45亿吨，预期到2060年减降近77%至11亿吨。

中国建筑碳排放：2019年约45亿吨，“十三五”期间增速明显放缓。参考中国建筑节能协会的数据进行估算，2018年、2019年全国建筑全过程碳排放总量分别为43.0亿吨、45.2亿吨，中国建筑业建材生产碳排放占比明显高于全球水平。2008—2018年，中国建筑全过程碳排放累计增长76%，明显高于人口增长（累计增长5%），主要由大规模城市建设带动；其中“十一五”“十二五”“十三五”期间复合年均增长率分别为7.5%、7.0%、1.9%，“十三五”期间碳排放增速明显放缓，体现出政策引导下的一系列节能减排措施卓有成效。

前景展望：预计2030年、2060年建筑全过程碳排放较2019年分别减少32%、77%。建筑全过程能耗和碳排放主要来源于建材生产、建筑施工和建筑运行三个阶段（见图10.6）。考虑到建筑部门较高的能耗和碳排放占比，不论是对于全球还是中国而言，建筑部门节能减排对于经济体整体实现碳达峰、碳中和目标都具有重要地位。从全球情况看，国际能源署预计，若要使建筑部门2050年实现碳中和，则2020—2030年建筑碳排放年均降幅需达6%。从中国情况看，通过对建筑全生命周期的节能减排，预

计到 2030 年、2060 年建筑全过程碳排放有望降至 31.1 亿吨、10.5 亿吨，分别较 2019 年减少 32%、77%。

	建材生产阶段碳排放	建筑施工阶段碳排放	建筑运行阶段碳排放
能耗占比（2018年）	51%	2%	47%
碳排放占比（2018年）	55%	2%	43%
节能减排措施	➢减少建材生产碳排放：技术路线改造替换等 ➢推广绿色建材：包括轻质隔墙材料等	➢减量策略：优化城市规划，减少非必要新开工；加强建筑质量，提高建筑使用寿命 ➢增效策略：通过建筑工业化、数字化来提高施工效率，减少建筑垃圾产生量，并提升工程机械的电气化率	➢产品升级：推广被动房、超低能耗建筑 ➢建筑设计：优化建筑节能性能 ➢建材采用：推广绿色建材 ➢建筑运营：应用智能节能系统，实现设备精细控制和优化运行 ➢能源系统和设备：优化集中供暖方式，提升设备能效等级 ➢可再生能源：推广太阳能等应用

图 10.6　建筑全过程能耗和碳排放主要来源于建材生产、建筑施工和建筑运行三个阶段

资料来源：中国建筑节能协会，中金公司研究部。

建材生产阶段的节能减排措施。一方面通过技术路线改造替换、技改等方式减少建材生产的碳排放，另一方面可通过推广轻质隔墙材料等绿色建材来进行碳减排。

建筑施工阶段的节能减排措施。一是减量，基于城市实际的需要和承载能力进行合理、科学的城市规划，减少不必要的新开工，同时提高建筑质量，延长建筑使用寿命，从而降低建筑新建和拆除规模；二是增效，既可以通过建筑工业化、数字化来提高施工效率，减少建筑垃圾产生量，也可以通过提升工程机械的电气化率来进行碳减排。

建筑运行阶段的节能减排措施。一方面推广先进的节能产品，如被动房、超低能耗建筑；另一方面需采取全过程综合节能方案，包括建筑设计、建材采用、建筑运营、能源系统和设备以及可再生能源系统等。

建造碳排放：减量、增效并重，材料、施工并举

建材生产、建筑施工过程中都有碳排放产生，其中建材为主导

建造碳排放占建筑全过程碳排放的比例约为 51%。根据中国建筑节能协会和中金的测算，2018 年中国建筑全过程碳排放中，建材生产阶段碳排放量为 20.9 亿吨，占建筑全过程碳排放量的 49%，建筑施工阶段碳排放量为 1 亿吨，占建筑全过程碳排放量的 2%。从碳的形成路径上看，首先是建材生产碳排放，其次是建筑施工碳排放。

建材生产碳排放：水泥、钢铁、铝材合计占比 95% 以上。建造过程中需要的主要材料包括水泥（碳排放占比 61%）、钢铁（碳排放占比 35%）、铝材（碳排放占比 3%）等。其中，钢铁的碳排放主要来源于其焦化、烧结、球团、炼铁、炼钢、轧钢等工序中的煤炭燃烧和电力消耗，水泥的碳排放主要来源于其生产过程中的非电能耗、电力消耗、石灰石经化学反应成为水泥释放的二氧化碳，铝材的碳排放主要来源于氧化铝生产、铝冶炼、铝材加工中的非电能耗和电力能耗，其中铝冶炼环节中的电解铝耗电占大部分。

建筑施工碳排放：主要为施工机械设施的电力能源消耗。该阶段的碳排放，一方面是挖掘机、塔吊等工程机械的电耗或燃油消耗的直接排放；另一方面是当前建造过程中还存在比较大的资源浪费，例如目前建筑设计上仍存在较多的“错漏碰缺”，导致返工和材料浪费，此外，临时设施和周转材料的重复利用率较低，包括施工现场的临时办公用房、建筑模板等，也都造成了施工过程中碳排放的增加。

碳排放的减降路径，主要可以分为减量策略和增效策略。减量策略：通过更合理的城市规划、更长的建筑使用寿命来减少新建建筑面积。目前中国的城市建设存在比较明显的“大拆大建”现象。未来应基于城市实际的需求和承载能力进行合理、科学的城市规划，减少不必要的新开工，同

时加强建筑质量，提高建筑使用寿命。增效策略：通过更绿色的建材生产和施工过程来减少单位新建面积碳排放。在建材生产阶段，可以通过技术改造等方式降低建材生产过程中的碳排放；在施工阶段，既可以通过建筑工业化、数字化来提高施工效率，减少建筑垃圾产生量，也可以通过提升工程机械的电气化率来进行碳减排。

减量策略：更合理的城市规划、更长的建筑使用寿命

优化城市规划，避免“大拆大建”。一方面，基于城市的实际需要进行合理的城市规划，减少不必要、不合理的建筑新开工；另一方面，合理的城市规划也有望降低非必要的建筑拆除量和频次，从而减少建筑拆除阶段的碳排放，并有效避免难回收建材的废弃。

通过完善工程质量管理体系，延长建筑物寿命。较短的建筑寿命将导致较高的周转次数，进而提高年平均新建建筑面积。目前，中国建筑设计标准规定的使用年限是 50 年，但考虑到城镇化初期房屋质量较差，平均安全使用年限一般不足 50 年，而英国平均建筑寿命可达 132 年，美国达到 74 年，相比之下中国还有较大提升空间。

使用可循环利用的建筑材料。钢结构建筑是可循环利用程度较高的建筑类型。区别于当前广泛建造的钢筋混凝土建筑，钢结构建筑布局灵活、抗震性能好，具有结构优势，并且建造过程中产生的建筑垃圾更少，具有环保优势，此外，钢结构建筑拆除后钢材回收利用率高。我们预计钢结构渗透率有望从当前的约 10% 提升至 2060 年的 60%，通过降低净材料损耗，减少碳排放。

增效策略一：减少建材生产过程中产生的碳排放

水泥：通过技术改造，降低单位煤耗、电耗。我们测算 2019 年生产单吨水泥的碳排放量为 0.59 吨。未来通过技术路线改造替换提升生产效

率，并使电能结构中的清洁能源比例提升，我们预计到2025年、2030年、2060年生产单吨水泥的碳排放量将分别降至0.57吨、0.55吨、0.40吨。

钢材：通过高炉转电炉减少碳排放。我们测算2019年生产单吨钢铁的碳排放量为1.52吨。我们预测到2025年、2030年、2060年，生产单吨钢铁的碳排放量将分别降至1.33吨、1.10吨、0.50吨。

铝材：电力结构优化带来的减排效果显著。我们估算2019年生产单吨铝材的碳排放量为7.37吨。我们认为，未来电力结构的优化对铝材生产碳减排的影响比较显著。我们预测到2025年、2030年、2060年，生产单吨铝材的碳排放量有望分别降至6.91吨、5.80吨、1.76吨。

新材料：在生产过程中，轻质隔墙板的碳排放显著低于砖瓦。与传统水泥隔墙板相比，轻型隔墙板使用工业废料代替砖瓦，可有效减少生产过程中的煤电消耗以及碳排放。我们测算，轻质隔墙板将使单位建筑面积减少碳排放53千克。

增效策略二：减少建筑施工过程中产生的碳排放

建筑工业化通过集中生产，降低了能耗和碳排放。区别于传统的手工作业，建筑工业化是指以工业化的方式进行建筑生产，通过在工厂集中实现标准化生产，降低了生产成本和能源消耗。2019年装配式建筑的渗透率仍较低，仅为13.4%。在产业升级的大趋势下，我们预计建筑工业化生产方式有望逐步推进，可通过规模效应持续减少建筑能源消耗与碳排放。

通过BIM（建筑信息模型化）等手段优化设计，有望减少返工和废料产生的额外碳排放。由于设计方和施工方协调程度不高，当前实际建筑施工中返工现象时有发生，造成了材料浪费以及额外的碳排放。基于BIM等数字化手段，通过计算机模拟，可事先发现工程设计中存在的不合理之处，从而避免施工环节的返工和浪费，以减少间接的建材生产的碳排放。

挖掘机等施工机械的电气化有望减少碳排放。当前，挖掘机等工程机械的电气化程度较低，并且主要应用于微型、小型挖掘机和小型市政项目等。随着电池储能技术的突破，以及建筑工业化生产方式的推广带来施工现场的整洁、洁净化，未来电动挖掘机等电气化工程机械的渗透率存在提升的可能性，从而能减少碳排放。

建筑运行碳减排：被动房技术 + 全过程综合节能方案

被动房、超低能耗建筑

被动式技术，是通过提高建筑保温性能降低能耗，主要适用于寒冷地区的建筑节能。被动房是指采用各种节能技术构造最佳的建筑围护结构，大幅提高建筑保温隔热气密性能，使热传导损失和通风热损最小化，在最大限度降低主动式的化石燃料消耗的前提下，实现室内舒适的热湿环境和采暖环境，[①] 对于严寒、寒冷地区的建筑物节能减排是较为适合的技术方案。

应用方面，"十三五"起进入示范推广阶段，有望在中国北方地区实现进一步推广。中国引进超低能耗建筑已有十余年历史，从引进国外先进技术开始，逐步建立起适合中国国情的技术标准，并于"十三五"期间在全国开展示范项目落地推广。

建筑运营节能综合方案

被动房或超低能耗建筑集中体现了多种建筑节能技术和理念，而中国建筑部门实现 2060 年能耗和碳排放减降目标需要全产业链的共同配合。减排思路总体包括两点：一是在保证居住品质的前提下，减少建筑物的能量消耗，包括优化建筑设计、推广绿色建材、应用智能管理系统等；二是在必需的能耗需求的约束下，减少单位能耗产生的碳排放，具体可通过采

① 彭梦月，《欧洲超低能耗建筑和被动房的标准、技术及实践》，2011 年。

暖、制冷、生活热水、餐厨供热等各能源系统的优化来降低外部输入性能耗，以及推广太阳能、地热能、光伏等可再生能源的应用。

建筑设计：应用“被动式”思想，提升建筑热工节能性能。近年来住建部颁布了多套建筑节能设计标准，其中往往要求建筑设计单位应用“被动式”思维，对建筑体型系数、外墙和屋面传热系数、窗墙面积比、建筑气密性、自然通风设计、遮阳设计、被动式太阳能利用等方面做出要求。

建材采用：推广节能玻璃、保温材料等绿色建材应用。中金建材组分析，预期建筑环保节能标准的抬升主要利好三类建筑材料：一是建筑节能玻璃，使用中空玻璃或 Low-E 玻璃（低辐射玻璃）能够显著削减建筑能耗；二是建筑保温材料，涂保一体化等施工效率更高的新保温体系有望迎来蓬勃发展；三是轻质建筑材料，使用石膏板等轻质隔墙材料替代传统的水泥墙、砖墙，能同时减少水泥、建筑砖烧制过程中的碳排放和运输过程中的排放与能耗。

建筑运营：借助智能节能系统，实现设备精细控制和优化运行。通过使用智能化管理系统,可实现建筑能源系统和设备的精细控制与优化运行；通过实行“部分时间、部分空间”的能源使用方式,实现建筑能耗的减降。

能源设备和供能系统：优化供能方式以减少浪费，提升设备能效等级。建筑运行过程中，各种供暖、供热、通风设备形成了建筑的外部输入性能耗和碳排放。在建筑能耗需求既定的情况下，未来有望采用精准供热替代集体供热的方式减少浪费，并能通过提高设备能效标准以降低单位能耗产生的碳排放等方式减少运行碳排放。

可再生能源：综合利用太阳能、地热能等多种能源。根据住建部的统计，截至 2015 年底可再生能源替代民用建筑常规能源消耗比重超过 4%；根据国务院的发展目标[①]，到 2020 年该比例应提升至 6%。具体应用形式

---

① 发展目标来自住建部于 2017 年 3 月发布的《建筑节能与绿色建筑发展“十三五”规划》。

包括太阳能光热（提供生活热水等）、太阳能光电（使建筑成为正能源单位），以及地热能、生物质能、空气热能等可再生能源。

预计 2019—2060 年建筑运行碳排放累计减少 79% 至 4.5 亿吨

我们预计到 2030 年、2060 年中国建筑运行碳排放分别减少至 14.9 亿吨、4.5 亿吨，较 2019 年分别累计减少 31%、79%。建筑运行碳排放可拆分为人口、人均建筑面积、能耗强度（单位面积能耗）、能源效率（单位能耗碳排放）四项，其中未来能源效率的优化将是建筑运行碳排放减少的最主要驱动力（见图 10.7）。

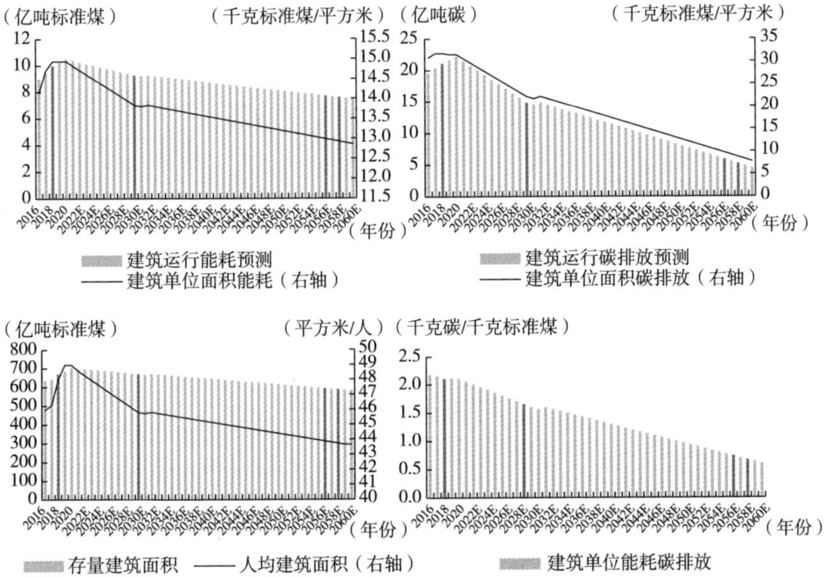

图 10.7　到 2030 年、2060 年中国建筑全过程能耗和碳排放均有望明显减少

资料来源：国家统计局，中国建筑节能协会发布的《中国建筑能耗研究报告（2020）》，中金公司研究部。

人口：我们预计 2020 年起人口增速将逐渐下行。根据国家统计局的数据，2019 年全国人口共 14.0 亿人。根据联合国的预测进行人口假设，我们预计2020—2030年人口增速逐渐下行,并于2034年起开始小幅下滑。预期到2030年、2060年总人口分别为14.6亿、13.3亿。

人均建筑面积：我们预计2020年后将持续下滑。我们测算出2019年全国人均建筑面积为49.0平方米，其中人均公建、城镇人均居建、农村人均居建面积分别为15.7平方米、36.8平方米、43.7平方米。参考发达国家数据，我们预计到2060年人均公建面积将降至13.3平方米，城镇人均居建、农村人均居建面积将逐渐降至31.3平方米、36.8平方米。

能耗强度：节能改造、低能耗建筑比例提升带动平均能耗强度降低。我们测算出2019年全国平均建筑能耗强度为14.9千克标准煤/平方米。假设：一是近零能耗建筑、超低能耗建筑等面积占比持续扩大，到2060年近零能耗建筑和超低能耗建筑在存量建筑中面积占比均达3%；二是通过全产业链节能方案，普通建筑的能耗强度也将有所下行。基于上述假设，可推算出2060年全国建筑平均能耗强度将降至12.9千克标准煤/平方米。

能源效率：未来有望明显降低，一次能源中非化石能源占比降低是主要驱动。我们测算出2019年全国建筑平均能源效率是2.1千克碳/千克标准煤，其一次能源占比中煤占76%（其中约50%为电力，30%转化为热力，20%作为化石燃料直接使用），而在各类能源类别中煤炭、焦炭属于碳排放系数最高的能源。假设到2060年，煤作为热力和化石燃料贡献的能源比重将明显降低（降至5%），而电力将成为替代能源，并且电力的一次能源构成中化石能源占比将降至10%，其余部分由可再生能源贡献。最终得出到2060年全国建筑运行平均能源效率降至0.6千克碳/千克标准煤，成为运行碳排放降低的最主要贡献。

城市维护：降低市政运营能耗，提升资源回收效率

本小节探讨城市维护方面的减碳方向及空间，指出重点方向在于提升

城市维护运营效率和资源回收效率。节能减排、数字化管理是减少供水供暖等公用行业碳排放的关键，政策推动有望持续促进供水供暖碳排放减少，并给资源回收利用提供充足的增长空间。

随着经济水平的发展，居民生活水平要求日益提升，城市日常维护运行中的能源消耗日益增长。以供暖为例，根据清华大学建筑节能研究中心的测算，2018 年北方城镇供暖能耗为 2.12 亿吨标准煤，产生碳排放量约 5.5 亿吨，大约是建筑运行碳排放的 1/4。在碳中和的大方针下，提升城市维护管理效率，降低单位能耗是城市维护减碳的关键。可从以下两方面实现行业碳中和。

一方面，提升城市维护运营效率。城市公用事业（比如供水供暖）需求较为刚性，伴随着城市建设而逐步发展。目前行业内部分基础设施赛道建设不足以及存量设施老化，导致行业整体运行效率较低，比如供水管网漏损率较高，集中供暖率较低等。未来可以通过基础设施更新和完善增强行业供给效率，减少能耗需求。

另一方面，提升资源回收效率。城市的快速发展带动了对资源使用需求的快速提升，推动再生资源回收利用符合绿色城市建设方针。推动再生资源回收利用相比于前端资源生产能源消耗更低，有助于减少城市碳排放。我国再生资源回收行业发展起步较晚，当前的回收利用率依然有较大提升空间。

节能减排、科技赋能减少城市公用行业碳排放

供水行业：提升水资源利用率，采用数字化管理

城市供水需要多少能耗？供水行业伴随着城市同步发展，保障了日常生活和生产需要，对城市稳定运行来说不可或缺。随着居民生活水平日益提升，经济活动持续活跃，人均供水量也逐步提升。城市供水在加压、调速等

方面都需要消耗能源，从供水企业的角度来看，能源消耗的主要方式是电力。我们按照当前城镇供水总量（以供水企业生产量为口径）测算，2019 年城镇供水的耗电总量为 191.2 亿度。

供水减碳需要多管齐下。由于城市发展速度较快，初期供水管网建设质量管理水平参差不齐，导致当前供水行业的漏损率较高，根据住建部的数据，2019 年城市供水漏损率为 14%。供水行业可以通过提升水资源利用率、加强居民节水意识及运用数字化管理等方式节能降耗。

降低供水漏损，提升供水效率。“十三五”出台的《水污染防治行动计划》（简称“水十条”）强调，对使用超过 50 年的和材质落后的供水管网实施更新改造，有助于强化供水管网的稳定性，降低供水漏损。此外，受益于智慧化城市的推进，水务行业数字化，带动了供水管网的监测水平提升，加强了对供水漏损点的精准定位，有利于进一步降低漏损率。

数字化技术赋能，智慧水务持续降低供水行业能耗。依托人工智能、大数据、物联网等科学技术，水务行业智慧化水平持续提升，有助于降低供水企业吨水电耗，从而减少碳排放。

供热行业：短期看集中供暖增效，长期看能源结构转型

中国集中供暖始于 20 世纪 50 年代，基本以秦岭 – 淮河一线为界。当时中国在苏联的援助下为城市居民安装集中供热系统，主要出于维持城市在冬季的正常生产生活的目的（如供水管线防冻、设施设备防止严寒损坏等）。作为中国南北分界线的秦岭 – 淮河一线与集中供暖的界限重合度较高。（此线以北基本为全年日平均气温稳定低于或等于 5 摄氏度的总天数大于或等于 90 天的地区，以南地区被认为冬季无持续性寒冷，城市生产生活暂时不会受到明显影响。）

目前城镇集中供暖范围正在迅速扩大，农村进度则较慢。城镇集中供暖面积快速增长，城市、县城的集中供暖面积分别从 21 世纪初的 11.0

亿平方米、0.7 亿平方米提升至 2019 年的 92.5 亿平方米、17.5 亿平方米，2010 年以来，城市、县城集中供暖面积复合年均增长率分别为 9%、12%。根据中国能源经济研究院发布的《中国清洁能源发展报告》，截至 2019 年，北方供暖需求约为 211 亿平方米，其中，城镇供暖面积 141 亿平方米，农村供暖面积 70 亿平方米。我们测算，截至 2019 年，北方城镇集中供暖覆盖率为 78%，农村集中供暖覆盖率接近 6%。

集中供暖效率更高，当前煤炭依旧是主要热源。集中供暖主要采用集中热源，根据《我国供热行业 2020 年度发展状况报告》①，北方城镇供暖热源的 45% 来自燃煤热电联产，27% 来自燃煤锅炉，燃气热电联产、燃气锅炉和燃气分户壁挂炉占比分别为 3%、10% 和 7%。综合来看，集中供暖中合计约 72% 使用煤炭作为热源，20% 使用燃气作为热源。集中供暖效率更高，根据《浅谈如何提高集中供热的热效率》的数据，热电联产综合热效率可以达到 85%，大型锅炉热效率为 80%~90%；而分散采暖的设备中，燃煤锅炉热效率为 30%~50%，节能环保煤炉的热效率为 55%~65%，燃气炉为 75%~80%。集中供暖热效率的差异也决定了当前集中供暖方式有助于降低单位供暖的能耗。

供暖行业如何减碳？短期提升供热效率，长期受益于能源结构转型。未来城市供暖减碳将需要全产业链多方面的协同合作，以及各项政策的综合实施。居民采暖减少碳排放可以从两条路径着手：一是在保障居民供暖的前提下减少对能量的需求，比如提高供暖效率、采用节能建材、智能建筑或类似系统等；二是改善能源结构，减少单位能耗的碳排放，比如采用非化石能源等。

---

① 此报告由中国城镇供热协会于 2020 年 8 月发布。

供水供暖碳排放减少空间充足

碳中和以及生态环境保护的政策将是未来的长期政策指导方向。2021年作为“十四五”的开局之年，提升水资源使用效率、强化供暖清洁化率等政策有望持续推进，带动供水供热行业碳排放量持续减少。

首先是供水。“水十条”明确全国公共供水管网漏损率于 2020 年控制在 10% 以内，我们认为管网治理应持续推进，随着老旧管网的改造以及数字化技术的应用，预测 2030 年供水管网漏损率或将下降至 5%。随着节水型城市的建设，我们认为居民生活、工业生产中消耗的单位水或将减少，预计 2030 年相比 2020 年单位耗水量减少 5%，并且往长远展望依旧有望持续减少。随着数字化科技的应用，供水效率有望提升，持续推动单位供水节能降耗，预计“十四五”“十五五”期间单位供水能耗均减少 5%。

其次是供暖。随着集中供暖设施的完善，我们预测集中供暖比例将由 2020 年的 54% 提升至 2030 年 75%（考虑到农村地区）。同时我们认为随着清洁化采暖的持续推动，能源结构有望得到持续优化，我们预计 2030 年煤炭采暖的比重有望下滑至 50%。

推动资源回收利用，共筑低碳城市

资源回收利用缓解资源需求

我国资源需求持续提升。改革开放以来，我国经济保持高速增长。工业化的快速推进，带动了我国对资源端的需求。与此同时，随着经济高速发展，人民生活水平提升，进一步带动了资源需求的增长。21 世纪以来，我国工业增加值的复合年均增长率达 10.8%，其中 2000—2010 年我国工业增加值增速较快，基本维持在 15% 以上，近年增长趋势放缓，2011—2020 年工业增加值的复合年均增长率为 5.4%。此外，21 世纪至今，我国城镇居民人均消费复合年均增长率达 8.7%，农村居民人均消费复合年均增长率达 11.1%，虽然受新冠疫情影响，2020 年人均消费数据略有下滑，但是整体依旧保持高增长。

各类资源需求快速提升，资源回收再利用有助于城市减少碳排放。工业产值的持续发展叠加居民消费增长提升了资源需求，我国目前已成为资源消耗大国。2019 年，我国钢铁、塑料和橡胶消费需求占全球比重大约为 51%、15% 和 40%。在工业生产、居民消费品生产过程中，需要消耗大量能源。将废弃的可用资源（比如钢铁、橡胶、塑料）经过重新加工之后再利用，有利于缓解我国日益增长的资源需求压力，同时可以降低生产能耗，有助于碳中和方针的整体推动。

一是废钢回收。从国外钢铁行业发展经验来看，粗钢产量达到一定水平之后，以废钢为主要原料的短流程炼钢比重将越来越大。2018 年，我国炼钢行业短流程比例大约为 10%，显著低于世界平均水平（约 35%）。根据工信部《钢铁行业调整升级规划》，2030 年我国废钢的应用比例需要提升至 30%，未来提升空间充足。短流程炼钢一般采用电炉炼钢，和铁矿石相比，能够节能降耗约 76%。

二是废旧橡胶回收。发展废旧橡胶回收产业有利于橡胶生产行业节能降耗，从行业公司的研发技术看，我们预计废旧橡胶再生能耗有望减少 30%；同时废旧橡胶对环境破坏较大，废旧橡胶回收利用亦有利于生态保护。根据中国橡胶工业协会的数据，我国 2019 年产生了 1 480 万吨废旧轮胎，2011—2019 年废旧轮胎产生量的复合年均增长率达 5%，废旧轮胎资源充足。但 2018 年我国废旧轮胎回收量仅约 512 万吨，废旧轮胎回收利用率仅为 35.3%（见图 10.8）。

三是废塑料回收。我国作为塑料生产和使用大国，应持续建设和完善塑料制品回收利用体系。目前我国废塑料回收率统计数据来源不一，根据英科环保招股说明书，2018 年废塑料回收率为 38%，而根据上海再生资源回收利用行业协会的数据，2019 年我国废塑料回收率约为 30%。根据曼彻斯特大学2021年发表在《整体环境科学》期刊上的研究成果，与利用原油制造塑料相比，每吨废塑料化学回收可以减少2.3吨碳排放。

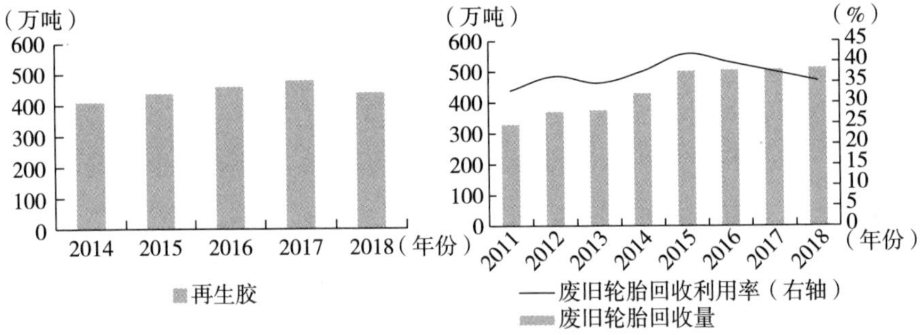

图10.8　我国再生胶与废旧轮胎回收量

资料来源：商务部，中国橡胶工业协会，中金公司研究部。

四是动力电池回收。围绕碳中和的发展趋势，未来新能源车将会代替传统汽车，锂电池需求增长或将持续爆发，同时对锂电池的原材料，比如镍、钴、锰、锂等金属的需求将会日益提升。动力电池回收利用可将报废的锂电池拆解开，提取其中有价值的元素，循环再造锂电池，降低前端对原材料的需求，有助于城市减少碳排放。

政策利好再生资源回收

垃圾等废弃物中可回收利用成分较多。在生活和生产中，会产生大量废弃物。随着经济的快速发展，我国垃圾产生量逐年提升。但是垃圾并不一定是无用物质，垃圾中可能有大量具有利用价值的成分。桑德集团2018年统计，生活垃圾中的可回收部分，比如纸类、塑料橡胶、玻璃、金属等，占比大约为21.00%（见图10.9）。

资源回收利用，垃圾分类先行。垃圾分类的建设是资源回收的前端入口，此前再生资源回收利用行业发展较慢的一个主要原因是，我国回收体系不完善，市场粗放式扩张，比较依赖人力以“走街串巷”的形式来回收再生资源，行业经营效率较低。建立垃圾分类体系，在源头对垃圾按照组分分离，有助于再生资源回收利用率提升，规范行业发展。2019 年末以来，我国陆续提出了“无废城市”“垃圾分类”等目标，有利于促进再生资源回收利用。

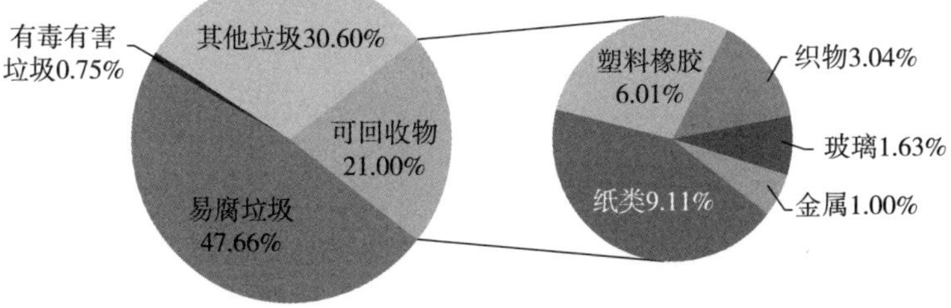

图 10.9 生活垃圾中可回收组分占比较大

资料来源：桑德集团，中金公司研究部。

注：数据时间为 2018 年。数据为四舍五入，因此合计数有误差。

垃圾分类政策持续推进。2019 年 6 月 11 日，住建部等 9 部门联合发布《关于在全国地级及以上城市全面开展生活垃圾分类工作的通知》，进一步细化了垃圾分类的推进目标，其中明确 2020 年 46 个重点城市基本建成垃圾分类处理系统，2020 年之后将进一步在全国范围内推广，至 2025 年地级及以上城市基本全部建成垃圾分类系统。2020 年 11 月，住建部等 12 部门印发《关于进一步推进生活垃圾分类工作的若干意见》，指出进一步提高生活垃圾减量化、资源化、无害化水平，力争再用 5 年左右，基本建立配套完善的生活垃圾分类法律法规制度体系，预计全国城市生活垃圾回收利用率达到 35% 以上，垃圾分类效果显著，可回收垃圾回收量快速提升。

▶▶ 第十一章

绿色科技：接棒能效管理

摘 要

数字经济是“十四五”发展的主旋律，云计算、AI（人工智能）、物联网新兴技术高速发展，支撑起政企上云、数字化转型的增量需求，带动5G（第五代移动通信技术）基站、数据中心等新基建产业蓬勃发展，能源供应是新基建发展的基础，数字基础设施是满足技术日新月异变化的有力支撑。在数字经济时代，除资本与劳动力之外，中共十九届四中全会明确提出数据是全新的生产要素，因此与传统生产要素一样，数据的量质齐升将带动数字经济相关产业的产出提升，为新技术的研发提供算力支持与创新之源。

在新技术为社会数字化转型带来强劲驱动力的同时，电力也在支撑数字经济的发展。我们认为，技术进步将带动算力增长，算力进步会反哺技术突破，从而为数字经济增长持续赋能，在数字与算力的浪潮中，数字化、智能化将为电力转算力的过程赋予更多节能优势，实现节能减排与数字经济的双重发展。

在本章的第一节和第二节，我们将以具体场景展开，分析在C端（消费者端）城市生活及B端（企业端）工业生产中，科技如何助力提效减排；在第三节，我们将讨论在AI和新技术赋能下，科技行业如何实现自身节能优化，从而实现碳中和目标；在第四节，我们简单概括了数字化管理中可能面临的多种挑战。①

① 本章作者：钱凯、彭虎、赵丽萍、陈昊。

数字化助力城市生活提效减排

数字经济下，5G、AI 等新型技术的崛起将赋能千行百业，我们不禁思考，数字生活究竟离我们有多远？数字生活究竟如何实现碳中和？对于个体而言，智慧城市将使我们切身感受到，其与城市管理和数字技术的融合，经过数据管理优化后的城市运行，将为居民带来更加便捷与高效的生活体验。

“智慧城市”的概念由 IBM（国际商业机器公司）于 2008 年提出，之后在各国政府层面获得了广泛关注。我们认为，智慧城市并非一个严格概念，而是将城市管理同数字化技术结合的一种思路。随着 5G、云计算、物联网、AI 等新一代信息技术逐步落地，科技生态环境日趋成熟，城市智能化、精细化管理得以实现，有助于解决城镇化进程中的各种难题。根据 Markets and Markets（市场研究机构）的统计，2018 年全球智慧城市市场规模为 3 080 亿美元，2023 年将提升至 7 172 亿美元，复合年均增长率为 18.4%。

智慧城市的应用场景有哪些？随着智慧城市建设的进一步深化，众多新型城市应用场景和管理模式应运而生，助力城市实现可持续发展。我们看到，智慧城市在环保、交通、工业、能源、城市治理等多个场景已经有丰富且具体的应用，例如环境监测、智能垃圾分类等智慧环保应用，车路协同、智慧停车、智能交通规划等智慧交通应用，黑灯工厂等智慧工业应用，大数据精准治理、无人化治理等城市治理应用。

智慧城市在带来生活便捷与多样的同时，也通过数字化手段实现了各种生活场景的节能减排。智慧城市下的各种应用场景是如何通过科技赋能实现节能减排的？其最终能够实现多少碳排放量的减少？

基于这些思考及前文的介绍，我们挑选车联网、智慧机场及智慧货运三个细分应用场景进行测算，通过对比引入科技带来的碳排放增量与科技赋能后的各场景碳排放减少量来计算实现的净碳排放减少量，以及用单位电力消耗对应的碳排放减少量来判断科技赋能的“性价比”。

车路协同：提高车辆配置效率，降低燃油消耗

车路协同能够基于传感探测、边缘计算、自动驾驶等技术，通过路测单元、车载终端获取和交互车路信息，对整体道路流量、交通事件、路况进行预判，实现车辆之间、车辆和基础设施之间的智能协同，达到加快路口通行速度、降低车辆燃油消耗、提高交通安全冗余度等目标。提效方面，智慧红绿灯可动态调整不同方向红绿灯的时间以提高通行率；基于早晚交通流量变化，潮汐车道可动态调整早晚高峰通行方向；依托车载摄像头、超声波雷达等设备，自动驾驶车辆可分析周边环境及行车状况，进行制动、转向、变道、调速等，降低交通拥堵风险，从而提升交通系统的运行效率与安全性。降耗方面，基于 SLAM（即时定位与地图构建）技术，汽车可以通过摄像头采集的机器视觉信息与激光雷达 ToF（飞行时间）的

测距功能，定位并绘制出位置环境的地图，解决路线规划不合理的问题，减少碳足迹；此外，基于 V2X（车用无线通信技术），车辆可编队行驶，以减少阻力，并共享信号灯信息规划刹车时间，从而降低能耗。

自动驾驶提效几何？根据密歇根大学的一项测算，相较于非自动驾驶车辆，搭载车间通信系统的自动驾驶车辆通过地图线路优化及刹车制动优化，节能效率可达到 19%。同时我们假设自动驾驶的出现会降低自有汽车量约 1%，基于上述两点假设，我们预测截至 2024 年，C 端自动驾驶车辆每年碳排放减少量约为 1.18 亿吨。假设一辆自动驾驶测试车辆每天产生的数据量可达 10TB（太字节），以一台浪潮高端全闪存储 HF18000G5 服务器为参考，全年需要约 2 566 万台服务器支撑算力，对应全年碳排放量 0.82 亿吨，因此全年净碳排放减少量为 0.42 亿吨，对应服务器每度电的用电增量带来 1.51 千克的碳排放减少量（见表 11.1）。

表 11.1　截至 2024 年自动驾驶全年净碳排放减少量测算

自动驾驶车辆节能测算			
	引入自动驾驶前	节能效率	引入自动驾驶后
汽车千人保有量（辆）	500		
人口数（亿）	14.2		
汽车保有量（亿辆）	7.1	1%	7.0
年行驶里程（公里）	5 000	19%	4 050
百公里油耗（升）	7.5		7.5
年油耗（亿升）	2 662.50	–20%	2 135.06
对应碳排放减少量（亿吨）			1.25
服务器能耗测算			
产生数据量（太字节 / 车 / 天）			10
全年数据量（亿太字节）			25 656
单服务器存储数据量（太字节）			100 000
需要的服务器数量（亿个）			0.257
单服务器功率（千瓦）			0.88
年耗电（亿千瓦时）			824
对应碳排放量（亿吨）			0.82

续表

自动驾驶车辆节能测算			
	引入自动驾驶前	节能效率	引入自动驾驶后
结 论			
每年净碳排放减少量（亿吨）			0.42
每度电减少碳排放量（千克）			1.51

资料来源：浪潮信息官网等，中金公司研究部。

智慧机场：AI 精准测算，减少滑行距离

深圳智慧机场通过精准预测和管理，能让每架飞机少跑 1~2 分钟，减少耗油 10~20 升。根据中国民用航空局公布的全年航班起降架次，我们预计全年合计起降约 1 025 万架次，每年可减少碳排放约 36.31 万吨（见表 11.2）。截至 2021 年 2 月 18 日，全国机场数量达 241 个，我们基于机场面积预测全国机场数据中心占地面积，进而推测所需数据中心及机柜数量，按照引入 AI 及数字化精准管理的机场带来 3% 的数据增量的假设，得出数据中心耗电量增量相当于约 23.86 万吨碳排放，最终可实现全年净碳排放减少 12.44 万吨，相当于每度电的用电增量带来 1.52 千克碳排放减少量。

表 11.2　智慧机场净碳排放减少量测算

数据中心能耗测算		
	深圳智慧机场	北京大兴国际机场
数据中心占地面积（平方米）	4 232	16 000
总建筑面积（平方米）	15 502	48 000
机柜占地面积比（%）	65	65
机柜占地（平方米）	10 076	31 200
单机柜占地（平方米）	2.5	2.5
机柜数（个）	4 030	12 480
单机柜功耗（千瓦）	8	8
PUE（电源使用效率）	1.3	1.3
上架率（%）	90	90
负载率（%）	70	70
全年耗电（千瓦时）	231 331 342	716 296 090

续表

数据中心能耗测算		
单数据中心全年耗电量（千瓦时）	数据中心个数	总能耗（千瓦时）
716 296 090	3	2 148 888 269
231 331 342	10	2 313 313 420
15 422 089	228	3 516 236 398
合计	241	7 978 438 086
系数：引入AI带来的数据增量占比（%）		3
合计耗电增加量（千瓦时）		239 353 143
相当于碳排放（万吨）		23.86
航班起降节能测算		
单位：万架次	2019年全年（无疫情影响）	2019年及2020年平均（假设疫情常态化）
东部地区	528.3	459.5
中部地区	173.8	151.7
西部地区	388.8	350.0
东北地区	74.6	64.0
合计	1 165.5	1 025.2
油耗减少（升/架）	15	
全年起降（架）	10 251 682	
全年节省油耗（升）	153 775 227	
相当于减少碳排放（万吨）		36.31
结　论		
每年净碳排放减少量（万吨）		12.44
每度电减少碳排放量（千克）		1.52

资料来源：中国民用航空局官网等，中金公司研究部。

智慧货运：成立互联网平台型货运公司有助于降低运送空载率

我们预计当前货运行业车辆运输空载率达40%，因此，成立如滴滴出行模式的互联网平台型货运调度公司有助于降低空载率。截至2020年6月，根据公安部的数据，我国载货车保有量为2 944万辆，假设这些车辆的空载率从40%降至20%，将减少全年无效行驶里程1 472亿公里，对应碳排放减少量 695.08 亿千克。假设成立该互联网平台公司所需数据中心机柜数为 100 000 个（相当于 10 个超大型数据中心园区），对应全年碳排放 85.15 亿千克，最终将实现全年净碳排放减少 609.92 亿千克，对应每度电的用电增量带来 8.14 千克碳排放减少量（见表 11.3）。

表 11.3 货运汽车碳排放净减少量测算

货运车辆节能测算		
空载率（%）	40	20
载货车保有量（万辆）	2 944	2 944
行驶里程（公里 / 年）	25 000	25 000
全年有效行驶里程（亿公里）	4 416	5 888
全年无效行驶里程（亿公里）	2 944	1 472
减少无效行驶里程（亿公里）		1 472
百公里油耗（百公里）		20
减少燃油排放（亿升）		294.40
对应碳排放减少量（亿千克）		695.08
所需数据中心碳排放测算		
机柜数（个）		100 000
单机柜功耗（千瓦）		7.5
PUE		1.3
全年耗电（亿千瓦时）		85.41
对应碳排放量（亿千克）		85.15
结 论		
每年净碳排放减少量（亿千克）		609.92
每度电减少碳排放量（千克）		8.14

资料来源：公安部官网等，中金公司研究部。

工业互联网赋能企业生产，实现降本增效

工业互联网随着 5G 的部署呈迅猛发展之势，截至 2021 年 3 月，我国在建工业互联网项目超过 1 100 个，多种工业互联网应用场景层出不穷，包括中国商飞、阳泉煤业、三一重工和厦门港等，5G 显著地助力了工业

领域的升级转型。工业互联网平台功能架构如图 11.1 所示。

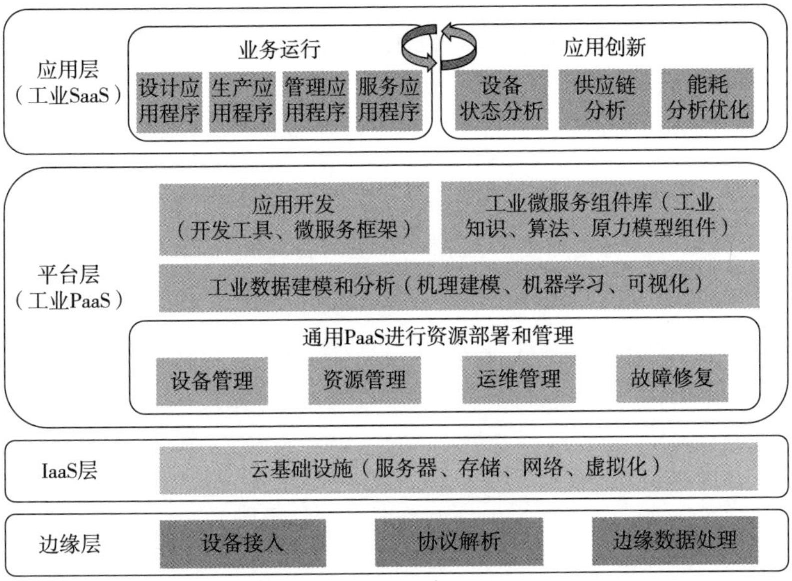

图 11.1　工业互联网平台功能架构

资料来源：工业互联网产业联盟，《工业互联网平台白皮书》（2017）；中金公司研究部。

注：SaaS 表示软件即服务，PaaS 表示平台即服务，IaaS 表示基础设施即服务。

工业互联网如何赋能节能减排？工业互联网以数据为核心，基于传感器收集的海量数据，结合软件平台和大数据分析技术来实现工业自动化控制、智能化管理。在工业互联网赋能下，企业生产力和工作效率得到了提升，同时有效减少了能源使用和碳排放，实现节能增效。

工业互联网存在的意义是什么？经济数字化转型是大势所趋，工信部提出，要把握数字化、网络化、智能化的发展方向，发挥我国既有基础和优势，统筹推进数字产业化和产业数字化，全面部署 5G、工业互联网、数据中心等新一代信息通信基础设施建设，实施制造业数字化转型行动、智能制造工程、中小企业数字化改造等，促进新一代信息技术与制造业充分融合、制造业与服务业深度融合。加快发展数字经济，最根本的是要推动实体经济的发展。

工业互联网平台通过监测和管理能耗数据，提高能源利用效率

碳中和将推动对下游软件应用层，诸如能源监控、预警等细分领域需求的增加，为下游提供数字化解决方案的公司带来业务机会。如能源管控类 SaaS 企业可以将企业生产过程中产生的各类能耗及影响能耗的相关指标，通过物联网技术采集到云端，通过分析、优化数据提供降低生产运维能耗的预警及解决方案；工业云平台企业能够基于云平台及其搭载的工业 App（应用程序）为制造业企业赋能，实现控费增效。

国家电网于 2021 年 3 月发布"碳达峰，碳中和"行动方案，将推动电网向能源互联网升级，包括加强"大云物移智链"等技术在能源电力领域的融合创新和应用，促进各类能源互通互济，源网荷储协调互动，支撑新能源发电、多元化储能、新型负荷大规模友好接入。加快信息采集、感知、处理、应用等环节的建设，推进各能源品种的数据共享和价值挖掘，到 2025 年，将初步建成国际领先的能源互联网。

智能能源管理

联元智能科技致力成为能源领域的工业互联网 SaaS 平台提供商。公司为工业、商业、数据中心、楼宇等多能耗等级的 B 端用户提供整体能效解决方案，能够在线监测能源使用效率，实现能源的精细化管理，帮助客户减少碳排放。如公司通过助力上海某领先热电企业开展智慧能源服务，使其实现年能源成本下降 1 500 万元，年碳排放量下降 4.42 万吨。

智能制造

东方国信旗下的 Cloudiip 是国内领先的国产工业互联网平台。该平

台支撑了炼铁大数据平台、锅炉云服务平台等多个工业应用子平台，同时搭载了大量实用工业 App，通过以数字赋能企业来助力企业实现节能降耗以及生产效率的提升。例如，炼铁云平台已应用高炉单座单年创效达 2 400 万元，风电云平台每年可为企业节约 30% 的维修费用，锅炉云平台可降低单炉能耗 15%。

大数据技术的应用为电力、水务等场景带来精准的节能增效方案

大数据技术的广泛应用使处理海量数据成为可能。基于数据分析算法的大数据平台能够对传感器集中收集的数据进行可视化监控，进而实现精准预测及决策优化。例如，电力、水务大数据平台的应用能够精确监控用电数据，从而实现用电、用水的精准管理。

南方电网在广东省布局电力大数据应用，其提供的电力大数据平台能够通过实时监测工厂车间的用电水平、电量波动等数据，精确锁定高耗能设备。如公司通过协助某制造业企业进行用电数据诊断，成功锁定了目标车间电机使用的高耗能定频设备，在加装变频器后实现了年用电量下降 50 万千瓦时。2019 年以来，南方电网利用大数据技术成功帮助一批高耗能企业完成节电改造。南方电网测算，在电力大数据平台的精确监控和指导下，企业用电成本能够降低 10%~20%，实现节能增效。

西安智慧水务平台在西安水务公司的部署应用，重点解决了传统的水处理信息化薄弱，生产和管理分离，故障处理滞后，计划、调度、决策片面化和人为化的桎梏，实现了生产数据、视频、管理、设备以及人、物的统一管控和调度。项目为企业带来了效益，包括节省人力成本 3.6%，设备故障率降低 15%，运行中断率降低 20%，能耗降低 20% 等。

科技行业如何降能增效？AI 与多种技术共同助力节能

我们在前两节讨论了科技是如何助力各种行业的不同应用场景实现节能减排的，并测算了净碳排放的减少量。科技行业属于高耗能行业，在为千行百业赋能以及助力减排的同时，科技行业如电信运营商及数据中心自身是通过何种手段实现节能减排的？我们通过案例可以看到 AI 已经广泛用于通信行业电能使用的优化，然后具体分析了 5G 基站和数据中心的降耗举措。

AI 节能技术如何帮助能耗大户减排

AI 算法可用于 IDC（互联网数据中心）的运维和管理，优化其电能使用。AI 技术已经在故障预测分析、系统性能调优、内部服务等方面有所应用，可实时对数据中心环境进行控制，如通过控制冷却系统实时资源调配以降低能耗。比如在谷歌、万国数据、中兴通讯等企业中都能看到 AI 助力的身影。

谷歌：2016 年，谷歌联合 DeepMind（深度思考）将 AI 系统部署于数据中心，通过控制 IDC 的服务器和制冷系统等部分组件来减少能耗，报告表明 DeepMind 的 AI 将谷歌公司的数据中心冷却费用减少了 40%。

万国数据：在国内率先采用 AI 数据中心布局，目前弱电和软件开发设计都要确保未来能够做到 AI 适用，实现基于 AI 算法进行控温，以及利用机器人进行自动巡检、故障自动应急等，大大降低了对运维人力的需求，并提高了灾难预警的敏捷性。

中兴通讯：基于自研的 AI Explorer（人工智能大数据平台）开发的 AI 算法系统，能够通过从制冷系统、电力系统采集的数据在 AI 中台进行数据治理，基于 AI 算法学习优化运行策略，通过调控参数实现最高可达 15% 的节能效果。

5G时代，AI技术能够提高基站的适应性来实现智慧节能。随着AI技术的不断成熟，基于AI的智能节能技术方案可以实现多制式网络的整体节能效果，使无线接入网具备较强的灵活性、扩展性及持续演进能力。AI系统能够基于历史数据构建学习模型，并通过不断产生的实时数据对模型进行修正，实现“智慧节能”的效果。中兴通讯提供的AI节能方案自2019年起已在国内多地运营商部署，累计应用规模超过10万个小区，经验证该方案可有效降低基站10%~15%的能耗，每千个站点可实现年节电150万~200万度。典型的功能如下。

节能场景识别。在小区场景中，AI系统能够自动识别基础覆盖小区和补热小区，支持与基站设备及OMC（操作维护中心）管理平台的接口，热点覆盖小区可根据业务量等指标变化进入节能模式，实现更灵活的节能效果。

业务预测。基于AI算法、现网基站数据及训练业务负载模型，实现对网络业务负荷的精确预测。通过预测业务流量的潮汐情况，提前制定相应措施调控业务负载性能，从而提升用户体验。

节能策略选择。基于业务预测结果，通过强化学习算法实现对节能策略的自动选择、调整、配置更新和自动执行功能，同时满足预设置的节能目标和KPI（关键绩效指标）目标。基于AI的节能策略选择模型如图11.2所示。

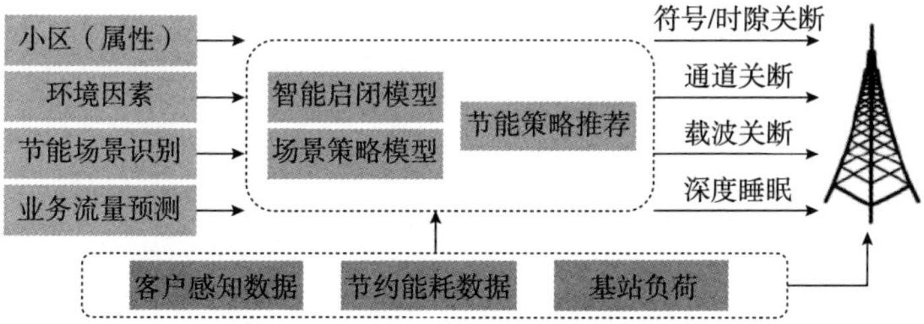

图11.2　基于AI的节能策略选择模型

资料来源：《基于AI的5G基站节能技术研究》，中金公司研究部。

设备、站点、网络层多层发力，实现共建共享模式下 5G 基站节能降耗

具体到通信运营商行业，5G 时代的到来也带来了能耗的增量。5G 网络建设耗能如何？按照中国通信标准化协会的数据，目前运营商 5G 基站主设备样品空载功耗 2.2~2.3 千瓦，满载功耗 3.7~3.9 千瓦，我们按照 2019 年 3.85 千瓦预测，随着设备节能化迭代，预计 5G 基站平均功率到 2025 年将降至 3.3 千瓦左右，基站休眠等技术使得基站无须满负荷运转，同时伴随 2G（第二代手机通信技术规格）、3G（第三代移动通信技术）的逐渐退网，5G 基站建设速度趋于温和增长，我们认为基站整体耗能将得到有效控制并趋于平缓，预计到 2025 年，5G 基站全年耗电量将被控制在约 793 亿千瓦时（见表 11.4）。

表 11.4　三大运营商基站耗电预测

中国移动	2018	2019	2020E	2021E	2022E	2023E	2024E	2025E
2G 基站数（万）	80	80	80	32	24	8		
2G 基站平均功率（千瓦）	0.8	0.8	0.8	0.8	0.8	0.8	0.8	0.8
3G 基站数（万）	5.5	5.5	5.5	5.5	5.5	5.5	2.8	2.8
3G 基站平均功率（千瓦）	0.8	0.8	0.8	0.8	0.8	0.8	0.8	0.8
4G 基站数（万）	241	309	315	318	320	321	321	321
4G 基站平均功率（千瓦）	1.04	1.04	1.04	1.04	1.04	1.04	1.04	1.04
5G 基站数（万）		6	41	75	105	135	165	195
5G 基站平均功率（千瓦）		3.85	3.85	3.85	3.66	3.48	3.30	3.30
总功率（千瓦时）	2 806 236	3 631 042	4 867 129	5 134 441	5 526 970	5 715 614	5 798 516	6 019 575

续表

中国移动	2018	2019	2020E	2021E	2022E	2023E	2024E	2025E
平均电价（元/千瓦时）	0.65	0.65	0.65	0.65	0.65	0.65	0.65	0.65
基站总电费（亿元）	182	236	316	334	359	372	377	391
占收入比（%）	2.48	3.16	4.21	4.30	4.47	4.58	4.61	4.72
中国电信	2018	2019	2020E	2021E	2022E	2023E	2024E	2025E
2G 基站数（万）	46	46	46	18	14	5		
2G 基站平均功率（千瓦）	0.8	0.8	0.8	0.8	0.8	0.8	0.8	0.8
3G 基站数（万）	3.2	3.2	3.2	3.2	3.2	3.2	1.6	1.6
3G 基站平均功率（千瓦）	0.8	0.8	0.8	0.8	0.8	0.8	0.8	0.8
4G 基站数（万）	138	159	165	168	170	172	172	172
4G 基站平均功率（千瓦）	1.0	1.0	1.0	1.0	1.0	1.0	1.0	1.0
5G 基站数（万）		4	21.5	40.5	58.5	76.5	94.5	112.5
5G 基站平均功率（千瓦）		3.85	3.85	3.85	3.66	3.48	3.30	3.30
总功率（千瓦时）	1 606 890	1 934 069	2 579 567	2 749 695	3 017 585	3 166 818	3 239 661	3 388 260
平均电价（元/千瓦时）	0.65	0.65	0.65	0.65	0.65	0.65	0.65	0.65
基站总电费（亿元）	104	126	168	179	196	206	211	220
占收入比（%）	2.77	3.35	4.37	4.49	4.72	4.75	4.69	4.74
中国联通	2018	2019	2020E	2021E	2022E	2023E	2024E	2025E
2G 基站数（万）	33	33	33	33	16	3		
2G 基站平均功率（千瓦）	0.8	0.8	0.8	0.8	0.8	0.8	0.8	0.8
3G 基站数（万）	2.3	2.3	2.3	2.3	2.3	2.3		

续表

中国联通	2018	2019	2020E	2021E	2022E	2023E	2024E	2025E
3G 基站平均功率（千瓦）	0.8	0.8	0.8	0.8	0.8	0.8	0.8	0.8
4G 基站数（万）	99	141	150	155	158	160	160	160
4G 基站平均功率（千瓦）	1.0	1.0	1.0	1.0	1.0	1.0	1.0	1.0
5G 基站数（万）		4	17.1	35.9	47.9	59.9	71.9	83.9
5G 基站平均功率（千瓦）		3.85	3.85	3.85	3.66	3.48	3.30	3.30
总功率（千瓦时）	1 152 769	1 672 134	2 196 597	2 589 135	2 646 076	2 662 181	2 658 508	2 724 325
平均电价（元 / 千瓦时）	0.65	0.65	0.65	0.65	0.65	0.65	0.65	0.65
基站总电费（亿元）	75	109	143	168	172	173	173	177
占收入比（%）	2.58	3.74	4.76	5.40	5.27	5.10	4.96	4.95
三大运营商合计	**2018**	**2019**	**2020E**	**2021E**	**2022E**	**2023E**	**2024E**	**2025E**
2G/3G 基站数（万）	170	170	170	94.4	65.3	26.9	4.4	4.4
4G 基站数（万）	478	609	630	641	648	653	653	653
5G 基站数（万）		14.0	79.6	151.4	211.4	271.4	331.4	391.4
2G/3G 基站耗电量（亿千瓦时）	119.1	119.1	119.1	59.5	38.9	15.1	2.3	2.1
4G 基站耗电量（亿千瓦时）	437.5	557.3	576.6	528.0	504.1	478.1	448.2	418.3
5G 基站耗电量（亿千瓦时）		47.2	268.6	459.8	576.1	661.3	719.2	792.8
总耗电量（亿千瓦时）	556.6	723.7	964.3	1 047.3	1 119.1	1 154.5	1 169.7	1 213.2
2G/3G 基站电费（亿元）	77.4	77.4	77.4	38.7	25.3	9.8	1.5	1.4

续表

三大运营商合计	2018	2019	2020E	2021E	2022E	2023E	2024E	2025E
4G 基站电费（亿元）	284.3	362.3	374.8	343.2	327.7	310.8	291.3	271.9
5G 基站电费（亿元）	0.0	30.7	174.6	298.9	374.5	429.8	467.5	515.3
电费合计（亿元）	361.78	470.42	626.81	680.76	727.39	750.40	760.28	788.59
2G/3G 基站电费占比（%）	21	16	12	6	3	1	0	0
4G 基站电费占比（%）	79	77	60	50	45	41	38	34
5G 基站电费占比（%）	0	7	28	44	51	57	61	65

资料来源：中国移动、中国电信、中国联通公告，中金公司研究部。

从软硬件技术角度来看：通信基础设施架构升级是趋势

基站设备层：提高 AAU（有源天线单元）能效是解决能耗痛点的有效方式。基站设备中，射频功放能耗最高，因此从功放模块、数字中频、基带模块、收发机等对功耗影响较大的关键器件入手进行技术提升，能够最大限度地提高 AAU 设备的能效。例如，通过提升半导体工艺水平及更新换代来减少芯片面积，从而提高集成度和处理能力，这不仅能进一步降低基站设备功耗，还可大幅提高 5G 系统性能。

站点层：基于软件功能及 AI 技术实现站点节能。通过引入 AI 技术，能够针对每个小区的不同时点进行精准分析及预测，实现精细化、定制化的节能策略，做到“一站一策、一时一策”，在保障用户体验的前提下通过精耕细作的方式充分挖掘节能潜力。

网络层：多网协作节能技术实现降低现网能耗目标。5G 部署后，未来将出现 4G（第四代移动通信技术）TDD/FDD（时分双工 / 频分双工）与 5GNR（全新空口设计的全球性 5G 标准）共存的状态。中国移动研究院表示，多网协作节能技术可以基于特征聚类和神经网络算法对 5G 设备级节能功能进行参数优化，实现设备级节能功能效果最大化，适用 4G、5G 有较多重叠覆盖的网络场景。中国移动研究院表示，业内已完成相关 4G 系统（微通信元系统）的开发，现网测试结果显示，4G 网络每万小区年节电目前超过 40 万度，5G 网络接入后总体节电效果将更加明显。5G 基站节能技术推进计划如图 11.3 所示。

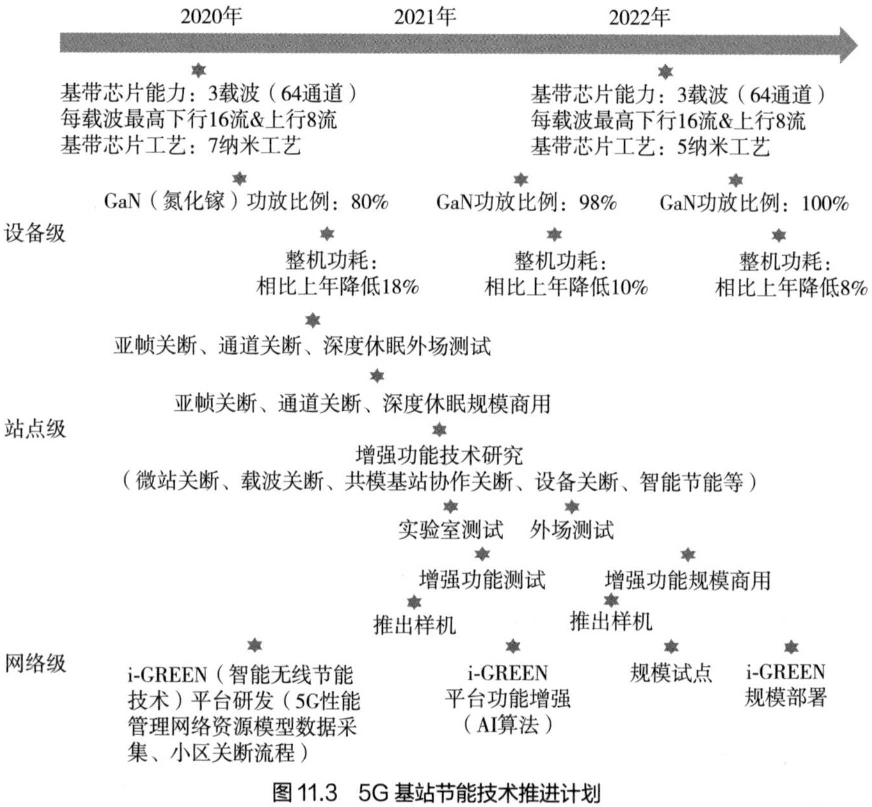

图 11.3　5G 基站节能技术推进计划

资料来源：中国移动通信研究院，中金公司研究部。

数据中心：云计算实现算力集约化，模块化及制冷技术提升实现PUE降低

再看数据中心的变迁，计算模式历经了从集中到分布，再重新走向集中的阶段。在20世纪60年代，大型主机是计算和存储资源集中存放的所在,也是企业的算力供应中心。彼时主机价格非常昂贵,主要面向企业用户，资源集中是主机时代突出的特点。1979年IBM推出个人计算机，开启了个人计算机时代，计算模式由大型主机的集中模式走向个人计算的分散模式。而后互联网兴起，计算资源通过互联网实现了便捷共享。在2000年后，运营上千台服务器的数据中心出现，计算模式由分散重回集中，算力走向集约化供应。

数据中心是数字经济时代的底层基础设施，发挥着将电力转换为算力的关键支撑作用。大型数据中心集中管理计算和存储资源（见图11.4）的实现，使得用户通过互联网分享资源的模式日益普及，“云计算”的概念逐渐发展（见图11.5）。数据中心位居IDC产业链中上游，向下游云应用厂商、互联网公司、政企客户提供服务器托管等基础设施服务。其能耗主要包括机器设备消耗的电力和温湿度控制设备消耗的电力，因而数据中心在数字经济时代承担着将电力转换为算力的关键作用。

集约化算力将降低多少能耗？集约化算力可显著降低能源消耗，是实现碳中和目标的重要命题。Pike Research（市场调研公司）预计，到2020年，采用云计算可以使全球数据中心的能源使用量减少38%。AWS（亚马逊云科技）认为，集约式的计算资源可以显著提升计算效率。微软测算，相较于分散的传统企业数据中心，Azure（微软基于云计算的操作系统）集约式数据中心通过改善IT（信息技术）运维效率、IT设备效率、数据中心基础架构效率、可再生能力这四个方面，或可降低72%~98%的能耗。

图 11.4　大型数据中心集中管理计算和存储资源

资料来源：聚图网，中金公司研究部。

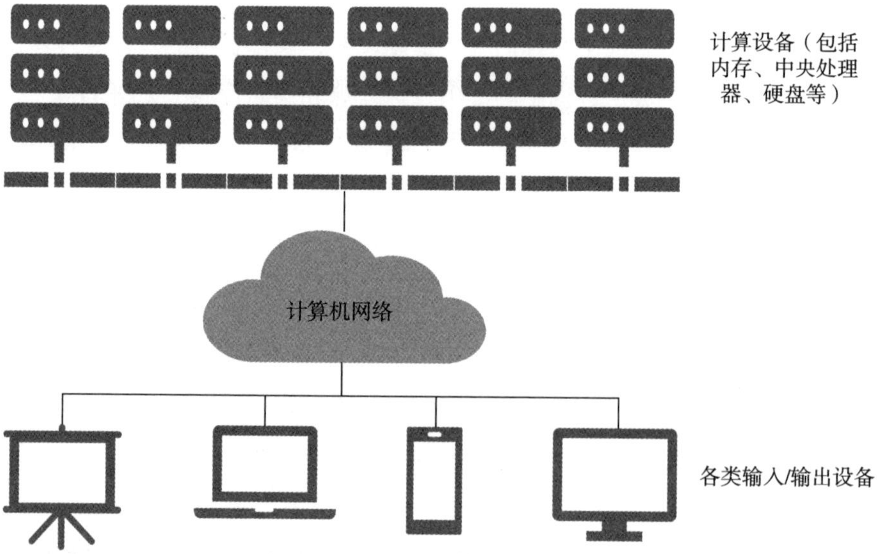

图 11.5　云计算概念示意

资料来源：深信服社区，中金公司研究部。

技术手段如何实现数据中心的降本增效？机电设备标准化、模块化是趋势。我们认为对机房系统架构的前瞻性把控是 IDC 运营核心的能力要素，涵盖对 IT 负荷能力、机电布局方式、密度上升后散热能力等方面的判断。

一方面，IDC 所提供的机电设备服务，核心是提供电力和制冷资源。运营中，IT 和制冷是主要耗电环节，占比约 85%。在制冷方面，可因地制宜，在北方干燥低温的环境中可选择间接蒸发自然冷却，通过空对空冷却减少排热用水；在南方潮湿燥热地区可尝试浸没式液冷技术，通过液体代替空气，把中央处理器、内存等 IT 发热器件产生的热量带走，具备高能效、高可靠性特点。供配电方面，分布式供能、高压直流供电、模块化 UPS（不间断电源）等技术可有效降低电损、按需调用，也能帮助优化 PUE 水平。

另一方面，借鉴云计算、IDC 的底层逻辑共享经济，将机电资源池化、按需切割也是一种新思路。预制模块化数据中心是一种预工程化的方案式产品，在工厂内部完成数据中心所需基础设施单元的有机组合，到项目现场重新拼装即可投入使用。数据中心引入模块化设计，能实现业务快速部署，满足高密度机柜共享基础设施，节省机房空间和电费，优化 PUE。模块化数据中心受到国家政策推动，工信部颁布的《云计算发展三年行动计划（2017—2019 年）》明确，要在绿色、模块化数据中心方面实现技术与产品的突破。秦淮数据从制冷设备到配电设备均实现了模块化定制，将整体建设时间缩短了 30%~40%。美国的模块化设计成功的本质是满足了机房的灵活弹性部署，实现了同一机房内不同等级的灵活升降，不同单位功耗密度的机柜随时扩容，批发、零售客户和谐共处，模块化技术体现了对 IT 设备的技术掌控力和预判能力。然而，IT 和网络设备的技术迭代周期远快于基础设施，我们认为合理地规划机房架构，使机电模块更具适用性和经济性以适配 ICT（信息通信技术）的快速变革才是核心，效率最优的设备模块化、标准化需要从整个系统架构出发。模块化数据中心的具体优势如表 11.5 所示。

表 11.5　模块化数据中心优势

	优势
无须进行功能区分	无须像传统数据中心一样进行预先功能区分，模块化数据中心可将主机房、动力机房、空调机房的功能有机地整合在模块内，节省机房面积
工厂流水线预制	预制模块化数据中心所需的基础设施，如机柜、空调、UPS、网络、布线、监控等都由工厂预制完成。工厂流水线生产保证了每一个环节的工程质量，提升了数据中心的可靠度
标准化安装快速泊位	工程现场只需将预制模块进行简单拼装、逐个泊位，模块的内部结构都遵循标准化的安装程序。这种建设模式可以简化工程量、降低工程难度、缩短建设工期、降低人工成本。过去需要一到两年才能建成的数据中心，现在一到两个月即可完成
复制粘贴故障易查	预制模块化数据中心可以按需建制，随需扩容，这种灵活性可以使数据中心分期投资，提升整体运营效率。同时在出现故障点时，只需拆除检修故障模块即可，不会像传统数据中心一样牵一发而动全身，花费大量时间排查故障点
高密度低成本	预制模块化数据中心一般采用列间水平送风空调就近制冷，送风均匀，没有温度梯度，配合冷 / 热通道封闭以及严密的气流组织管理，可以极大地提升机房冷气利用率，从而实现单机柜 20 千瓦甚至更高功率密度的机房制冷，同时也节省了机房空间及电费、降低了 PUE
一站式专业服务	预制模块化数据中心的方案式产品特性也决定了它可以实现厂商一站式专业服务，不会出现不同厂商相互推诿、责任无法判定的情况。配合先进、人性化的机房管理软件可以使机房管理人员随时掌控整个数据中心的运行状况

资料来源：台达官网，中金公司研究部。

行业面临哪些挑战？当前节能技术仍存在痛点

碳中和道路任重道远，既不能过于乐观，也不要过于悲观。在保持对碳中和目标的不变追求的同时，也要认清逐梦过程中可能面临的风险挑战，我们认为基于上述分析及展望，行业主要存在以下几点挑战。

工业互联网的渗透率仍然较低。中国信通院发布的《工业互联网产业经济发展报告（2020 年）》显示，2020 年我国工业互联网产业经济增加值规模约为 3.1 万亿元，占 GDP 比重为 2.9%。在三次产业中，第二产业作为工业互联网应用的“主战场”，虽然已在石化、钢铁、电子信息等制造业领域逐步落地，但渗透率仅有 2.76%，尚有较大的提升空间。与此同时，我国工业互联网领域的创新能力有待进一步提升，以推动工业互联网应用加速渗透。未来行业发展思考的重点是，工业互联网如何快速实现可复制、规模化？工业互联网在碳中和背景下进行科技创新及节能减排的新方向在何方？

部分节能系统的应用停滞在数据收集层面。基于工业互联网技术的节能平台包含边缘层（数据采集）、平台（工业 PaaS）、应用（工业 App）三大层级。其中边缘层作为数据的来源，属于节能平台的“生产资料”；工业 PaaS 作为 App 开发和迭代的平台，属于节能平台的“生产车间”；各种工业 App 则为具体发挥节能作用的“生产工人”。然而在现实应用中，部分企业在装载系统之后，仅仅停留在数据采集层面，未能实现数据赋能以达到真正节能的效果。我们认为未来行业应思考，如何快速实现数据赋能以缩短商用投资周期及拉长投资回报期？如何实现平台兼容与数据打通，将数据生产要素发挥到极致？

AI 系统开发和运行成本普遍较高，对于广大中小企业而言，需要权衡其节能效果和系统使用成本。随着 AI 技术的发展，AI 系统算力不断提升，由此带来的系统开发、数据存储、算法更新的成本也在迅速上升，成为 AI 系统应用于节能领域的掣肘因素。与此同时，算力提升带来的巨大的能源消耗同样不容小觑，在高成本下权衡应用系统带来的节能优化与系统本身带来的耗能或将成为中小企业部署 AI 节能系统的重要方面。未来行业应当思考，如何实现 AI 开发与运行成本的节约化？如何快速训练 AI 使其广泛覆盖千行百业，为多种应用场景节能减排做好“智慧大脑”？

5G 节能技术可行性有待时间验证。根据中国移动研究院的测算，通过推动半导体材料、工艺、射频系统等关键技术的发展，2022 年有望实现 5 纳米工艺，GaN 功放应用比例将继续提升至 90%，整体功耗相对

2021 年将降低 8%，同时 2022 年有望实现现网规模部署，通过 BBU（射频拉远模块）基带资源共享节省硬件板卡配置，进而实现功耗降低。我们认为上述技术的进步目前仅处于规划层面，技术落地与落地后的节能及商用效果依旧有待时间考证。未来我们需要考虑的除突破技术壁垒外，还有如何最优分配低频段资源实现基站广覆盖从而减少基站建设，以及如何最大化运营商基站共建共享率。

碳中和道路上机遇与风险并存。"行远自迩，登高自卑"，我们需要认清实现碳中和过程中可能面临的风险挑战，坚定对碳中和目标的不变追求。

展望篇

▶▶ 第十二章

绿色投资：新趋势、新方向

摘　要

本章将重点探讨在碳中和与可持续发展背景下，与资产及投资管理相关的几个话题，有如下结论。

第一，与直观判断“投资中遵循碳中和与可持续发展原则可能降低投资预期回报”不同，我们认为，实现碳中和是将传统能源利用的外部性“内部化”的过程，短期可能带来成本上升，中期高度依赖技术的突破、规则的升级等。考虑到实现碳中和平衡了短期成本和长线潜在回报，并且技术革命带来的中长期回报存在高度不确定性，因此遵循碳中和与可持续发展原则不一定会降低投资潜在回报。同时，全球走向碳中和，使拥有不同资源禀赋、处在产业链不同环节的市场主体面临差异化的机遇和风险，积极应对和研究是获取投资收益、规避风险的关键。

第二，应对气候变化、遵循碳中和与可持续发展原则会对行业、产业结构及区域经济产生较大的中长期影响。应对气候变化、遵循碳中和原则，将深刻影响生产和生活、能源、金融、科技、消费及地缘相对优势与格局等。我们建议关注如下几大问题及趋势：能源变“轻”、金融变“重”、商品“循环”、科技“助力”、消费“低碳”、区域“重塑”等。

第三，我们基于中金行业和各研究领域的分析，梳理了碳中和与可持续发展背景下的潜在“赢家”和“输家”行业，并构建了“中金中国碳中和指数”（CICC China Carbon Neutrality Investment Index，CCCNII）。碳中和市值加权和等权指数从 2009 年至今分别取得了 17.2% 和 25.1% 的年化收益率，跑赢了主要市场基准指数，最近 3 年超额收益显著。[①]

① 本章作者：王汉锋、王浩。

从经济的角度看，应对气候变化、碳中和与可持续发展原则的本质，是人类社会基于现有对地球及环境的认知，自发地通过自律、经济、法律、道义倡导等形式，从可持续发展角度出发，将此前生产生活活动中对生存环境和资源造成的负面“外部性”逐步“内部化”的过程，这也会为投资者带来一些需要思考的根本性问题。

本章将重点探讨在碳中和与可持续发展背景下，与资产及投资管理相关的话题。

第一，遵循碳中和与可持续发展原则，将如何影响投资者潜在收益，积极应对气候变化一定会降低投资收益吗？

第二，遵循碳中和与可持续发展原则，将在中观行业和产业层面带来哪些趋势，如何影响产业结构？

第三，在当前环境下，哪些行业和领域将从碳中和与可持续发展中受益？哪些可能会受损？如何抓住碳中和带来的投资机遇并规避相关风险？

综合来看，有如下结论。

一是遵循应对气候变化原则，不一定会降低投资回报。碳中和与可持续发展理念，把此前并未被置于投资决策中进行充分考虑的人类活动对环境影响的外部性纳入投资框架，虽然尚不能说遵循碳中和与可持续发展原则必将增加投资回报，但至少可以说其不一定会产生负面影响。遵循碳中和与可持续发展原则，表面上是给投资过程增加了额外的限制，可能会降低潜在预期投资回报率，但一方面，碳中和与可持续发展平衡了短期和中长期的利益，另一方面，也增加了投资者对基本面的额外信息，同时碳中和也将催生一场与能源使用相关的技术革命。综合来看，遵循应对气候变化的原则，不一定会降低投资回报，投资者的积极研究与应对显得尤为重要。

二是应对气候变化、遵循碳中和与可持续发展原则，是一场新的产业革命，这场革命会对行业、产业结构及区域经济产生较大的中长期影响。综合来看，应对气候变化、遵循碳中和与可持续发展原则，会给生产和生活、能源、金融、科技、消费及地缘相对优势与格局等方面，都带来深刻的影响。我们建议关注如下几大问题及趋势：能源变“轻”、金融变“重”、商品“循环”、科技“助力”、消费“低碳”、区域“重塑”等。

三是在碳中和与可持续发展背景下有潜在“赢家”和“输家”。我们基于对行业和各研究领域的分析，梳理了在碳中和与可持续发展背景下，各类行业中的潜在“赢家”和“输家”，并构建了“中金中国碳中和指数”。碳中和市值加权和等权指数从 2009 年至今分别取得了 17.2% 和 25.1% 的年化收益率，跑赢了主要市场基准指数，最近 3 年超额收益显著。

碳中和与可持续发展原则将如何影响潜在投资回报

这看似一个非常基本的问题，但到目前为止，投资界和理论界对此并没有明确和统一的答案。在这一节，我们将用两个部分来探讨这一问题。

碳中和与可持续发展背景下的投资组合构建实践及潜在问题

为什么投资者要重视碳中和与可持续发展

对于人类社会为什么要重视碳中和与可持续发展，前文分析涉及较多，这里我们集中探讨为什么投资者要重视碳中和与可持续发展。

总体上说，可以将投资者群体需要关注碳中和与可持续发展原则的原因总结为“财务类”（影响投资回报）和“非财务类”（遵守相关法律、行业自律规定等）。

首先，碳中和与可持续发展原则，已经得到全球金融与投资界的高度重视。我们注意到，为了响应全球应对气候变化的《巴黎协定》，来自全球 16 个国家的超过 275 家大型资产管理机构，成立了“机构投资者应对气候变化组织”（The Institutional Investors Group on Climate Change，IIGCC），并提出了一个与《巴黎协定》一致的、未来可能不断升级的“净零碳排放投资框架”（见图 12.1），参与这一组织的机构所管理的资产规模已经达到 35 万亿美元。[①] 在全球投资分析界有一定影响力的注册金融分析师机构，也于 2020 年发布了名为《投资过程中的气候变化分析》的白皮书，推动在投资分析中践行气候约定的原则。全球范围金融与投资界遵守应对气候变化的倡议，可能会对中国国内金融与投资界形成示范效应，先行者将具备“先发优势”。

其次，中国自身的碳中和承诺也会加快各行各业，包括金融投资界制定和践行碳中和与可持续发展的行为准则。目前中国正处于社会各界对如何达成这些目标“出谋划策”“建言献策”的阶段，金融及投资界也不例外。在新的气候目标下，“十四五”规划及更长远的政策框架有望出台关于中国实现“绿色发展”的新目标、新举措。同时各个行业包括金融行业

① 参见 https://www.iigcc.org/about-us/our-members/。

可能也会酝酿自上而下支持碳中和与可持续发展的行为规范。这势必也会影响投资者未来的投资行为。

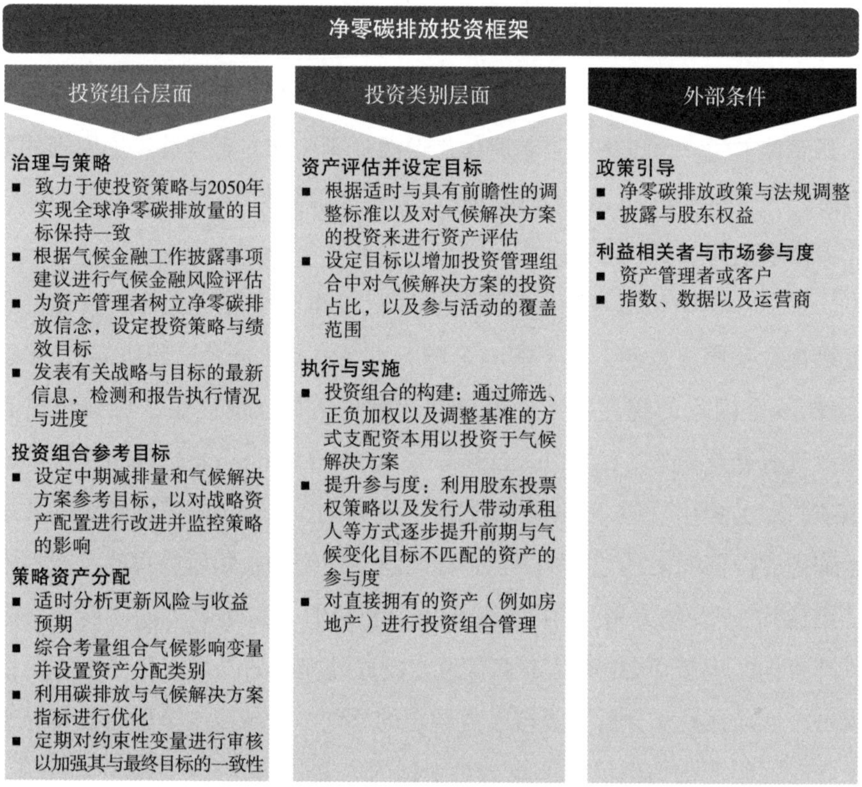

图 12.1 IIGCC 组织倡导的净零碳排放投资框架（征求意见稿）

资料来源：IIGCC，中金公司研究部。

对中国的投资者来说，目前在投资过程中遵守“气候公约”可能还处于一个较为表层的阶段。但随着中国严肃地承诺碳中和目标，中国监管机构以及金融投资界可能也会引入类似的行业自律框架。另外，在中国金融市场不断开放的背景下，全球资产管理者在中国市场的参与度逐步加深，他们的行为也会影响中国市场的表现，中国投资者需要在投资管理中更加重视“低碳、零排放”的原则。

最后，全球更大力度地引入碳中和与可持续发展原则，也将改变投资者所面临的风险与收益条件。且不说碳中和与可持续发展的内在要求相当于一次新的“能源革命”，全球各大经济体都承诺碳中和，并且中国全社会与更大的范围都严格地执行碳中和与可持续发展原则，可能无异于另一轮持续时间更长、影响范围更广的“供给侧改革”。这将会对几乎所有行业造成较大且持续的影响，不少行业和企业的投资价值会因此而受到较大影响。

综合来看，对投资者来说，无论是履行碳中和与可持续发展的义务，还是捕捉绿色发展的机遇、规避碳中和带来的部分领域的风险，都需要重视碳中和与可持续发展的课题。对中国的资产管理人来说，遵循国际金融与投资界的“通行理念”——碳中和与可持续发展原则——已成为必然选择。在未来开拓国际市场、吸引国际资金的进程中，重视碳中和与可持续发展的原则也将成为不可或缺的一部分。

投资组合框架中如何体现碳中和与可持续发展原则

投资者如何影响碳中和的实现？表面上看，实现碳中和与可持续发展是实体企业的事情，似乎与金融投资界关系不大。但从实践层面来看，全球金融与投资界均已积极推动在投资中践行《巴黎协定》所体现的精神和原则。投资者所遵循的金融与投资原则的改变将影响不同类型企业获得金融资源的成本，从而影响企业和个人的行为。

投资者如何践行碳中和与可持续发展原则？目前在中国市场，碳排放相关监管规则和数据披露尚不完整，严格基于碳中和的量化投资组合构建尚不多见。但在海外已有一些基于企业碳排放数据构建投资组合，从而约束投资行为，进而对实体企业产生影响的探讨和实践。IIGCC 在 2019 年 5 月发布了《遵守〈巴黎协定〉的投资倡议》，为资产出资人如何以符合遵守《巴黎协定》定义来构建投资组合准备了一个初步框架。该组织强调，这一框架也可以适用于资产管理者。

欧盟及相关机构在碳中和投资框架方面的探索明显处于前列，目前IIGCC的成员多数来自欧洲，其设立的投资框架相对成熟，我们在分析中主要参考IIGCC的框架，虽然这一框架本身并不完善，并且仍可能处于快速迭代升级中。

第一，两方面努力实现投资组合碳减排。根据IIGCC发布的净零碳排放投资框架的征求意见稿，"追求零碳排放的投资策略"应该从两个方面努力：一方面，力求投资组合的"低碳化"，以适应《巴黎协定》的目标，督促被投资企业实现"低碳化"；另一方面，增加对气候问题解决方案的投资，以达成气候目标。

第二，这一初步的框架涵盖了四个主要资产类别——主权债券、上市股权、公司债以及不动产，未来还将根据《巴黎协定》，扩展至其他资产类别（如基础设施、私募股权等）。另外，众多资产管理机构也在积极探索如何践行投资组合"低碳"或"零碳"的方案。

第三，基于更完善的企业碳排放数据构建投资组合。如果可以获取单个企业碳排放数据，那么构建与碳中和路径一致的策略组合就更为直观。组合层面，可以基于组合持有的每一项资产的碳排放量，来估算整个组合的碳排放量。资产配置层面，投资者可以设定某个期限内投资于符合碳减排目标的资产所达到的比例。在这一过程中，可能有两类比较关键的指标：一是碳排放密度，即单位收入对应的碳排放量或者单位投资金额对应的碳排放量；二是对气候解决方案的投资在组合中的比例。

投资中的潜在问题

上述投资框架在实践中还有待进一步完善，在基于应对气候变化挑战、实现碳中和与可持续发展原则进行的投资组合构建及管理中，可能会或多或少地遇到如下问题。

一是获取完整、公开且持续的碳排放数据，对于以碳中和为原则构建投资组合而言十分重要，但获取这些数据即使在执行碳排放控制已经较为深入的欧洲都面临一定的障碍。碳排放数据披露的完整性、持续性以及全球标准的统一，可能需要全球政策制定者合作发力。

二是组合的碳排放量存在重复计算的问题。在估算组合碳排放的过程中，涉及三类碳排放的处理：企业运营中的碳排放（一类范围）；企业使用外购第三方提供的电力、热力等产生的碳排放（二类范围）；企业上下游价值链产生的碳排放，如上游企业生产零部件中产生的碳排放，或者下游消费者使用公司产品产生的碳排放等（三类范围）。对于资产配置来说，这几类碳排放划分可能会使组合碳排放产生重复计算的问题。例如，一个资产管理人要同时投资一家发电厂以及这家发电厂的下游客户，计算组合的碳排放密度，将面临一定的挑战。

三是投资行为对企业行为的影响较为间接，单向做多的投资者在投资中避开高碳排放标的，实际上降低了自身对标的企业的影响力。不得不承认，通过投资来约束企业的碳排放行为是一种较为间接的方式。而且，对于股票投资者来说，在仅能做多的情况下，选择回避高碳排放企业，实际上降低了投资者对企业的影响力。

四是“做空”在实现组合“减排”中的作用。不持有企业的资产就无法对企业行为产生影响，但如果引入做空机制可能会使情况有所改变。第一，“做空”可以作为投资者应对气候变化风险的对冲手段；第二，投资者可以利用“做空”来对高碳排放标的施加影响；第三，“做空”标的碳排放可以作为做多标的碳排放的“抵消”机制。不过，做空机制本身在不同市场中的完善程度不同，对碳减排可能充当的作用也会有较大差异。

IIGCC 倡导的碳中和、应对气候变化框架下的投资组合目标设定见图 12.2。IIGCC 倡导的碳中和框架下的战略资产配置方法见图 12.3。

❶ 目标类型	❷ 设定目标	❸ 信息透明度与定期报告（投资者需每年发布相关信息）	❹ 减排路径
投资组合层面 ■ 设定一个初步的碳排放强度降低目标和近10年内的参考目标，该目标需包括股权、固定收益以及有形资产等 ■ 根据基于净零碳排放路径的投资轨迹，设定其在资产管理规模中所占的比重，并随时间的推移而增加 资产类别层面 ■ 投资者应设立5年目标，以增加净零碳排放投资在资产管理规模中的占比 ■ 建议投资者设定最低覆盖率阈值，碳排放投资在资产管理规模中有70%~90%的碳排放量为净零或与净零路径保持一致	■ 评估投资组合的当前碳排放强度以及气候解决方案在其中的占比 ■ 评估全球、各行业以及各地区的减排途径，通过了解这些途径可期在2050年前达到全球碳排放净零目标 ■ 确定资产管理者能够调整投资组合结构的最大限度，以及他们期望其资产参与净零碳排放或由于与净零路径不一致而选择撤资的速度	■ 需体现出投资者如何认为自己的目标与到2050年实现全球净零碳排放路径相一致，并代表其已尽到最大努力 ■ 投资者在其所有资产类别中实施的策略与行动，以及随着时间的推移针对目标的绩效所进行的改变	■ 其路径至少有50%的可能性有助于将全球气候变暖控制在高于工业化水平前1.5摄氏度以内 ■ 在2050年前达到全球净零碳排放目标 ■ 为全球不同地区与行业提供差异化的途径信息，以实现与全球目标保持一致 ■ 理想情况下建立囊括多行业的减排路径模型，同时考虑到所有相关排放源 ■ 在2050年前尽可能运用有限数量的减排技术

图 12.2　IIGCC 倡导的碳中和、应对气候变化框架下的投资组合目标设定

资料来源：IIGCC，中金公司研究部。

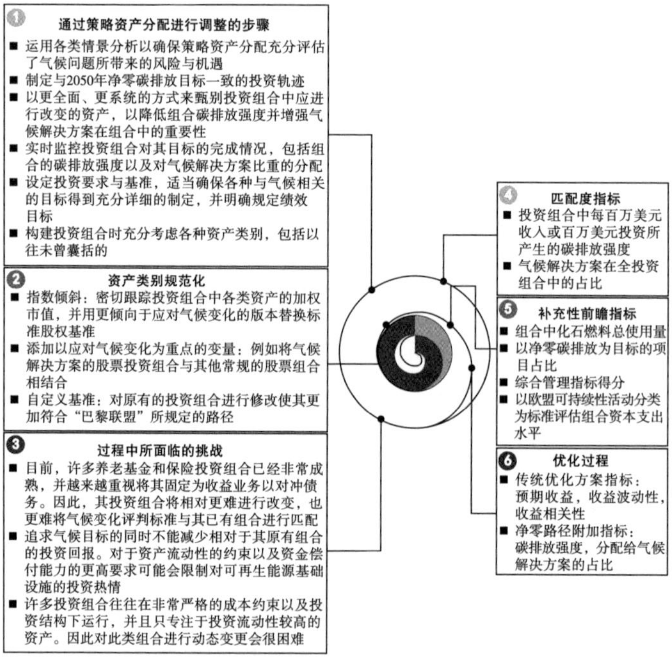

图 12.3　IIGCC 倡导的碳中和框架下的战略资产配置方法

资料来源：IIGCC，中金公司研究部。

遵循碳中和与可持续发展原则如何影响潜在投资回报

近年来，随着碳中和与可持续发展的相关话题得到越来越多的重视，投资理论和实践界对遵循碳中和与可持续发展如何影响潜在投资收益这一话题进行了越来越多的探讨。特别是近年来受太阳能发电接近平价、电动车成本的快速下降，以及全球政策对电动车替代传统燃油车的趋势越发重视的影响，资本市场也掀起了对相关板块的投资热潮，进一步助推了对遵循碳中和与可持续发展原则，以及获取投资回报之间关系的探讨。

例如，MSCI 在 2020 年 4 月的一篇公开研究文章中指出，从 2009 年底至 2019 年底，MSCI 组建的 ESG 因子对表现最好的 20 只 ESG 基金的收益累计贡献了 1.88 个百分点。[①] 另外，有一些研究，如来目巴迪亚（Badía）和莫列特（Mollet）的研究则显示，基于社会责任、碳中和的投资可能并未产生显著的投资收益差异。[②]

我们的判断和分析如下。

首先，遵循碳中和与可持续发展原则进行投资如果能够对投资收益产生明确的积极影响，将有助于碳中和的“自我实现”。这就如同博弈论中的“纳什均衡”，如果一个行为策略能够给参与博弈的所有群体带来积极回报，那么可以判定，这件事大概率会在全社会内自发发生，并且无须太多政府的额外支持或法律约束。

其次，从实际角度来看，这一关系并不明晰，其背后的原因来自几个方面。

---

① 参见 https://www.msci.com/www/blog-posts/quantifying-esg-fund/01760099215#:~:text=Over%20the%20entire%20analysis%20period，seen%20in%20the%20exhibit%20above。

② 参见 https://www.efmaefm.org/0EFMAMEETINGS/EFMA%20ANNUAL%20MEETINGS/2019-Azores/papers/EFMA2019_0220_fullpaper.pdf，https://www.zora.uzh.ch/id/eprint/100678/1/WP_JM&AZi.pdf。

一方面，对全社会来说，抛弃当前技术相对“成熟”的化石能源而去追求碳中和，是人类社会的自我革命，是在将此前使用传统能源带来的外部性“内部化”。这一做法会在短期内增加全社会的经济运行成本，特别是对传统能源深度使用的企业及个人。

另一方面，碳中和的实现本身也是一项人类“自我约束”下的技术创新和革命。技术创新和革命，从短中期来看，一定需要有投入，并且一定会有赢家和输家；从中长期来看，其带来的直接或间接收益潜力具有不确定性。比如，汽车行业在实现“低碳化”的过程中会涉及较多成本和提前投入，但在实现低碳化进程中取得的“电动化”成果，对汽车本身可能也是一项积极的革命。同时，纯粹从投资的角度看，碳中和与可持续发展框架下对于企业信息披露有着更高要求，可以帮助投资者获得理解公司价值和潜在风险的“额外信息”。

另外，碳中和的成本和收益能否合理公平地在社会不同群体或不同生产要素之间进行分配，一定程度上取决于制度设计，这也会影响潜在投资收益。对于一个国家和市场来说，遵循碳中和的原则对市场指数中长期具有积极还是消极的影响，可能也取决于其在全球产业链上的环节、发展的阶段等。

再次，如果给定最终要实现碳中和的方向，越早采取系统性应对措施对整个社会来说代价就会越小。实际上，部分有关气候变化的理论研究也支持这一结论，正如 2012 年发表在《美国经济评论》上的《环境与技术变革》一文所指出的。[①] 这一结论比较直观，原因在于如果迟早要纠正到“正确”的道路上来，那么越早在错误的道路上“止损”，代价越小。

最后，虽然遵循碳中和与可持续发展能否给投资收益带来积极影响仍然具有不确定性，但碳中和与可持续发展是人类自身引入的一项外生冲击

---

① 参见 https://economics.mit.edu/files/8076。

和不确定性，与其他所有不确定性一样，积极的研究和准备能帮助投资者提高收益、规避风险。比如，最近几年全球投资新能源及电动车的投资者获得了较好的收益，如果未能对太阳能及电动车行业发展的阶段、行业动态等形成前瞻性的研究和布局，这是不可能实现的。

综合来看，我们上述的分析所得的结论与发表在《金融经济学期刊》上的一篇有关 ESG 投资的文章——《负责任投资：ESG 的有效边界》——的结论一致。碳中和是全球投资者面临的全新话题，这不仅将影响投资操作的流程、组合的构建，也可能对潜在投资收益带来影响。积极地进行研究和应对，将使投资者能够在碳中和革命中把握先机、规避相关风险。

应对气候变化、遵循碳中和与可持续发展原则如何在中观层面影响行业和产业结构

应对气候变化、遵循碳中和与可持续发展原则，是一次改变生产和生活中能源使用方式的技术革命，这场革命与此前人类社会的其他几次工业革命类似，将对生产和生活的方方面面产生影响，并对现有的行业与产业格局产生深远影响。

基于中金行业分析员的分析及现有文献的研究，以及我们对这一主题的理解，总结出应对气候变化、遵循碳中和与可持续发展原则在行业和产业中观层面有如下主要趋势和问题值得关注。

能源变“轻”

人类生产和生活开始大规模使用化石能源已有几百年的历史。应对气候变化、遵循碳中和与可持续发展原则，一方面会促进节能减排、减少对这些传统偏“重”的能源的使用，另一方面会加大对清洁、可再生能源的利

用，如太阳能、风能、水电等，驱动生产生活的能源方式会变得更“轻”。

近10年来，以风电和太阳能为主的新能源产业在全世界进入全新的发展时期。世界能源结构趋向清洁、低碳和多元化也成为第四次工业革命的标志之一。根据英国石油公司发布的《世界能源统计年鉴2020》中的数据，非化石能源在能源消费中的占比从1980年的9%逐渐提升至2019年的16%。从增量上看，可再生能源消费量在过去10年中年均增长达到13.7%，是全球唯一消费量以两位数增长的能源类别。同时，国际可再生能源署的研究预测，2030年可再生能源将提供全球近36%的能源供应。

谈及全球能源结构转型的成绩单，就不得不提及中国的变化。根据国家统计局发布的数据，2019年，中国煤炭消费量占能源消费总量的57.7%，比2018年下降1.5%；天然气、水电、核电、风电等清洁能源消费量占能源消费总量的23.4%，上升了1.3个百分点。如果拉长时间轴再看，原煤占能源生产总量的比重从1990年的74.2%降低至2019年底的68.6%（见图12.4）。同时，水电、核电、风电等新能源占能源生产总量的

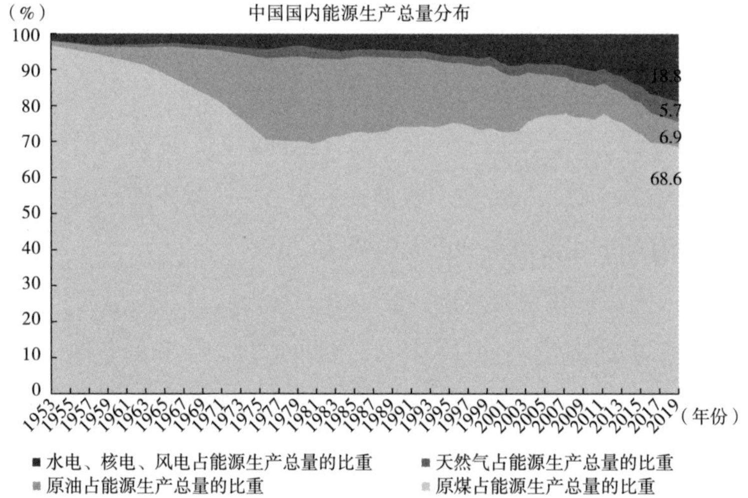

图12.4 煤炭占中国国内能源生产总量比重降低，而水电、核电及风电等可再生能源占比显著提高

资料来源：中国人民银行，Wind，中金公司研究部。

比重相应从1990年的4.8%提升到了2019年的18.8%。推动能源清洁转型的是领先世界的非化石能源装机容量，截至2019年，中国水电、风电、光伏发电累计装机容量均已居世界首位。

金融变“重”

第四章已经探讨过绿色金融的发展现状、问题及政策建议等。我们判断，应对气候变化、遵循碳中和与可持续发展趋势，也会使金融行业变“重”。金融变“重”至少包括两方面的含义。

一方面，金融分析中所需要考虑的因素多了“可持续发展”维度，金融投资、定价、风险衡量等分析与监管的过程变“重”。不考虑碳中和的原则和约束，金融分析考虑的不确定性多数限于经济和财务回报方面，将碳中和、应对气候变化等原则纳入，力求将资源与能源使用的外部性“内部化”，金融决策的过程、金融监管与制度设计也将变得更加复杂。

另一方面，碳中和与可持续发展原则将使一些与传统能源相关及碳排放量较大的行业面临“过时”的风险，如石油、煤炭、原材料加工等，会使一些偏传统的行业的贷款、股权及其他形式的金融资产价值面临较大的不确定性，从而提升“坏账”“违约”等金融风险。

对中国来说，这一问题尤其显著。中国金融机构发放给碳排放量偏大的重工业的中长期贷款存量为9.54万亿元（截至2020年12月31日，见图12.5），占工业中长期贷款余额比例的86%。重化工行业目前碳中和转型的压力大、技术难度大、过程持久，额外附加碳中和的条件，可能会降低社会对这些行业的产品需求，使得银行业在这些领域的敞口面临更大的风险。

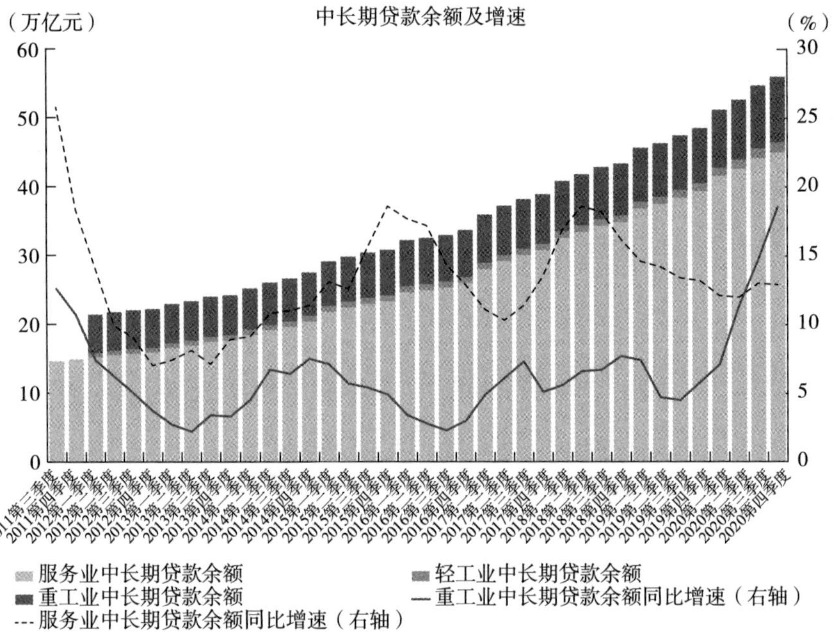

图 12.5　重工业中长期贷款增速继续提升

资料来源：中国人民银行，中金公司研究部。

商品"循环"

基础材料，如钢铁、有色、水泥等在生产过程中的碳排放是整个社会碳排放的重要部分。对这些行业的现有资源进行再利用，是实现碳中和与循环经济的重要手段之一。作为原材料生产和消费大国，在新的碳中和形势下，中国在这方面的任务相当紧迫。循环经济（Circle Economy）组织发布的《2021年度循环差异报告》表明，目前全球经济只有 8.6% 具备循环特征，通过循环经济，例如减少原材料的使用等手段，可以减少 39% 的全球温室气体排放与 28% 的原始资源消耗。

向循环经济转型，并显著提高关键材料的回收利用率，在钢铁、水泥、肥料和塑料等领域尤为关键。随着中国人口总量趋于稳定并开始下降，以及城市化进程逐步接近尾声，支撑建筑业的初级钢铁和水泥生产总需求可能会出现下降。根据能源转型基金会的估算，来自回收废钢的钢铁产量占总产量的比例将从现在的不到 10% 上升到 2050 年的 60%。[①] 在水泥方面，尽管回收的潜力比较有限，但通过改进建筑设计和材料质量可以使总需求量在照常发展情景的基础上减少近 50%。随着物理和化学回收技术的广泛发展，中国 52% 的塑料用量将可能来自回收塑料。由此可见，原材料的节约使用及循环利用对碳减排意义重大。

以钢铁行业为例，由于钢铁生产严重依赖燃煤等化石能源，其碳排放量占中国能源消耗板块总排放量的 18%（2017 年中国碳核算数据库的数据），因此减少该行业的碳排放对中国实现碳中和目标至关重要。中国工程院的预测显示，每利用 1 吨废钢铁，可以减少 4.3 吨原矿开采，每减少 1 吨原煤和 1.7 吨新水消耗，可减少 1.6 吨碳排放。同时，根据能源转型委员会的估算，随着越来越多的建筑、汽车和其他设备达到使用年限，废钢的供应预计将以每年 10% 的速度增长，废钢价格也很可能大幅下降。世界钢铁协会估算，到 2050 年，中国每年将有 3 亿 ~4 亿吨的废钢供应，以节约原料、能源以及减少碳排放。

科技“助力”

实现碳中和的进程本身就是一场技术革命，在走向减排、低碳的过程中，再怎么强调科技及技术进步的作用也不为过。科技助力碳中和至少包括两个层面。

第一，技术进步对全面运用可再生清洁能源具有关键作用。以光伏产业为例，过去 10 年全球每年新增光伏装机容量从 2010 年的 16 吉瓦提

① 参见 https://www.rmi-china.com/static/upfile/news/nfiles/ETC.pdf。

升至2019年的105吉瓦，[①] 这一快速发展背后的根本原因是技术进步。硅片、电池与其他光伏组件方面的创新，在大幅增加光伏面板使用功率的同时，也在不断缩减制造成本。如今多晶硅光伏组件的价格从每瓦约2美元降至每瓦0.2美元左右。光伏生产成本的降低也推动了光伏发电的平均成本下降。2010—2019年，全球光伏发电站平均发电成本从0.378美元/千瓦时下降至0.068美元/千瓦时，[②] 使光伏发电更具吸引力。

然而，由于可再生能源技术具有间歇性、调峰能力不足等缺点，所以会出现"弃光弃风"的现象。在解决这一棘手问题时，技术进步再次发挥了重要作用。储能技术的应用能够在发电"供大于求"时存储无法及时消纳的电力并平抑电能输出的波动性。随着锂电池技术的进步以及成本的进一步降低，电化学储能系统大规模应用的经济价值也逐步体现。除了在供给侧存储电力之外，特高压输电技术的发展有效解决了可再生电力跨区域远距离输送的难题，为大规模开发我国西北部优质可再生能源创造了条件。

第二，技术进步是实现节能的重要手段。以建筑行业为例，根据《中国建筑能耗研究报告（2020）》的数据，全国建筑行业2018年运行阶段能耗占全国能源消费总量的21.7%，碳排放占全国碳排放总量的21.9%。[③] 解决建筑行业碳排放问题对实现碳中和愿景至关重要。其中，技术进步是实现这一目标的关键环节，例如，通过建筑围护结构技术改善建筑物的热工性能，减少采暖、制冷等设备的能源使用。此外，太阳能光伏系统、地源热泵供暖等能源利用技术可有效地将太阳能与地热能转化为人们日常所需的热能与电能。最后，在建筑物中采用中水回用与雨水回收处理等环境环保技术，能够大幅度地提升资源循环利用效率，降低建筑物对环境产生的负荷。

---

① 参见 http://guangfu.bjx.com.cn/news/20200115/1036603.shtml。

② 参见 https://www.irena.org/publications/2020/Jun/Renewable-Power-Costs-in-2019。

③ 参见 https://www.cabee.org/site/content/24020.html。

消费“低碳”

绿色低碳的消费方式是减少经济终端碳排放的关键手段。生产的最终目的是消费，而居民消费行为是碳排放的终端源头。中国消费规模正在持续快速扩张，消费对中国经济增长率的贡献已超过投资，成为驱动经济增长的新引擎。消费升级的转型期也是培育绿色消费与生活方式的窗口机遇期，一旦错过，大量生产、大量消费到大量废弃的模式将使相关转型成本更高。因此，中国将倡导绿色低碳、简约适度的生活方式放到更加突出的战略地位显得尤为重要。

绿色消费已渗透在居民衣、食、用、住、行的各个方面。随着我国居民人均可支配收入不断提高，以及消费模式和生活方式的转变，环境友好、资源节约的消费模式已经成为主流。2017 年，联合国环境规划署等机构发布的《中国可持续消费研究报告》显示，中国超七成消费者已具备一定的可持续消费意识，约 50% 的消费者愿意为可持续发展产品支付约 10% 的溢价。在 2019 年的《中国公众绿色消费现状调查研究报告》中，绿色消费的概念在公众的日常消费理念中越来越普及，83% 的受访者表示支持绿色消费行为。2020 年发布的《家庭低碳生活与低碳消费行为调研报告》显示，54% 的被访者在购买家电时会考虑节能和使用成本低、低碳环保这几大因素。公众的节能、低碳消费观念日益增强，越来越多的人成为绿色、简约生活方式的践行者。

区域“重塑”

实现碳中和，对所有的经济体及同一经济体内的不同地区也是一场考验，不同经济体只有根据自身经济状况和优劣势来制定相应的应对策略，才能在碳中和革命中占得先机。直观上看，不同区域对传统能源的依赖程度、制造业技术水平、在全球产业链上的地位及其技术创新能力等因素，可能会影响其进行碳中和革命的效率。

首先，越早实施碳中和转型，成本越低，发达经济体在这方面具有先天的优势。有理论研究表明，起步越早，碳中和转型的代价相对越小。①发达市场经济发展水平高，经济结构中碳排放偏低的行业占比大，技术相对领先，实现碳中和、低碳的目标难度相对小，具有先发优势。

其次，对传统能源收入依赖度高的经济体面临的中长期挑战大。这种“依赖”可以分成两种类型：一是资源型经济体，对原油及原材料收入依赖度高的经济体，在全球低碳减排的趋势下，原油和高碳排放的原材料加工行业需求面临中长期下降的趋势，对这些国家和地区财政的可持续性带来挑战；二是传统能源资源匮乏型经济体，如中国、日本等，对原油进口依赖度高，但碳中和的革命能提供降低对这些传统能源依赖的契机。

最后，技术越先进、制造业越发达的经济体，越有望在碳中和转型中占优势。中国在新型能源如太阳能产业链等制造业中，经历过多年的积累和市场的培育，已经在全球占据一定的优势地位，如果中国能够持续保持在此领域的领先优势，在未来碳中和转型大潮中，可能也会相对受益。

基于中金行业分析的碳中和行业影响综述

下面，我们基于前文对在碳中和主题下的机遇与挑战的分析，梳理了可能将从碳中和与可持续发展中受益和受损的行业及领域（见表 12.1）。我们的分析基于几个维度：现有碳排放；政策支持力度以及监管压力；绿色溢价，即假设每个行业都使用现有最先进的清洁技术，由此所需要付出的成本；社会治理表示社会、环境治理意识，我们用企业是否发布社会企

---

① 参见 https://economics.mit.edu/files/8076。

业责任报告以及披露数据的完整性作为衡量标准。

表 12.1　碳中和下的行业潜在受益与受损分析

行业	现有排放	政策监管	绿色溢价	社会治理	简述
煤炭					目标：煤炭需求尽快达峰、实现可再生能源的替代 路径：降低煤炭需求，碳捕捉与封存技术，强化煤层气高效开采技术等 趋势：智能化、精煤化，煤企转型 难点：散煤治理
有色金属					路径：以电解铝行业为切入点，可分为电力碳中和与非电力碳中和；淘汰落后产能，限制高耗能新增产能投放，推进金属循环回收利用 趋势：产能优化，循环利用，向资源丰富地区转移
石油化工					目标：需求尽快达峰，实现可再生能源替代 路径：二氧化碳驱油提高采收率技术 趋势：逐渐实现全面退出，企业转型
建材					路径：技术路线改造，在建造过程中减量增效，在运营过程中推广节能产品、应用智能节能系统 趋势：建材全产业链和全生命周期减碳（预计 2060 年较 2019 年减少 68%）
轻工制造					路径：以家具为例，利用柔性生产等智能制造技术，持续提升定制家居木材利用率 趋势：行业标准国际化，资源和产品循环利用，低碳高效的定制消费
基础化工					目标：寻求全生命周期碳中和循环 路径：节能减排，发展以二氧化碳与氢气为核心的碳一化工，生物质化工，碳捕捉与封存技术 趋势：数字化，智能化，能源可再生化，路径绿色化 难点：技术推进，成本高企
电力					目标：利用清洁电力满足日益增长的能源需求 路径：提高光伏发电、风电等清洁能源的经济效益，提高电网消纳能力、储能能力，提高电网调度灵活性 趋势：可再生能源融入电网，电力平价

续表

行业	现有排放	政策监管	绿色溢价	社会治理	简述
机械					路径：提升电气化率（提高电气化工程机械渗透率），运用数字化、智能化生产手段 趋势：工业自动化，新能源装备需求维持高位
电力电气设备	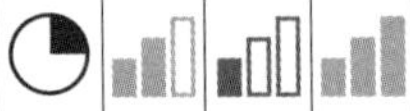				路径：发展光伏发电、风电等设备的规模效益，提升设备能效标准，普及分布式发电系统设备 趋势：逐渐进入平价时代，智能电网
钢铁					路径：需求端控量，生产端低碳排放技术（氢能冶金），市场端结合碳税和碳交易 趋势：产量下降，电炉技术取代传统高炉技术
公路					目标：通过全里程电气化实现碳中和（确定性高） 路径：扩大新能源汽车规模，开发节能减排技术 趋势：（1）客运：乘用车保有量上行，新能源车渗透；（2）货运："公转铁"和"公转水"
铁路					目标：在2060年前实现碳中和（确定性高） 路径：全里程电气化
航运					目标：解决吨位大、运距远带来的脱碳难题 路径：液化天然气、氨能、氢能和电能替代航运燃油
航空机场					预测：2060年航空碳排放或为2.3亿吨，约是2019年的两倍，实现碳中和难度最大 路径：给予能源补贴政策，创造航空清洁燃油市场，氢等新能源替代航空燃油，运营优化提升燃油效率 难点：预计航空需求量持续增长，同时运距长、能耗高、电气化提升程度有限造成脱碳存在技术难度，绿色溢价比例高
汽车及其零部件	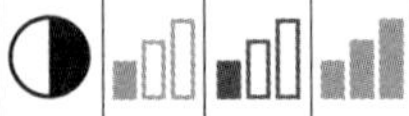				目标：2028年实现汽车行业碳达峰，2060年燃油车退出市场 趋势：智能化电动车提升新能源消费转型的节奏 难点：新能源汽车综合性能和使用体验存在明显短板，混动车型初始购置成本高于传统燃油车
农林牧渔	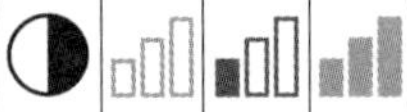				路径：规模化养殖，即在粪污管理、饲料效率、物流筹划等方面实行精细化管理以实现减排；高效种植，即通过育种改良和数字化管理，在作物生长效率、氮肥及农药利用率等方面实现较散户更少的碳排放 趋势：现代化集约农业，循环农业，智能农业

续表

行业	现有排放	政策监管	绿色溢价	社会治理	简述
家用电器					路径：提升家用电器能效标准，普及空调、冰箱、洗衣机等变频技术；LED 取代普通节能灯；广泛使用太阳能热水器降低电网负担等 趋势：节能家电，回收及循环利用
纺织服装					路径：使用环保、再生类原材料，减少传统需要消耗大量化石燃料的纤维合成材料；提高工艺环保性，生产过程中使用清洁能源；提升纺织服装业的环保标准
食品饮料					路径：使用新型可降解材料等优化包装，减少包装使用量，提高回收率 趋势：轻简包装，绿色运输
银行					路径：银行绿色业务创新，包括绿色信贷、绿色债券、绿色资产证券化等；理财子公司绿色产品创新 趋势：加强存款类金融机构开展绿色信贷业绩评价，纳入宏观审慎评估体系等
保险					路径：发展环境污染责任险、巨灾保险、涉农绿色保险、绿色建筑保险、清洁能源保险等
多元金融					目标：通过多元金融工具盘活绿色信贷资产 路径：（1）交易所：完善企业 ESG 信息披露要求、发行条件优化、绿色指数、绿色 ETF（交易型开放式指数基金）等；（2）绿色信托：借助信托服务多元化、差异化的优势，拓宽绿色产业投融资渠道；（3）发展碳交易、碳金融市场 趋势：金融产品经济性提升
证券及其他					路径：绿色证券市场创新，包括绿色债券、绿色企业 IPO；绿色基金与绿色 PPP，包括引导社会资本、完善 ESG、责任投资理念

资料来源：中金公司研究部。

注：政策监管一栏，深灰色柱体代表行业整体在监管端承压，浅灰色柱体代表政策扶持力度；绿色溢价一栏，深灰色柱体代表脱碳或清洁技术的成本高于传统技术，浅灰色柱体代表绿色溢价为负数，即脱碳或清洁技术的成本低于传统技术。

如何抓住碳中和与可持续发展带来的投资机遇，并规避相关风险

在本节，我们分两部分来探讨如何抓住碳中和与可持续发展带来的投资机遇，并规避相关风险。

一是基于中金宏观及行业对碳中和主题的分析，探讨如何梳理投资主线、规避相关风险。

二是梳理现有碳中和与可持续发展相关的指数，并构建“中金中国碳中和指数”。

碳中和主题下的投资主线及风险

碳中和主题下的投资机会及梳理要注意以下两方面问题。

一方面，碳中和主题涉及的时间跨度长，高度依赖技术进步，谈及投资机会和风险都是基于当前对经济增长和技术进步等方面可预测的判断，从长期来看可能面临较大的不确定性。

另一方面，碳中和涉及能源使用方式的改变，这种改变几乎渗透到人类社会生产生活的方方面面，因此很难有相互独立、覆盖全面的分类来概述碳中和相关的投资机会及风险。

尽管如此，以目前对未来 3~5 年全球与中国经济增长以及相关技术演进的判断，并综合中金宏观及行业分析员的分析，我们认为根据与碳中和主题直接和间接相关的程度，可以梳理出如下几条投资主线。

第一，清洁能源：为加大清洁能源供应提供生产和服务支持的企业，包括风能、核能、太阳能、锂电池、氢能及水电等相对清洁的能源及储能服务商。

第二，节能与减排：除了加大清洁能源的供应受益于碳中和趋势外，促进节能与减排的相关领域可能也会受益于碳中和趋势，包括智慧电网、

智慧城市与交通、节能建筑、绿色消费、绿色包装、绿色金融、碳捕捉技术等。

第三，碳中和趋势带来的间接变化：汽车电动化并结合 5G 应用等，催生了汽车智能化趋势；碳税及碳交易带来的相关服务支持；ESG 投资带来的相关数据及配套服务等。

同时，碳中和背景下应该规避的领域如下：第一，转型缓慢的传统能源企业及相关服务提供商，例如不积极应对碳中和趋势的石油、煤炭等领域及产业链上的部分企业；第二，目前碳排放占比较大的领域中绿色溢价高、不积极转型应对减排趋势的部分企业，包括制造业中的钢铁、有色、水泥等原材料生产企业，以及交通运输中传统燃油车制造商及其产业链。

碳中和相关指数梳理

碳中和相关指数

目前 MSCI、STOXX（斯托克）、S&P（标准普尔）、FTSE（富时）、中证指数公司等全球主要指数提供商均已发布与低碳经济、绿色发展等相关的系列指数，各指数在设计方案上存在一些差异，也有不同的编制细节（见表 12.2 至表 12.5），但总结下来主要有以下三种编制方式。

宽基指数：保留所有成分股，通过调整个股权重降低指数碳足迹。这类指数保留了所有基准指数成分股，在给定跟踪误差约束下，通过高配碳排放低的股票、低配碳排放高的股票来降低指数整体碳足迹。

龙头指数：剔除碳排放高的行业或股票，优选碳排放低的代表性公司。这类指数主要选取了一些碳排放较低的龙头公司，指数成分股数量相对较少，代表性也更强，指数在上涨过程中亦表现出进攻性。

主题指数：选取受益于低碳经济的相关环保产业股票。相关指数有“内地低碳”“中国低碳”等。不同于前两类指数主要关注上市公司的碳排放，这类指数主要选取受益于低碳经济的相关环保产业股票，指数编制方法更加类似于行业和主题指数。

表 12.2　MSCI 低碳系列指数编制细节

MSCI		
基本信息和编制方法	MSCI 全球低碳目标指数	MSCI 全球低碳领先指数
指数设计方法	重新赋权	选股并重新赋权
目标	最大限度地减少碳排放量（单位市值的碳排放强度和碳储备），同时将与基准的跟踪误差限制在目标以内（默认值：30 比特率），在保留收益机会的同时，通过优化来减少组合对最容易遭受碳排放影响的公司的风险敞口	根据单位市值的碳排放强度和碳排放量进行个股排除，然后将跟踪误差最小化，同时将单位市值的碳储量限制在阈值内（默认值：50%），通过选择当前碳排放量和化石燃料储量较低的公司，来减少碳排放相关风险暴露
可选的基准指数	任何 MSCI 市值加权指数	任何 MSCI 市值加权指数
剔除标准	没有剔除	基准指数中排放量最大的 20% 的公司，以及各行业中碳储量最多的 30% 的公司
优化 / 加权方式	在给定约束下，最小化碳排放强度并最小化单位市值碳储量	根据碳排放强度和单位市值的碳储量进行剔除
	与基准的跟踪误差：指定目标（默认值：30 比特率）	最大限度地减少跟踪误差
		将单位市值碳排放强度和碳储备降低至少 50%（默认值）
	换手率限制：每半年换手少于 10%	换手率限制：每半年换手少于 10%
	行业约束：行业偏离不超过 2%，对能源行业不设约束	行业约束：行业偏离不超过 2%
	国家 / 地区限制：偏离不超过 2%	国家 / 地区限制：偏离不超过 2%
	风险模型：巴拉全球股票模型 3（Barra GEM3）	风险模型：Barra GEM3
短期风险控制	使用优化来减少对基准指数的跟踪误差	使用优化来减少对基准指数的跟踪误差

资料来源：MSCI，中金公司研究部。

表 12.3　STOXX 低碳系列指数编制细节

STOXX		
基本信息和编制方法	STOXX 低碳指数	STOXX 低碳足迹指数
编制方式及特点	与基准相同的成分	与基准相比，碳足迹显著降低（>90%），风险收益状况良好
	采取碳倾斜，对低排放公司增加权重，对高排放公司降低权重，无例外地减少碳足迹	不包括 7 个碳排放最高的行业以及其余行业中碳排放最高的 10% 的公司
	权重优化且同时不影响收益	同时采用公告的碳强度数据和估计的碳强度数据
	与基准相比，跟踪误差小，风险回报特征相似	
	同时采用公告的碳强度数据和估计的碳强度数据	
股票候选池	选择所有已公告和已估计碳强度数据的股票	不包含的 Supersector（超级行业）：化工、公用事业、石油天然气、建筑材料、旅游休闲、房地产和基础资源
	按行业分类基准 Supersector 排序	按碳强度对股票进行排序，排除各行业前 10% 具有最高碳强度的股票
	计算每个 Supersector 的 Z-Score（标准分数）	计算每个 Supersector 的 Z-Score
加权方式	自由流通市值乘以个股对应的 Z-Score 碳强度因子。高配碳排放量较低的股票，低配碳排放量较高的股票	自由流通市值乘以个股对应的 Z-Score 碳强度因子。高配碳排放量较低的股票，低配碳排放量较高的股票
个股权重上限	5%	5%

资料来源：STOXX，中金公司研究部。

表 12.4　S&P 低碳系列指数编制细节

S&P		
基本信息和编制方法	S&P 全球碳效率指数系列	S&P 碳效率选择指数系列
目标	衡量了基准指数成分股在剔除无碳排放数据公司、高配碳排放低的公司、低配碳排放高的公司后的表现	衡量了基准指数成分股中碳排放较低的公司的表现
基准指数	S&P 系列指数	S&P 系列指数
剔除标准	剔除无碳排放数据的公司	剔除高碳排放公司
成分股和权重的选择	首先计算基准指数中，单个成分股占所在行业的流通市值权重	依据碳排放与营收的比值从高到低对成分股进行排序，若一个行业中前 20% 成分股合计权重占该行业比重不超过 50%，则全部剔除。若一个公司剔除后超过 50% 的临界点，但不超过 55%，则仍剔除；若一个公司剔除时已超过 50% 的临界点或剔除后超过 55%，则保留该成分股
	然后用碳排放权重调整因子对上一步的结果进行调整	剩余成分股以最小化对基准指数的跟踪误差为标准进行赋权，剔除权重过小的成分股
	最后对上一步的权重进行再次调整，使每个行业成分股权重之和为 100%，以保证指数行业权重与基准指数一致	成分股数量≤基准指数成分股数量 ×75%
个股权重限制	该系列指数中仅 S&P 南非国内碳效率封顶指数有个股权重不超过 10% 的限制	0.015% ≤权重≤ 5%

资料来源：S&P，中金公司研究部。

表 12.5　FTSE 低碳系列指数编制细节

FTSE	
基本信息和编制方法	FTSE 的 ESG 低碳排放目标暴露指数
指数层级	FTSE 的 ESG 指数系列下反映 ESG 低碳排放特点的指数系列
目标	在指数层面减少碳排放，显著提高 ESG 总体评分

续表

FTSE	
基本信息和编制方法	FTSE 的 ESG 低碳排放目标暴露指数
基准指数	FTSE 系列指数
权重确认方法	对每只股票 ESG 评分和碳排放水平进行标准化，得到 Z-score，再通过指数函数转化为 S-score（S 值）
	将 S-score 代入权重计算公式，使权重向高 ESG 评分和低碳排放的公司倾斜
	在满足所有约束条件下，得到最后各成分股的权重
约束条件	0.5% ≤权重≤ 10%
	碳排放减少 50%
	ESG 评分增加 20%

资料来源：FTSE，中金公司研究部。

碳中和相关基金

广义的碳中和基金是指投资组合符合低碳理念的产品，晨星对全球范围内的低碳产品进行的识别归类，主要基于两个指标：投资组合的碳风险得分和化石燃料参与度，如果基金过去 12 个月平均组合碳风险得分低于 10，并且平均化石燃料参与度低于资产的 7%，则该产品将被定义为 Low Carbon Designation™（低碳标志 ™）基金，这类基金的规模和占比自 2012 年至今节节攀升。

狭义的碳中和基金是指投资目标为降低碳足迹的产品，代表性基金为被动跟踪低碳系列基准的指数产品。目前，全球碳中和相关的指数 ETF 和开放式基金共有 34 只，合计规模约为 190 亿美元，其中规模较大的几个产品主要发行地为欧洲，由于碳中和理念近几年才开始兴起，因此相关产品的成立时间均较短，多数不足 3 年，MSCI 和 FTSE 的低碳系列指数为主要业绩跟踪基准。

中金中国碳中和指数

中金中国碳中和指数是指从境内外上市的中国公司中选出的在碳中和领域具有代表性的公司股票组成样本股，以反映中国碳中和相关产业的整体表现（见图 12.6）。

该指数的样本空间是，在中国及以外地区上市交易且上市超过一定时间的证券，包括 A 股、H 股、B 股、红筹股、P 股和海外上市公司等。

选样方法

一是对样本空间内的证券，剔除市值较小和成交额较低的个股。

二是从基本面的角度，选取与碳中和主题相关的板块：从能源供给侧、能源需求侧及其他综合变化三个维度，综合从绿色能源、绿色交通、绿色制造、绿色消费、循环经济、绿色农业、绿色城市等主线中筛选相关上市公司证券作为待选样本。

三是以中金行业分析员的判断作为主要依据，优选在每个领域中处于相对领先地位的优质龙头公司作为最终股票池。

指数构建

每半年调整一次，纳入新上市股票，个股权重分别采用市值加权法和等权法，并限制单只个股权重上限 10%。

碳中和市值加权和等权指数从 2009 年至今分别取得 17.2% 和 25.1% 的年化收益率，跑赢主要市场基准指数，最近 3 年超额收益显著，部分来自于太阳能及电动车产业链的贡献。

碳中和指数与主要指数的对比情况见图 12.7。碳中和指数成分股的详细情况见图 12.8。

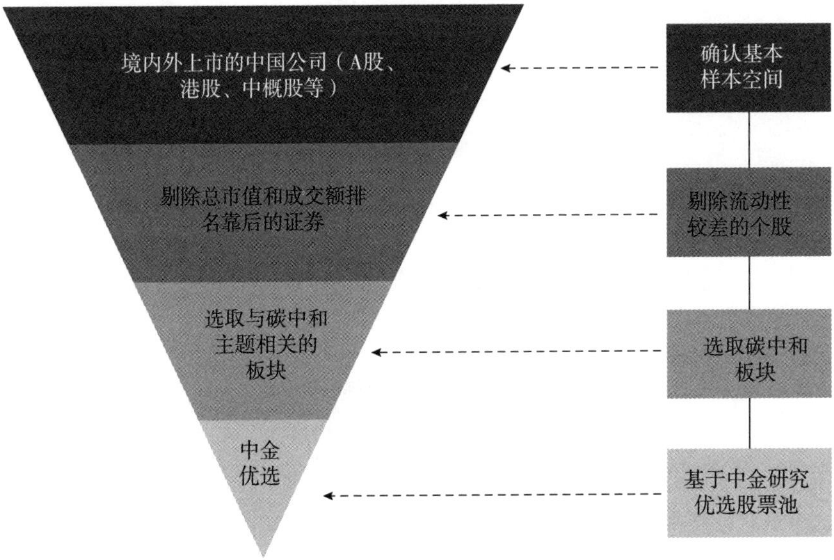

图 12.6　中金中国碳中和指数

资料来源：中金公司研究部。

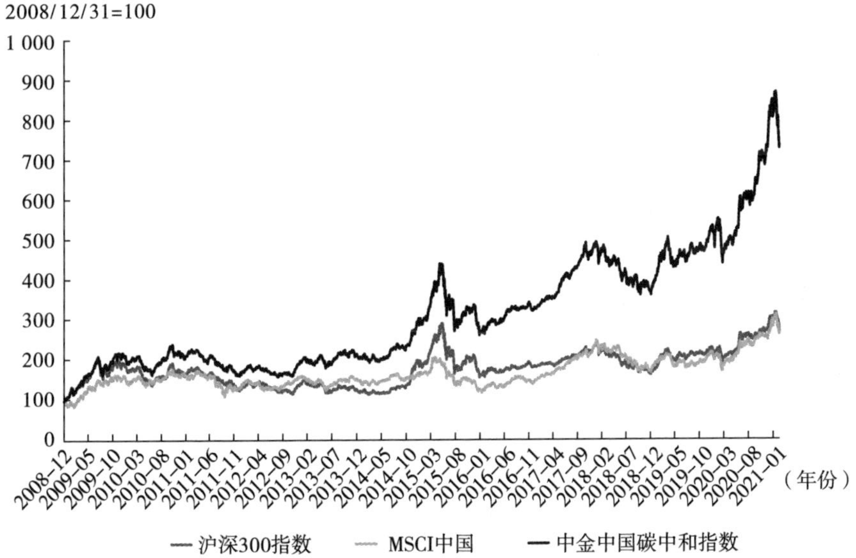

图 12.7　碳中和指数与主要指数（市值加权）对比

资料来源：FactSet，Wind，中金公司研究部。

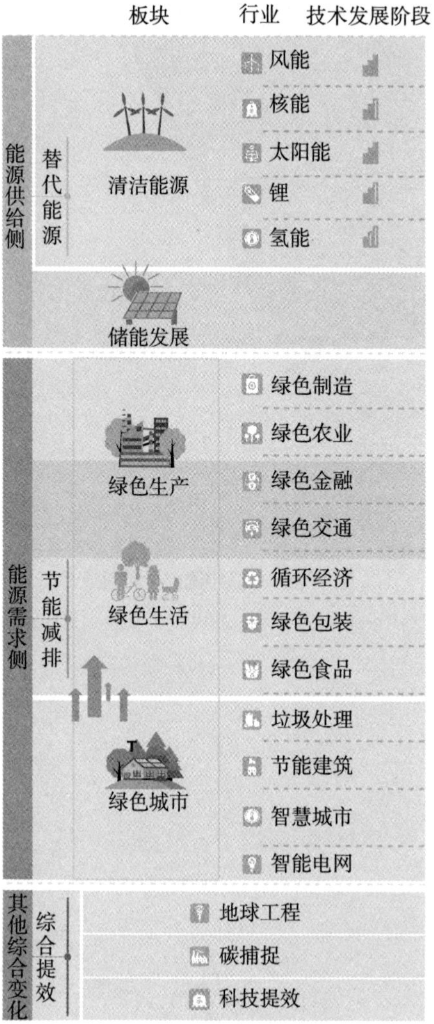

图 12.8 碳中和指数成分股

资料来源：中金公司研究部。

▶▶ 第十三章

应对气候变化：国际合作与中国担当

摘　要

气候问题具有超大时空尺度的外部性，需要全球协同应对。二氧化碳等温室气体在大气层中留存的寿命周期长且影响范围广泛，其在全球范围内的跨国外部性和跨代际外部性特征、作为全球公共物品产生的“搭便车”困境，使解决气候变化问题必须超越一个国家自身决策的时空视野，需要全球通力合作，跨国政府间谈判和协商也成为构建全球气候治理体系的必然选择。

然而，在现有技术体系和能源资源禀赋之下，通过减少温室气体排放来应对气候变化，可能会成为经济发展的制约。回顾全球应对气候变化合作的进程，可以发现，由气候问题出发，各国在政治、经济、科学、技术等方面的博弈，使构建“公平、有效”的全球气候治理模式面临很大的挑战和不确定性。

当然，从更广义的范围上看，全球气候治理存在外溢效应，可与安全、贸易、投资、技术等国际合作领域相互影响和作用。欧盟提出的碳边境调节税，可能会给当前国际贸易格局带来深远影响，高碳排行业将率先受到冲击。同时，应对气候变化、实现可持续发展也对全球气候金融发展提出了新的要求。

最后，中国作为一个大型经济体，在推动建立公平合理、合作共赢的全球治理体系中将发挥重要作用，包括与美、欧共同成为全球应对气候变化的重要引领者，以及在“走出去”过程中与“一带一路”沿线国家开展气候合作等。[①]

① 本章作者：吴婷、吴慧敏。

构建公平、有效的全球气候治理体系

国际气候合作的历程

以国际气候谈判为主线，应对气候变化的国际合作进程大体可以分为《联合国气候变化框架公约》、《京都议定书》、“巴厘路线图”和“德班平台与《巴黎协定》”四个阶段。

1990—1994 年《联合国气候变化框架公约》阶段。此阶段正式开启了应对气候变化的国际合作进程。《联合国气候变化框架公约》确立了应对气候变化的目标，明确了国际合作应遵循的原则（如公平原则、共同但有区别责任原则等），明确了发达国家率先采取行动的责任等。这一阶段国际社会对合作应对气候变化持乐观态度。

1995—2004 年《京都议定书》阶段。此阶段进一步细化落实了具体目标和机制，包括明确发达国家在第一承诺期（2008—2012 年）减排 5.2% 的总体目标；建立了三种灵活机制，即国际排放贸易机制、联合履约机制和清洁发展机制。然而，由于美国拒绝签署，进程受到阻碍。这一阶段国际社会对应对气候变化问题的态度更加务实，发达国家要求发展中国家加强减排行动的诉求也更加强烈。

2005—2010 年“巴厘路线图”阶段。此阶段气候变化问题受到国际社会前所未有的关注，主要大国都积极参与应对气候变化的主流进程。该阶段取得积极进展，包括确立“双轨制”，明确发展中国家也须采取力所能及的行动；初步确立“承诺 + 评审”的自下而上模式，达成相对灵活的2℃温控目标。但由于小国与大国的博弈，2009 年《哥本哈根协议》最终未获得通过。2010 年《坎昆协议》的法律约束力也不尽如人意。

2011—2015 年“德班平台与《巴黎协定》”阶段。从 2011 年德班平台进程启动，到 2012 年《京都议定书多哈修正案》通过，再到 2015 年具有里程碑意义的《巴黎协定》，国际应对气候变化的合作模式和机制得到进一步发展，包括明确全球尽早碳达峰，通过第一轮周期性评审增加向1.5℃努力的目标，建立绿色气候基金，提出国际碳市场合作和可持续发展机制等。

然而，“自下而上”国家自主贡献的模式也存在问题，联合国环境规划署在《2020 年排放差距报告》中指出，当前国家自主贡献严重不足，按照现有计划，到 21 世纪末温度将至少升高 3℃，无法实现《巴黎协定》的气候目标。[①] 也有讨论提及《巴黎协定》缺乏有力的目标管理和奖惩机制，未来国际合作仍存在挑战。

关于“公平与有效”治理模式的讨论

如何基于气候问题的超大时空尺度的外部性特征衡量“气候公平”，

---

① 参见 https://wedocs.unep.org/bitstream/handle/20.500.11822/34438/EGR20ESC.pdf?sequence=27&isAllowed=y。

并以此为基础制定公平、有效的气候治理模式，是多年来国际合作各方关于应对气候变化最为关注的核心问题。

何为气候公平

气候公平是对全球气候合作提出的基本要求，也是重要的行动指南。气候公平不仅包括所有国家、地区和个人平等地享有气候系统资源的权利，还包括公平地分担稳定气候系统的义务。同时，在国际合作应对气候变化的背景下，各国享有同等的可持续发展权利。

从过去到现在的代际范围内，对于“结果公平”的讨论指向“共区”责任及各自能力原则，其含义既指出全球所有国家应对气候变化的“共同”责任，更强调根据不同国家在造成气候变化中的影响及当下在发展和能力上的差异而承担不同的责任。这一原则概念清晰，但其中涉及的具体细节始终存在较大的分歧和争论，比如关于历史责任，历史减排的追溯存在现实困难。再如，要求发达国家在率先实行深度减排的同时，也要向发展中国家提供资金、技术和能力建设的支持，用以补偿历史排放的责任，然而，在缺乏明确监督机制的情况下，实际效果也相对有限。

同时，对于“共区”的不同理解，也影响着国际社会对代内碳排放额度划分的探讨。《巴黎协定》并未制定各国减排贡献的分担规则，因此，各国展开大量研究以寻求全球共同认可的解决方案。例如，英国全球公共资源研究所提出“紧缩与趋同”方案体现“祖父原则”；中国和巴西学者提出基于“人均累计公平”原则的方案，在考虑现实排放责任的同时，追溯历史排放责任；等等。

何为有效的治理模式

国际气候谈判的另一个焦点是“自上而下”还是“自下而上”的治理模式之争。《联合国气候变化框架公约》和《京都议定书》阶段可以看作初步的“自上而下”全球气候治理模式，然而在缺乏超主权治理主体的情况下，“自上而下”的制度设计收效并不理想。2013 年华沙气候大会和 2014 年利马气候大会提出“国家自主贡献”的创新思路，2015 年达成的《巴黎协定》主导采取“自下而上”达成减排和应对气候变化的目标，目标在于增强各国的执行力和积极性。“自下而上”模式也存在弊端，即各国“自主贡献”目标与全球整体要求还存在一定差距。

气候俱乐部或许提供了一种有效的全球气候治理新思路。

根据经济学的俱乐部理论，俱乐部的成功运行往往依赖于统一规则，会员交纳“会费”入会，并从俱乐部中获得相对于非会员的排他性收益，该收益可能由俱乐部直接提供，或由会员集体行动创造。借鉴该理论，2018 年的诺贝尔经济学奖得主威廉·诺德豪斯提出了“气候俱乐部”机制的构想。在气候合作领域，成员国参与气候俱乐部的“会费”是碳减排行动及其带来的成本，气候资源是共同收益，而由于气候的超大时空非排他性，非成员国需要为“搭便车”的行为承担相应的惩罚。

诺德豪斯的气候俱乐部构想依赖于两条规则的执行：一是参与国协调一致的减排协议，二是不履行义务的国家受到相应惩罚。① 其中，减排协议的核心条款是价格机制，即形成各国商定的国际碳排放目标价格。而对非参与国的惩罚，最简单有效的措施便是对从非参与国进口至俱乐部成员国的产品征收关税。基于此，诺德豪斯以联合的气候与经济动态综合模型验证了在存在统一关税惩罚机制的情形下，美国参与气候俱乐部是最优选择，综合减排成本、环境收益和贸易利得后，参与气候俱乐部能使美国获得最优的净损益。

气候俱乐部以统一碳关税作为惩罚机制，最终目的是促进各国主动采取行动进行碳减排。然而，在具体实践中，气候俱乐部的成功运行还需要

① Nordhaus, Climate Clubs: Overcoming Free-riding in International Climate Policy, 2015.

克服诸多障碍。首先，形成全球统一的碳排放目标价格困难重重，统一碳关税以怎样的标准和方式来实施亦值得进一步讨论。其次，虽然惩罚机制能有效克服“搭便车”，但如前所述，国际气候合作还涉及公平问题。设计有效的援助和补偿机制，对激励发展中国家参与碳减排可能具有重要意义。最后，贸易涉及的碳排放仅为总体碳排放的一部分，能否有效促进全球碳减排亦需实践验证。

全球气候治理的外溢效应——国际贸易与气候金融

国际贸易：隐含碳与碳边境调节税

隐含碳是指隐含在进出口商品生产过程中的碳排放。一国的碳排放不仅取决于国内生产和消费，还受到国际贸易的影响。根据经济合作与发展组织的数据，2015 年全球出口中的隐含碳规模接近 90 亿吨，约占全球碳排放总量的 1/4（见图 13.1）。

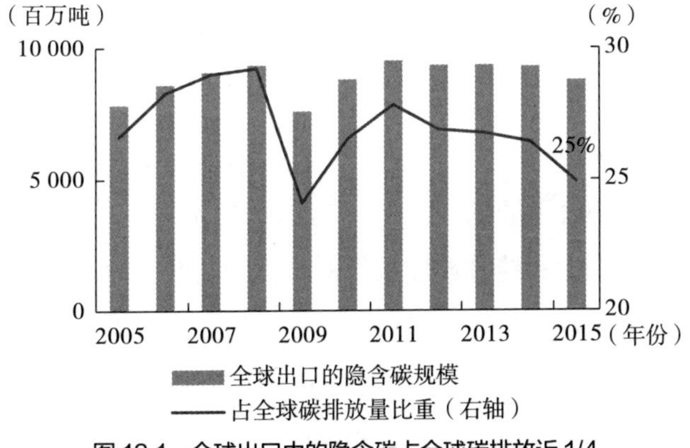

图 13.1　全球出口中的隐含碳占全球碳排放近 1/4

资料来源：OECD，Our World in Data，中金研究院。

从全球贸易规模及流向上看，全球贸易中的隐含碳主要从发展中国家流向发达国家。这其中可能有三层含义，第一，通过进口方式，发达国家减少商品生产的国内排放，通过将生产转移至发展中国家的方式转嫁碳排放；第二，发展中国家承接发达国家高碳排放产业转移，在一定程度上推升了发展中国家国内碳排放规模；第三，由于发展中国家的技术水平限制，所以其相同生产过程的碳排放很可能会高于发达国家，最终可能带来全球碳排放的净增长。2005—2015 年主要经济体贸易中的隐含碳趋势如图 13.2 所示。

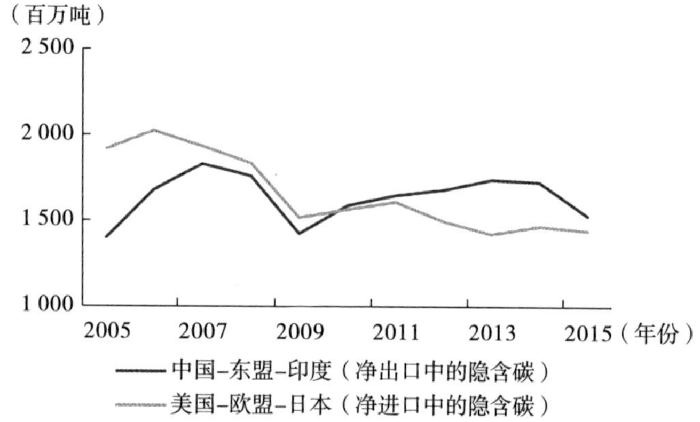

图 13.2　2005—2015 年主要经济体贸易中的隐含碳趋势

资料来源：OECD，中金研究院。

贸易隐含碳与公平原则

关于国际贸易中的碳排放应该如何核算的问题，政府间气候变化专门委员会提出“生产责任法”用以核算国家碳排放，即由生产和出口造成的碳排放包含在生产区域的碳排放账户里，而不考虑进口引入高碳排放产品的影响。然而，随着国际贸易的发展，生产责任法对生产地的不公平凸显。

另一种核算方法是“消费责任法”，即由消费者对商品生产过程中的全部碳排放负责，这一方法对生产者相对公平，但也有局限，即缺乏对生产者的约束力和降低其积极减排的动力。鉴于此，众多学者提出了“碳排放责任共担”的方案，同时对生产端和消费端的碳排放进行约束和控制，区分生产者和消费者责任，以有效达成控制全球总体碳排放的目标。然而，在责任共担的方案中，如何分配生产者和消费者的责任，建立合理、清晰、可操作的国际碳排放责任共担方案，也会是一个复杂的问题。

贸易隐含碳与碳边境调节税

碳边境调节税（即碳关税），指对国内没有征收碳税的出口商品征收特别的碳排放关税，主要是发达国家希望对从发展中国家进口的碳排放密集产品征收的进口关税。

欧盟自20世纪90年代开始讨论和研究碳边境调节税，其主要出发点如下：一是减少全球碳泄漏，即减少企业将生产制造转移到没有严格减排政策的其他国家的行为；二是营造“公平竞争”环境，通过碳关税措施使在碳减排上无所作为的国家无法获得贸易优势，以保护在欧盟碳排放交易市场中面临额外减排成本的欧盟企业。2021年3月10日，欧洲议会投票通过关于CBAM的决议，欧盟委员宣布将于2021年6月底前公布CBAM的立法草案。①同时，美国对碳边境调节税也有一些讨论，包括2009年通过的《清洁能源安全法案》、2014年的《美国碳费法案》等，均提及碳关税。

然而，针对碳边境调节税，也存在很多争议。

一是合法性。征收碳边境调节税是否违反世界贸易组织的基本规则?碳关税与世界贸易组织的最惠国待遇和国民待遇原则有所冲突。但世界贸易组织也允许在例外情况下引入贸易限制条款，这可能为碳关税提供正当

① 参加 https://www.europarl.europa.eu/doceo/document/TA-9-2021-0071_EN.html。

依据。当某类产品的国内税基与生产过程中的碳足迹挂钩时，参照国内产品标准征收关税是被允许的。

二是公平性。考虑到全球贸易中碳的分布及贸易流向，碳边境调节税机制是否“借环保之名，行贸易保护之实”，损害发展中国家利益？而征收的碳关税是否被用于相应的气候合作？这些问题也需要进一步研究和落实。

三是有效性。碳边境调节税能否有效减少全球碳泄漏，并最终实现碳减排的目标，也有待进一步评估。

四是可行性。碳边境调节税如何计算？例如，如何计算进口产品的碳含量，尤其是经由多个国家生产制造的产品？如何设定有效合理的碳价？等等。

那么，如果推进欧盟碳边境调节税，可能对全球贸易及产业格局产生哪些影响？

首先，碳边境调节税可能会改变当前国际贸易格局。碳要素作为新的成本对生产端的影响可能更大，发达国家将获利更多，而相关发展中国家竞争力可能受损。当然，将隐含碳纳入国际贸易体系也可能倒逼发展中国家的产业结构、生产方式进行调整，促进其更快向清洁、低碳的方向转型。

其次，高碳排行业贸易格局将率先受到冲击。波士顿咨询公司从不同行业的碳强度和贸易强度入手，分析欧盟碳边境调节税对不同行业国际贸易的影响。[①] 以钢铁行业为例，土耳其和美国生产钢铁的碳排放强度仅为中国和乌克兰的一半。在欧盟征收碳边境调节税的情形下，土耳其和美国的钢铁在欧盟进口中的竞争力将得到加强。

最后，碳边境调节税可能造成国际市场相应产品价格上升、贸易条件恶化和国际竞争力减弱等，也将给发展中国家带来负面冲击。世界银行和

---

① 参见 https://www.bcg.com/publications/2020/how-an-eu-carbon-border-tax-could-jolt-world-trade。

美国彼得森研究所的专家撰写的研究报告《协调气候变化与贸易政策》指出，一旦工业国家实行碳关税，中国制造业出口规模将削减 1/5，所有中低收入国家制造业出口额将削减 8%。

全球气候金融：现状与挑战

全球气候金融现状

“气候金融”的概念诞生于联合国气候变化大会资金议题的谈判中。联合国将气候金融定义为，与《联合国气候变化框架公约》相关联、能够减少碳排放、允许各国适应及减缓气候变化影响的投融资活动。[①] 广义的气候金融包含应对和减缓气候变化的所有投融资活动。[②]

近年来，全球气候金融快速发展。根据气候政策倡议组织发布的报告，2019 年全球气候融资规模达 6 080 亿 ~6 220 亿美元（见图 13.3），2013—2019 年复合年均增长率为 10.1%~10.5%。[③]

融资的地域分布上，第一，亚太、西欧和北美是三大融资地域，分别占 2018 年全球气候融资规模的 41%、19% 和 17%；第二，流向发展中国家的气候资金快速增长，从 2015—2016 年平均 2 700 亿美元增加至 2017—2018 年平均 3 560 亿美元，同比增长 32%；[④] 第三，国内融资占主导，2017—2018 年平均有 4 340 亿美元的资金来自国内，占全部气候融资的 76%。[⑤]

---

① 参见 https://unfccc.int/topics/climate-finance/the-big-picture/introduction-to-climate-finance。

② 参见世界银行定义，https://www.worldbank.org/content/dam/Worldbank/document/Climate/Finance-ClimateAction_Web.pdf。

③ Climate Policy Initiative，Global Landscape of Climate Finance 2019.

④ 同上。

⑤ 同上。

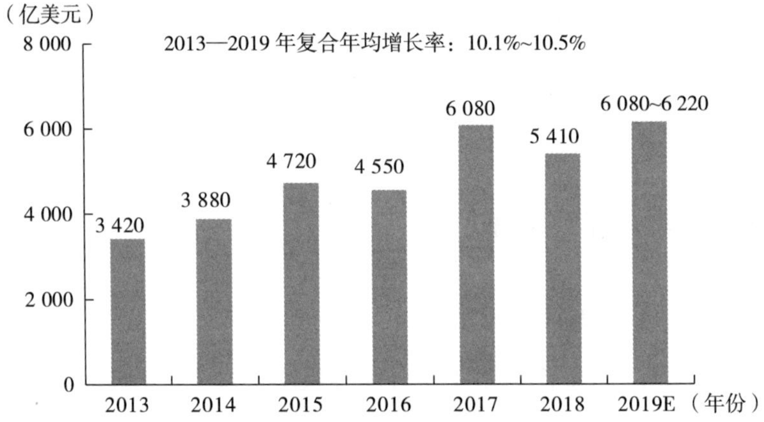

图 13.3 全球气候融资规模快速增长

资料来源：CPI Updated View on the Global Landscape of Climate Finance 2019，中金研究院。
注：气候政策倡议组织的统计明确非重复计算的气候融资流，担保、保险、政府收入支持计划、财政刺激等可能存在重复计算或过度估计的数据不纳入统计范围。

融资的来源上，第一，公共部门占比略高，2017—2018 年公共部门资金平均占气候融资资金来源的 52%，私营部门占比 48%；第二，公共部门融资集中于国家层面，其中来自本国政府及国企（含国内开发性金融机构）的融资占全球气候资金来源约 37%；第三，私营部门融资集中于非金融类企业资金，占全球气候资金来源约 27%。[①] 全球气候金融来源、渠道、工具与用途见图 13.4。

融资的资金结构上，全球气候融资主要为债权类资金，2017—2018 年平均占全部气候融资的 66%，包括表内信贷、债券等，股权类资金占比 29%，捐赠及其他占比 5%（见图 13.5）。[②]

---

① CPI Updated View on the Global Landscape of Climate Finance 2019.

② 同上。

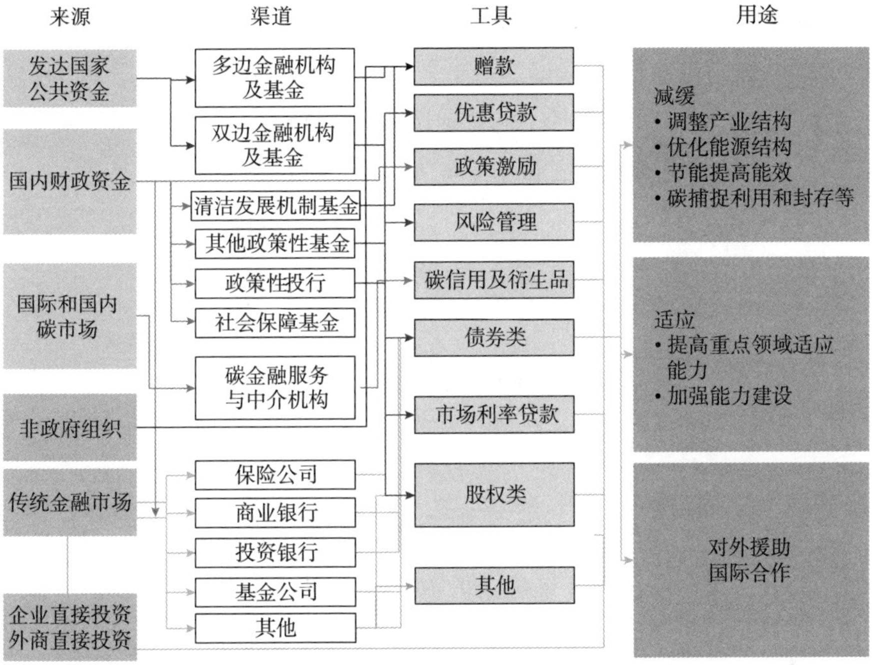

图 13.4　全球气候金融来源、渠道、工具与用途

资料来源：国家应对气候变化战略研究和国际合作中心，中金研究院。

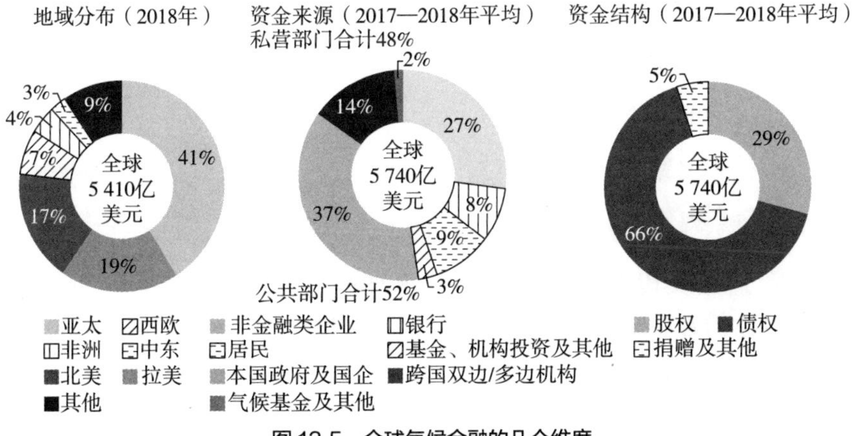

图 13.5　全球气候金融的几个维度

资料来源：CPI Updated View on the Global Landscape of Climate Finance 2019，中金研究院。

资金机制的安排上，主要包括《联合国气候变化框架公约》体系和传统金融市场体系。其中，《巴黎协定》提出"使资金流动符合温室气体低排放和气候适应型发展路径"的长期目标，陆续建立了《联合国气候变化框架公约》内的资金机制，包括绿色气候基金、特别气候变化基金、适应基金等。《联合国气候变化框架公约》外的资金机制则分为双边、多边资金通道，以及地域性的私营部门气候资金等。

当前全球气候金融面临的问题和挑战

随着全球应对气候合作的持续发展，气候金融所面临的问题和挑战也愈加突出。

全球气候融资缺口巨大。国际机构从不同领域预测了未来应对气候变化的资金需求。联合国环境规划署估计，为应对气候变化，2020—2050年，全球能源部门的转型需要每年将供给侧投资增加到 16 000 亿 ~38 000 亿美元（见图 13.6）。① 结合当前全球每年气候融资 5 000 亿 ~6 000 亿美元的规模，我们粗略估算未来每年全球气候融资缺口在 30 000 亿 ~40 000 亿美元，以当前的气候融资方式和手段，实现全球应对气候变化和碳减排目标的资金压力巨大。

发达国家提供给发展中国家的公共资金规模和使用效率存在一定的局限性。根据《巴黎协定》的条款，2025 年前发达国家应当考虑发展中国家需求，每年提供最低 1 000 亿美元的集体筹资。然而，根据经济合作与发展组织数据，2016—2018 年发达国家提供给发展中国家的气候资金规模与该目标仍有一定差距（见图 13.7）。② 同时，在 2016—2018 年发达国家向发展中国家提供的气候资金中，用于减缓（短期的节能减排）和适应

---

① 参见 https://wedocs.unep.org/bitstream/handle/20.500.11822/30798/EGR19ESCH.pdf。

② OECD，Climate Finance Provided and Mobilised by Developed Countries in 2013–2018.

（长期的能力建设）的资金占比分别为 70% 和 21%，表明其结构存在一定程度的不匹配，资金运作效率有待提升。

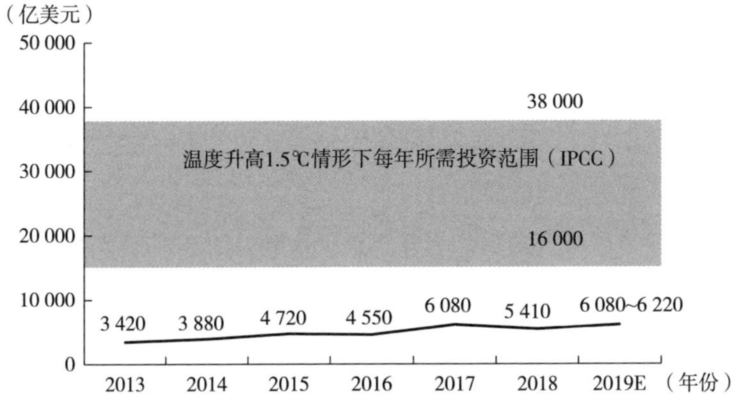

图 13.6 全球气候融资缺口

资料来源：CPI Updated View on the Global Landscape of Climate Finance 2019，中金研究院。

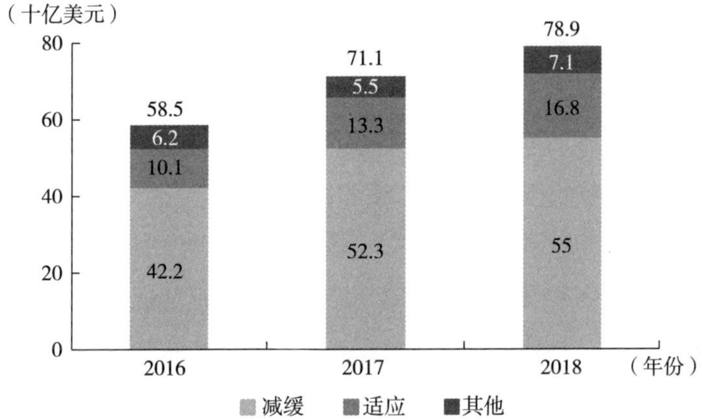

图 13.7 发达国家提供给发展中国家的气候资金结构

资料来源：OECD，中金研究院。

私营部门投资不足，市场化及创新金融工具发挥的作用有限。根据气候政策倡议组织的统计，2017—2018 年市场化基金、机构投资等气候融资规模合计仅 170 亿美元，占全球气候融资规模的约 3%，私营部门、市场化机构及创新金融工具在全球气候融资中发挥的作用相对有限。

“绿天鹅”事件可能给全球经济金融系统造成风险。根据国际清算银行的定义，“绿天鹅”指气候变化引发的极端事件可能引起的金融风险，如信用、流动性、市场风险等，当前国际社会对该新型风险的认识和评估均存在不足。

全球气候金融发展的展望

弥补全球气候融资缺口是当务之急。这既需要在国际多边机制下探索突破、扩大气候融资规模，也需要进一步创新气候融资工具、释放市场活力。

充分发挥国际多边机构的作用，以公共部门资金撬动社会资金。国际多边金融机构拥有广泛的成员，在全球气候融资中扮演积极的角色。世界银行数据显示，多边开发银行每投入 1 美元公共气候资金，就能够撬动 2~5 美元的私营资本投资。[①] 近年来，国际多边开发银行为推动应对气候变化和减少碳排放提供了大规模融资，并且保持扩大趋势。2019 年全球七大多边开发银行[②] 共提供 464 亿美元的气候融资，2011—2019 年气候融资规模复合年均增长率为 7.0%（见图 13.8）。

进一步探索和创新气候投融资工具。气候金融发展相对落后的国家和地区，可以采取气候投融资试点项目的方式，探索信贷、债券、保险等气候投融资工具的机制和模式，并在此基础上进行产品创新，因地制宜发挥金融工具的投融资功能。

完善全球气候金融规则，纳入气候风险评估，加强气候信息披露，提升金融系统应对气候变化的能力。

---

① 参见 https://www.huanbao-world.com/a/zixun/2018/1125/62198.html。

② 全球七大多边开发银行包括世界银行、伊斯兰开发银行、欧洲投资银行、欧洲复兴开发银行、泛美开发银行、亚洲基础设施投资银行、非洲开发银行。

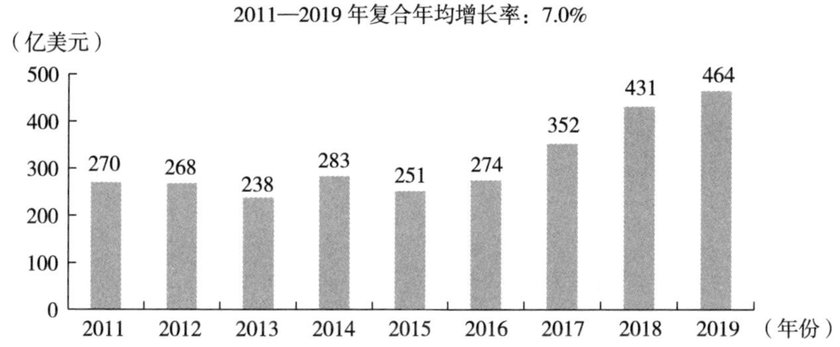

图 13.8　全球七大多边开发银行承诺气候融资规模

资料来源：2019 Joint Report on Multilateral Development Banks' Climate Finance，中金研究院。

建立和完善气候风险评估体系。国际清算银行在 2020 年 1 月发布的《绿天鹅：气候变化时代中的中央银行和金融稳定》中呼吁，世界各国央行应警惕“绿天鹅”事件，在防范应对金融风险时将气候变化纳入分析考量之中。

加强气候信息披露。尽管国际组织及各国对应对气候变化相关项目的信息披露都有要求，但仍然存在各国对气候 / 绿色项目认证标准不统一、信息披露要求程度不统一等问题。国际权威会计准则制定机构 IFRS（国际财务报告准则）基金会正在就是否牵头制定国际通用的气候信息披露标准征求各方意见。若能从国际信息披露规则层面就气候信息强制披露形成一致意见，将有力引导和推动全球气候金融发展。

全球气候合作的中国担当

中国作为一个大型经济体，在推动建立公平合理、合作共赢的全球治理体系中将发挥重要作用，包括与欧美共同成为全球应对气候变化的重要引领者，以及在“走出去”过程中与“一带一路”沿线国家开展气候合作等。

从参与者到引领者，中国积极参与全球气候合作

中国是最早签署 1992 年《联合国气候变化框架公约》的 10 个缔约方之一，是全球气候合作的积极参与者。从哥本哈根气候大会到巴黎气候大会，中国进一步从重要参与者提升为关键引领者。中国对《巴黎协定》的重要贡献表现在推动谈判达成结果和促成协定快速生效等方面。在 2015 年巴黎气候大会后于 2016 年 9 月举行的二十国集团峰会上，中国发挥主场外交优势，促成了中美共同签署声明，为《巴黎协定》在当年 11 月实施做出了极大贡献。①

然而，随着中国碳排放量的快速增加，中国参与全球气候治理也面临诸多挑战。比如，发达国家很可能率先实现碳中和，使得百年内累计的温室气体排放低于中国。中国不仅需要承担国际社会要求的减排责任，还可能需要承担更多的道义责任。再如，中国在国际气候合作中也面临科学话语权不足的问题，以 IPCC 最新发布的第五次评估报告为例，在气候变化科学、影响适应和减缓三个领域，被引用的中国文献占总引文数的比例仅为 2.8%、1.7% 和 1.6%。这在一定程度上制约了“中国声音”在全球气候治理中的影响力。

中国与欧美共同推动全球应对气候变化

如前所述，在推动《巴黎协定》达成和生效的过程中，中国加强与大国合作，有力地推动了共识达成，中美元首发表的四个联合声明，以及中国与欧盟、英国、法国等主要发达国家达成的双边元首共识，对 2015 年巴

① 国家应对气候变化战略研究和国际合作中心，《中国推动全球气候治理和国际合作的战略和对策研究》，2020 年 9 月。

黎气候大会的成功召开和《巴黎协定》的达成、签署、生效和实施起到了重要作用。

中欧气候合作持续稳定推进

2005 年，中欧双方就确定了在气候变化领域建立伙伴关系，其后这一关系持续发展，2018 年的《中欧领导人气候变化和清洁能源联合声明》，确定了中欧双方在长期温室气体低排放发展战略、碳排放交易、能源效率、气候相关技术等领域进一步加强双边合作。[①]2020 年《中欧全面投资协定》中，双方重申坚定承诺落实《巴黎协定》，共同应对气候变化。2021 年，中欧举行首次副总理级别的中欧环境与气候高层对话。2021 年 4 月，中法德领导人视频峰会高度肯定了三国加强合作应对气候变化的重要意义。[②]

中美两国的气候合作，在奥巴马政府时期进行了多领域、多渠道、多元化探索。2009 年以来，两国共计签署了七项涉及气候变化合作的双边协议。以中美气候变化工作组、中美清洁能源研究中心等平台为载体，中美两国确立了联合研发、政策合作、技术援助等多种合作形式，合作领域包括汽车减排、电力系统、碳捕捉利用和封存、建筑和工业能效、气候智慧型 / 低碳城市等，中美气候合作取得积极进展。[③] 然而，随着特朗普政府时期中美关系的降温，中美气候合作也陷入停滞。

拜登政府时期中美气候合作的前景展望

截至目前，美国仍是自工业革命以来全球温室气体累计排放最多的国

---

① 参见 http://www.ncsc.org.cn/SY/gjlhsm/202003/t20200319_769645.shtml。

② 参见 https://www.chinanews.com/gn/2021/04-20/9459333.shtml。

③ 参见 http://www.ccchina.org.cn/archiver/ccchinacn/UpFile/Files/Default/20160617103440817412.pdf。

家，而中国是当前全球每年碳排放量最多的国家。[①]《巴黎协定》要得到全面、有效的实施，离不开两国的合作。

在国内发展上，中美均提出碳中和计划。为巩固美国在低碳科技和产业领域的优势，拜登总统在竞选期间提出“到2035年，通过向可再生能源过渡实现无碳发电，到2050年实现碳中和”，并计划投资2万亿美元大力推动低碳产业发展。[②]与此同时，中国政府于2020年底提出了2030年前碳达峰、2060年前碳中和的目标，也在积极制定2030年前碳达峰行动方案。

在全球合作方面，美国总统拜登上任第一天即宣布重回《巴黎协定》。不同于特朗普政府，拜登政府可能会更多依赖盟友的力量，包括欧盟、英国、日本、澳大利亚、加拿大等，在后续《巴黎协定》实施及多边与双边气候外交中，重塑大国博弈的格局。2021年4月22日，美国政府发起的“领导人气候峰会”如期举行，40多位国家领导人参会，加拿大、英国和日本等国都提出了新的减排目标，[③]美国借此重塑了全球话语权和领导力。

在气候领域，国际合作远比竞争重要，中美在气候领域不乏合作机会和潜力。2021年4月，美国总统气候问题特使约翰·克里访华，中美双方发表《中美应对气候危机联合声明》，表明将携手推动《巴黎协定》实施，并计划在工业和电力领域脱碳、可再生能源、绿色农业、节能建筑、绿色低碳交通等领域探讨合作。[④]作为二十国集团可持续金融研究小组的联合主席，中美亦将共同推动全球气候投融资的发展。[⑤]中美气候合作既

---

① 参见 http://www.tanpaifang.com/tanzhonghe/2020/1204/75653_2.html, http://www.tanpaifang.com/tanguwen/2020/0307/68701.html。

② 参见 http://www.xinhuanet.com/energy/2021-02/02/c_1127052697.htm。

③ 参见 https://news.un.org/zh/story/2021/04/1082682。

④ 参见 http://www.xinhuanet.com/world/2021-04/18/c_1127342714.htm。

⑤ 参见 https://finance.caixin.com/2021-02-28/101668340.html。

是推进全球应对气候变化合作的关键，也是中美两国重找共识、重建互信基础的重要抓手，值得期待。

推进落实气候合作，共建绿色丝绸之路

中国积极推动共建绿色丝绸之路

“一带一路”倡议提出以来，得到了国际社会的积极响应，截至 2021 年 6 月，全球已有 140 个国家和 32 个国际组织加入“一带一路”。2019 年“一带一路”沿线国家 GDP 占全球总量的 22.0%，碳排放总量占全球的 30.8%（见图 13.9），这与大部分国家处于工业化、城镇化的快速发展阶段有关。

2019年	GDP	人口	进出口贸易额	外商直接投资存量	碳排放总量
美国	24.4%	4.3%	11.4%	26.0%	14.5%
欧盟	17.8%	5.8%	30.1%	30.4%	8.0%
中国	16.3%	18.2%	10.4%	4.9%	27.9%
印度	3.3%	17.8%	2.3%	1.2%	7.2%
“一带一路”沿线国家	22.0%	43.8%	30.6%	24.8%	30.8%

图 13.9　“一带一路”沿线国家碳排放总量占全球近 31%

资料来源：世界银行，UNCTAD，中金研究院。

近年来，中国政府相继出台《关于推进绿色“一带一路”建设的指导意见》《“一带一路”生态环境保护合作规划》等政策文件，引导企业秉持绿色发展理念，共建绿色丝绸之路，取得积极成果。

首先是绿色基础设施。美国企业公共政策研究所的数据显示，2020 年上半年，在中国对“一带一路”沿线国家能源领域的投资中，可再生能源占比首次超过化石能源占比，达到 58.1%。①

① 参见 http://www.21jingji.com/2020/12-26/4MMDEzNzlfMTYxNjA4MQ.html。

其次是绿色金融合作。2017年，中国人民银行参与发起了“绿色金融网络”（NGFS），截至2019年4月底，NGFS的成员数量已达到36家，其中包括泰国、马来西亚、摩洛哥等国的央行和监管机构。① 此外，截至2019年4月，由中国金融学会绿色金融专业委员会与伦敦金融城牵头起草的《“一带一路”绿色投资原则》得到了13个国家和地区的26家大型金融机构的认可和签署。②

最后是绿色技术交流。在2019年第二届“一带一路”国际合作高峰论坛期间，中国政府与42个国家发起成立了“一带一路”绿色发展国际联盟，推动了“一带一路”绿色技术合作等的发展。③

通过探索绿色项目建设，中国企业积攒宝贵经验并积极推广。例如，2019年底，由上海电力控股的黑山莫祖拉风电项目正式投入商业运行，年均发电量占黑山年社会用电量的5%，每年可为黑山减少3 000吨碳排放，将有力推动黑山实现能源发展战略，加快可持续的现代能源目标落实。④

共建绿色丝绸之路，未来还应怎么做

推动共建绿色丝绸之路是国际社会共同构建人与自然生命共同体的重要举措，通过绿色基建、绿色能源、绿色交通、绿色金融等可持续造福参与共建“一带一路”的各国人民。⑤

展望未来，推动共建绿色丝绸之路，需要结合东道国具体情况不断探索和创新。

首先，引领“一带一路”沿线国家树立绿色发展理念，推行绿色低碳

---

① 参见 http://kz.mofcom.gov.cn/article/scdy/202008/20200802994698.shtml。

② 参见 http://intl.ce.cn/sjjj/qy/202008/14/t20200814_35527622.shtml。

③ 参见 http://news.china.com.cn/txt/2019-04/29/content_74735382.htm。

④ 参见 http://www.sasac.gov.cn/n2588025/n2588139/c11632202/content.html。

⑤ 参见 http://www.xinhuanet.com/politics/leaders/2021-04/22/c_1127363132.htm。

发展模式。提升“一带一路”沿线国家在全球气候合作领域的参与度，敦促“一带一路”沿线国家提升自主贡献度。

其次，发挥绿色金融的积极作用，加大绿色投资。绿色基础设施建设投资金额大、周期长，而且短期经济效益较低，故而应充分发挥多边金融机构的积极作用，引进绿色金融支持，以此撬动商业性金融机构和社会资本更多地参与绿色投资。

再次，搭建“一带一路”沿线国家绿色发展交流平台，在绿色能源、绿色技术、绿色金融、绿色制造等领域提供中国力所能及的帮助和支持。

最后，在具体项目上，伴随可再生能源产业成本不断降低，产业“走出去”的条件趋于成熟，可结合中国在可再生能源设备、技术和管理方面的丰富经验，引导和鼓励新能源企业更多地参与“一带一路”建设。